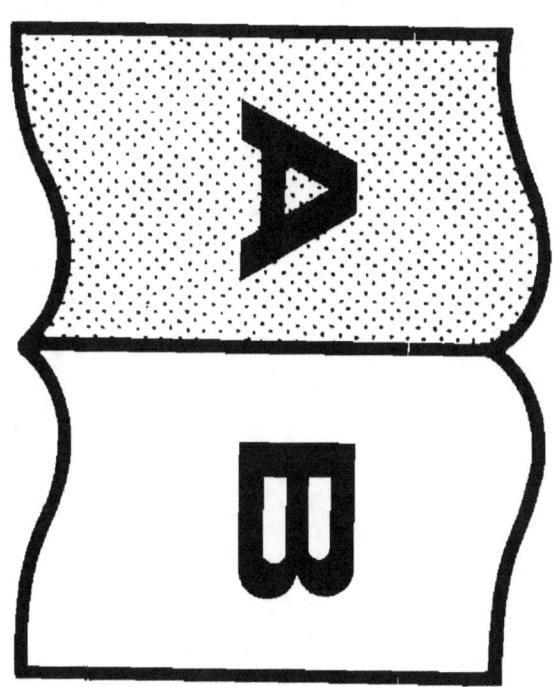

Contraste insuffisant:
NF Z 43-120-14

Les pp 199-202 manquent.
20 8bre 1835 O B.

2
~~Aratus~~
~~Barrens~~

R218928

RÉPERTOIRE

DE LA

LITTÉRATURE

ANCIENNE ET MODERNE.

IMPRIMERIE DE E. POCHARD,
RUE DU POT-DE-FER, N° 14.

RÉPERTOIRE

DE LA

LITTÉRATURE

ANCIENNE ET MODERNE,

CONTENANT :

1° LE LYCÉE DE LA HARPE, LES ÉLÉMENTS DE LITTÉRATURE DE MARMONTEL, UN CHOIX D'ARTICLES LITTÉRAIRES DE ROLLIN, VOLTAIRE, BATTEUX, etc.;

2° DES NOTICES BIOGRAPHIQUES SUR LES PRINCIPAUX AUTEURS ANCIENS ET MODERNES, AVEC DES JUGEMENTS PAR NOS MEILLEURS CRITIQUES, TELS QUE :

D'Alembert, Batteux, Bernardin de Saint-Pierre, Blair, Boileau, Chénier, Delille, Diderot, Fénelon, Fontanes, Ginguené, La Bruyère, La Fontaine Marmontel, Maury, Montaigne, Montesquieu, Palissot, Rollin, J.-B. Rousseau, J.-J. Rousseau, Thomas, Vauvenargues, Voltaire, etc. ;

Et MM. Amar, Andrieux, Auger, Burnouf, Buttura, Chateaubriand, Dussault, Duviquet, Le Clerc, Lemercier, Patin, Villemain, etc. ;

3° DES MORCEAUX CHOISIS AVEC DES NOTES.

TOME SECOND.

A PARIS,

CHEZ CASTEL DE COURVAL, LIBRAIRE-ÉDITEUR,

RUE DE RICHELIEU, N° 87.

M. DCCC. XXIV.

RÉPERTOIRE

DE LA

LITTÉRATURE

ANCIENNE ET MODERNE.

ARATUS naquit à Soles, en Cilicie, vers la cent vingt-cinquième olympiade. Nous savons peu de choses sur sa famille ; et les auteurs qui nous ont transmis les principaux détails de sa vie ne s'accordent pas même sur le nom de ses parents. On cite parmi ses maîtres Ménécrate d'Éphèse, grammairien; Timon de Phliase, Ménédème, Denys d'Héraclée, Persius le stoïcien, le mathématicien Aristothérus; et parmi ses contemporains et ses amis, Alexandre d'Étolie, Callimaque, Antagoras de Rhodes, auteur d'une *Thébaïde;* Ménandre, Philétas, Nicandre le mathématicien, de Colophon, différent du poète Nicandre, également de Colophon, mais qui est plus récent; Théocrite enfin, qui parle honorablement de notre poète, dans sa sixième et sa septième idylles.

Si l'on en croit quelques-uns de ses biographes, Aratus exerça la médecine; mais les ouvrages qui nous restent de lui, et les titres de ceux que nous avons perdus, font voir qu'il s'occupait en même temps de poésie, de rhétorique, de philosophie.

Une grande partie de sa vie s'écoula en Egypte, auprès de Ptolémée Philadelphe, et surtout en Macédoine, à la cour d'Antigone Gonatas, fils de Démétrius Poliorcète. On veut qu'il ait aussi séjourné quelque temps dans le royaume de Syro-Médie, chez Antiochus, fils de Séleucus. Ce fut, à ce qu'il paraît, le philosophe stoïcien Persius, dont il avait suivi les leçons à Athènes, qui l'emmena en Macédoine, et le présenta au roi Antigone, dont il était l'ami. Aratus obtint les bonnes graces de ce prince, protecteur généreux et éclairé des lettres et des sciences, et digne en cela d'être le rival de Ptolémée Philadelphe, son contemporain. On ignore combien de temps Aratus demeura auprès d'Antigone, dont il était fort aimé, et qui ne pouvait se passer de lui; mais Suidas nous apprend qu'il mourut en Macédoine. Il n'est pas très facile de concilier cette tradition avec le rapport de quelques auteurs, entre autres de Pomponius Méla (I, 13), qui parlent de son tombeau élevé dans la ville de Soles, sa patrie; peut-être n'était-ce qu'un cénotaphe. Quelques savants ont cru reconnaître Aratus sur des médailles de Soles ou de Pompeïopolis, comme on a nommé cette ville en l'honneur du grand Pompée.

Aratus s'était exercé sur des matières fort diverses; il avait écrit sur les sciences physiques, sur la médecine, sur l'astronomie; composé des ouvrages de poésie et de grammaire; donné avant Aristarque une édition d'Homère et des commentaires sur ce poète. Il ne nous reste, de tout ce qu'il avait produit, que ses *Phénomènes*, probablement le meilleur de ses écrits, et aujourd'hui son seul titre à l'attention de la critique.

En parlant des *Phénomènes* comme d'un seul ouvrage, nous nous conformons à l'usage ordinaire, qui réunit sous ce titre deux ouvrages tout-à-fait distincts, et que les savants scoliastes d'Aratus ont grand soin de ne pas confondre. Rien n'indique en effet qu'ils fassent partie d'une même composition; ils n'ont presque aucun rapport ensemble, et traitent de sujets absolument divers. Dans le premier (Φαινόμενα), qu'il composa, dit-on, à la demande d'Antigone, Aratus a exprimé en vers les connaissances que l'on avait de son temps sur l'astronomie, et qu'il a tirées, au rapport d'Hypparque, l'un de ses commentateurs, de deux ouvrages d'Eudoxe, intitulés l'un *le Miroir*, et l'autre *les Phénomènes*. Il y a joint quelques mythes astronomiques que lui ont fournis Homère, Hésiode et d'autres poètes, les religions de la Grèce et de l'Égypte, la tradition populaire. Le second ouvrage d'Aratus, qu'on regarde à tort comme la suite des *Phénomènes* (Διοσημεῖα), est un recueil de pronostics, dont plusieurs, on doit le croire, étaient le fruit de ses propres observations, mais qu'il avait empruntés, pour la plupart, aux ouvrages d'Hésiode, à la météorologie d'Aristote, au livre de Théophraste sur les signes des vents, à d'autres ouvrages aujourd'hui inconnus.

ARATUS.

Le poème d'Aratus, dit M. Delambre, dans la notice qu'il a consacrée à cet auteur, a pour nous le mérite de nous avoir transmis ce que l'on savait alors sur la sphère. Mais il ajoute plus bas qu'Aratus n'était point astronome; il le prouve pas diverses considérations qu'il n'est pas de notre sujet de reproduire ici. Nous n'avons à considérer dans Aratus que le mérite de la poésie, le seul vraisemblablement auquel il avait prétendu, et qu'on ne recherche plus en lui. Par une destinée singulière, Aratus, qui était un littérateur bien plus qu'un savant, intéresse aujourd'hui la science plutôt que la littérature.

Son ouvrage est cependant un monument curieux de l'esprit qui animait alors la poésie. Ce n'était plus cette heureuse inspiration qui, dans les beaux temps de la Grèce, avait produit tant de chefs-d'œuvre, lorsque les lettres, librement cultivées, étaient la noble parure des institutions publiques auxquelles elles se mêlaient; lorsqu'elles jouaient un rôle actif dans l'état, célébrant les dieux et les héros, produisant sur la scène, avec la peinture des grands accidents du sort, des exemples de constance et de vertu, ou bien y faisant entendre la satire enjouée et maligne des vices du gouvernement et des mœurs de la société, conservant pour la postérité le récit des choses dignes de mémoire, traitant à la tribune les grands intérêts de la patrie, lui préparant dans les écoles de la philosophie et de l'éloquence, des orateurs et des citoyens. Avec la liberté avait disparu, pour la littérature grecque, cette existence publique qui lui donnait tant de dignité et de vie. Elle n'était plus qu'une industrie particulière, entretenue par le désœuvrement des esprits et par la protection des princes qui en faisaient la décoration de leur règne. Les poètes et les savants étaient, selon l'expression piquante d'un homme du temps, de Timon le Phliasien, enfermés dans le musée des Lagides, *comme des oiseaux dans une volière*. Ce mot spirituel est très propre à faire comprendre combien la poésie particulièrement était déchue de sa destination primitive et en même temps de son ancien éclat. Elle ne retrouva d'inspirations originales que dans deux genres seulement, genres alors nouveaux et que créèrent Ménandre et Théocrite. Les autres poètes de cette époque ne surent faire autre chose que combiner avec art les idées, les images, les expressions d'Homère, d'Hésiode, de Pindare et des trois grands tragiques. Aux temps d'abondance succèdent, par une marche naturelle, les temps d'épuisement. On en était à ce dernier période de toutes les littératures, lorsqu'on n'invente plus, et que le talent se borne à mettre ingénieusement en œuvre les inventions d'un âge plus heureux. Dans cette détresse de l'imagination, les esprits se tournèrent vers la poésie didactique, à laquelle le progrès des sciences pouvait fournir des sujets nouveaux. Ce genre, cultivé par Hésiode et ses fabuleux prédécesseurs, à une époque où l'art des vers était l'unique dépositaire de toutes les connaissances acquises, aussi bien que des traditions historiques, avait été à peu près abandonné lorsqu'il avait cessé d'être nécessaire; il avait dû céder la place à des genres d'une inspiration plus vive, plus animée, qui captivent plus puissamment la curiosité et l'intérêt, qui exercent plus d'empire sur les esprits. Il reparut avec quelque éclat sur la scène littéraire, au milieu de la décadence universelle du génie poétique. Les découvertes des savants furent célébrées dans des poëmes qui se distinguaient par un usage habile des belles formes du style et par l'intérêt des détails, mais qui n'offraient qu'une invention timide et une disposition prosaïque; auxquels manquait sur-tout cet enthousiasme qui saisit l'imagination alors qu'elle s'exerce librement sur un sujet qui l'attire, mais que ne peut donner une matière commandée ou froidement choisie. Tels sont les caractères principaux des poëmes didactiques de cet âge, et particulièrement du poëme d'Aratus, qui les représente tous, et qui, sous ce rapport, méritait un examen plus sérieux de la part des critiques qui l'ont abandonné aux astronomes. Peut-être nous saura-t-on gré d'en donner ici une courte analyse.

Après une invocation assez noble à Jupiter, le père des hommes, qui préside à leurs travaux, et qui les y appelle par les signaux éclatants qu'il a répandus dans le ciel, Aratus s'adresse aux Muses, et les prie de le soutenir dans le dessein qu'il a formé de chanter les astres (*vers.* 1-18); il entre sur-le-champ en matière, et parcourt les diverses constellations, décrivant la place que chacune d'elles occupe dans le ciel, rappelant son origine mythologique, retraçant le nombre, la disposition, le plus ou moins de clarté des étoiles qui la composent;

indiquant l'heure à laquelle elle brille, la saison où elle se montre, et les travaux dont elle ramène l'époque (18—467). On comprend que cette marche, commandée par le sujet, n'a rien de poétique, et qu'elle doit fatiguer par sa sécheresse et sa monotonie. Ce défaut est plus sensible encore dans la dernière partie du poème, où l'auteur, après avoir passé en revue les constellations, s'occupe des cercles qui les comprennent et qui partagent la sphère (467 — 732). Les *Phénomènes* d'Aratus sont bien moins remarquables par le mérite de la disposition, qui est celle d'un traité, que par celui des détails, où l'on remarque souvent un tour ingénieux, une expression spirituelle. La description des constellations offrait à la poésie une matière, la plupart du temps rebelle, et dont Aratus a triomphé par la forme sensible et, en quelque sorte, vivante dont il l'a revêtue. Nous en citerons quelques exemples. Veut-il donner une idée de la constellation du Dragon? voici comment il s'exprime (45): « Entre les deux « Ourses, roule, comme un large fleuve, l'énorme « et monstrueux Dragon, qui les embrasse de ses « replis. » Ailleurs il nous peint en ces termes la constellation du Lièvre et celle du Chien, établissant un rapport ingénieux entre le mouvement de ces constellations et les figures qui les représentent (338): « Sous les pieds d'Orion, on aperçoit le Lièvre, éter- « nellement poursuivi par Sirius, qui s'élève derrière « lui sur le ciel, et semble le forcer d'en disparaître. » A ce genre de mérite se joint le plus souvent celui d'une allusion mythologique: « Non loin de Cassio-

« pée, on voit errer le triste fantôme de sa fille An-
« dromède... Maintenant encore, et dans la nouvelle
« place qu'elle occupe, elle a les bras étendus; elle
« porte des fers même au ciel, et des liens douloureux
« enchaîneront toujours ses mains (196). » Quelquefois, mais trop rarement, Aratus interrompt la
suite un peu monotone de ses descriptions par de
petites digressions morales; telle est celle-ci, qui se
rencontre au vers 295. Après avoir parlé des dangers
de la navigation à l'époque où le soleil entre au signe
du Capricorne, Aratus s'élève éloquemment contre
la folie des hommes qui naviguent en toute saison :
« Maintenant, pendant l'année entière, l'onde noircit
« sous nos vaisseaux. Semblables aux plongeons qui
« regagnent la terre, trop souvent assis sur notre
« poupe, nous regardons la vaste mer, les yeux tour-
« nés vers le rivage. Mais les flots qui le baignent
« sont encore éloignés; et cependant un peu de
« bois nous défend de la mort. » Longin (ch. VIII)
a critiqué ce dernier trait assez mal à propos, et a
pris plaisir à le rabaisser par le rapprochement d'un
passage sublime d'Homère (XV, 624), avec lequel
il n'a que peu de rapport. Il en aurait davantage
avec ces vers d'Horace, qui peuvent lui servir d'a-
pologie :

..... qui fragilem truci
Commisit pelago ratem.
(*Od.* I, 3.)

On doit reprocher à l'auteur des *Phénomènes* de
n'avoir pas plus souvent égayé la tristesse de son
sujet par ces épisodes qui sont de l'essence du poëme

didactique. Il ne s'en est permis qu'un seul, où il a montré, dit Quintilien (X, 1), tout ce qu'il eût été capable de faire : c'est le morceau le plus remarquable de son ouvrage; nous en donnerons la traduction à la suite de cette notice.

La seconde partie du poème d'Aratus, ou plutôt son second poème, (Διοσημεῖα), paraît à M. Delambre beaucoup au-dessous des *Phénomènes*. Il n'y voit qu'un recueil de pronostics et d'erreurs populaires, tout-à-fait indigne d'intérêt. Cela peut être vrai pour la critique scientifique, mais non pas également pour la critique littéraire. Ces superstitions, que la science a le droit de dédaigner, offraient une matière favorable au talent descriptif; elles ont quelquefois inspiré assez heureusement Aratus (v. 909, 913, 926, 938, 999, 1022) pour que Virgile n'ait pas dédaigné de lui emprunter de nombreux détails, notamment dans ce beau passage où il décrit les signes de la tempête (*Géorg.* I, 351 - 463). Mais ces détails, il se les est rendus propres par la supériorité de son exécution; jetés confusément par le poète grec, ils sont distribués avec art par le poète latin, et forment dans sa composition un tableau à part, qui a son ensemble, sa gradation, son effet général, toutes choses qu'on ne trouve point dans Aratus.

Le poème des *Phénomènes*, aujourd'hui si peu connu, avait fait dans l'antiquité une assez grande fortune scientifique et littéraire; il fut commenté par Hipparque, le premier des astronomes anciens, et, comme on l'a prétendu long-temps, par Ératosthène : il le fut encore par Achille Tatius, et Léontius le mécanicien. Nous possédons ces divers commentaires; plusieurs autres ont été perdus. On en trouve des fragments dans les scolies qui nous sont parvenues, sous le nom de Théon d'Alexandrie. Aratus n'obtint pas moins de succès auprès de ceux qui ne recherchaient dans son ouvrage que le mérite littéraire. Ses contemporains le placèrent dans cette fameuse pléiade poétique dont le siège principal était à Alexandrie. Virgile lui a rendu, en l'imitant, un éclatant hommage; il fut célébré avec enthousiasme par Ovide (*Amor.* I, 15), et par Manilius (*Astr.* II, 24); avec folie par Maxime de Tyr, qui l'égale quelque part à Homère; les Pères de l'Église n'en ont parlé qu'avec une profonde estime, sans doute parce qu'un de ses vers a été cité par l'apôtre saint Paul, natif comme lui de Cilicie (*Act.* XVII, 28); Cicéron (*De Orat.* I, 16) lui a donné des éloges que Quintilien (*Instit.* X, 1) a répétés avec quelques restrictions*. Ce même Cicéron avait fait dans sa jeunesse une traduction du poème des *Phénomènes*, dont il nous reste des fragments considérables, et où brille, dans un langage encore rude et sauvage, un talent poétique plus remarquable qu'on ne le pense com-

---

* « On convient qu'Aratus, sans connaître l'astronomie a composé un beau poëme sur le ciel et les étoiles »

« Aratus s'est exercé sur un sujet assez froid, sans mouvement, sans variété, qui ne fournissait rien à la passion, où il ne pouvait faire agir et parler aucun personnage. Il a montré dans sa fable de *la Vierge* ce qu'il eût été capable de faire; et, dans tout le reste, ce qu'il a préféré mal à propos. On doit le dire toutefois, il n'est pas resté au-dessous de la tâche qu'il s'était donnée. »

(Quintil. *Inst. orat.* X, 1).

munément. Sa traduction me paraît, sous ce rapport, bien préférable aux paraphrases assez élégantes, mais froides et sans couleur, que firent après lui, du même poème, le fameux Germanicus et Rufus Sextus Aviénus. D'après un passage de Stace (*Epiced. V*, 3; *Sylv.* V, 23), il paraîtrait que le père de ce poète, s'était aussi occupé de reproduire en vers l'ouvrage d'Aratus. H. Grotius a réuni dans son *Syntagma Arateorum*, Leyde, 1600, in-4°, les trois versions dont nous venons de parler, et a rempli les nombreuses lacunes qu'offrait celle de Cicéron. C'est sur cette dernière, ainsi complétée, que Pingré a traduit et publié les *Phénomènes* d'Aratus, à la suite des *Astronomiques* de Manilius, Paris, 1786, 2 vol. in-8°. Il les a traduits tous les deux plutôt comme des astronomes que comme des poètes. L'édition la plus complète d'Aratus est celle qui a été donnée par J.-Th. Bulhe, Leipzig, 1793—1801, 2 vol. in-8°. On y trouve, avec le texte grec et une version latine, les scolies de Théon, le livre de Léontius, les traductions de Cicéron, de Germanicus et d'Aviénus, des notes sur ces divers ouvrages, et un fort bon morceau critique sur la vie et les poèmes d'Aratus. On peut consulter, sur le même sujet, la notice de M. Delambre, dans la *Biographie universelle*, l'*Essai historique sur l'École d'Alexandrie*, par J. Matter, I. partie, ch. III, §. 14; II. part. ch. I, ch. II; et l'*Histoire de la Littérature grecque* par Schoell.

H. PATIN.

ARATUS.
MORCEAU CHOISI.
Sur la Constellation de la Vierge.

Sous les pieds du *Bouvier*, on aperçoit la *Vierge*, qui porte dans ses mains un épi lumineux.

Quelle que soit son origine, qu'elle ait reçu la naissance de l'antique Astræus, qui fut, dit-on, le père des astres, ou qu'elle soit fille d'un autre dieu, puisse-t-elle toujours poursuivre dans les cieux son paisible cours !

Il est un autre récit répandu parmi les hommes. On veut qu'elle ait jadis habité la terre, et qu'elle se soit montrée aux regards des mortels. Elle ne dédaignait point, dit-on, dans cet âge reculé, de se mêler à leur compagnie et de s'asseoir familièrement au milieu d'eux, quoiqu'elle fût immortelle. On l'appelait *la Justice*. Rassemblant autour d'elle les vieillards, dans quelque place publique ou dans un carrefour spacieux, elle leur enseignait avec zèle les lois qui doivent régir les peuples. On ne connaissait point alors la discorde funeste, les querelles, les procès, les révoltes. Les hommes vivaient innocemment. Ils ignoraient les dangers de la mer. Des vaisseaux n'allaient point encore chercher au loin leur nourriture. Leurs bœufs et leurs charrues fournissaient à tous leurs besoins; et la Justice, cette reine des peuples, qui répand ses dons sur les justes, leur prodiguait les biens en abondance.

Elle demeura sur la terre tant que dura l'âge d'or. Mais quand vint l'âge d'argent, on la vit moins souvent paraître : elle visitait moins volontiers les humains, et regrettait les mœurs des anciens temps.

Cependant, elle se montrait encore aux hommes de cet âge. Elle descendait le soir des montagnes, seule, et sans s'arrêter, comme autrefois, avec bienveillance auprès des mortels. Seulement, quand elle en avait réuni autour d'elle un grand nombre dans quelque lieu solitaire, elle leur adressait des paroles menaçantes, et des reproches de leur méchanceté : « On « me rappellera, leur disait-elle, mais je ne me mon- « trerai plus. Si vos pères de l'âge d'or ont laissé des « fils si peu dignes d'eux, vous produirez à votre tour « des enfants plus méchants que vous. Alors, on verra « chez les hommes la guerre et le meurtre odieux ; « mais le crime sera bientôt suivi de la douleur. » Elle disait, et retournait vers ses montagnes, abandonnant les peuples qui la suivaient encore de leurs regards.

Mais quand ces hommes moururent, d'autres naquirent plus pervers encore. C'étaient les hommes de l'âge d'airain. Les premiers ils forgèrent le glaive, instrument du crime, le glaive, qui maintenant accompagne l'homme dans ses voyages; les premiers ils se nourrirent de la chair des taureaux laborieux. Alors la Justice, indignée, quitta cette race criminelle, et s'envola vers les cieux. Elle y occupa cette place où elle brille encore durant les nuits aux regards des humains, portant le nom de Vierge, et voisine de l'éclatante constellation du Bouvier. *(Phénomènes, v.* 96-136.)

Traduction de H. Patin.

ARCHILOQUE, poète grec, naquit à Paros, l'une

des Cyclades. On lui attribue l'invention du vers iambique. L'époque précise de sa naissance n'est pas connue; mais on la rapporte assez généralement vers l'an 700 avant l'ère chrétienne. Sa famille était illustre, et il aurait pu jouir pendant sa vie de ce haut degré d'honneur où l'a élevé la postérité, si son caractère odieux n'avait fait rejaillir sur ses talents une partie de la crainte et du mépris qu'inspiraient à la fois ses vers empreints de rage. Ayant demandé en mariage la fille de Lycambe, et celui-ci, au mépris de sa promesse, l'ayant accordée à un autre, Archiloque se déchaîna contre lui avec tant d'emportement que ce malheureux, réduit au désespoir, ne trouva d'autre ressource que de se pendre pour échapper au malheur d'entendre des vers qui étaient dans la bouche de tout le monde. La malignité de ses concitoyens leur faisait ainsi adopter et répéter d'abord des satires qui devaient bientôt s'étendre jusqu'à eux; et en effet, non content de ce premier succès, Archiloque ne mit plus de bornes à ses emportements; quiconque avait le malheur de lui déplaire était immolé sans pitié à sa colère. Cette conduite devait susciter contre lui un grand nombre d'ennemis; ses désordres les multiplièrent. Il séduisit plusieurs femmes et filles de Paros, et ne fut satisfait qu'après avoir rendu leur déshonneur public. En butte à la haine générale, il fut obligé de quitter sa patrie, et de chercher un asyle dans l'île de Thasos. Repoussé par les Thasiens, le poète en tira vengeance dans des vers où il les déchirait sans ménagement. Sparte lui ferma aussi ses portes. Les sévères Lacédémoniens ne voulurent pas permettre la lecture de ses poésies, pensant avec raison que le plaisir qu'on y trouverait ne compenserait pas, pour la jeunesse, le danger d'une telle lecture. Nous n'avons d'Archiloque que de très courts fragments insérés dans la *Collection des Poètes grecs* et dans les *Analecta* de Brunck. Cette perte est très grande pour la littérature; car les anciens se sont accordés à faire du génie d'Archiloque, un éloge pompeux.

Archiloque avait remporté la couronne aux jeux olympiques par un hymne en l'honneur d'Hercule; la gloire de ce triomphe, qui rejaillissait sur sa patrie, adoucit les haines, et lui procura les moyens d'y rentrer. Mais son penchant funeste pour la satire, et la fougue d'un génie qui n'avait jamais su se contenir, le firent retomber dans les fautes qui avaient causé son exil, et il finit par périr victime des vengeances qu'il avait lui-même excitées. Sa mort fit oublier la méchanceté de son caractère, et ne laissa plus admirer que la grandeur de ses talents. De tous côtés, des concerts de louanges s'unirent pour célébrer sa mémoire; le jour de sa naissance fut fêté comme celui de la naissance d'Homère. Leurs vers étaient chantés dans les assemblées générales de la Grèce, et leurs noms offerts à l'admiration publique. Archiloque joignit le talent de la musique à celui de la poésie, et lui-même avait chanté aux jeux olympiques cet hymne qui fut couronné, et qu'on chantait encore du temps de Pindare.

DE BROTONNE.

ARCHILOQUE.

JUGEMENTS.

I.

Le poète Archiloque, natif de Paros, inventeur des vers iambiques, vivait du temps de Candaule, roi de Lydie.

Il a cela de commun avec Homère, selon Vélleius Paterculus, d'avoir porté tout d'un coup à une très grande perfection le genre de poésie qu'il avait inventé. Les pieds qui donnèrent leur nom à ces vers, et qui seuls d'abord y furent admis, sont composés d'une brève et d'une longue. Il paraît que le vers iambique, tel qu'Archiloque l'inventa, était fort propre pour un style véhément et énergique : aussi voyons-nous qu'Horace (*De Art. poet. v.* 79), en parlant de ce poète, dit que sa colère, ou plutôt sa rage, l'arma de l'iambe pour exercer sa vengeance :

Archilochum proprio rabies armavit iambo;

et Quintilien nous apprend qu'il avait une force d'expression extraordinaire, des pensées hardies, de ces traits qui sont courts, mais vifs et perçants; en un mot, un style plein de force et de nerf. On disait de ses pièces de poésie, que les plus longues étaient les plus belles. On a porté le même jugement des harangues de Démosthène et de celles de Cicéron : celui-ci en dit autant des lettres de son ami Atticus.

Les vers d'Archiloque étaient mordants et licencieux, témoins ceux qu'il écrivit contre Lycambe, qui le réduisirent au désespoir. Par cette double raison, ses poésies, quelque excellentes qu'elles fussent jugées d'ailleurs, furent absolument bannies de Sparte, comme plus capables de corrompre les mœurs et le cœur des jeunes gens, qu'utiles pour former leur esprit. Il ne nous en reste que de très courts fragments.

Rollin, *Histoire ancienne*.

II.

Les Grecs admirèrent dans ses écrits la force des expressions et la noblesse des idées; ils le virent montrer, jusque dans ses écarts, la mâle vigueur de son génie, étendre les limites de l'art, introduire de nouvelles cadences dans les vers et de nouvelles beautés dans la musique.

Archiloque a fait pour la poésie lyrique ce qu'Homère avait fait pour la poésie épique. Tous deux ont eu cela de commun, que, dans leur genre, ils ont servi de modèle; que leurs ouvrages sont récités dans les assemblées générales de la Grèce; que leur naissance est célébrée en commun par des fêtes particulières. Cependant, en associant leurs noms, la reconnaissance publique n'a pas voulu confondre leurs rangs : elle n'accorde que le second au poète de Paros; mais c'est obtenir le premier que de n'avoir qu'Homère au-dessus de soi.

Du côté des mœurs et de la conduite, Archiloque devrait être rejeté dans la plus vile classe des hommes. Jamais des talents plus sublimes ne furent unis à un caractère plus atroce et plus dépravé : il souillait ses écrits d'expressions licencieuses et de peintures lascives; il y répandait avec profusion le fiel dont son âme se plaisait à se nourrir. Ses amis, ses ennemis, les objets infortunés de ses amours, tout succombait sous les traits sanglants de ses satires; et, ce qu'il y a de plus étrange, c'est de lui que nous tenons ces faits odieux : c'est lui qui, en traçant l'histoire de sa vie, eut le courage d'en contempler à loisir toutes les horreurs, et l'insolence de les exposer aux yeux de l'univers.

BARTHELEMY, *Voyage d'Anacharsis.*

ARÉTIN (PIERRE), auteur italien du seizième siècle, qui dut une grande partie de sa célébrité aux excès honteux de sa plume, naquit à Arezzo, en Toscane, le 20 avril 1492. Fils naturel d'un gentilhomme nommé Luigi Bacci, ses premières années furent abandonnées aux soins de sa mère, dont on ignore l'état. Il ne fit que de médiocres études; mais ses dispositions brillantes, et la lecture des meilleurs poètes italiens, suppléèrent bientôt à ce défaut d'instruction. Il prit le goût des vers, et le premier essai de son talent poétique, qui fut un sonnet contre les indulgences, le fit chasser d'Arezzo. Réfugié à Pérouse, il y exerça pendant quelque temps l'état de relieur; mais, s'étant lassé de cet état obscur, il se rendit à Rome, et parvint en assez peu de temps à être attaché, on ne sait à quel titre, au pape Léon X et ensuite à Clément VII. Les infâmes sonnets qu'il fit pour les seize figures obscènes gravées par Marc Antoine Raimondi, d'après les dessins de Jules Romain, le firent chasser de Rome en 1525, et il se trouva trop heureux de pouvoir accepter les offres que lui fit Jean de Médicis, connu dans les guerres d'Italie sous le nom de chef des bandes noires, qui l'appela auprès de lui, se l'attacha par des bienfaits, et lui fournit aussi l'occasion de se faire connaître à François Ier.

Après la mort de son protecteur, avec lequel il avait vécu dans la plus grande intimité, l'Arétin se retira à Venise, où il pouvait en toute liberté faire imprimer ses écrits scandaleux. Là, provoquant les libéralités des princes et des rois par les plus basses adulations, il osait aussi les outrager par les plus odieuses satires, et fut avec raison nommé leur *fléau*. L'empereur Charles-Quint et François Ier, qu'il encensa tour à tour, lui envoyèrent chacun une de ces belles chaines d'or qu'on portait alors au cou comme objet de luxe et comme une marque d'honneur ; et le fameux duc de Lève lui fit une forte pension. On disait de l'Arétin : « Que sa « plume lui avait assujetti plus de princes, que les « princes n'avaient subjugué de peuples. » Bientôt il excita une sorte d'enthousiasme dont les témoignages lui étaient adressés de toutes parts ; renchérissant encore sur les louanges qu'on lui prodiguait, il se vantait sans cesse avec la dernière effronterie. Appelé divin par ses admirateurs, il osa se donner lui-même ce surnom, et faire courir une médaille où son buste était gravé, d'un côté avec ces mots : *Il divino Aretino*[*] et où, de l'autre, on le voyait sur

---

[*] Platon a emporté ce surnom de *divin* par un consentement universel, qu'aucun n'a essayé lui envier : et les Italiens, qui se vantent, et avec raison, d'avoir communément l'esprit plus éveillé et le discours plus sain que les

un trône, recevant les envoyés des princes. Les honneurs littéraires qu'il reçut vinrent encore ajouter aux jouissances de son orgueil, on le nomma membre des académies de Sienne, de Florence et des *Infiammati* de Padoue. Enfin, son ambition ne connaissant plus de bornes, on le vit aspirer au chapeau de cardinal. Ses espérances à ce sujet se fondaient sur les dispositions favorables que lui avait montrées le Pape Jules III, en lui envoyant mille couronnes d'or, avec le titre et le cordon de chevalier de Saint-Pierre. Présenté à ce souverain pontife, trois ans après, il en fut accueilli avec tant d'honneur, qu'il se crut sûr d'obtenir cette dignité, qui faisait depuis si long-temps l'objet de ses vœux ; mais la faveur dont il jouissait à la cour de Rome n'ayant rien produit de solide, il la quitta pour retourner à Venise, où il ne manqua pas de dire, avec sa jactance ordinaire, qu'il avait refusé le cardinalat.

Quoique l'Arétin eût un grand nombre d'admirateurs, il eut encore un plus grand nombre d'ennemis. Quelques-uns bravèrent la terreur qu'inspiraient ses *Satires*, et lui firent éprouver le traitement réservé aux lâches : on assure qu'il faillit plus d'une fois périr sous le bâton. Du reste, il était destiné à un genre de mort non moins singulier ; car, s'étant un jour mis à rire aux éclats en écoutant le récit de

autres nations de leur temps, en viennent d'étrenner l'Arétin, auquel, sauf une façon de parler bouffie et bouillonnée de pointes, ingénieuses à la vérité, mais recherchées de loin et fantastiques, et outre l'éloquence enfin telle qu'elle puisse être, je ne vois pas qu'il y ait rien au-dessus des communs auteurs de son siècle : tant s'en faut qu'il approche de cette divinité ancienne.   MONTAIGNE, *Essais. liv. I. chap* 51.

quelques faits galants de ses deux sœurs, qui menaient une vie fort dissolue à Venise, il se renversa de dessus sa chaise, se frappa rudement la tête sur le pavé, et mourut à l'heure même. Il était alors âgé de soixante-cinq ans. Un versificateur italien a fait son épitaphe, qu'on a ainsi rendue en français :

>Le temps par qui tout se consume
>Sous cette pierre a mis le corps
>De l'Arétin, de qui la plume
>Blessa les vivants et les morts.
>Son encre noircit la mémoire
>Des grands monarques dont la gloire
>Est vivante après le trépas :
>Et s'il n'a pas contre Dieu même
>Vomi quelque horrible blasphème,
>C'est qu'il ne le connaissait pas.

Cet auteur, qui souilla autant sa vie par la dépravation de ses mœurs que par sa cupidité et la licence de ses ouvrages, écrivait rapidement et sans soin, mais avec une facilité naturelle qui a quelque chose d'entraînant. Aucune de ses productions cependant n'a mérité d'être citée comme modèle ; la liste en est fort longue : on y voit, avec les écrits odieux qui lui valurent sa scandaleuse célébrité, une *Paraphrase des sept psaumes de la Pénitence*, trois livres *sur l'Humanité de Jésus-Christ* ; la *Genèse* et la *Vision de Noé* ; la *Vie de la sainte Vierge*, celles de *sainte Catherine* et de *saint Thomas-d'Aquin*. Ces ouvrages de dévotion ont fait croire à quelques auteurs que l'Arétin avait pris à la fin de sa vie des sentiments honnêtes et chrétiens ; mais ces uovrages ne prouvent autre chose, sinon que cette espèce de Protée ne négligeait aucun moyen de fortune et de réputation, passait du sacré au profane avec la même facilité qu'il passait de la satire à la plus basse flatterie.

La *Vie de l'Arétin* a été écrite avec beaucoup de soin et d'exactitude, par le savant Mazzuchelli, Padoue, 1741, in-8°. On trouve dans l'*Histoire littéraire d'Italie*, par Ginguené, un examen très détaillé des principaux ouvrages de ce poëte.

W.

ARIETTE. Air de musique vocale, dont le caractère est la légèreté. Ce mot est nouveau dans notre langue; et quoiqu'il y eût dans la musique de Lulli, de Mouret, de Campra, quelques morceaux de chant mesuré d'un mouvement vif et d'un tour agréable, on ne disait point les ariettes, mais les airs de Lulli, de Mouret, de Campra. Ce fut lorsqu'on eut quelque idée de la musique italienne, et qu'on essaya d'en imiter les passages brillants, que du mot *aria* on fit le mot ariette; et on donna ce nom distinctif aux airs français que l'on croyait composés à l'italienne: ainsi, l'on dit les ariettes de Rameau, les ariettes de Mondonville, l'ariette des talents lyriques, l'ariette de Pygmalion, l'ariette de Tithon et l'Aurore.

Ce chant léger, qui était la partie de la musique italienne la moins estimable et la plus facile à imiter, fut introduit à l'Opéra-Comique, et il y eut beaucoup de succès. Le nom d'ariette lui convenait alors plus que jamais; il le retint, et l'on distingua l'ariette et le vaudeville. Mais l'opéra comique ayant pris dans la suite un caractère plus élevé, et les sentiments qui l'animaient l'ayant rendu susceptible d'une musique plus variée, plus expressive, on sentit qu'on pouvait faire mieux que d'y donner à des voix légères des modulations brillantes à exécuter : on fit des chants qui avaient eux-mêmes du caractère et de l'expression; et ce fut alors qu'on s'aperçut, quoi qu'en eût dit Rousseau, que notre langue était susceptible des beautés véritables de la musique italienne. Il eût donc fallu distinguer, dès ce moment, l'ariette qui n'était que brillante, de l'air expressif et passionné. Mais l'usage était établi d'appeler ariette tous les airs de l'opéra comique; et quoique le goût eût décidé que les chants du *Devin du Village* étaient des airs, et non des ariettes, parce que le style en était simple et naturel, l'usage prévalut, et conserva le nom d'ariette pour tous les airs chantés sur le théâtre où l'ariette avait brillé. Ainsi, l'air de *Tom-Jones*,

> Amour, quelle est donc ta puissance !

l'air du *Déserteur*,

> Mourir n'est rien, c'est notre dernière heure;

l'air de *Silvain*,

> Je puis braver les coups du sort,
> Mais non pas les regards d'un père :

s'appelèrent des ariettes.

Ce n'est pas tout : lorsque la musique italienne la plus simple, la plus noble, la plus pathétique, s'est établie sur le théâtre de l'Opéra, ceux qui, par goût, par opinion, par système, ont tâché de la dépriser, ont donné aussi le nom d'ariettes, non-seulement aux airs d'un caractère brillant et léger, mais indistinctement à tous les chants, même aux plus sublimes, aux plus passionnés de ce nouveau genre d'opéra; et de l'idée de légèreté, de frivolité, de comique, originairement attachée au mot d'ariette, ils ont tiré cette induction, que la musique italienne, la musique des ariettes n'était pas digne de la tragédie. On aura cependant quelque peine à croire que l'air de Roland,

>   Que me veux-tu, monstre effroyable?

que l'air d'Atys,

>   Quel trouble agite mon cœur?

que l'air de Cybèle,

>   Tremblez, ingrats, de me trahir;

que l'air d'Oreste,

>   Cruel! et tu dis que tu m'aimes!

et celui de Pylade,

>   Oreste, au nom de la patrie,

soient de cette musique ou légère ou comique qu'on appelle ariettes, ou jolis petits airs.

En italien, le mot *aria* signifie un air en général; ce n'est point un diminutif. Le mot ariette en est un; il faut donc le garder pour l'espèce de chant la plus légère et la moins expressive, et ne pas faire servir l'abus des mots à donner le change aux idées. (*Voyez* AIR.)

MARMONTEL, *Éléments de Littérature.*

ARIOSTE (LODOVICO ARIOSTO, L'), s'est placé au premier rang parmi les restaurateurs des lettres; et sa gloire a beaucoup contribué à la splendeur du beau siècle de Léon X. C'est un de ces rares génies pour qui l'éloge est superflu; et les Italiens ont tout dit quand ils l'ont nommé *divin* (*il divino Ariosto*).

Ce grand homme naquit le 8 septembre 1474 à Reggio, dans l'état de Modène. Il nous importe peu de savoir si sa famille descendait des Arioristes, comme l'ont prétendu quelques auteurs; car, fût-il plus noble ou plus ancien qu'il ne l'était réellement, il a plus illustré son nom qu'il n'en a reçu d'illustration. Quoi qu'il en soit, son père, lié d'amitié avec deux ducs de Ferrare, en avait obtenu des missions importantes et des titres flatteurs. Nicolas Arioste eut dix enfants, cinq fils et cinq filles. Lodovico fut l'aîné des fils, et le premier sous tous les rapports : c'est le seul qui occupe ici notre attention.

Encore enfant, l'Arioste montra qu'il était né poète : son père désapprouvait ce goût précoce; et, comme Ovide, l'Arioste faisait des vers en promettant qu'il n'en ferait plus. Sachant à peine qu'il existât des règles pour l'art dramatique, il composait déjà des tragédies; et, en l'absence de son père, les faisait représenter par ses frères et sœurs, qu'il ajustait, tant bien que mal, à l'antique, avec tous les costumes qui tombaient sous sa main. L'anecdote suivante nous offre un de ces traits de caractère qui décèlent un penchant inné. Le jeune Arioste avait entrepris sa comédie de *la Cassaria*, qui plus tard fut représentée à la cour de Ferrare. Un jour, comme il travaillait à cette pièce, son père survint, et lui fit une sévère mercuriale sur une faute qu'il n'avait pas commise. Lodovico pouvait d'un seul mot se justifier; il écouta son père jusqu'au bout sans l'interrompre. Un de ses frères avait été présent à la réprimande, et manifesta son étonnement d'une telle conduite, aussitôt que le père fut sorti. « Pourquoi donc, dit-il à Lodovico, quand il t'était « si facile de désabuser notre père, as-tu soutenu « son courroux avec tant d'impassibilité? Dans ma « pièce, répondit le jeune poète, un père réprimande « son fils; j'avais besoin d'un modèle; mon père, « sans qu'il s'en doute, vient de me servir à mer- « veille, et je me serais bien gardé de l'interrompre, « quand il me fournissait une situation excellente « pour ma comédie. »

Tandis qu'une vocation irrésistible portait ainsi l'Arioste vers l'étude des lettres, son père le poussait vers celle des lois. Ses progrès furent nuls dans une carrière à laquelle il n'était point propre, et dont la nature le détournait : il y perdit cinq années, dont lui-même, dans ses *Satires*, regrette beaucoup l'emploi. Cependant, au milieu d'un travail ingrat, l'instinct puissant de la poésie reprenait le dessus, et le ramenait sans cesse aux chefs-d'œuvre que l'antiquité nous a laissés, et surtout à Horace, son auteur favori; il était soutenu en cela par le savant Grégoire de Spolète, qui l'aidait de ses conseils. Dans ces entrefaites, la mort de son père le laissa libre de se livrer au culte des muses. Bientôt le cardinal Hippolyte d'Est désira s'attacher un jeune homme dont la réputation s'annonçait d'une manière brillante (l'Arioste s'était déjà fait connaître par des poésies qui dénotaient ce qu'il pouvait devenir un jour). Mais des missions diplomatiques, quelque honorables qu'elles fussent, ne convenaient guère à un poète amant de l'indépendance. Il méditait dès lors son *Orlando furioso*, et son ambition ne tendait à rien moins qu'à donner un poème épique à l'Italie. A cette époque, les romans de chevalerie étaient à la mode; le *Roland amoureux* (l'*Orlando innamorato*) du Boiardo jouissait d'une vogue immense. L'Arioste entreprit de continuer les aventures de Roland. Il répandit sur son ouvrage, avec une intarissable abondance, tout le luxe de la poésie, toutes les richesses d'une imagination vraiment magique, et s'éleva si fort au-dessus de l'original qu'il parvint presque à le faire oublier : il est peut-être le seul des imitateurs qui ait surpassé son modèle. Ce chantre de fables et d'enchantements est lui-même le premier des enchanteurs, par son art d'intéresser nos passions au récit d'évènements fantastiques et surnaturels. Nul n'a su mieux que lui

Passer du grave au doux, du plaisant au sévère.

L'Arioste travaillait depuis dix ou onze ans à son poème, quand il en donna une première édition à Ferrare, en 1516. Léon X occupait le trône pontifical depuis trois ans, ayant été élu pape en 1513. L'Arioste avait connu Léon, lorsque celui-ci n'était encore que cardinal; mais le pape borna ses bienfaits envers le poète, à lui accorder une bulle qui lui permettait d'imprimer son ouvrage. En 1521, l'Arioste publia une seconde édition, perfectionnée et augmentée de plusieurs chants. Peu après, Hippolyte d'Est mourut : son frère, Alphonse, duc de Ferrare, voulut retenir l'Arioste dans sa cour. Ce dernier, qui, sur la fin de la vie du cardinal, avait éprouvé sa disgrace, et s'en était consolé en recouvrant sa chère indépendance, refusa long-temps les offres séduisantes d'Alphonse. Mais les caresses des princes sont bien puissantes: l'Arioste se laissa vaincre par des bienfaits, et par cette considération que son crédit pourrait être utile à l'avancement de ses frères. Voilà donc le poète engagé de nouveau dans le métier de courtisan. Il avait à peine repris ce genre de vie, lorsque des troubles suscités par des factieux dans la Grafagnana, obligèrent le duc d'y envoyer un homme prudent et ferme, qui fût capable de pacifier cette contrée de l'Apennin. Il fit choix de l'Arioste, qui, à force d'adresse, parvint à ramener les rebelles au devoir. Ici se rattache une anecdote qui sert à montrer quelle était alors la célébrité de notre poète, et combien est grand l'ascendant du génie. Il parcourait un défilé des montagnes, quand il fut rencontré par une troupe de factieux sous la conduite de Filippo Pacchione. On allait le dépouiller lorsque le nom de l'Arioste se fait entendre: *c'est l'Arioste!* et aussitôt ces hommes se prosternent pénétrés d'admiration. A la vue du poète, ils oublient le gouverneur, le rendent à la liberté, et prennent congé de lui, en manifestant le plus grand respect pour sa personne.

Dès que l'Arioste eut pacifié la Grafagnana, il fut rappelé à Ferrare par Alphonse, qui le reçut avec beaucoup de distinction. Ce prince, ami des lettres, se plaisait surtout à voir représenter des ouvrages dramatiques. L'Arioste composa plusieurs comédies pour son théâtre, *la Cassaria*, *gli Suppositi*, *la Lena*, et *il Negromante*. Toutes ces pièces furent jouées avec un grand appareil par les gentilshommes de la maison du duc. C'est aussi environ vers ce temps que l'Arioste composa les satires qu'il nous a laissées.

Au milieu des fastueuses distractions de la cour, il n'avait pourtant pas perdu le goût de la retraite. Les faveurs dont il avait été l'objet étaient plus brillantes que lucratives, et sa fortune en avait peu profité. Toutefois, il acheta un terrein où il se plut à créer des jardins charmants : il y bâtit une maison petite mais commode, et la décora de cette inscription :

Parva, sed apta mihi, sed nulli obnoxia, sed non
   Sordida parta, meo sed tamen ære domus.

C'est dans cet asyle qu'il acheva ses jours, au sein de la philosophie et des muses. Il était âgé de cinquante-neuf ans, quand la mort l'enleva, le 6 juin 1533, et non pas en 1532, comme l'ont avancé ses biographes italiens Fornari et Pigna. Déposés dans l'église des Bénédictins, à Ferrare, ses restes précieux y obtinrent, en 1578, un mausolée digne d'eux. Le Titien, dans un portrait superbe de ce grand homme, nous a transmis une ressemblance parfaite de ses traits.

Indépendamment de son *Roland furieux*, l'Arioste a laissé cinq comédies, sept satires, des sonnets, des chansons et des ballades. Son poème a été traduit plusieurs fois en français, notamment par Tressan, et par MM. Framery et Panckoucke. La plus belle édition italienne qu'on en ait donnée est celle de Paris, 1772, 4 vol. in-8°, caractères de Baskerville : cette édition est ornée de figures par d'habiles maîtres. Ginguené, dans son *Histoire littéraire d'Italie*, a fait l'examen et l'analyse des diverses productions de ce grand poète.

H. Lemonnier.

JUGEMENTS.

I.

Que l'Arioste est supérieur à La Fontaine et à tout ce qui m'a jamais charmé, par la fécondité de son génie inventif, par la profusion de ses images, par la profonde connaissance du cœur humain, sans faire jamais le docteur, par ces railleries si naturelles dont il assaisonne les choses les plus terribles ! J'y trouve toute la grande poésie d'Homère avec plus de variété, toute l'imagination des *Mille et une nuits*, la sensibilité de Tibulle, les plaisanteries de Plaute, toujours le merveilleux et le simple. Les exordes de tous ses chants sont d'une morale si vraie et si enjouée ! N'êtes-vous pas étonné qu'il ait pu faire un poème de plus de quarante mille vers, dans lequel il n'y a pas un morceau ennuyeux, et pas une ligne qui pèche contre la langue, pas un tour forcé, pas un mot impropre, et encore ce poème est tout en stances !

Je vous avoue que cet Arioste est mon homme, ou plutôt un dieu, comme disent messieurs de Florence : *Il divino Ariosto.* Pardonnez-moi ma folie. La Fontaine est un charmant enfant que j'aime de tout mon cœur; mais laissez-moi en extase devant messer Lodovico, qui d'ailleurs a fait des épîtres comparables à celles d'Horace.

Voltaire, *Correspondance générale.*

II.

L'*Odyssée* d'Homère semble avoir été le premier modèle du *Morgante*, de l'*Orlando innamorato*, et de l'*Orlando furioso*; et, ce qui n'arrive pas toujours, le dernier de ces poëmes a été sans contredit le meilleur.

Les compagnons d'Ulysse changés en pourceaux; les vents enfermés dans une peau de chèvre; des musiciennes qui ont des queues de poisson, et qui mangent ceux qui approchent d'elles; Ulysse qui suit tout nu le chariot d'une belle princesse qui venait de faire la grande lessive; Ulysse déguisé en gueux, qui demande l'aumône, et qui ensuite tue tous les amants de sa vieille femme, aidé seulement de son fils et de deux valets, sont des imaginations qui ont donné naissance à tous les romans en vers qu'on a fait depuis dans ce goût.

Mais le roman de l'Arioste est si plein et si varié, si fécond en beautés de tous les genres, qu'il m'est arrivé plus d'une fois, après l'avoir lu tout entier, de n'avoir d'autre désir que d'en recommencer la lecture. Quel est donc le charme de la poésie naturelle? Je n'ai jamais pu lire un seul chant de ce poème dans nos traductions en prose.

Ce qui m'a surtout charmé dans ce prodigieux ouvrage, c'est que l'auteur, toujours au-dessus de sa matière, la traite en badinant. Il dit les choses les plus sublimes sans effort, et il les finit souvent par un trait de plaisanterie qui n'est ni déplacé ni recherché. C'est à la fois l'*Iliade*, l'*Odyssée* et *Don Quichotte*; car son principal chevalier errant devient fou comme le héros espagnol, et est infiniment plus plaisant*. Il y a bien plus: on s'intéresse à Roland, et personne ne s'intéresse à Don Quichotte, qui n'est représenté, dans Cervantes, que comme un insensé à qui l'on fait continuellement des malices.

Le fond du poème, qui rassemble tant de choses, est précisément celui de notre roman de *Cassandre*, qui eut tant de vogue autrefois parmi nous, et qui a perdu cette vogue absolument, parce qu'ayant la longueur de l'*Orlando furioso*, il n'a aucune de ses beautés; et quand il les aurait en prose française, cinq ou six stances de l'Arioste les éclipseraient

---

* Où Voltaire avait-il donc vu cela? Dans toutes les descriptions de la folie de Roland il n'y a pas une seule plaisanterie. L'Arioste se garde bien de le rendre plaisant. C'est partout un fou terrible que l'on fuit, mais dont on ne rit pas. Non-seulement sa démence est l'effet d'une passion profonde, elle est encore une punition divine. Un seul rire du lecteur détruirait ce caractère; mais ce rire, qu'un trait d'extravagance pourrait quelquefois appeler, est toujours repoussé par un acte de violence qui frappe de terreur. La terreur et la pitié sont les seuls sentiments que le poète ait voulu exciter, et qu'il excite en effet dans ce tableau sublime et entièrement neuf en poésie. Comparer Roland à Don Quichotte, c'est prendre, comme Don Quichotte lui-même, les objets pour ce qu'ils ne sont pas.

GINGUENÉ, *Histoire littéraire d'Italie*.

toutes. Ce fond du poëme est que la plupart des héros et des princesses qui n'ont pas péri pendant la guerre, se retrouvent dans Paris, après mille aventures, comme les personnages du roman de *Cassandre* se retrouvent dans la maison de Polémon*.

Il y a dans l'*Orlando furioso* un mérite inconnu à toute l'antiquité**; c'est celui de ses exordes. Chaque chant est comme un palais enchanté, dont le vestibule est toujours dans un goût différent, tantôt majestueux, tantôt simple, même grotesque. C'est de la morale, ou de la gaieté, ou de la galanterie, et toujours du naturel et de la vérité.

Voyez seulement cet exorde du quarante-quatrième chant de ce poëme, qui en contient quarante-six, et qui cependant n'est pas trop long; de ce poëme qui est tout en stances rimées, et qui cependant n'a rien de gêné; de ce poëme qui démontre la nécessité de la rime dans toutes les langues modernes; de ce poëme charmant qui démontre surtout la stérilité et la grossièreté des poëmes épiques barbares dans lesquels les auteurs se sont affranchis du joug de la rime, parce qu'ils n'avaient pas la force de le porter, comme disait Pope, et comme l'a écrit Louis Racine, qui a eu raison alors.

---

* Peu nous importe aujourd'hui ce qu'est le fond du roman de *Cassandre*; mais le fond du poëme de Roland n'est point du tout cela. Il est tel que j'ai tâché de le faire entendre; et il est inconcevable qu'ayant relu tant de fois ce poëme, un tel lecteur ne l'ait pas mieux entendu.

GINGUENÉ, *Histoire littéraire d'Italie.*

** Excepté à Lucrèce : ajoutons que Boiardo qui avait fourni à l'Arioste le fond de sa fable, lui avait encore donné le modèle de cet embellissement.   F.

Spesso in poveri alberghi e in picciol tetti,
Nelle calamitadi e nei disagi,
Meglio s'aggiungon d'amicizia i petti,
Che fra ricchezze invidiose, ed agi
Delle piene d'insidie e di sospetti
Corti regali e splendidi palagi,
Dove la caritade è in tutto estinta,
Nè si vede amicizia, se non finta.

 Quindi avvien, che tra principi e signori,
Patti e convenzion sono sì frali.
Fan lega oggi re, papi, imperatori;
Doman saran nemici capitali;
Perchè, qual l'apparenze esteriori,
Non hanno i cor, non han gli animi tali;
Che non mirando al torto, più ch'al dritto,
Attendon solamente al lor profitto.

 On a imité ainsi, plutôt que traduit, cet exorde:

L'amitié sous le chaume habita quelquefois :
On ne la trouve point dans les cours orageuses,
Sous les lambris dorés des prélats et des rois,
Séjour des faux serments, des caresses trompeuses,
Des sourdes factions, des effrénés désirs ;
Séjour où tout est faux, et même les plaisirs.

 Les papes, les Césars, apaisant leur querelle,
Jurent sur l'Évangile une paix fraternelle ;
Vous les voyez demain l'un de l'autre ennemis ;
C'était pour se tromper qu'ils s'étaient réunis :
Nul serment n'est gardé, nul accord n'est sincère ;
Quand la bouche a parlé, le cœur dit le contraire.
Du ciel qu'ils attestaient ils bravaient le courroux ;
L'intérêt est le dieu qui les gouverne tous.

 Il n'y a personne d'assez barbare pour ignorer

qu'Astolphe alla dans le paradis reprendre le bon sens de Roland, que la passion de ce héros pour Angélique lui avait fait perdre, et qu'il le lui rendit très proprement renfermé dans une fiole.

Le prologue du trente-cinquième chant est une allusion à cette aventure :

> Chi salirà per me, Madonna, in cielo
> A riportarne il mio perduto ingegno ?
> Che poi ch'uscì da' be' vostri occhi il telo,
> Che 'l cor mi fisse, ognor perdendo vegno ;
> Nè di tanta jattura mi querelo,
> Purchè non cresca, ma stia a questo segno ;
> Ch'io dubito, se più si va scemando,
> Di venir tal, qual ho discritto Orlando.
>
> Per riaver l'ingegno mio m'è avviso,
> Che non bisogna che per l'aria io poggi
> Nel cerchio della luna, o in paradiso,
> Che'l mio non credo che tant' alto alloggi.
> Ne' bei vostri occhi e nel sereno viso,
> Nel sen d'avorio e alabastrini poggi
> Se ne va errando ; ed io con queste labbia
> Lo corrò, se vi par ch'io lo riabbia.

Ceux qui n'entendent pas l'italien peuvent se faire une idée de ces strophes par la version française :

> Oh ! si quelqu'un voulait monter pour moi
> Au paradis ! S'il y pouvait reprendre
> Mon sens commun ! S'il daignait me le rendre !
> Belle Aglaé, je l'ai perdu pour toi ;
> Tu m'as rendu plus fou que Roland même ;
> C'est ton ouvrage : on est fou quand on aime.
> Pour retrouver mon esprit égaré

Il ne faut pas faire un si long voyage ;
Tes yeux l'ont pris, il en est éclairé,
Il est errant sur ton charmant visage,
Sur ton beau sein, ce trône des amours :
Il m'abandonne. Un seul regard peut-être,
Un seul baiser peut le rendre à son maître ;
Mais sous tes lois il restera toujours.

Ce *molle et facetum* de l'Arioste, cette urbanité, cet atticisme, cette bonne plaisanterie répandue dans tous ses chants, n'ont été ni rendus, ni même sentis par Mirabeau, son traducteur, qui ne s'est pas douté que l'Arioste raillait de toutes ses imaginations. Voyez seulement le prologue du vingt-quatrième chant :

Chi mette il piè su l'amorosa pania,
Cerchi ritrarlo e non v'inveschi l'ale.
Che non è in somma amor se non insania,
A giudicio de' savi universale
E se ben, come Orlando, ognun non smania,
Suo furor mostra a qualche altro segnale ;
E quale è di pazzia segno più espresso
Che per altri voler, perder se stesso ?

Vari gli effetti son ; ma la pazzia
È tutta una però che li fa uscire.
Gli è come una gran selva, ove la via
Conviene a forza a chi vi va fallire ;
Chi su, chi giù, chi qua, chi là travia.
Per concludere in somma, io vi vo dire :
A chi in amor s'invecchia, oltre ogni pena
Si convengon i ceppi e la catena.

Ben mi si potria dir : frate, tu vai
L'altrui mostrando, e non vedi il tuo fallo.

Io vi rispondo che comprendo assai,
Or che di mente ho lucido intervallo,
Ed ho gran cura (e spero farlo omai)
Di riposarmi, e d'uscir fuor di ballo.
Ma tosto far come vorrei, nol posso,
Che 'l male è penetrato infino all' osso.

Voici comme Mirabeau traduit sérieusement cette plaisanterie :

« Que celui qui a mis le pied sur les gluaux de
« l'amour tâche de s'en tirer promptement, et de
« n'y pas laisser engluer ses ailes; car, au juge-
« ment unanime des plus sages, l'amour est une
« vraie folie. Quoique tous ceux qui s'y abandon-
« nent comme Roland, ne deviennent pas furieux,
« il n'y en a cependant pas un seul qui ne fasse voir
« combien sa raison est égarée.

« Les effets de cette manie sont différents, mais
« une même cause les produit; c'est comme une
« épaisse forêt, où l'un prend à droite, l'autre prend
« à gauche; sans compter enfin toutes les autres
« peines qua l'amour fait souffrir, il nous ôte encore
« la liberté, et nous charge de fers.

« Quelqu'un me dira peut-être : Eh! mon ami,
« prenez pour vous-même les avis que vous donnez
« aux autres. C'est bien aussi mon dessein à présent
« que la raison m'éclaire ; je songe à m'affranchir
« d'un joug qui me pèse, et j'espère que j'y par-
« viendrai. Il est pourtant vrai que, le mal étant fort
« enraciné, il me faudra, pour en guérir, beaucoup
« plus de temps que je ne voudrais. »

Je crois reconnaître davantage l'esprit de l'Arioste

dans cette imitation faite par un auteur inconnu :

> Qui dans la glu du tendre amour s'empêtre,
> De s'en tirer n'est pas long-temps le maître ;
> On s'y démène, on y perd son bon sens :
> Témoin Roland et d'autres personnages,
> Tous gens de bien, mais fort extravagants ;
> Ils sont tous fous ; ainsi l'ont dit les sages [*].
>
> Cette folie a différents effets :
> Ainsi qu'on voit dans de vastes forêts,
> A droite, à gauche, errer à l'aventure
> Des pèlerins au gré de leur monture ;
> Leur grand plaisir est de se fourvoyer,
> Et pour leur bien je voudrais les lier.
>
> A ce propos quelqu'un me dira : Frère,
> C'est bien prêché ; mais il fallait te taire.

---

[*] L'Arioste traduit ici Horace :

> . . . . Nunc accipe quare
> Desipiant omnes æque ac tu, qui tibi nomen
> Insano posuere... Velut silvis, ubi passim
> Palantes error certo de tramite pellit ;
> Ille sinistrorsùm, hic dextrorsùm abit. unus utrique
> Error, sed variis illudit partibus
>
> (*Sat.* II, 3)

> Tous les hommes sont fous ; et, malgré tous leurs soins,
> Ne diffèrent entre eux que du plus ou du moins.
> Comme on voit qu'en un bois que cent routes séparent
> Les voyageurs sans guide assez souvent s'égarent,
> L'un à droit, l'autre à gauche ; et, courant vainement,
> La même erreur les fait errer diversement.
>
> (BOILEAU, *satire IV.*)

Horace, l'Arioste et Boileau n'ont fait que développer cette pensée de Simonide, reproduite par Platon dans le *Protagoras*, que la folie est infinie dans ses espèces

Corrige-toi sans sermonner les gens.
Oui, mes amis, oui, je suis très coupable,
Et j'en conviens quand j'ai de bons moments :
Je prétends bien changer avec le temps,
Mais jusqu'ici le mal est incurable.

Quand je dis que l'Arioste égale Homère dans la description des combats, je n'en veux pour preuve que ces vers :

« Suona l'un brando e l'altro, or basso, or alto :
« Il martel di Vulcano era più tardo
« Nella spelonca affumicata, dove
« Battea all'incude i folgori di Giove.
(Cant. II. st. 8.)

« Aspro concento, orribile armonia
« D'alte querele, d'ululi e di strida
« Della misera gente, che peria
« Nel fondo, per cagion della sua guida;
« Istranamente concordar s'udia
« Col fiero suon della fiamma omicida.
(Cant. XIV, st. 134.)

« L'alto rumor delle sonore trombe,
« Di timpani e di barbari stromenti
« Giunti al continuo suon d'archi, di frombe,
« Di macchine, di ruote e di tormenti,
« E quel di che più par che 'l ciel rimbombe,
« Gridi, tumulti, gemiti e lamenti,
« Rendono un alto suon, ch'a quel s'accorda
« Con che i vicin, cadendo, il Nilo assorda.
(Cant. XVI, st. 56.)

« Alle squallide ripe d'Acheronte
« Sciolta del corpo, più freddo che ghiaccio,

« Bestemmiando fuggì l'alma sdegnosa
« Che fu sì altera al mondo e sì orgogliosa.

(Cant XLVI, st. 140.)

Voici une faible traduction de ces beaux vers :

Entendez-vous leur armure guerrière
Qui retentit des coups du cimeterre?
Moins violents, moins prompts sont les marteaux
Qui vont frappant les célestes carreaux,
Quand, tout noirci de fumée et de poudre,
Au mont Etna Vulcain forge la foudre.

. . . .
. . . .

Concert horrible, exécrable harmonie
De cris aigus et de longs hurlements,
Du bruit des cors, des plaintes des mourants,
Et du fracas des maisons embrasées
Que sous leurs toits la flamme a renversées!
Des instruments de ruine et de mort
Volant en foule et d'un commun effort;
Et la trompette, organe du carnage,
De plus d'horreur emplissent ce rivage,
Que n'en ressent l'étonné voyageur
Alors qu'il voit tout le Nil en fureur,
Tombant des cieux qu'il touche et qu'il inonde,
Sur cent rochers précipiter son onde.

. . . .
. . . .

Alors, alors, cette âme si terrible,
Impitoyable, orgueilleuse, inflexible,
Fuit de son corps et sort en blasphémant,
Superbe encore à son dernier moment,

Et défiant les éternels abîmes
Où s'engloutit la foule de ses crimes.

Il a été donné à l'Arioste d'aller et de revenir de ces descriptions terribles aux peintures les plus voluptueuses, et de ces peintures à la morale la plus sage. Ce qu'il y a de plus extraordinaire encore, c'est d'intéresser vivement pour les héros et les héroïnes dont il parle, quoiqu'il y en ait un nombre prodigieux. Il y a presque autant d'évènements touchants dans son poëme que d'aventures grotesques; et son lecteur s'accoutume si bien à cette bigarrure, qu'il passe de l'un à l'autre sans en être étonné.

Je ne sais quel plaisant a fait courir le premier ce mot prétendu du cardinal d'Est: « Messer Lo-« dovico, dove avete pigliato tante coglionerie? » Le cardinal aurait dû ajouter: « Dove avete pigliato « tante cose divine? » aussi est-il appelé en Italie: *Il divino Ariosto*.

L'Arioste fut le maître du Tasse. L'Armide est d'après l'Alcine. Le voyage des deux chevaliers qui vont désenchanter Renaud, est absolument imité du voyage d'Astolphe*. Et il faut avouer que les

* Voltaire confond Roger avec Roland; c'est Roger que l'on va chercher dans l'île d'Alcine, et c'est à Roland qu'Astolphe rend la raison. Son voyage n'a certainement aucun rapport avec celui des deux chevaliers du Tasse; ils vont en bateau aux îles Fortunées, et lui, dans la Lune sur l'Hippogriffe. L'île enchantée d'Armide est imitée de celle d'Alcine, cela est très vrai; Renaud est amolli par la volupté dans l'une, comme Roger dans l'autre; ils en sont retirés et sont rendus à la gloire par deux moyens différents, et qui pourtant se ressemblent. Le voyage des deux chevaliers qui vont désenchanter Renaud, est imité, non du voyage aérien d'Astolphe, mais du voyage de Mélisse, qui, sous la figure d'Atlant, va trouver Roger dans

imaginations fantasques qu'on trouve si souvent dans le poème de *Roland le furieux*, sont bien plus convenables à un sujet mêlé de sérieux et de plaisant, qu'au poème sérieux du Tasse, dont le sujet semblait exiger des mœurs plus sévères.

Je n'avais pas osé autrefois compter l'Arioste parmi les poètes épiques; je ne l'avais regardé que comme le premier des grotesques; mais en le relisant je l'ai trouvé aussi sublime que plaisant; et je lui fais très humblement réparation.

VOLTAIRE, *Dict. Phil.*

III.

L'Arioste, le rival du Tasse dans la poésie italienne, ne peut être raisonnablement mis au nombre des poètes épiques[*]. L'épopée doit renfermer le récit régulier d'une entreprise héroïque; bien qu'il y ait une sorte d'unité et de liaison dans le plan du *Roland furieux*, au lieu de les rendre sensibles au lecteur, il semble que l'Arioste ait cherché tous les moyens de les lui dissimuler, en détachant les unes des autres les parties de son poème, et en coupant toujours la narration d'un incident

l'île d'Alcine, lui met au doigt l'anneau merveilleux, comme les chevaliers présentent à Renaud le bouclier magique, le fait rougir de son repos et le désenchante.

Qu'il nous suffise d'avoir rectifié ces trois erreurs. Ne nous y appesantissons pas; ne cherchons pas à les expliquer, et sur-tout n'en faisons point un crime au vieillard illustre qui, voulant en réparer une de sa jeunesse, les a laissé tomber de sa plume élégante, rapide et amie de la vérité; mais faisons-en notre profit; et dans nos jugements sur la littérature étrangère, instruits par un tel exemple, n'en devenons que plus circonspects

GINGUENÉ, *Histoire littéraire d'Italie*

[*] Voyez cette opinion combattue par M. Buttura, p. 50 de ce vol.

par un autre incident, sans attendre, pour entamer un récit, que le récit qui précède soit conduit à sa fin. On dirait que ce poète affecta de n'adopter aucun plan régulier, pour donner un plus libre essor à l'imagination la plus féconde, la plus riche, et en même temps la plus extravagante. Cependant on retrouve dans *Roland furieux* tant de passages que pourrait réclamer la muse épique, qu'il nous était impossible de ne pas dire ici quelques mots de ce poème. D'ailleurs il réunit presque tous les genres de poésie ; il est tantôt comique et tantôt satirique, tantôt badin et licencieux, et tantôt noble, héroïque, descriptif et passionné. Il prend tous les tons, et toujours avec le plus grand succès. Constamment maître de son sujet, il semble se jouer avec lui, et quelquefois nous laisse incertains si nous devons prendre ce qu'il dit au plaisant ou au sérieux. Rarement il est dramatique ; il est presque aussi rarement sentimental ; mais aucun poète peut-être ne posséda mieux que lui le talent de raconter et de décrire. Les scènes font tableau, les évènements se passent sous nos yeux, et toutes les circonstances en sont singulièrement pittoresques. Le style, très varié, convient toujours au sujet ; il est embelli de tous les charmes d'une versification douce et harmonieuse.

Blair, Cours de Rhétorique.

IV.

L'Arioste emprunte à la romancerie française les enchantements et les prophéties de Merlin, les hauts faits d'armes de Roland, de Charlemagne et de Renaud de Montauban, jusqu'aux noms de leurs épées et de leurs coursiers; mais les fictions qu'il adopte deviennent les siennes. Il chante les dames et les paladins, les fées et les héros, la guerre et l'amour; et tout avec une grace égale; en vers pleins et faciles, riants comme les campagnes d'Italie, chauds et brillants comme les rayons du jour qui l'éclaire, et plus durables que les monuments qui l'embellissent. Original quand il imite, inimitable quand il invente, il conserve un ordre admirable dans son désordre apparent. Semble-t-il égaré par son imagination vagabonde, tout-à-coup il l'arrête, et de nouveau la laisse aller, tantôt la promène, et tantôt la précipite. Changeant à son gré de route et d'allure, toujours indépendant des règles factices, mais toujours réglé dans ses écarts, toujours maître de son sujet, de ses lecteurs et de lui-même.

M. J. Chénier, Fragm. du *Cours de Litt.* fait à l'Athénée.

V

Rien ne manque à l'Arioste. Comme écrivain, tantôt plaisant, tantôt sublime, en traitant tous les genres, il offre tous les trésors de la langue et de la poésie; comme génie créateur, il s'ouvre une nouvelle route et la parcourt tout entière. Ainsi que dans le palais enchanté de son Atlant, chacun trouve dans son poème tout ce qu'il désire : semblable à son hippogriffe, le poète s'élance dans les cieux, se dérobe au vulgaire, paraît s'égarer; mais Logistilla lui donne le frein pour se conduire.

Mais la raison, invisible témoin,
Toujours le suit, et l'observe de loin.

L'ordre et la variété composent le monde physique; le monde moral est un mélange parfait de raison et de folie : le poème de l'Arioste est, sous ce double rapport, le tableau de l'univers.

On a fait bien des parallèles de l'Arioste avec le Tasse. Tiraboschi paraît balancer, puis n'ose prononcer, enfin il penche pour l'Arioste; Métastase, après les mêmes hésitations, semble pencher pour le Tasse. Galilée, donne la palme à l'auteur du *Roland furieux*. Frugoni en parle en beaux vers : il les appelle

Il divin Ludovico, il gran Torquato :

Il compare le Tasse à un palais majestueux, digne du plus grand roi, tout en marbre, de la plus parfaite architecture, riche au dedans et au dehors de colonnes, de statues, des plus beaux ornements ; il compare l'Arioste à une grande et belle ville où le contraste apparent des théâtres et des églises, des palais somptueux, des maisons modestes, des rues, des places, des jardins, forme un tout admirable.

S'il m'est permis de me prononcer après ces grands critiques, je trouve le style du Tasse toujours noble; il ne quitte pas un instant la trompette héroïque : L'Arioste « dans ses vers sait, d'une voix légère, pas- « ser du grave au doux, du plaisant au sévère. » Pour 'art de narrer, pour l'art de peindre, je préfère l'Arioste; pour l'art d'intéresser, pour cette chaleur pathétique qui se communique au lecteur, et dont l'âme de Virgile était remplie, le Tasse emporte le prix. Pour l'ordonnance du poème, celle du Tasse est irréprochable, celle de l'Arioste me semble plus étonnante. On pourrait comparer celle du Tasse à un de ces instruments d'horlogerie, d'un mécanisme très simple et d'une exactitude parfaite, qui, placés dans les observatoires, dirigent les travaux des astronomes. Celle de l'Arioste serait alors comparable à un de ces admirables produits de la mécanique que la complication de leur mouvement et le luxe de leur exécution réservent pour le palais des rois. Tout s'y trouve : tandis que l'œil étonné y contemple à la fois les divisions du temps, les mouvements de la terre et les phases des planètes, l'oreille y est encore agréablement surprise par des accords harmonieux.

Buttura.

VI

De tableaux sérieux quelquefois rembrunie,
L'Imagination, pour égayer sa cour,
Permet aux Ris légers d'y paraître à leur tour.
Un jour que de l'ennui les vapeurs léthargiques
S'exhalaient d'un amas d'écrits soporifiques,
D'insipides sonnets, d'odes sans majesté,
De poèmes sans art, de chansons sans gaîté,
Pour chasser les vapeurs de la mélancolie,
Ma déesse appela le Goût et la Folie,
Et leur dit d'enfanter un prodige nouveau :
L'Arioste naquit ; autour de son berceau
Tous ces légers esprits, sujets brillants des fées,
Sur un char de saphir, des plumes pour trophées,
Leurs cercles, leurs anneaux et leur baguette en main,
Au son de la guitare, au bruit du tambourin,
Accoururent en foule ; et, fêtant sa naissance,
De combats et d'amours bercèrent son enfance.

Un prisme pour hochet, sous mille aspects divers
Et sous mille couleurs lui montra l'univers.
Raison, gaîté, folie, en lui tout est extrême;
Il se rit de son art, du lecteur, de lui-même;
Fait naître un sentiment qu'il étouffe soudain;
D'un récit commencé rompt le fil dans sa main,
Le renoue aussitôt, part, s'élève, s'abaisse :
Ainsi, d'un vol agile essayant la souplesse,
Cent fois l'oiseau volage interrompt son essor,
S'élève, redescend, et se relève encor,
S'abat sur une fleur, se pose sur un chêne.
L'heureux lecteur se livre au charme qui l'entraîne
Ce n'est plus qu'un enfant qui se plaît aux récits
De géants, de combats, de fantômes, d'esprits;
Qui, dans le même instant, désire, espère, tremble,
S'irrite ou s'attendrit, pleure et rit tout ensemble.
. . . .
Quelques sages, fâchés de leur amusement,
S'efforcent de blâmer sa fiction frivole,
Sa morale un peu libre, et sa muse un peu folle.
Mais qui peut gravement censurer ses écrits ?
La plainte commencée expire dans les ris.

DELILLE, *Poëme de l'Imagination.*

VII.

Les quatre comédies* de l'Arioste sont estimées de l'Italie entière; et ce n'est pas seulement à cause du style de l'auteur qui, pour l'aisance et la clarté, n'a point d'égal dans toute la poésie italienne, mais c'est que les acteurs disent toujours ce qu'ils doivent dire, et d'une manière si naturelle, quoique tou-

---

* *La Lena, il Negromante, la Cassaria* et *gli Suppositi.* Il reste une cinquième comédie que l'Arioste laissa imparfaite, et qui fut achevée, après sa mort, par son frère Gabriel Arioste; elle est intitulée *La Scolastica*

jours soignée, qu'il semble impossible de s'exprimer avec plus de vérité et de simplicité; c'est que la chaleur et la rapidité du dialogue ne se refroidit et ne se ralentit presque jamais; c'est enfin que dans toutes les situations comiques où le poète place ses personnages ridicules, ce que chacun d'eux dit de plaisant l'est sur-tout par la combinaison ou le contraste des caractères avec ces situations mêmes. En lisant la plupart des comédies du même siècle, quoique plusieurs, considérées comme pièces d'intrigue, aient un haut degré de mérite, on dirait que leurs auteurs les ont faites parce que la mode était d'en faire : on dirait, en lisant celles de l'Arioste, qu'il les a faites pour suivre l'impulsion de son génie observateur et doucement malin; et que la nature, en faisant de lui l'un des plus grands poètes qui aient existé, l'avait principalement doué du talent de connaître et de peindre les caractères, les vices et les ridicules des hommes. Ce don, qui brille éminemment dans ses *Comédies*, et, comme nous le verrons bientôt, dans ses *Satires*, n'est pas moins remarquable dans la partie comique de son grand poème, tandis que, dans la partie héroïque, ses pensées et son style s'élèvent sans effort aux plus hautes conceptions et aux objets les plus sublimes...

Le poète qui avait embouché avec le plus d'éclat la trompette épique, qui avait rendu le premier à son siècle le rire et les jeux de Thalie, était aussi destiné à redonner à la satire italienne la grace piquante et le sel ingénieux de la satire latine. L'Arioste en composa sept. Il s'y proposa d'imiter Horace, ou plutôt il n'avait pas le choix entre les modèles que les latins lui pouvaient offrir. La nature n'avait donné à son génie rien de commun avec le génie de Perse ni avec celui de Juvénal. La douce philosophie, la modération en toutes choses, l'enjouement qui émousse les traits de la malignité, l'art de se mettre sur la scène pour y amener les autres, la manière de voir, de peindre et de raconter, tout avait en lui un tel rapport avec Horace, qu'il fut comme invinciblement porté à donner à ses *Satires* le même air de liberté, d'abandon, de censure sans fiel, et de malice sans aigreur, que le poète romain avait mis dans les siennes. On peut croire qu'il étudia sa manière, qu'il apprit sur-tout de lui à mêler dans le discours des apologues et des récits; mais cela même lui paraît être si naturel, qu'il n'est pas sûr qu'il ne les y eût pas mêlés de même, quand Horace ne l'eût pas fait avant lui.

Les *Satires* de l'Arioste sont précieuses, non seulement par l'agrément et la fleur du style que ce génie heureux portait dans tous les genres de poésie; mais par les détails mêmes qu'elles nous donnent sur son caractère, ses relations, ses goûts et les circonstances de sa vie; il y parle si souvent de lui, et avec tant de franchise, que ce sont, pour ainsi dire, ses *confessions*; et, comme il est arrivé à d'autres qu'à lui, en se confessant parce qu'il lui plaît de le faire, il confesse aussi des gens qui l'auraient bien dispensé de ce soin. On aime à voir comment celui qui, dans ses autres ouvrages, a peint, avec des couleurs si vraies, des personnages imaginaires, a su faire dans celui-ci le portrait des personnages réels, à commencer par le sien.

GINGUENÉ, *Histoire littéraire d'Italie.*

VIII. Analyse du Roland furieux.

S'il arrive quelquefois que le nombre des figures ou la dimension d'un tableau nous empêche d'en saisir l'ensemble, loin d'en conclure légèrement que ce tableau manque de régularité ou qu'il représente plusieurs actions, il serait plus convenable de l'examiner avec soin. Le grand tableau du *Roland furieux* est aussi bien composé qu'il est vaste ; mais l'Arioste, qui se rit de tout et de lui-même, semble avoir pris plaisir à nous cacher la trame qui lie à un seul fait une infinité d'évènements. Essayons de la découvrir. Une rapide analyse de cet ouvrage servira de réponse à l'assertion de Blair[*].

La guerre des Sarrazins contre Charlemagne est le sujet du poème. Les rois d'Afrique et leurs alliés, sous la conduite d'Agramant, menacent de détruire ce beau royaume de France :

A distruzion del bel regno di Francia.

(*Cant. I*, *st.* 6.)

Paris, que le poète regarde comme le boulevard de l'Europe (*ch. XVI*, *st.* 36.), est assiégé deux fois, réduit aux dernières extrémités. Après de longs combats, les Sarrazins agresseurs sont repoussés et défaits, et la France victorieuse finit par ressaisir son

---

[*] *Voyez* page 42 de ce volume

indépendance et sa gloire. Agramant fuit, comme Xercès, sur un petit esquif au milieu de la ruine de ses sujets, ou plutôt de ses victimes (*ch. XL, st.* 8): Charlemagne rappelle ses guerriers dans la capitale qui donne des fêtes brillantes aux libérateurs de l'empire :

Ed è per tutti i canti il titol vero
Scritto : « Ai Liberatori dell Impero. »
(*Cant. XLIV, st.* 33.)

Pour avoir actuellement une idée de la manière dont l'Arioste a su agrandir son sujet, attacher à l'action des aventures innombrables, et s'en faire un théâtre pour y représenter tous les objets qui sont dans la nature ou que peut enfanter l'imagination, considérons le poème comme un arbre, et nous en verrons sortir, comme des branches principales, les grands épisodes épiques de Roland, de Roger, de Renaud et d'Astolphe, pour en produire d'autres de moins d'étendue, que l'auteur saura encore féconder et embellir. A l'exemple des littérateurs qui ont regardé l'*Iliade* comme un tissu de tragédies, nous pourrions aussi regarder le *Roland furieux* comme un tissu à la fois de tragédies et de comédies ; mais, en ce cas, pour se faire une idée de son ordonnance, il faut d'abord considérer tout l'ouvrage comme une pièce immense : chacun de ses principaux personnages fournira le sujet d'une autre pièce ; et successivement, dans les personnages épisodiques de chacune de ces pièces, on trouvera la matière d'une pièce nouvelle avec ses personnages, ses caractères, et ses aventures épisodiques.

A la première bataille, Charlemagne, instruit que Roland et Renaud sont amoureux d'Angélique, la promet à celui qui s'en rendra le plus digne par ses exploits (*ch. I, st.* 9). La bataille est perdue, et Angélique s'enfuit. Renaud voulait la suivre; mais un ordre du roi, qui s'attendait à être assiégé dans Paris, l'envoye en Angleterre demander du secours. Une tempête le jette en Écosse où il arrive très à propos pour sauver la belle Genèvre de l'infamie et de la mort. Eh bien! cette aventure d'Ariodant et Genèvre, que Voltaire a imitée dans sa tragédie de Tancrède et ailleurs, qui a été mise sur le théâtre d'Italie et de France, et qu'il est par conséquent inutile de raconter, est une de celles qu'on regarde comme ne tenant en rien au plan de l'ouvrage; et cependant elle se trouve très intimement liée, non seulement aux exploits et au rôle de Renaud, mais à l'action principale. Le roi d'Écosse, dont Renaud sauve la fille, accorde en faveur de la France tous les secours qui sont en son pouvoir, et nomme son propre fils pour commander les troupes auxiliaires (*ch. VIII, st.* 23, 24). Grace à la renommée qui se répand sur Renaud par sa noble action, il obtient en peu de temps et au-delà de son espérance, dans les autres pays de la Grande-Bretagne, tous les subsides qu'il avait pu désirer. Ariodant, lui-même, et son frère Lurcanio, les deux plus vaillants guerriers de l'Écosse, accompagnent Renaud, et contribueront par la suite à rendre la victoire aux Français (*ch. XVIII, st.* 155).

D'un autre côté, Roland, subjugué par la violence

de sa passion, abandonne son roi au moment du danger pour chercher la belle Angélique (*ch. IX, st.* 1 *et suiv.*).

Ainsi la passion de l'amour fait dans l'Arioste ce que fait la colère dans l'*Iliade* : elle éloigne de l'armée le premier des héros, pour faire briller la valeur des autres guerriers, et balancer long-temps la victoire.

Charlemagne indigné se plaint amèrement de la conduite de Roland; Brandimart, son ami, le suit pour l'en avertir; et bientôt l'aimable Fleur-de-Lys ira chercher Brandimart, comme Brandimart cherche Roland, comme Roland cherche Angélique. Cet intéressant épisode de *Brandimart et Fleur-de-Lys*, qui naît, pour ainsi dire, de celui de Roland au chant VIII, s'y attache et le suit dans tout le poème. Après bien des aventures, ce Brandimart sera instruit par Fleur-de-Lys de la folie de Roland (*ch. XXXI*); contribuera avec Astolphe à lui rendre la raison (*ch. XXXIX*); fera avec Astolphe et Roland une diversion puissante dans les états d'Afrique (*ch. XL*), et mourra enfin les armes à la main dans les bras de son ami, après l'avoir aidé à donner la mort aux plus redoutables ennemis de la France, et sans oublier de lui recommander sa tendre *Fiordiligi*, dont il ne peut en expirant achever le nom chéri :

..... Orlando, fa che ti ricordi
Di me nell' orazion tue grate a Dio ;
Nè men ti raccomando la mia Fiordi.....
Ma dir non potè ligi, e qui finio.
(*Cant. XLII, st.* 14.)

Le touchant épisode d'*Isabelle et Zerbin*, rare exemple d'amour, de fidélité et de constance (*chants XXVIII et XXIX*), ainsi que l'histoire d'Olimpie (*ch. X et XI*) qui renouvelle dans l'Arioste l'exemple et la beauté de l'Ariane de Catulle et d'Ovide, sont également inhérents à l'épisode de Roland. Il retire Isabelle du plus grand danger et la rend à son cher Zerbin; il sauve Zerbin de la mort et lui rend Isabelle. Il sauve deux fois Olimpie, l'une de la tyrannie du barbare Cimosco, l'autre du monstre marin qui l'allait dévorer.

D'autres circonstances tiennent aussi pour long-temps éloigné de l'armée le premier des héros ennemis, le noble et beau Roger, amant aimé de la belle et valeureuse Bradamante, sœur de Renaud. Leurs amours, combattus par mille obstacles, et qui finissent par être heureux, sont encore un de ces premiers épisodes auxquels se lie une foule d'évènements de tous genres. La magicienne Mélisse favorise leur union; l'enchanteur Atlant s'y oppose, et il ne néglige aucun de ces moyens merveilleux qui sont en sa puissance, pour écarter Roger des dangers de cette guerre.

Au milieu de toutes les aventures qui naissent sur les pas de Roland et de Roger, le poète n'oublie jamais l'action principale. Il ramène Roland, avant et après sa folie, aux prises avec les ennemis. Il profite des voyages aériens de Roger pour le faire descendre en Angleterre au moment où Renaud passait en revue les troupes auxiliaires qu'il avait obtenues de la Grande Bretagne, et que les Français assiégés attendaient avec impatience : c'est à Roger qu'un chevalier anglais nomme rapidement les chefs de l'entreprise, en ajoutant qu'aussitôt la revue passée ils vont marcher sans retard au secours de Paris (*ch. X, st.* 76).

Paris en effet se trouvait dans le plus grand danger. Un jour les assiégeants étaient parvenus à y mettre le feu, et sans une pluie miraculeuse qui vint éteindre l'incendie, cette grande et belle France, et avec elle toute l'Europe et la chrétienté, seraient tombées sous les coups des lances africaines (*ch. VIII, st.* 69).

Les Sarrazins instruits du secours que Renaud doit conduire, s'empressent de livrer un assaut général. Agramant encourage son innombrable armée ; Marsile est à la tête des Sarrazins d'Espagne ; l'audacieux Rodomont, roi d'Alger, brûle d'impatience et promet de détruire et de raser cette grande ville. Tous les actes de dévotion pour implorer la faveur céleste sont faits dans Paris ; Charlemagne, lui-même, entouré de ses princes, barons et paladins se rend à la cathédrale. Ses prières ferventes sont portées au pied de l'Éternel par le plus beau des génies, celui qui veille aux destinées de la France :

..... Il genio suo, l'Angel migliore
I prieghi tolse e spiegò al ciel le penne,
Ed a narrare al Salvator li venne.
(Cant. XIV, st. 73.)

La bonté divine en est touchée, et donne des ordres à l'ange Michel qui descend aussitôt sur la terre. Il est chargé de trouver d'abord le Silence, puis la Discorde. Avec le Silence, il doit conduire rapidement, et à l'insu de la Renommée, les troupes de Renaud. Il doit ordonner à la Discorde de se jeter au milieu du camp ennemi, et d'en diviser les chefs.

Cependant Paris se trouve cerné et attaqué de toutes parts avec furie et par des forces supérieures. Rodomont traverse le fossé au milieu des flammes, des pierres, des arcs et des arbalètes, tel que le sanglier en nos marais s'ouvre un chemin parmi les forêts de roseaux :

> Di fango brutto e molle d'acqua venne
> Tra il foco, i sassi, gli archi e le balestre,
> Come andar suol fra le palustri canne
> Della nostra mallea porco silvestre,
> Che col petto, col grifo e con le zanne
> Fa dovunque si volge ampie finestre.
> Con lo scudo alto il Saracin sicuro
> Ne vien sprezzando il ciel, non che quel muro.
> (*Cant. XIV, st.* 120.)

Il franchit le mur, met le feu aux maisons et aux temples, répand partout la ruine, l'épouvante et la mort, court vers le centre de la ville, ébranle les grandes portes du palais du roi, « E della regal « casa alta e sublime Percote e risonar fa le gran « porte, » agite d'une main son épée sanglante, de l'autre sa torche incendiaire ; il se tient là debout sous les créneaux et les poutres qu'on fait tomber sur sa tête, défendu par son casque et par sa brillante armure, terrible et fier comme le serpent qui vient de renouveler son écaille :

Sta sulla porta il re d'Algier lucente
Di chiaro acciar che'l capo gli arma e'l busto :
Come uscito di tenebre serpente,
Poi che ha lasciato lo squallor vetusto,
Del nuovo scoglio altero, e che si sente
Ringiovenito e più che mai robusto.
Tre lingue vibra ed ha negli occhi il foco;
Dovunque passa ogni animal dà loco.
(Cant. XVII, st. 11.)

Charlemagne et ses paladins accourent. Rodomont, attaqué par un grand nombre de vaillants guerriers, frémit d'orgueil et de rage, comme la haute muraille d'une forteresse élevée sur la cime des Alpes frémit quand la fureur des vents arrache du front des montagnes les sapins et les frênes :

Non così freme in su lo scoglio alpino
Di ben fondata rocca alta parete,
Quando il furor di Borea o di Garbino
Svelle da' monti il frassino e l'abete.
(Cant. XVIII, st. 11.)

Obligé de céder, il se fraye un chemin sanglant au travers d'une foule immense, il se retire, il va se jeter à la nage pour passer à l'autre bord ; mais il se retire comme le lion, à pas lents et toujours terrible :

Qual per le selve nomadi o massile
Cacciata va la generosa belva,
Che ancor fuggendo mostra il cor gentile,
E generosa e lenta si rinselva;
Tal Rodomonte, in nessun atto vile,
Da strana circondato e fiera selva

D'aste, di spade e di volanti dardi
Si tira al fiume a passi lenti e tardi.
(*Cant. XVIII*, st. 22.)

Tout cet assaut général est écrit de la même force. La victoire, long-temps indécise malgré l'arrivée de Renaud, se déclare enfin pour les Français. Charlemagne en profite, sort de la ville, et assiège l'ennemi dans son camp pendant la nuit.

Ici le poète délasse son lecteur par le touchant épisode de Cloridan et Médor, heureuse imitation de celui de Nisus et Euryale au neuvième livre de l'Énéide. Tout l'épisode est de la plus grande beauté : Cloridan meurt victime de son amitié, et la belle Angélique, reine de Cathay, vient donner à Médor la récompense de sa vertu. Échappée à Roland, à Renaud, à Sacripant roi de Circassie, à tant de princes et de rois qu'elle méprisait tous également, Angélique avait enfin retrouvé son anneau magique, et se disposait à retourner dans ses états, lorsqu'en passant près de Paris, elle aperçoit le jeune Médor noyé dans son sang, le transporte dans la cabane d'un berger, assiste à sa guérison, et finit par lui donner son cœur, sa main et sa couronne. A peine a-t-elle quitté la cabane de ce berger, où elle a célébré son mariage avec Médor, que Roland y arrive. Ce héros venait d'attaquer et de disperser deux troupes de Sarrazins qui allaient rejoindre l'armée d'Agramant. Il saisissait, il désirait les occasions de combattre pour son pays; mais il ne pouvait cesser de chercher Angélique. C'est ici qu'en lisant sur l'écorce de tous les arbres les noms d'Angélique et

Médor, et apprenant enfin du berger et leur mariage et leur départ pour les Indes, Roland se livre au désespoir, et son amour se change en fureur et en folie.

Il serait impossible de donner une idée en quelques lignes du grand tableau de la folie de Roland. Il parcourt la France, traverse l'Espagne; passe le détroit de Gibraltar à la nage, aborde sur les sables d'Afrique, et se livre à toutes sortes de fureurs, jusqu'au moment où Astolphe avec la fameuse fiole lui rend la raison. Alors tous les deux ensemble, avec Brandimart et d'autres paladins que l'art du poète a su réunir par des moyens extraordinaires et imprévus, se mettent à ravager les états d'Agramant. Agramant en est instruit, et sent qu'il a besoin de fixer la victoire qui n'avait fait que voler de l'un à l'autre parti. Plusieurs combats s'étaient livrés en France avec des succès différents. Charlemagne s'était de nouveau retiré dans Paris; mais la Discorde, revenue avec plus de rage dans le camp d'Agramant, avait bouleversé les têtes de tous ses guerriers. Rodomont l'avait abandonné, en le chargeant d'imprécations. Roger avait tué Mandricard. Gradasse, Marfise, Sacripant étaient occupés à vider des querelles particulières si bien enchaînées les unes aux autres, que l'armée se trouvait privée de ses principaux soutiens. En contemplant son ouvrage, la Discorde s'applaudit de ses succès : elle perce les cieux d'un cri de joie horrible qui retentit dans les forêts des Ardennes, sur les Pyrénées, sur les Alpes, et sur les bords du Rhône, de la Garonne et du Rhin :

Tremò Parigi e torbidossi Senna
All' alta voce, a quell' orribil grido ;
Rimbombò il suon sin alla selva Ardenna,
Sì che lasciar tutte le fiere il nido ;
Udiron l'Alpi e il monte di Gebenna,
Di Blaja e d'Arli e di Roano il lido ;
Rodano è Sonna udì, Garonna e'l Reno :
Si strinsero le madri i figli al seno.
(*Cant. XXVII*, st. 101.)

On remet le sort des deux armées à un combat singulier. Les Français choisissent Renaud ; les Sarrazins, Roger. L'épisode des amours de Bradamante et Roger, toujours inhérent au nœud de l'action, sert ici au dénouement. Roger, qui sent sa supériorité sur Renaud, veut bien ne pas succomber, mais ne peut se résoudre à tuer le frère de son amante. Il ne cherche donc qu'à se défendre, et paraît combattre avec crainte. La magicienne Mélisse, qui, comme nous l'avons dit, favorise leurs amours, prend la forme de Rodomont, et, se présentant à Agramant, le pousse à rompre le pacte qu'il avait juré. Une bataille générale se livre ; Agramant est vaincu et mis en déroute ; il s'embarque avec les débris de son armée, et rencontre la flotte de Roland et d'Astolphe, commandée par Dudon : une bataille navale et nocturne, que le poète peint encore avec une imagination toujours créatrice et des couleurs toujours vives, achève de détruire les Sarrazins. Agramant fuit sans qu'on puisse s'apercevoir de sa fuite, « Tra legno e legno taciturno varca ; » il fuit lui qui est la cause de tous les malheurs :

Arde il foco, il mar sorbe, il vento strugge;
Egli che n'è cagion, via se ne fugge.
(*Cant. XL*, st. 8.)

Mais la mort à laquelle il se flatte d'échapper, l'attend au rivage. Il meurt de la main de Roland. L'Arioste paraît jouir de le voir enfin puni de son injuste agression et de sa folle entreprise, en nous décrivant jusqu'au bruit que fait son corps quand il tombe sans vie, et en poursuivant son âme dans les enfers:

Cadde e diè nel sabbion l'ultimo crollo
Del regnator di Libia il grave trunco:
Corse lo spirto all' acque, onde tirollo
Caron nel legno suo col graffio adunco.
(*Cant. XLII*, st. 9.)

Ici l'Arioste ramène tous ses guerriers en France pour y voir célébrer les fêtes de la victoire et de la délivrance de la patrie. Mais ces fêtes seront plus belles, si l'on peut y célébrer ensemble la conversion de Roger et son mariage avec Bradamante. Le poète italien fait surmonter à Roger de nouveaux et grands obstacles, afin de porter nos regards sur le beau caractère de ce héros qui devait être la tige d'une illustre famille d'Italie; et il lui réserve la gloire de tuer Rodomont, afin de le mettre au rang des libérateurs de l'empire.
BUTTURA.

MORCEAUX CHOISIS.

I Cloridan et Médor[*].

..... Deux Sarrazins, nés de tristes parents
Qui dans Ptolémais tenaient les derniers rangs,

[*] Tout cet épisode (ch. XVII et VIX du *Roland furieux*) est presque

Par leur tendre amitié méritèrent la gloire
De transmettre à jamais leurs noms à la mémoire.
L'un s'appelait Médor, et l'autre Cloridan ;
Ce couple qu'à son prince attache un zèle ardent,
Partageant son heureuse et contraire fortune,
Pour le suivre à Lutèce osa braver Neptune.
Cloridan, dès l'enfance intrépide chasseur,
Joint l'agile souplesse à la mâle vigueur ;
Médor est une fleur nouvellement éclose,
Il a l'éclat du lis, la fraîcheur de la rose ;
Parmi les Sarrazins nul autre combattant
N'offre de tant d'attraits l'assemblage éclatant ;
Son œil lance des feux d'une prunelle noire,
L'or de sa chevelure ombrage un cou d'ivoire ;
Il semble, à sa beauté, que l'un des séraphins
Soit venu se confondre aux vulgaires humains.

La nuit règne et tous deux au camp des infidèles
Veillent au même poste assidus sentinelles ;
C'était l'heure où Phébé vers le plus haut des cieux
Promène tristement son char mystérieux :
Médor, qui s'abandonne à ses regrets extrêmes,
Plaint son malheureux roi privé d'honneurs suprêmes :
« O mon cher Cloridan ! dit-il à son ami,
« Quoi ! mon prince est tombé sous le glaive ennemi,
« Et son corps va bientôt, privé de sépulture,
« Devenir des vautours la trop noble pâture !
« J'irai ; je veux, parmi les morts et les débris,
« Chercher à m'emparer de ses restes chéris ;
« Et peut-être le ciel à sa triste poussière

calqué sur celui de Nisus et d'Euryale. L'Arioste a répandu beaucoup de charme dans son exécution ; mais on conçoit aisément que la supériorité a dû rester à Virgile. J'ai suivi le système de mon modèle en imitant Virgile, comme il l'a fait lui-même, et je me flatte que ma traduction n'y a rien perdu

« Me permettra d'ouvrir la tombe hospitalière.
« Dans le camp des chrétiens tout repose endormi,
« Je vais le traverser, j'y cours ; toi, cher ami,
« Reste dans nos remparts ; et si le ciel sévère
« Me ravit par la mort la grace que j'espère,
« Que tes récits du moins puissent apprendre un jour
« Pour le sang de nos rois jusqu'où va mon amour. »

Cloridan ne peut croire à ce qu'il vient d'entendre ;
Il s'étonne, il admire en cet âge si tendre
Tant de fidélité, tant d'amour, tant d'honneur ;
Et cependant Médor est si cher à son cœur,
Qu'il cherche à modérer cette ardeur qui l'entraîne ;
Mais ses efforts sont vains, sa remontrance est vaine :
Abandonnant enfin l'espoir de le toucher :
« Eh bien ! dit Cloridan, je puis aussi chercher
« Cette honorable mort où prétend ton envie ;
« Ami, si je te perds, que m'importe la vie ?
« Je mourrai de douleur. Ah ! plutôt à l'instant
« Partons, et qu'avec toi j'expire en combattant. »

L'un et l'autre à ces mots, déjà bouillant d'audace,
Demandent qu'à l'instant la garde les remplace ;
Ils franchissent bientôt les fossés, les remparts *,
Et le camp des chrétiens se montre à leurs regards :
Tous les feux sont éteints ; les soldats, sans alarmes,

* Tous ces vers sont imités de Virgile, mot pour mot (*Énéide*, IX, 314).

« Egressi superant fossas, noctisque per umbram
« Castra inimica petunt, multis tamen ante futuri
« Exitio. Passim somno vinoque per herbam
« Corpora fusa vident ; arrectos littore currus,
« Inter lora rotasque viros ; simul arma jacere,
« Vina simul. Prior Hyrtacides sic ore locutus :
« Euryale, audendum dextrâ . nunc ipsa vocat res,
« Hâc iter est : tu, ne qua manus se attollere nobis
« A tergo possit, custodi, et consule longè. »

Reposent au milieu des drapeaux et des armes ;
Dans les vapeurs du vin tout est plongé, tout dort :
Aussitôt Cloridan s'adressant à Médor :
« Ami, l'occasion se montre et nous convie :
« Ces soldats à mon prince ont arraché la vie ;
« Je vais venger sa mort ; pour assurer mes coups,
« Toi, d'un œil attentif, observe autour de nous ;
« Ce fer va te guider par un large passage. »

Il dit ; et, bouillonnant d'ardeur et de courage,
S'élance contre Alphée, instruit dans les secrets *
De l'antique Magus, d'Hippocrate et d'Hermès :
Ce devin, dès long-temps, s'est prédit à lui-même
Que ses jours atteindront une vieillesse extrême ;
Mais de son art frivole, ô prestige trop vain !
Le fer étincelant se plonge dans son sein.
Cloridan frappe ensuite, et Moncalde, et Palide ;
Cinq autres sont percés de son fer homicide :
Il égorge Grillon sur un vase penché,
Buveur, qui de son col par le glaive tranché
Fait jaillir à l'instant sur la terre rougie
Et le sang, et le vin, fuyant avec sa vie.
Plus loin, tombent frappés Andropos et Conrard ;
L'un et l'autre, épiant les chances du hasard,
Avaient long-temps entre eux balancé la victoire,
Et de leurs dés rivaux interrogé l'ivoire ** :
Heureux si, du soleil attendant le retour,
Ils eussent prolongé leur veille jusqu'au jour !

---

* Ces vers sont imités de Virgile (*Énéide*, IX, 327) :
  « Rex idem, et regi Turno gratissimus augur. »
** Autre imitation de Virgile (*Énéide*, IX, 335) :
  « . . . . . Illà qui plurima nocte
  « Luserat, insignis facie, multoque jacebat
  « Membra deo victus   felix, si protenùs illum
  « Æquasset nocti ludum, in lucemque tulisset ! »

Tel un affreux lion dans une bergerie*,
Quand la faim dévorante irrite sa furie,
Loin des yeux du pasteur qui se livre au repos,
Surprend, déchire, entraîne, égorge les troupeaux;
Tel Cloridan, qu'enflamme un aveugle courage,
Des chrétiens endormis fait un affreux carnage.

Médor a dédaigné la foule des soldats,
A de plus nobles coups il réserve son bras;
Il vole au comte Albert, qui, dormant sous sa tente,
Reposait sur le sein d'une beauté charmante;
Il voit leurs bras unis tellement se presser
Qu'à peine l'air entre eux pourrait-il se glisser;
D'un seul coup de son glaive il fait rouler leurs têtes :
O dans votre malheur, couple heureux que vous êtes,
Vos âmes, de leurs corps imitant les doux nœuds,
Volent en s'embrassant au séjour des heureux !
Médor immole ensuite Ardalique et son frère;
Des fidèles Flamands le comte était leur père;
Et Charle, en un combat qui les couvrit d'honneur,
Du rang de chevalier honorant leur valeur,
Consentit que des lis on vit la fleur illustre
Sur leur noble écusson répandre un nouveau lustre.

Déjà les Sarrazins qu'entraînait leur fureur,
Approchant de la tente où dormait l'empereur,
Voyaient les paladins dont la troupe fidèle
Défendait son approche, et veillait autour d'elle.
L'ardent courage alors fait place à la raison,
Le fer ivre de sang rentre dans sa prison;
L'un et l'autre guerrier consultant la prudence,
Par un secret sentier, dans l'ombre et le silence

* Autre imitation de Virgile (*Énéide*, IX, 339).

« Impastus ceu plena leo per ovilia turbans,
« Suadet enim vesana fames, manditque trahitque
« Molle pecus, mutumque metu; fremit ore cruento. »

Fuit et gagne la plaine, où partout sont épars
Des boucliers rompus, des cuirasses, des chars;
Où dorment, confondus par l'inflexible Parque,
Le riche et l'indigent, le pâtre et le monarque :
Ce désordre, ce sang, tout ce carnage affreux,
Ces champs obscurs pouvaient du couple généreux,
Cherchant partout le prince étendu dans la plaine,
Rendre l'effort stérile et la recherche vaine,
Si, d'un nuage sombre alors se dégageant,
Pour complaire à Médor, l'astre au disque d'argent
N'eût envoyé vers lui son jour auxiliaire :
Il éclaire les champs de sa pâle lumière;
Mais son plus vif éclat soudain s'est répandu
Sur le corps du héros dans la plaine étendu :
Médor a reconnu les couleurs de ses armes;
Il s'élance vers lui, le baigne de ses larmes*,
L'enlève, et Cloridan seconde ses efforts.
Chargés d'un poids si cher, ils s'éloignent alors,
Quand Zerbin, triomphant d'une troupe ennemie,
Zerbin, dont la valeur n'est jamais endormie,
Paraît avec sa troupe en ces champs meurtriers;
A peine aperçoit-il les deux jeunes guerriers,
Il court, vole, s'écrie : « Arrêtez l'un et l'autre;
« Quel état, quel pays, quel projet est le vôtre?
« Où portez-vous vos pas**? » Le couple sarrazin

---

* L'Arioste ne perd pas une occasion d'intéresser à Médor; il lui donne la beauté d'un ange, et place une âme divine dans ce corps enchanteur; il lui inspire l'idée de braver la mort pour rendre à son bienfaiteur les honneurs de la sépulture. A peine Médor a-t-il vu son roi dans la foule des morts, qu'il se précipite vers lui, et l'arrose de ses larmes. C'est ainsi que le poète prépare l'intérêt qu'il veut inspirer en faveur de ce beau jeune homme quand l'amour se chargera de sa guérison

** Imitation de Virgile (*Énéide*, IX, 375).

« State, viri; quæ causa viæ? quive estis in armis ?
« Quòve tenetis iter? »

S'éloigne sans répondre, et gagne un bois voisin ;
Mais la troupe a déjà cerné ses avenues,
Et s'empare à l'instant de ses routes connues.

 Ce bois est hérissé d'un mélange confus
De ronces, d'arbrisseaux, et de buissons touffus ;
Une route cachée y découvre sa trace ;
Cloridan de sa charge alors se débarrasse,
Et, croyant que Médor l'accompagne ou le suit,
Par cette route obscure il s'échappe et s'enfuit ;
Mais gardant de son roi la dépouille chérie,
Médor des Écossais trompe encor la furie :
Tantôt derrière un chêne, un tilleul, un ormeau,
Se retranche en portant son précieux fardeau ;
Et tantôt, défiant la troupe qui l'assiège,
De son corps tout entier le couvre et le protège.
Ainsi, quand le chasseur ose attaquer leurs jours,
Une ourse, pour sauver les fruits de ses amours,
Sur les traits, les épieux, s'élance avec courage,
Et frémit tour à tour de tendresse et de rage ;
Tantôt roule en fureur ses yeux étincelants,
Mord, déchire sa proie en ses ongles sanglants ;
Tantôt retient sa rage encor mal assouvie,
Regarde ses enfants, et tremble pour leur vie.

 Cloridan, qui déjà ne craint plus l'ennemi,
S'arrête, et son regard cherche envain son ami ;
Il ne l'aperçoit plus ; il observe, il écoute,
Il appelle, il retourne encore sur sa route,
Regarde tous les lieux qu'il vient de parcourir :
O Médor ! où te voir ? comment te secourir ?
Il le cherche partout dans la forêt immense :
Il ne trouve partout qu'un horrible silence ;
Tout-à-coup des coursiers, des guerriers qu'il entend...

Un cri, ciel!... O terreur! il découvre à l'instant
Médor environné d'une troupe inhumaine
Qui, malgré ses efforts, le saisit et l'entraîne.
Que fera-t-il? ô Dieu! comment, par quel secours
Le ravir au trépas qui va trancher ses jours?
Faut-il que, s'élançant sur la foule ennemie,
Par une belle mort il termine sa vie ?
Il le faut, il le veut; mais, avant que le fer
Lui ravisse le jour, sa mort va coûter cher :
Il pose sur son arc une flèche acérée;
Elle part, elle siffle, et, de sang altérée,
Atteint un Écossais de qui le front percé
Crie, et retient le dard dont il est traversé.
La troupe est interdite et regarde autour d'elle ;
Soudain, partant de l'arc, une flèche nouvelle
Perce un autre ennemi placé près du soldat,
Qui sous le trait encore en mourant se débat;
Il courait, demandant à la troupe guerrière
Quel bras avait lancé la flèche meurtrière,
Quand lui-même est frappé d'une autre, dont le bois
Lui traverse la gorge, et lui coupe la voix.
Zerbin ne peut alors contenir sa furie ;
Vers Médor à l'instant il s'élance, il s'écrie :
« Toi, tu vas expirer ! » et par ses cheveux d'or
Déjà le saisissant, il entraîne Médor;
Mais à peine a-t-il vu cet enfant plein de charmes,
La pitié le saisit et fait tomber ses armes;
Médor, en l'implorant, lui tend ses bras ouverts :
« Qui que tu sois, dit-il, par le dieu que tu sers,
« Avant de me frapper permets, je t'en conjure,
« Que mes mains à mon roi donnent la sépulture;
« Après, tranche mes jours; je n'espère de toi
« Que la seule faveur d'ensevelir mon roi. »
Il parlait en ces mots ; et, charmé de sa grace,

Ému, plein de pitié, Zerbin lui faisait grace,
Quand un soldat, malgré ce prince généreux,
S'élance, et, possédé par un courroux affreux,
Dans le sein de Médor ose enfoncer sa lance.
Cloridan qui le voit, soudain, crie et s'élance;
Il ne se cache plus, il fond sur l'ennemi,
Le tigre dont la rage a frappé son ami,
Ne cherche que lui seul, c'est lui seul qu'il menace:
En vain des ennemis la troupe qui s'amasse
Le combat, le repousse; il redouble d'ardeur,
Il joint le meurtrier, et, roulant en fureur
Un glaive dont l'éclair a présagé sa perte,
Le plonge foudroyant dans sa bouche entr'ouverte;
Et, vengé du barbare, et respirant encor,
De mille coups percé se jette sur Médor,
Le presse dans ses bras; et son ame ravie,
Sur le sein de Médor s'exhale avec sa vie.

    A peine expire-t-il, la foule des soldats,
Laissant leurs compagnons qu'a frappé le trépas,
S'éloigne, et disparaît dans la forêt prochaine.
Médor et Cloridan sont couchés dans la plaine;
Cloridan n'était plus, Médor allait périr,
Sans le sort qui bientôt daigna le secourir.

    II*. Fureurs de Roland en apprenant l'infidélité d'Angélique.

    Ils s'éloignaient déjà de l'asyle rustique,
Lorsque, toujours épris des attraits d'Angélique,
Roland, qu'entraîne un sort qu'il ne peut éviter,
Arrive aux mêmes lieux qu'ils venaient de quitter :
Il s'arrête en voyant ces berceaux pleins de charmes,
Descend de son coursier, se défait de ses armes,
Veut respirer le frais sous les ombrages verts,
S'y promène; et bientôt sur les arbres divers

* Angélique et Médor, son époux.

Il voit des noms écrits, il voit des chiffres même,
Des nœuds du tendre amour ingénieux emblême;
Il les observe : eh quoi! s'abuse-t-il? mais non...
Malheureux! d'Angélique il reconnaît le nom* :
Quel autre osa s'unir à celui qu'il adore?
Il le voit, il l'évite, il le revoit encore;
Chaque mot, chaque lettre est un fer acéré
Dont son cœur par l'amour sans cesse est déchiré :
Il cherche à se cacher le malheur qu'il redoute;
Il désire, il espère, il tremble, il croit, il doute;
Oui, malgré l'apparence, il se figure encor
Qu'une autre qu'Angélique a brûlé pour Médor :
Il se le dit, ô ciel! que ne peut-il le croire!
Alors l'infortuné rappelle en sa mémoire
Tous les écrits que d'elle il reçut autrefois :
« Je les connais, dit-il, ce sont eux, je les vois,
« Oui, c'est sa main, voilà ses propres caractères;
« Mais peut-être ce nom couvre quelques mystères,
« C'est un voile amoureux par qui son feu discret
« Voulut cacher mon nom sous l'ombre du secret. »
Il s'abuse en ces mots par des raisons forcées;
Ainsi, se dérobant à ses noires pensées,
L'infortuné conserve encore quelque espoir;
Mais de l'affreux soupçon qu'il vient de concevoir
Plus son esprit s'éloigne, et plus il s'y rattache;

* Ici commence le supplice de l'infortuné Roland. Ce morceau de l'Arioste me paraît si beau, que je ne crains pas de le comparer à tout ce qu'Homère et Virgile ont produit de plus admirable.

L'auteur a gradué d'une manière parfaite la douleur qu'éprouve le paladin à mesure que les témoignages de l'infidélité d'Angélique deviennent plus évidents; et après l'avoir long-temps martyrisé, il le poignarde enfin par une dernière preuve, qui le trouble au point d'aliéner sa raison, et de changer son désespoir en la plus terrible demence. Le style est simple, rapide, brûlant : il est tout ce qu'il doit être ; on croit entendre conter ce terrible évènement, on oublie même qu'il est écrit en vers.

Tel à la glu visqueuse, aux rets que l'herbe cache,
Un oiseau, trop facile à se laisser tromper,
S'enchaîne plus encore en voulant s'échapper.

 Roland voit un ruisseau se frayant une route
Sous l'abri d'un rocher qui se recourbe en voûte;
Sur le seuil de la grotte au lierre tortueux,
Une vigne enlaçait ses bras voluptueux;
Là, quand l'ardent soleil invite à chercher l'ombre,
Angélique et Médor, par des baisers sans nombre,
Ont de leurs cœurs unis confondu les transports;
Là, partout dans la grotte, et partout au dehors
S'offrent de leurs deux noms les lettres enlacées;
Et Roland sur le seuil voit ces lignes tracées :

« Solitaires abris, délicieux berceaux*,
« Frais gazons, grotte obscure, et limpides ruisseaux;
« Bois, où de Galafrond la fille renommée,
« Que tant de paladins ont vainement aimée,
« Angélique en mes bras reposa tant de fois,
« Lieux charmants, pour payer les biens que je vous dois,
« Je n'ai, pauvre Médor, nuls biens en ma puissance;
« Mais que, chargés du soin de ma reconnaissance,
« Les guerriers, les amants, les belles, les époux,
« Tous ceux qu'un sort propice aura guidé vers vous,
« Disent à l'ombre, à l'herbe, à la plante, à la source :
« Puissent toujours du ciel les astres dans leur course
« Favoriser vos dons, et que vos arbrisseaux
« Ne soient jamais blessés par la dent des troupeaux! »

 Le paladin, frappé de cet écrit funeste,
En vain cherche à douter d'un malheur manifeste;

---

* Quoi de plus naïf et de plus doux que le style de cette inscription dont la lecture prépare les effets les plus terribles! Plus elle peint le bonheur, plus elle plonge Roland dans le désespoir; elle l'empoisonne avec du miel, elle l'étouffe sous des roses.

Trois fois il le relit, trois fois sent la froideur
D'une main qui lui presse et lui glace le cœur*;
Enfin, sur le rocher, l'œil fixe, le teint blême,
Immobile, Roland semble un rocher lui-même.
Mais de quel poids affreux son cœur est opprimé !
Ah ! pour le bien sentir il faut avoir aimé,
Il faut avoir connu ces horribles tortures :
Jamais glaive n'ouvrit d'aussi larges blessures.
Cependant il ranime encore ses esprits ;
Son cœur accuse encor ces foudroyants écrits :
Il croit que, des horreurs inventant la plus noire,
Un traître a d'Angélique osé souiller la gloire ;
Qu'il cherche à le frapper d'assez terribles coups
Pour le faire expirer en ses transports jaloux ;
Et toutefois les traits de cette main traîtresse
Ne ressemblent que trop à ceux de sa maîtresse.
Mais enfin, cet espoir le soutient de nouveau ;
Il l'embrasse, il s'attache à ce faible roseau,
Remonte son coursier, s'éloigne, et sur sa route
Voit fumer d'humbles toits : il s'approche, il écoute ;
Des troupeaux mugissants il distingue le bruit ;
Il entre, et dans ce lieu se choisit un réduit.

Alors autour de lui l'on s'empresse, on enlève
Ses éperons dorés, son armure, son glaive :
On a près d'une crèche attaché Brillador ;
Cet asyle est le même où du jeune Médor
Angélique en secret a guéri la blessure :
Roland, sans avoir pris la moindre nourriture,
Se jette sur son lit, et songe à ses malheurs,

---

* Quelle peinture vraie de l'impression que la jalousie fait sur le cœur ; et comme le malheureux Roland s'agite, se débat sous l'affreuse certitude qu'il veut encore éviter ! Il semble voir le Laocoon pressé par les serpents qui l'enveloppent, et raidissant ses bras pour se dégager de leurs anneaux.

Se nourrit de ses maux, s'abreuve de ses pleurs :
Quand tout-à-coup ses yeux... ciel ! que voit-il encore * ?
Les voilà ces écrits, ces chiffres qu'il abhorre,
Sur les voûtes, les murs, les portes, en tous lieux,
Ces exécrables traits persécutent ses yeux.
Il veut s'instruire, il craint la vérité terrible,
Il n'ose envisager cette lumière horrible,
De la plus sombre nuit il veut s'envelopper ;
Mais vainement alors il cherche à se tromper.
Alors, croyant calmer le tourment qu'il endure,
Le berger de Médor lui conta l'aventure,
Lui dit comme Angélique un jour l'avait pressé
De porter sous son toit le Sarrazin blessé ;
Comme elle avait pris soin de conserver sa vie ;
Qu'à ce jeune étranger par l'amour asservie
Et lui sacrifiant jusques à la pudeur,
Elle avait mille fois partagé son ardeur ;
Que, reine du Cathay, d'un splendide royaume,
Elle n'avait pas craint, là, sous cet humble chaume,
D'épouser ce Médor, ce soldat inconnu :

* On ne peut trop admirer l'art avec lequel l'Arioste conduit Roland de supplice en supplice ; il ne lui laisse pas le temps de respirer : il vient de lui donner un signe frappant de l'infidélité de sa maîtresse ; à présent il l'entoure d'une multitude d'inscriptions et de chiffres qui achèvent de jeter le trouble dans son âme ; et, de peur qu'il n'échappe à tous ces bourreaux, il lui fait raconter par le pâtre toute l'aventure des deux amants ; il lui montre enfin le collier même dont il avait fait présent à sa maîtresse ; et le poète s'écrie alors :

« Questa conclusion fu la secure
« Che 'l capo un colpo gli levo dal collo. »

Cette conclusion fut la hache qui lui trancha la tête. Ne semblerait-il pas que cette affreuse certitude soit le dernier supplice réservé au malheureux comte d'Angers ? Eh bien ! il va éprouver encore une peine plus déchirante, en songeant qu'il est couché sur le même lit ou sa maîtresse a enivré Medor de ses faveurs. Je crois qu'aucun poète, dans aucune langue, n'a offert une image plus terrible des déchirements de l'âme et des convulsions de la douleur

Il montre, en terminant son récit ingénu,
Le bracelet brillant qu'il avait reçu d'elle,
Don que Roland jadis fit à cette infidèle,
Et que, prête à quitter ces champêtres abris,
De ses soins empressés elle a rendu le prix.

   Du malheur à ces mots Roland touche le faîte;
Ce coup... comme une hache, il a tranché sa tête;
Pas une ombre d'espoir qui lui reste en ses maux :
Des larmes de ses yeux s'échappent à longs flots;
Dans les convulsions de sa douleur farouche,
Sous le poids qui l'oppresse il frémit dans sa couche,
Il se roule, il rugit, il bondit en fureur;
Une pensée alors le fait pâlir d'horreur;
Il songe que Médor, et l'ingrate qu'il aime,
Ont dû, cent fois unis sur cette couche même,
Y goûter de l'amour tous les transports heureux;
Il s'élance, il en sort poussant des cris affreux :
Moins prompt, moins effrayé, tressaille et se réveille
Le vigneron dormant à l'ombre de sa treille,
Quand, troublant tout-à-coup son tranquille repos,
La vipère sous lui vient rouler ses anneaux :
Alors, ce lit, ce toit, ce pâtre l'importune;
Alors, il n'attend point que la naissante lune,
Que la prochaine aurore éclaire son chemin;
Il s'arme, il a saisi son coursier d'une main,
Sort, et roule en son sein mille pensers funèbres,
Cherche de la forêt les plus noires ténèbres;
Et là, cédant au poids d'un désespoir affreux,
Exhale en gémissant ses soupirs douloureux;
Sur ses armes soudain ses pleurs qui se répandent
De ses yeux inondés à longs ruisseaux descendent.

   « Quoi! je pleure, dit-il, en de pareils malheurs?
« Quoi! l'excès de mes maux n'a pas tari mes pleurs?

« Non, je n'en puis verser en ma douleur extrême;
« C'est mon âme qui fuit, c'est ma vie elle-même;
« Ces soupirs de mon sein sont le souffle embrasé;
« Sous quel horrible poids mon cœur est écrasé !
« Qu'il souffre !... Qu'ai-je dit ?... non, non, je ne puis être,
« Je ne suis point Roland, Roland n'est plus... Un traître,
« Une infidèle amante.... ils l'ont assassiné...
« Je suis de ce Roland le spectre infortuné,
« Qui sorti des enfers... Oh ! que je souffre encore !
« L'enfer... oui, je le sens, tout l'enfer me dévore. »

Ses larmes à ces mots s'arrêtent dans ses yeux,
Et, reprenant sa course, il part en furieux;
Pour lui, dès ce moment, plus de paix, plus de trêve* :
Il crie, il court, il croit faire un horrible rêve;
Le délire est empreint dans ses yeux, sur son front :
Il regarde, il écoute... il parle... il s'interrompt,
Il va, revient, s'arrête, et bientôt sur l'arène
Tombe échevelé, pâle; il se roule, il se traîne
Comme un spectre hideux, qui, sous d'affreux lambeaux,
Vient dans l'ombre des nuits ramper sur les tombeaux.

Il erra jusqu'au jour dans la forêt profonde;
Et lorsque le soleil rendit le jour au monde,
Son sort le ramena vers cet antre odieux
Où l'écrit de Médor avait frappé ses yeux.
A l'aspect imprévu de l'objet qui l'outrage,
Il n'est plus que fureur, que vengeance et que rage,
Il s'élance, et le fer arme aussitôt sa main,
En cercles foudroyants tourne, frappe, et soudain
Fait voler en éclats les roches fracassées;
Partout où de Médor les amours sont tracées

* J'ai cru devoir représenter en quelques vers les premiers indices de la folie de Roland; ils m'ont paru nécessaires pour préparer un peu cette terrible catastrophe.

Tombe de tout son bras le courroux destructeur ;
C'en est fait, plus de grotte et d'asyle au pasteur ;
La fontaine elle-même, et si claire, et si pure,
De l'implacable fer n'évite pas l'injure ;
Il précipite, entasse en ses limpides eaux
Les racines, les troncs, les pierres, les rameaux ;
Enfin, sous tant d'efforts, las, haletant, débile,
Tombe, et fixe les cieux d'un regard immobile.

Là, sans pleurs, sans sommeil, et sans soif, et sans faim *,
Roland, soit que le jour penche vers son déclin,
Soit qu'il remonte aux cieux, triste objet d'épouvante,
En ses horribles traits offrant la mort vivante,
Trois fois a vu l'aurore éclairer l'horizon,
Et le jour qui la suit lui ravit sa raison.
Mais sa force renaît ; à peine il la retrouve,
Comme un feu qu'en ses flancs la terre enferme et couve,
Tout-à-coup tonne, éclate, ainsi Roland soudain
Fait éclater la rage enfermée en son sein ;

* Ce terrible repos, ces trois jours et ces trois nuits passés dans l'immobilité de la mort, ressemblent au calme de l'Etna qui élabore ses soufres et ses bitumes dans le silence de ses souterrains avant de faire éclater sa terrible explosion : la fureur de Roland qui succède à ce long repos éclate par des signes effroyables de démence, et est produite par une si violente douleur, que l'on n'est plus étonné des prodiges qu'elle opère.

Il est bon de remarquer l'utilité de la forêt dans tout l'ensemble de cette composition ; c'est près d'elle que Cloridan et Médor sont aperçus par les ennemis, et c'est dans ses détours qu'ils se sauvent pour échapper à leur poursuite ; c'est dans cette même forêt qu'Angélique et Médor vont graver leurs chiffres amoureux ; c'est là que Roland s'arrête pour respirer le frais ; c'est encore là qu'il retourne pour exhaler son désespoir, et que les chiffres qu'il aperçoit de nouveau le livrent à tous les transports de sa rage : elle est causée par une douleur si violente, qu'on trouve presque naturels les immenses efforts avec lesquels il dépouille la forêt, fracasse les rochers ; et ce qui paraîtrait ridicule dans toute autre circonstance ne blesse point ici, parce qu'il y a une espèce de proportion entre l'excès de sa force et celui de son désespoir.

Furieux, il détache, il brise contre terre
Et lance, et corselet, et casque, et cimeterre,
Arrache ses habits, arrache ses cheveux,
Montre à nu son grand corps et ses longs bras nerveux,
Sa poitrine velue, et par degrés commence
Le frénétique accès d'une horrible démence.

Mais ce mal croît encore; bientôt plus forcené,
Par son bras furieux un pin déraciné
Vole et siffle, et bientôt d'autres arbres énormes,
Les charmes, les sapins, les frênes, les grands ormes,
Et ces chênes ridés, ces vieux rois des forêts,
Tel que le roseau frêle arraché des marais,
Suivent sa main sans peine, et les plaines voisines
Se couvrent à l'instant d'effroyables ruines.
A ce bruit, des hameaux, des monts, et des vergers,
Pâtres, cultivateurs, vignerons et bergers,
Tout accourt, tout veut voir ce bras dont le tonnerre
Fracasse les forêts, et fait trembler la terre [*].

PARSEVAL GRANDMAISON, *Les Amours épiques*, ch. III.

ARISTARQUE, fameux critique, naquit dans la Samothrace, un siècle et demi avant Jésus-Christ. Il se forma auprès d'Aristophane (le grammairien), et, ayant fait à son tour l'éducation du fils de Ptolémée Philométor, il se fixa tout-à-fait à Alexandrie qu'il adopta pour patrie. Ce fut là qu'il se livra aux soins laborieux qui lui ont valu sa renommée. Il employa ses veilles à faire des recherches critiques sur Pindare, sur Aratus et d'autres poètes : mais ses travaux les plus importants eurent pour objet les

[*] *Voyez* pag. 34 et suiv. les passages traduits par Voltaire.

poésies d'Homère, qu'il a mises en ordre avec des peines infinies. On croit que c'est lui qui imagina de diviser l'*Iliade* et l'*Odyssée* en autant de livres qu'il y a de lettres dans l'alphabet, et de donner à chaque livre le nom d'une de ces lettres.

Aristarque nous offre, avec Zoïle, l'exemple rare d'un nom devenu synonyme d'une qualification littéraire. Nous appelons un censeur *un aristarque*, *un zoïle*, avec cette différence pourtant, que l'un se prend en bonne, et l'autre en mauvaise part; car, suivant la remarque de La Harpe, « le nom du « détracteur d'Homère, Zoïle, est devenu une in- « jure, et celui de son éditeur, Aristarque, un éloge. » Au reste, cette locution proverbiale nous a été transmise par les anciens. Cicéron, dans ses *Lettres à Atticus*, nomme cet ami son *aristarque;* et Horace désigne aussi de la sorte un critique judicieux :

Vir bonus et prudens versus reprehendet inertes,
. . . .
Fiet Aristarchus.   (*De Art. poet.* 435, *seq.*)

Aristarque, en effet, ne fut qu'un critique, mais le plus célèbre de l'antiquité. Il n'est pas à dire pour cela que ses jugements aient été infaillibles. Les philologues en ont souvent appelé ; ils ont même quelquefois infirmé son autorité. Malgré l'étendue de sa réputation, en dépit de son exactitude scrupuleuse, son goût ne s'est pas maintenu exempt de reproche. Ses contemporains reprenaient en lui un ton acerbe et dogmatique, ainsi que l'arbitraire de ses décisions. Aujourd'hui, grace à l'excellente édition de l'*Iliade*, publiée par Villoison, nous sommes à même d'apprécier la justesse ou la témérité des conjectures d'Aristarque; et, tout en admirant ses travaux, nous avons le droit d'être sévères pour celui qui montra une si grande sévérité.

Ce critique célèbre mourut dans l'île de Chypre à l'âge de soixante-douze ans. Il était, dit-on, atteint d'une hydropisie à laquelle il ne trouva pas de meilleur remède que de se laisser mourir de faim.

JUGEMENTS.

I.

Aristarque fit une révision des poésies d'Homère avec une exactitude incroyable, mais peut-être trop magistrale, car dès qu'un vers ne lui plaisait pas, il le traitait de supposé : « Homeri versum negat, quem non probat. » (*Cic. epist. ad famil.* III, 11.) On dit qu'il marquait la figure d'une broche à côté des vers qu'il condamnait de supposition; d'où est venu le mot ὀϐελίζειν.

Quelque grande que fût la réputation et l'autorité d'Aristarque, souvent néanmoins on appelait de ses jugements, et on se donnait la liberté de condamner le goût de ce grand critique, qui décidait en quelques rencontres que tels et tels vers de l'*Iliade* devaient être transportés dans l'*Odyssée*. Il est rare que ces sortes de transpositions réussissent, et, pour l'ordinaire, elles marquent plus de hardiesse que de jugement. Zénodote fut chargé de revoir et d'examiner la critique d'Aristarque.

Quintilien nous apprend que ces grammairiens critiques, non-seulement se donnaient la liberté de noter, comme avec la verge de censeur, les vers qui leur déplaisaient, et de retrancher du nombre des ouvrages d'un auteur des livres entiers, comme autant d'enfants supposés qu'on lui attribuait mal-à-propos ; mais qu'ils portaient leur autorité jusqu'à marquer aux écrivains leurs rangs, donnant à quelques-uns une distinction d'honneur, en laissant plusieurs dans la foule, et dégradant entièrement les autres.

Ce que j'ai dit d'Aristarque nous montre que la critique, qui faisait le principal mérite des anciens grammairiens, consistait principalement à discerner le véritable auteur d'un ouvrage ; à distinguer les écrits qu'on lui supposait de ceux qui étaient réellement partis de sa plume ; dans ceux mêmes qui étaient reconnus pour être de lui, à rejeter des endroits qu'une main étrangère y avait insérés à dessein ; enfin, à faire sentir ce qu'il y avait de plus beau, de plus solide, de plus remarquable dans les ouvrages d'esprit, et à en rendre la raison. Or tout cela demandait beaucoup de lecture, d'érudition, de goût, et sur-tout un discernement juste et exact. Pour connaître l'utilité de cet art et en sentir le prix, il ne faut que se rappeler dans sa mémoire certains peuples et certains siècles où régnait une profonde ignorance, et où, faute de critique, les absurdités les plus grossières et les faussetés les plus sensibles passaient, en tout genre, pour des vérités incontestables. C'est la gloire de notre siècle, et l'effet des bonnes études d'avoir pleinement dissipé tous ces nuages par la lumière d'une solide et judicieuse critique.

ROLLIN, *Histoire ancienne*.

II.

Après la mort d'Alexandre, Zénodote d'Éphèse revit encore cette édition* sous le règne du premier des Ptolémées. Enfin, sous Ptolémée-Philométor, cent cinquante ans avant Jésus-Christ, Aristarque, si célèbre par son goût et par ses lumières, fit une dernière révision des poèmes d'Homère, et en donna une dernière édition qui devint bientôt fameuse et fit oublier toutes les autres. C'est celle-là qui nous a été transmise, et qui paraît en effet très correcte et très soignée, puisqu'il y a peu d'auteurs anciens dont le texte soit aussi clair, aussi suivi, et offre aussi peu d'endroits qui aient l'air d'avoir subi des altérations essentielles.

La Harpe, Cours de Littérature.

ARISTOPHANE, fils de Philippe ou Philippidas, était le plus célèbre poète de la comédie ancienne. Sa patrie et l'année de sa naissance sont inconnues; il était citoyen d'Athènes, et y passa sa vie, qu'il prolongea au-delà de la XCVII^e olympiade (386 ans avant Jésus-Christ).

Les pièces d'Aristophane nous offrent le tableau le plus fidèle des mœurs de cette ville. Enhardi par ses succès, il mit sur la scène les juges, les philosophes et les dieux eux-mêmes. Ne ménageant point le peuple, dont il recevait les applaudissements, il en fit

---

* L'édition d'Homère, dite de *la Cassette*, parce que Alexandre en renferma un exemplaire dans un petit coffre d'un prix inestimable, pris à la journée d'Arbelles parmi les dépouilles de Darius. Cette édition avait été faite par les grammairiens Callisthène et Anaxarque, d'après les ordres d'Alexandre lui-même.

souvent l'objet de ses satires les plus amères, et se vante dans une de ses pièces d'avoir le premier osé relever les défauts des Athéniens, et de les avoir rendus plus redoutables au roi des Perses, depuis qu'il avait entrepris de les corriger. Dans des sujets allégoriques, Aristophane avait le talent de traiter les intérêts les plus importants de la république. Tantôt il montrait la nécessité de terminer une guerre longue et ruineuse; tantôt il s'élevait contre la corruption des chefs et contre les dissensions du sénat.

Quoique le langage de ce poète fût souvent celui de la parodie et de la bouffonnerie, Platon avait fait deux vers dont le sens était que les graces voulant se faire un temple impérissable avaient choisi l'esprit d'Aristophane. Il en fit un des acteurs de son *Banquet*, et l'on rapporte qu'il envoya les comédies d'Aristophane à Denys le tyran, en l'engageant à les lire avec attention s'il voulait connaître à fond le gouvernement d'Athènes.

Alde Manuce prétend que saint Jean Chrysostome pensait à cet égard comme Platon, et qu'il avait toujours les comédies d'Aristophane sous son chevet : mais la pureté des mœurs de saint Jean Chrysostome ne permet pas de croire qu'il se plût à la lecture d'un poète si licencieux.

Les Athéniens décernèrent à Aristophane une couronne de l'olivier sacré; ce qui était un honneur extraordinaire. Il a composé cinquante-quatre pièces, dont il ne nous reste que onze. Ludolphe Kuster a donné une belle édition des comédies d'Aristophane, en grec et en latin, avec de savantes notes,

Amsterdam, 1710, in-fol. Cette édition a été réimprimée à Leyde, 1760, 2 vol. in-4°, par les soins de Burmann, *cum notis variorum;* mais cette réimpression, quoique bien exécutée, n'a rien diminué du mérite de l'édition originale. Celle de Brunck, Strasbourg, 1783, 3 vol. in-8°, jouit aussi d'une estime méritée. Les comédies d'Aristophane sont: le *Plutus*, les *Oiseaux*, toutes deux contre les dieux et les déesses; les *Nuées*, contre Socrate; les *Grenouilles*, les *Chevaliers*, les *Acharnéens*, les *Guêpes*, la *Paix*, les *Harangueuses*, les *Femmes au Sénat*, et *Lysistrate*. Nous avons une traduction française du *Plutus* et des *Nuées*, par madame Dacier; des *Oiseaux*, par Boivin le cadet; d'une grande partie des *Guêpes* par Geoffroi. Poinsinet de Sivry a donné le théâtre d'Aristophane traduit en français, partie en vers, partie en prose, Paris, 1784, 4 vol. in-4° et in-8°. A.-C. Brottier, neveu de l'éditeur de Tacite, a traduit en prose tout le théâtre d'Aristophane. On trouve sa traduction dans les tomes XII et XIII de la nouvelle édition du théâtre des Grecs, publiée par M. Raoul Rochette.

JUGEMENTS.

I. Caractère particulier de la comédie d'Aristophane.

La comédie athénienne, que je nomme *Satire allégorique dialoguée*, ne peut se confondre avec les autres comédies : elle ne participe du même genre qu'en ce qu'elle présente une action risible, conduite par un certain nombre d'interlocuteurs plaisants; mais sa forme, sa tendance, ses moyens et sa fin, ne sont pas les mêmes que dans les espèces suivantes. Elle ne peint point tel individu, tel vice, ou tel travers particulier : elle peint une ville, un gouvernement, une magistrature, une secte, un abus général : ces êtres collectifs n'ayant pas de figure réelle, et n'existant que dans la pensée, elle les travestit en personnages pour les faire agir, marcher sous les yeux, et leur prêter un langage après leur avoir donné un masque. Leur discours diffère nécessairement de celui des hommes ordinaires, et s'accorde avec l'idée imaginaire qu'elle en crée, autant que le corps fictif dont elle les anime se conforme aux attributions des choses qu'elle offre satiriquement. Son allure, ses jeux scéniques, ses incidents, ne sont pas ceux de la nature, mais ceux de l'allégorie : on ne doit donc pas chercher le sel de ses plaisanteries dans la vérité, mais dans l'allusion. Tel rôle y prend un ton bas et commun, après s'être annoncé dans un haut rang : pourquoi s'en fâcher ? Ne regardez pas tant ce qu'il est que ce qu'il représente. Aristophane attaque ici la populace élevée aux nobles dignités ; il couvre son acteur de la pourpre, et lui dicte les propos de l'esclavage et de la grossièreté : la figure est vraie, et l'application aisée. Ce n'est pas un misérable esclave acheté que représente cet acteur sale, ivrogne, dissolu et voleur. Mais pourquoi, direz-vous, en a-t-il l'habit et le langage ? Écoutez son nom : c'est un homme d'état, c'est un général d'armée à qui l'auteur prête ironiquement la démarche et les discours d'un valet. Il voulut montrer dans ce personnage l'abaissement des chefs soumis au joug de la servitude, et faire entendre que, sous de beaux noms, ils ont les mœurs de la canaille. Le rapprochement est facile, je crois ; faites-le : vous applaudirez vivement à l'atticisme d'une si mordante comédie.

La plupart de ses images cessent d'être fausses et exagérées, pour qui les envisage sous leur véritable aspect. Ces bouffonneries, si méprisables au jugement de nos docteurs, et si plates à leurs yeux, se firent pourtant estimer de Platon et des esprits les plus délicats de la Grèce : ils avaient la clef de tout, et ils admiraient cet arsenal de traits satiriques, d'épigrammes vengeresses, qui ne tendaient à rien moins qu'à percer de part en part les vices des grandes institutions, et les fauteurs des désordres publics. Niera-t-on que cette espèce de comédie ait une importance supérieure à celle des nôtres? Doit-on s'étonner que les Athéniens l'aient goûtée, et même trouvée exquise, lorsqu'elle parodiait hardiment l'impudence des ambitieux parvenus, les corporations envahissantes, et les extravagances de la démagogie? L'égalité républicaine se maintenait par la violence de cette censure ironique; et le chef ou le corps qui échappait aux lois par sa puissance ou par son crédit, par ses clients ou par ses richesses, n'évitait pas les pointes déchirantes du ridicule qui le flétrissait, et qui livrait sa splendeur empruntée aux éclats du rire populaire. Il est incontestable qu'aucune espèce de comédie n'a pu exciter de tels transports, et que jamais la philosophie n'a pu faire un plus salutaire emploi de la dérision. S'il est vrai que l'importance d'un genre se mesure à son utilité, celui qui sert à purger l'état tout entier de sa corruption est plus recommandable que celui qui corrige les défauts privés et les travers domestiques.

La comédie antique atteignit donc pleinement un point que la moderne touche à peine indirectement. C'est une lourde erreur que de l'assimiler au tabarinage qui excite le rire sans profit, et de juger par des règles pareilles la pièce qui peint les mœurs d'une maison, ce qui est l'objet de nos comédies, et la pièce qui peint les mœurs d'une cité, ce qui est celui des comédies grecques. Une considération de plus vient à l'appui de mon opinion : le courage n'était pas moins nécessaire que le génie aux auteurs de ces pièces originales ; et la témérité d'Aristophane, se couvrant lui-même, sur le théâtre, du masque d'un scélérat, au défaut d'un comédien qui osât fronder en face le vice en crédit, témoigne quel honneur résultait pour lui de ce généreux effort[*].

LEMERCIER, *Cours analytique de Littérature.*

II. Parallèle de la comédie d'Aristophane et de la comédie moderne.

Quel rapport existe-t-il entre la comédie politique des Athéniens et notre comédie domestique ? Ne craignons pas de revenir et d'appuyer sur ce point. La nôtre représente fidèlement les hommes et leurs mœurs ; la leur représentait des êtres de raison et des

---

[*] Aristophane se montre toujours un citoyen plein de zèle ; il dénonce sans cesse les séducteurs du peuple, les mêmes que Thucydide dépeint comme si dangereux. Il conseille constamment la paix, au milieu de cette guerre intestine qui fit éprouver un échec irréparable à la prospérité de la Grèce ; et on le voit toujours recommander la simplicité et la sévérité des mœurs antiques.

A. W. SCHLEGEL, *Cours de Littérature dramatique.*

corporations entières individualisées : la nôtre touche proprement les vices de la société; la leur atteint figurément les abus de l'administration publique : la nôtre ne frappe que les ridicules; la leur désigne les personnes, et les nomme : la nôtre a pour fondement le vrai et le vraisemblable; la leur bâtit ses fables sur la bouffonnerie idéale et sur une invraisemblable parodie : la nôtre parle un langage direct; la leur ne parle qu'à double sens, et ne se fait entendre que par allusion. Enfin, la comédie grecque étale aux regards un spectacle de travestissements imaginaires, et marche escortée de chœurs satiriques, dont le burlesque appareil imite les mouvements et la pompe des chœurs de la tragédie antique. Que diriez-vous aujourd'hui d'une comédie formée sur ce modèle? Vous l'applaudiriez peut-être, si le dialogue, plein de traits vifs et serrés, en était aussi mordant que celui d'Aristophane; si la fiction en était aussi forte et aussi hardie que les siennes; mais vous regarderiez une telle production comme un monstre en littérature, plus bizarre que les actes déréglés de Shakspeare, et que les journées de Calderon. Ne nous serait-il pas permis de nous y tromper, puisque Voltaire lui-même écrivit que le célèbre comique d'Athènes ne lui paraissait « qu'un méprisable ba-
« teleur, qui, de nos jours, n'eût pas osé donner ses
« farces à la Foire Saint-Laurent? » D'où viendrait pourtant que nos arrêts ne seraient pas moins rigoureux ni moins injustes que ceux de Voltaire*, à l'égard de cette sorte de comédie? c'est de ce que

* Et ceux de Marmontel. Voyez *Élém de Litter*, art. *Comédie*. F

nous la condamnerions d'après nos règles prescrites, et que nous ne voulons pas en admettre d'étrangères. Néanmoins, le témoignage du rhéteur Quintilien est d'un poids suffisant à nous faire récuser celui de Voltaire. Les éloges que le premier fait d'Aristophane, dont il avait lu le texte original et médité les pièces, méritent plus de crédit que les capricieuses critiques de notre poète : et qu'admire-t-il dans l'auteur athénien? l'élégance, la pureté du style, la force comique et l'invention. Il le désigne comme un des meilleurs modèles dont la lecture puisse former des écrivains et des orateurs. Que faut-il de plus pour obtenir les hommages de la postérité? Et quel suffrage équivaudrait, en faveur d'un poète comique, à celui de Platon, le plus noble génie de la Grèce, et à celui de Quintilien, l'oracle du bon goût chez les Latins ?

Lemercier, ibid.

III.

Je connais, disait Zopyre à Nicéphore, vos plus célèbres écrivains. Je viens de relire toutes les pièces d'Aristophane, à l'exception de celle des *Oiseaux*, dont le sujet m'a révolté dès les premières scènes; je soutiens qu'il ne vaut pas sa réputation. Sans parler de ce sel acrimonieux et déchirant, et de tant de méchancetés noires dont il a rempli ses écrits, que de pensées obscures! que de jeux de mots insipides! quelle inégalité de style [*] !

J'ajoute, dit Théodecte en l'interrompant, quelle élégance, quelle pureté dans la diction! quelle fi-

---

[*] Plut. in *Compar. Aristoph. et Menandr.* (Voyez page 92.)

nesse dans les plaisanteries! quelle vérité, quelle chaleur dans le dialogue! quelle poésie dans les chœurs! Jeune homme, ne vous rendez pas difficile pour paraître éclairé, et souvenez-vous que s'attacher par préférence aux écarts du génie n'est bien souvent que vice du cœur ou disette d'esprit. De ce qu'un grand homme n'admire pas tout, il ne s'ensuit pas que celui qui n'admire rien soit un grand homme. Ces auteurs, dont vous calculez les forces avant que d'avoir mesuré les vôtres, fourmillent de défauts et de beautés *. Ce sont les irrégularités de la nature, laquelle, malgré les imperfections que notre ignorance y découvre, ne paraît pas moins grande aux yeux attentifs.

Aristophane connut cette espèce de raillerie qui plaisait alors aux Athéniens, et celle qui doit plaire à tous les siècles. Ses écrits renferment tellement le germe de la vraie comédie et les modèles du bon comique, qu'on ne pourra le surpasser qu'en se pénétrant de ses beautés. Vous en auriez été convaincu vous-même à la lecture de cette allégorie, qui pétille de traits originaux, si vous aviez eu la patience de l'achever.

Barthélemy, *Voyage d'Anacharsis.*

IV.

Il faut, avant tout, distinguer trois époques dans la comédie grecque. La première, qui se rapprochait beaucoup de l'origine du spectacle dramatique, en avait conservé et même outré la licence. Ce qu'on appelle la vieille comédie n'était autre chose que la

* Schol. *Vit. Aristoph.* in *Prolog*

satire en dialogue. Elle nommait les personnes, et les immolait sans nulle pudeur à la risée publique. Ce genre de drame ne pouvait être toléré que dans une démocratie effrénée, comme celle d'Athènes. Il n'y a qu'une multitude sans principes, sans règle, et sans éducation, qui soit portée à protéger et encourager publiquement la médisance et la calomnie, parce qu'elle ne les craint pas, et que rien ne trouble le plaisir malin qu'elle goûte à les voir se déchaîner contre tout ce qui est l'objet de sa haine ou de sa jalousie. C'est une espèce de vengeance qu'elle exerce sur tout ce qui est au-dessus d'elle; car l'égalité civile, qui ne fait que constater l'égalité des droits naturels, ne saurait détruire les inégalités morales, sociales et physiques, établies par la nature même; et rien au monde ne peut faire que dans l'ordre social un fripon soit l'égal d'un honnête homme, ni un sot l'égal d'un homme d'esprit.

On ouvrit enfin les yeux sur ce scandale, qui fut réprimé par les lois : il fut défendu de nommer personne sur le théâtre. Mais les auteurs, ne voulant pas renoncer à l'avantage facile et certain de flatter la malignité publique, prirent le parti de jouer des aventures véritables sous des noms supposés. La satire ne perdit rien sous un si faible déguisement : ce fut le second âge du théâtre comique, et ce genre s'appela *la moyenne comédie*. De nouveaux édits la proscrivirent, et l'on fit défense aux poètes comiques de mettre sur la scène ni personnages réels, ni actions vraies et connues. Alors il fallut inventer; et c'est à cette troisième époque qu'il faut placer la naissance de la véritable comédie : ce qui l'avait précédée n'en méritait pas le nom*. C'est dans celle-ci que se distingua Ménandre, qui en fut, chez les Grecs, le créateur et le modèle, comme Épicharme le fut chez les Siciliens. La postérité a consacré la mémoire de Ménandre, mais le temps a dévoré ses écrits. Il ne nous est connu que par les imitations de Térence, qui lui emprunta plusieurs de ses pièces, dont il enrichit le théâtre de Rome.

Les onze pièces qui nous restent des cinquante-quatre qu'on dit qu'Aristophane avait faites appar-

---

* On peut opposer au jugement dédaigneux que porte La Harpe sur l'ancienne comédie l'opinion d'un grand nombre de critiques, auxquels il a paru que ce genre d'ouvrage était un genre à part qui avait ses lois, ses règles, sa poétique particulières, et qu'on ne peut comparer raisonnablement avec la moyenne et la nouvelle comédie des Grecs, encore moins avec la nôtre. C'est ainsi qu'en parle souvent, dans ses leçons sur la comédie, M. Lemercier, qui reproche à La Harpe de soumettre à un même niveau des genres tout-à-fait divers. C'est ainsi qu'en parle A. W Schlegel dans la sixième leçon de son *Cours de littérature dramatique,* où il apprécie d'une manière si remarquable le talent d'Aristophane ; c'est ainsi qu'en avaient parlé, avant eux, Brumoy dans l'Examen des ouvrages de ce célèbre comique, et principalement dans son *Discours sur la comédie grecque ;* l'abbé Vatry, que Brumoy cite souvent, et qui a composé sur ce sujet un mémoire intéressant, que l'on trouve dans le recueil de l'Académie des inscriptions et belles-lettres, tom. XXI, p. 145 Ce dernier va jusqu'à dire : « A mesure qu'on se familiarise avec les pièces « d'Aristophane, on les goûte, on les admire, et on avoue que la vieille « comédie l'emportait à tous égards sur la nouvelle ; et que si par degrés on « a passé de la vieille à la nouvelle, ce n'est point que l'on ait cru mieux « faire, ni pour perfectionner ce genre d'ouvrage, mais parce que les poètes « y ont été obligés par force, et y ont été contraints par les lois, qui ont « préféré avec raison la paix, la tranquillité et l'honneur des citoyens, au « plaisir de voir un spectacle plus ingénieux et plus piquant. » Je ne cite point madame Dacier, Boivin, Brunck et d'autres qu'on récuserait avec quelque raison, comme n'étant point assez exempts de partialité dans la cause d'un auteur qu'ils ont traduit et commenté. H. Patin

tiennent entièrement à la première époque, à celle de la vieille comédie. Eupolis, Cratinus et lui, sont les trois auteurs les plus célèbres qui aient travaillé dans ce genre. Leurs écrits furent connus des Romains, comme le prouve le témoignage d'Horace. Ils ne sont pas venus jusqu'à nous, non plus que ceux des auteurs qui s'exercèrent dans les deux autres genres : on sait seulement qu'ils furent en très grand nombre. Le seul Aristophane est échappé, du moins en partie, à ce naufrage général. On ne sait rien de sa personne, si ce n'est qu'il n'était pas né à Athènes; ce qui relève chez lui le mérite de cet atticisme que les anciens lui accordent généralement, c'est-à-dire de cette pureté de diction, de cette élégance qui était particulière aux Athéniens, et qui faisait que Platon même, le disciple de Socrate, trouvait tant de plaisir à la lecture d'Aristophane. Sans doute il en faut croire les Grecs sur ce point, et surtout Platon, si bon juge en cette matière, et si peu suspect de partialité en faveur de l'ennemi de son maître. Mais, en mettant à part ce mérite, à peu près perdu pour nous, parce que les graces du langage familier sont les moins sensibles de toutes dans une langue morte, il est difficile d'ailleurs, en lisant cet auteur, de n'être pas de l'avis de Plutarque, qui s'exprime ainsi dans un parallèle de Ménandre et d'Aristophane :

« Ménandre sait adapter son style et proportion-
« ner son ton à tous les rôles, sans négliger le co-
« mique, mais sans l'outrer. Il ne perd jamais de vue
« la nature ; et la souplesse et la flexibilité de son ex-
« pression ne sauraient être surpassées. On peut dire

« qu'elle est toujours égale à elle-même, et toujours
« différente suivant le besoin; semblable à une eau
« limpide qui, coulant entre des rives inégales et tor-
« tueuses, en prend toutes les formes sans rien per-
« dre de sa pureté. Il écrit en homme d'esprit, en
« homme de bonne société; il est fait pour être lu,
« représenté, appris par cœur, pour plaire en tous
« lieux et en tous temps; l'on n'est pas surpris, en
« lisant ses pièces, qu'il ait passé pour l'homme de
« son siècle qui s'exprimait avec le plus d'agrément,
« soit dans la conversation, soit par écrit. »

Un pareil éloge doit augmenter nos regrets sur la perte totale des pièces de cet auteur; et ce qui confirme le jugement de Plutarque, c'est que tous ces caractères sont précisément ceux de Térence, qui avait pris Ménandre pour son modèle. Plutarque parle bien différemment d'Aristophane : « Il outre la
« nature, et parle à la populace plus qu'aux honnêtes
« gens : son style est mêlé de disparates continuelles,
« élevé jusqu'à l'enflure, familier jusqu'à la bas-
« sesse, bouffon jusqu'à la puérilité. Chez lui l'on ne
« peut distinguer le fils du père, le citadin du pay-
« san, le guerrier du bourgeois, le dieu du valet.
« Son impudence ne peut être supportée que par le
« bas peuple; son sel est amer, âcre, cuisant; sa
« plaisanterie roule presque toujours sur des jeux
« de mots, sur des équivoques grossières, sur des
« allusions entortillées et licencieuses. Chez lui la
« finesse devient malignité, la naïveté devient bêtise;
« ses railleries sont plus dignes d'être sifflées qu'elles
« ne sont capables de faire rire; sa gaieté n'est qu'ef-

« fronterie; enfin il n'écrit pas pour plaire aux gens
« sensés et honnêtes, mais pour flatter l'envie, la mé-
« chanceté et la débauche. »

Quoi qu'en dise Brumoy, qui trouve ce jugement trop sévère, on ne peut nier que la lecture d'Aristophane ne justifie Plutarque dans tous les points. Le seul reproche qu'on puisse lui faire, c'est de n'avoir pas marqué l'espèce de mérite qui se fait sentir à travers tant de défauts, et qui peut faire concevoir pourquoi cet auteur plaisait tant aux Athéniens. J'avoue qu'il est extrêmement difficile d'en donner une idée; car, pour saisir l'esprit d'Aristophane, il faudrait avoir dans sa mémoire tous les faits, tous les détails de l'histoire de son temps, et connaître les principaux personnages d'Athènes, comme nous connaissons ceux de nos jours. Cette connaissance ne pouvant jamais être qu'imparfaite, à cause de l'éloignement des temps, il y a nécessairement une foule de traits dont l'à-propos doit nous échapper. Cependant ceux qui ont assez étudié la langue des Grecs et leur histoire pour lire Aristophane, en savent du moins assez pour en comprendre une bonne partie, et pour voir en quoi consistait son talent. Mais cette difficulté même en fait voir le faible, et nous apprend ce qui lui a manqué : car pourquoi est-il si malaisé de l'entendre, tandis que nous lisons avec délices les pièces de Térence, quoique nous n'ayons pas une connaissance plus particulière de Rome que d'Athènes? C'est qu'Aristophane n'a peint que des individus, et que Térence a peint l'homme; c'est que les pièces de l'un ne sont que des satires personnelles ou politiques, des parodies, des allégories, toutes choses dont l'à-propos et l'intérêt tiennent au moment; et que celles de l'autre sont des comédies faites pour peindre des caractères, des vices, des ridicules, des passions, qui varient à un certain point dans les formes extérieures, mais dont le fond est le même dans tous les temps : c'est qu'en un mot Aristophane n'était qu'un satirique, et que Térence, ainsi que Ménandre, était véritablement un comique. Il y a entre eux la même différence qu'entre un mime et un comédien, entre celui qui ne sait que contrefaire et celui qui a le talent d'imiter. Et quelle distance il y a entre ces deux arts! Celui qui contrefait prend un masque; il ne peut vous amuser qu'autant que vous connaissez le modèle; encore ne vous amuse-t-il pas long-temps: celui qui sait imiter vous présente un tableau qui peut plaire toujours, parce que le modèle est la nature, et que tout le monde en est juge. Allons plus loin, et comparons celui qui contrefait à celui qui trace un portrait; c'est accorder beaucoup, car il y a encore bien loin de l'un à l'autre. Regarderai-je long-temps le portrait d'un homme que je n'ai jamais connu, d'un homme mort il y a cent ans, surtout si ce portrait n'est qu'une caricature, une fantaisie, une figure grotesque? non, assurément; mais une peinture où je verrai des caractères, des situations, de l'âme, aura toujours de quoi m'attacher, quand même je n'aurais jamais connu un seul des personnages. Voilà le principe des beaux-arts. Je me suppose dans l'ancienne Rome, assistant à une pièce de Térence. Dès l'ouverture, je vois arriver un jeune homme agité, hors de lui, se promenant à grands pas : « Quel parti prendre ! Irai-je ou n'irai-je pas ? « Quoi ! je n'aurai jamais le cœur de prendre une « bonne fois ma résolution de ne plus souffrir les « affronts, les caprices, les rebuts ! elle m'a chassé, « elle me rappelle, et j'irais ! Non, non, quand elle « viendrait elle-même m'en prier. » Je ne sais encore qui est-ce qui parle, mais je dis en moi-même : Voilà un jeune homme bien amoureux ; je suis déjà intéressé et attentif, et j'entends, avec autant de facilité que de plaisir, le reste de la pièce, qui est dans le même goût.

Je me transporte maintenant dans Athènes, et je me suppose non pas un Français d'aujourd'hui, mais un habitant de quelque colonie grecque de l'Asie mineure, du temps de Périclès. Je suis venu pour la première fois, comme bien d'autres curieux, aux Panathénées, aux fêtes de Minerve qui se célèbrent tous les cinq ans*. Je sais qu'on y donne des spectacles qui attirent toute la Grèce, des tragédies de Sophocle et d'Euripide, des comédies d'Aristophane et d'Eupolis. Je me promets un grand plaisir; car les Athéniens passent pour de fins connaisseurs, et leurs poètes ont une réputation prodigieuse. J'arrive justement pour voir l'*Iphigénie* d'Euripide. Je pleure, je suis enchanté, et je dis : Que les Athéniens sont heureux d'avoir ce grand homme ! On annonce

---

* Ceci n'est pas tout-à-fait exact. Ces fêtes revenaient tous les ans ; mais dans la cinquième année, elles se célébraient avec plus de cérémonie et d'éclat. (*Voyez* BARTHELEMY, *Voyage d'Anacharsis*, ch. *XXIV*) H. P.

ensuite une pièce d'Aristophane, qu'on appelle *les Chevaliers*, et je m'attends à bien rire. Je vois paraître deux esclaves, et j'entends dire : « Ah ! « voilà Démosthène, voilà Nicias. — Que dites- « vous donc ? Ce sont deux esclaves, ils en ont « l'habit : et Démosthène et Nicias sont deux de « vos généraux, de braves gens dont j'ai beaucoup « entendu parler. — Oui, mais voyez ces masques : « c'est la figure de Nicias et de Démosthène. — « Mais pourquoi ces figures de généraux d'armée « avec ces habits d'esclaves ? — C'est une allégorie. « Vous allez voir. — Ah ! fort bien ; mais j'étais « venu pour voir une comédie, et je ne croyais « pas avoir à deviner des énigmes. » La pièce commence. Écoutons. (Je traduis exactement, et non pas avec la réserve trompeuse de Brumoy, qui couvre une partie des turpitudes de son auteur.) « *Démos-* « *thène* (ce n'est pas l'orateur) : Hélas ! hélas ! mal- « heureux que nous sommes ! que le ciel confonde « ce misérable *Paphlagonien* que notre maître a « acheté depuis peu, et si mal à propos pour nous ! » (A ce mot de *Paphlagonien*, de grands éclats de rire.) « Depuis que ce fléau est dans la maison, nous « sommes battus tous les jours. — *Nicias*. Ah ! qu'il « périsse le coquin de *Paphlagonien*, avec ses men- « songes ! — *Dém.* Pauvre camarade ! comment te « trouves-tu ? — *Nic.* Fort mal, ainsi que toi. — *Dém.* « viens-çà, chantons ensemble la complainte* d'O-

---

* Le mot *complainte* ne paraît pas très bien choisi : il suppose des paroles prononcées, et il n'y en a point ici ; les deux esclaves répètent douze fois de suite une syllabe qui n'offre point de sens, sur un ton plaintif et sans doute risible, qui était une parodie d'un air du musicien Olympus. Voici la tra-

« lympus. » (Tous se mettent à chanter sur un air connu, du musicien Olympus.) « Hélas! hélas!.....
« mais pourquoi nous lamenter inutilement? ne vau-
« drait-il pas mieux trouver quelque moyen de salut?
« —*Nic.* Eh! quel moyen? dis.—*Dém.* Dis toi-même,
« afin que je sorte d'embarras.—*Nic.* Non, par Apol-
« lon; mais parle le premier, je te suivrai.—*Dém.* Ne
« pourrais-tu pas trouver quelque manière de me
« dire ce que je veux dire? — *Nic.* Je n'en ai pas le
« courage. Voyons pourtant si je ne pourrai pas te
« le dire adroitement et à la manière d'Euripide.
« —*Dém.* Eh! laisse là Euripide et les marchandes
« d'herbes. » (Ici des risées qui ne finissent pas.) Pendant qu'on rit, je demande si cet Euripide, dont on se moque, est l'auteur de la tragédie qui m'a fait verser tant de larmes, et qu'on a tant applaudie.
— « Eh! oui; c'est lui-même. Il est fils d'une mar-
« chande d'herbes. » Je reste un peu étonné. Mais la pièce continue. Il faut écouter. — « *Dém.* Trouve
« plutôt un petit air, là, une chanson de départ,
« afin de quitter notre maître.—*Nic.* Dis donc tout
« de suite, sans tant de façons : Fuyons.—*Dém.* Eh
« bien! oui, je dis: Fuyons.—*Nic.* Ajoute maintenant
« une syllabe, et dis : Enfuyons-nous. — *Dém.* En-
« fuyons-nous.— *Nic.* Fort bien! » Ici j'entends des paroles de la plus grossière obscénité, de plats quolibets, dignes de la plus vile canaille, et que jamais je n'aurais cru qu'on prononçât devant une assemblée d'honnêtes gens, encore moins devant des

duction de ce passage : « Viens ici, que nous nous lamentions ensemble
« comme deux flûtes qui jouent un air d'Olympus. »   H. P.

femmes*. Je me demande où est le bon goût des Athéniens, où est cet atticisme si vanté? Mais poursuivons. « *Nic.* Ce qu'il y a de mieux à faire actuel-
« lement, c'est de nous retirer auprès de la statue
« de quelque dieu. — *Dém.* Quelle statue? Tu crois
« donc qu'il y a des dieux? — *Nic.* Sans doute, je le
« crois. — *Dém.* Et par quelle raison? — *Nic.* Parce
« qu'ils me tourmentent beaucoup plus qu'il ne faut.
« — *Dém.* Je suis de ton avis. » Ici j'admire de quel ton les Athéniens souffrent qu'on parle des dieux sur le théâtre. « *Nic.* Parlons d'autre chose. — *Dém.*
« Oui; veux-tu que nous disions aux spectateurs ce
« qui en est? — *Nic.* C'est fort bien fait. Mais prions-
« les de nous faire connaître si ce que nous leur di-
« sons leur fait plaisir. » On bat des mains et je suis surpris que les spectateurs fassent un rôle dans

---

* La Harpe soulève ici une question souvent débattue parmi les érudits. « L'on demande, dit A. W. Schlegel (*Cours de Littérature dramatique*, tom. II, leçon VI, p. 313), si l'usage permettait chez les Grecs, que les femmes assistassent aux spectacles, et en particulier à la comédie. » Je me crois en droit d'affirmer qu'elles assistaient à la représentation des tragédies. L'anecdote qu'on a racontée sur la représentation des *Euménides* d'Eschyle, n'aurait jamais pu s'accréditer sans cela. Platon (*De Leg. II.*) parle de la prédilection que les femmes d'un esprit cultivé montrent pour le genre tragique; enfin Julius Pollux, parmi les mots techniques de l'art dramatique, cite le mot de *spectatrice*. Quant à l'ancienne comédie, je suis porté à croire au contraire qu'on n'y voyait pas de femmes; mais ce qui me le persuade, est moins la licence qui y régnait, puisqu'elle était extrême dans les fêtes publiques, que la lecture même des pièces d'Aristophane. Parmi tant d'apostrophes aux spectateurs, où ce poète les désigne sous tous leurs divers rapports, je ne me souviens pas d'en avoir vu aucune aux spectatrices, et il eût difficilement laissé échapper cette occasion de plaisanterie. Je ne connais qu'un seul passage qui semble indiquer la présence des femmes à la comédie (*La Paix*, 963—967). Cependant la chose demeure douteuse, et je la recommande à l'examen des critiques. H. PATIN.

la pièce. « *Dém.* Je vais leur dire le fait. Nous avons
« pour maître un vieillard fâcheux, colère, man-
« geur de fèves, sujet à l'humeur; c'est le peuple
« pnycéen, qui aime tant le barreau, et qui est un
« peu sourd. Aux dernières kalendes*, il a acheté un
« esclave, un corroyeur *paphlagonien*, un fourbe, un
« calomniateur fieffé. Ce corroyeur, connaissant l'hu-
« meur du bon homme, s'est emparé de son esprit
« en le flattant, en le caressant, en le choyant, en le
« trompant. Peuple, lui dit-il, allez au bain quand
« vous aurez jugé; prenez ce gâteau, mangez, dé-
« jeûnez, recevez vos trois oboles : voulez-vous que
« je vous serve quelque chose à manger? Ensuite
« il prend ce que chacun de nous a apprêté, et le
« donne à notre maître. Dernièrement n'avais-je pas
« pétri ce gâteau de Pyle, et n'a-t-il pas si bien fait,
« qu'il me l'a escamoté, et l'a servi au vieillard? » (Ici
les rires et les applaudissements redoublent.) C'est
bien pis quand le *Paphlagonien*, le corroyeur, vient
à paraître. Cléon, Cléon, tout le monde répète :
Cléon.— « Qui Cléon? ce général qui vous a rendu
« un si grand service en prenant l'île de Sphactérie,
« et en délivrant votre garnison assiégée dans Pyle**?
« —Oui, c'est lui.—En vérité, vous traitez fort bien
« vos poètes et vos généraux! » J'écoute pourtant jus-

* Faire parler Aristophane de kalendes, lui faire prendre ses dates dans le calendrier romain, c'est une faute vraiment inconcevable. Comment notre proverbe des *kalendes grecques* n'est-il pas venu à la mémoire du professeur, qui nous avait promis une traduction fidèle.   J. V. Le Clerc.

** On peut voir dans Brumoy qu'Aristophane n'est pas si injuste envers Cléon, que le prétend La Harpe, et que ce général dût ses succès militaires moins à sa bravoure et à son talent qu'à la fortune   H. Patin

qu'à la fin, et toujours sans rien comprendre : tout est aussi obscur, aussi indéchiffrable pour moi que ce commencement. C'est une suite de farces grotesques, où tout le monde paraît entendre finesse, et qui sont pour moi un mystère impénétrable. L'esclave *paphlagonien* s'enivre et s'endort sur un cuir : pendant son sommeil, on lui dérobe subtilement ses *oracles*; car c'est un charlatan qui en a toujours ses poches pleines. Ces *oracles* disent qu'un charcutier remplacera le corroyeur. Il ne manque pas de s'en présenter un, avec une boutique portative, où il étale des viandes cuites. Démosthène et Nicias lui persuadent qu'il est appelé par le ciel à gouverner le peuple pnycéen. Il a d'abord quelque peine à le croire; mais enfin il se rend, et commence une lutte de charlatan avec le *Paphlagonien*, disputant à qui saura mieux amadouer le vieillard. Cette lutte de bouffonnerie dure pendant trois actes*, jusqu'à ce que le charcutier l'emporte sur le corroyeur et le fasse chasser. Alors je prie mon voisin de vouloir bien avoir pitié d'un pauvre étranger, et de m'expliquer charitablement ce que signifie ce singulier spectacle, où je n'ai pas trouvé le mot pour rire. « Rien n'est
« plus simple, dit-il, et je vais vous mettre au fait.
« L'auteur de la pièce est ennemi mortel de Cléon,
« qui lui a contesté les droits de bourgeoisie, et
« qui n'avait pas grand tort; car on ne sait au juste
« de quel pays est Aristophane. Il a eu beaucoup de

---

* Nous avons déjà eu occasion de remarquer que cette division par actes était inconnue des Grecs, et qu'on ne peut, sans inconvénient, l'appliquer à leurs ouvrages. (*Voyez* ACTE.)   H. PATIN.

« peine à s'en tirer, et s'est bien promis de prendre
« sa revanche, en se servant de ses armes ordinaires,
« c'est-à-dire en mettant Cléon sur la scène, comme
« il y a déjà mis Socrate*. Il y a cette différence,
« que Socrate est un honnête homme, un bon
« homme, quoique un peu visionnaire, et que Cléon
« est un intrigant qui a trouvé moyen, on ne sait
« trop comment, de se rendre agréable au peuple.
« Son expédition de Pyle lui a donné surtout un
« très grand crédit: mais il y a plus de bonheur que
« de mérite. Avant qu'il arrivât pour prendre le com-
« mandement, Démosthène avait déjà fort avancé
« les affaires, et Cléon n'a eu qu'à recueillir le fruit
« des travaux et de l'habileté d'autrui. Voilà ce que
« signifie ce gâteau de Pyle qu'il a escamoté, et qu'un
« autre avait pétri. C'est là le fin de l'emblème. On
« l'appelle *Paphlagonien*, non pas qu'il soit de Pa-
« phlagonie : c'est un jeu de mots qui veut dire qu'il
« a une voix forte, et qu'il crie toujours ; cela vient,
« comme vous savez, de παφλάζειν, *bouillir avec*
« *bruit*. On l'appelle aussi *corroyeur*, parce que origi-
« nairement c'était son métier.—Ah! c'est donc pour
« cela que, dans la pièce il est si souvent question
« de cuir, et qu'on riait tant dès qu'on parlait de cuir?
« — Justement ; c'est une des meilleures plaisante-
« ries de la pièce. — En effet, il faut que l'auteur l'ait
« crue bien bonne, car il y revient souvent.—Vous
« voyez maintenant toute sa marche. Le *Paphlago-*

---

* L'Athénien que La Harpe fait parler, ne paraît pas beaucoup plus au courant du théâtre d'Athènes que l'étranger qu'il endoctrine. *Les Nuées* ne furent représentées que plusieurs années après *les Chevaliers*. H P.

« *nien*, qui a supplanté auprès de son maître les
« deux esclaves, ses camarades, c'est Cléon qui a su
« écarter Nicias et Démosthène, les desservir au-
« près du peuple athénien, et se faire donner les
« récompenses qui leur étaient dues. — Quoi! ce
« vieillard imbécille dont on se moque dans toute
« la pièce, ce peuple pnycéen?—C'est le peuple d'A-
« thènes, c'est nous : πνύξ est le nom du lieu où se
« tiennent nos assemblées. Oh! c'est un brave ci-
« toyen, que cet Aristophane. Savez-vous que c'est
« lui qui a joué sous le masque de Cléon? — Com-
« ment? Est-ce l'usage, chez vous, que les auteurs
« jouent dans leurs pièces? — Non, il n'y en avait
« point d'exemples* ; mais, comme aucun comédien
« n'a osé se charger du rôle de Cléon, ni s'attirer un
« ennemi si puissant, il a pris le parti de jouer lui-
« même. Ne conviendrez-vous pas que c'est là ce qui
« s'appelle aimer sa patrie? — C'est au moins haïr
« beaucoup Cléon. Mais que lui a fait Euripide?
« — C'est un disciple d'Anaxagore, un ami de So-
« crate; et Aristophane les hait également tous les
« trois, parce qu'ils méprisent ses comédies, qu'ils
« n'y viennent jamais, et disent tout haut que ce
« sont des farces scandaleuses. Ces philosophes n'ai-
« ment pas la gaieté.—Mais vous l'aimez beaucoup,
« vous autres, puisque vous trouvez fort bon qu'on
« se moque de vous. — Oui, pourvu qu'on nous
« fasse rire. Il y a quelque temps qu'Aristophane
« nous amusa bien aux dépens de Périclès.—Quoi!

* Un Athénien pouvait-il donc ignorer qu'Eschyle et Sophocle avaient paru sur le théâtre, et représenté eux-mêmes leurs ouvrages? H P.

« ce grand Périclès, dont le nom est si révéré dans
« toute la Grèce et jusque dans l'Asie, à qui votre ré-
« publique doit aujourd'hui sa splendeur et sa puis-
« sance?—Nous lui avons de grandes obligations,
« il est vrai; mais c'est pour cela même que nous
« savons meilleur gré à l'auteur de ne pas l'épar-
« gner plus qu'un autre. C'est là le symbole de l'é-
« galité républicaine. Tous ces grands personnages
« seraient trop fiers, si notre Aristophane ne nous en
« faisait pas raison. Un des grands privilèges de la
« liberté, c'est de se moquer de ceux qui nous font
« du bien; mais pourtant nous ne les en estimons
« pas moins. Croyez-vous que les plaisanteries d'A-
« ristophane nous empêchent de sentir le mérite de
« Périclès, d'Euripide, de Socrate? Après tout, qui
« aurait droit de se plaindre, puisque nous ne nous
« faisons pas grace à nous-mêmes? Vous avez vu
« quel portrait il fait du vieillard mangeur de fèves.
« — Vous me le rappelez. Qu'est-ce que veulent
« dire ces fèves? — Quoi! vous ne savez pas qu'aux
« assemblées où nous donnons nos suffrages nous
« portons toujours des fèves pour cet usage, et que
« nous nous amusons ordinairement à les tenir entre
« nos dents? —Non, vraiment, je n'en savais rien.
« —Mais vous n'avez donc rien compris à la pièce?
« — Pas grand'chose, et, sur tout ce que vous me
« dites, je vous avoue que je n'y ai pas trop de re-
« gret.—Vous avez perdu beaucoup. Elle est pleine
« de traits piquants : chaque mot fait allusion à
« quelque endroit de la vie de Cléon. Par exemple,
« c'est lui qui a fait donner au peuple trois oboles

« pour son droit de présence aux assemblées, au lieu
« de deux qu'il avait auparavant. C'est pour cela que
« l'esclave dit *recevez vos trois oboles*. Sentez-vous
« toute la finesse ? — Oui, je conçois que cela peut
« vous amuser. Vous savez votre Cléon par cœur;
« vous le voyez tous les jours; vous vivez avec lui.
« Mais que m'importe, à moi, tout le mal qu'on
« dit de Cléon? et pourquoi voulez-vous que je me
« mette l'esprit à la torture pour comprendre les
« sarcasmes énigmatiques de votre Aristophane? —
« Mais aussi ce n'est pas pour vous qu'il a écrit. A
« qui voulez-vous donc qu'un poète dramatique
« cherche à plaire, si ce n'est à ses juges naturels, à
« ses concitoyens? — Mais, quand il ferait en sorte
« de plaire à d'autres, il n'y aurait pas de mal, et
« peut-être n'en vaudrait-il que mieux. Il vous sert
« selon votre goût, c'est fort bien fait; mais ce goût
« peut changer, et vos enfants pourront fort bien
« s'amuser un peu moins que vous du gâteau de Pyle
« et du cuir de Cléon. Je crois que cet Euripide, ce
« fils d'une marchande d'herbes, comme l'appelle
« ingénieusement Aristophane, a travaillé dans un
« genre un peu plus durable. Je ne serais pas sur-
« pris que, dans les siècles à venir, et chez d'autres
« nations, il ne fût encore un grand poète, et que
« votre Aristophane, s'il parvient à la postérité, n'y
« eût d'autre rang que celui d'un satirique qui a
« réussi dans le plus aisé de tous les genres d'esprit,
« celui de la méchanceté, et qui a insulté grossière-
« ment, dans Euripide, un homme qui a eu le ta-
« lent rare de travailler pour tous les siècles. »

La petite conversation que je viens d'avoir au théâtre d'Athènes, nous a déjà donné quelques notions sur Aristophane[*]. Un coup d'œil très rapide sur chacune de ses pièces, et quelques traits détachés, quelques esquisses de scènes, doivent suffire ici pour achever l'idée qu'on peut s'en former; car il ne faut pas s'imaginer qu'il soit question de plan, d'action, d'intrigue, d'intérêt, d'ordonnance dramatique, d'aucune des bienséances théâtrales, de situations ou de caractères comiques : rien de tout cela. Supposons qu'à l'époque de la Fronde, un poëte du temps, un plaisant à la mode, un Blot, par exemple, ou un Marigny,

[*] Ces notions ne sont pas exemptes d'erreur, comme nous l'avons fait voir par quelques remarques dont nous aurions pu facilement grossir le nombre. La conversation, que suppose La Harpe, est spirituelle et piquante, mais aussi quelque peu légère. L'un des premiers poëtes d'Athènes, ses concitoyens qui l'admiraient, un genre tout entier d'ouvrages dramatiques, y sont traités bien lestement. M. Lemercier, dans ses leçons sur la comédie, a cru devoir venger Aristophane de cette censure amère et superficielle, par un dialogue ingénieux entre le comique ancien et son critique moderne. Dans ce dialogue, trop long pour être cité ici, et qu'on trouvera dans la XVe séance du *Cours* de M. Lemercier (t. II, p. 82), ce littérateur, dont l'autorité en matière de goût n'est contestée par personne, répond fort bien, ce me semble, aux objections de La Harpe, et fait en même temps connaître l'esprit de la vieille comédie grecque, et le caractère littéraire, moral et politique du poëte qui la représente seul aujourd'hui, d'Aristophane. Quant à la pièce des *Chevaliers*, dont La Harpe fait une analyse si maligne, il est juste, pour s'en former une idée exacte, de consulter aussi les judicieuses observations de Brumoy dans son *Théâtre des Grecs*, de Schlegel, dans la leçon déjà citée de son *Cours de Littérature dramatique* ; enfin, du même M. Lemercier (t. II, séance XV, p. 99), qui trouve dans une scène des *Chevaliers*, la première idée de la fiction du *Médecin malgré lui*, et qui le démontre par une comparaison fort intéressante de plusieurs passages des deux ouvrages (t. II, séance XXII, p. 343 et suiv.), M. Lemercier, qui paraît avoir fait d'Aristophane une étude particulière, a saisi entre ses comédies et celles de notre Molière plusieurs autres analogies que nous ferons connaître quand l'occasion s'en présentera. H. PATIN

se fût amusé à mettre sur le théâtre le coadjuteur, le duc de Beaufort, le grand Condé, le frère du roi, les dames de Chevreuse et de Montbazon, et à représenter en ridicule tout ce qui se passait alors à l'Archevêché, au Luxembourg, au Palais-Royal, au Parlement et dans les halles ; supposons que ces satires mises en scènes, tantôt réelles, tantôt allégoriques, fussent un composé de l'esprit de Rabelais*, des lazzi d'Arlequin, des farces de Scaramouche, des harangues des charlatans du Pont-Neuf et des parades du boulevard, et qu'au milieu de toutes ces farces grossièrement bouffonnes, on distinguât un fond d'imagination, quoique très déréglée, un esprit fertile en inventions satiriques, et une sorte de verve sans aucun goût, ce serait notre Aristophane. On sent que de pareilles pièces ne seraient aujourd'hui d'aucun intérêt pour nous, si ce n'est par l'espèce de curiosité que nous pourrions avoir de rechercher les détails historiques des querelles de ce temps-là, comme nous lisons la *Satire Ménippée*, pour étudier l'esprit de la Ligue, et la *Confession de Sancy*, pour connaître la cour de Henri III. Il en est de même des pièces d'Aristophane : c'est l'histoire qu'on y peut étudier plutôt que le théâtre. Un poète comique était alors un homme de parti, qui avait son avis sur les affaires publiques, et qui

* Il existe en effet entre Aristophane et Rabelais des ressemblances que plusieurs critiques ont remarquées, entre autres, l'abbé Vatry, dans le Mémoire que nous avons déjà cité (*Mémoires de l'Académie des inscriptions et belles-lettres*, t. XXI, p. 145), et M Lemercier, dont le nom revient souvent dans ces notes, et qui a fait, entre les deux satiriques, un parallèle fort ingénieux (*Cours de Littérature*, t. II, séance XIV. p 71, et suiv)

H PAIN

le disait sur le théâtre, comme les orateurs dans l'assemblée, si ce n'est que la forme était toute différente, et que les Athéniens, de tous les peuples le plus léger, le plus frivole, le plus vain, le plus médisant, écoutaient avec beaucoup plus d'attention les bouffonneries de leurs poètes que les harangues de leurs orateurs. Il faut bien savoir à quel abus, à quel excès était poussée la liberté démocratique, pour concevoir tout ce que, dans ce genre, a pu oser Aristophane. La guerre du Péloponèse durait depuis six ans : c'était Périclès qui avait été d'avis de l'entreprendre, pour ne pas laisser perdre aux Athéniens l'espèce de suprématie qu'ils avaient dans la Grèce, depuis les batailles de Marathon et de Salamine, et que Lacédémone s'efforçait de reprendre sur eux. L'Attique étant un pays ouvert du côté de la Laconie, il était facile aux Lacédémoniens de porter les ravages jusqu'aux portes d'Athènes, dont la puissance consistait sur-tout dans ses forces de mer. Il arrivait qu'Athènes, avec ses vaisseaux, infestait les possessions des Lacédémoniens, et que ceux-ci, avec leurs armées de terre, désolaient l'Attique. Cette alternative, ou plutôt cette réciprocité de bons et de mauvais succès, et du mal qu'on faisait ou qu'on souffrait de part et d'autre, durait depuis six ans. On négociait pour la paix : le peuple la désirait; mais les grands, les généraux d'armée, entre autres Cléon et Lamachus, ne la voulaient pas. Aristophane veut persuader que la paix est nécessaire; il fait une pièce qui s'appelle les *Acharnéens*, du nom d'un bourg de l'Attique nommé Acharne,

où se passe la scène. C'est une suite de mascarades burlesques, qui tendent toutes à jeter de l'odieux et du ridicule sur Cléon et sur Lamachus; mais, en passant, il n'oublie pas Euripide : il y a un acte entier contre lui*. A l'égard d'Aristophane, il se représente lui-même, sous le nom de Dicœopolis, c'est-à-dire bon citoyen, et il fait son traité particulier avec les Lacédémoniens; ce qui lui vaut une foule d'avantages, dont la guerre prive tous ses compatriotes : c'est là le fond de la pièce. Ce qu'il y a de plus curieux, c'est de voir comme il traite les Athéniens, et de quel ton il leur parle de lui-même, par la bouche du chœur. « Depuis que notre poète s'est
« occupé à faire des comédies, il ne lui est pas en-
« core arrivé de paraître devant vous pour vous dire
« qu'il a du mérite. Mais comme ses ennemis l'ac-
« cusent auprès de ces étourdis d'Athéniens, de
« jouer en plein théâtre la république, et d'injurier
« le peuple, il faut bien qu'il se justifie auprès de
« cette multitude inconstante. Or le poète dit que
« vous devez faire grand cas de lui, parce que c'est
« lui qui empêche que les députés des villes alliées
« ne vous en fassent accroire, que vos flatteurs ne
« vous trompent, et que vous ne négligiez le soin
« des affaires publiques. Auparavant, dès que ces
« députés voulaient vous en imposer, il suffisait
« qu'ils vous fissent des compliments, qu'ils vous
« dissent d'un ton doucereux : O Athéniens qui vous

* La Harpe parlerait plus justement en disant une scène, ce qui est bien différent. C'est un de ces artifices de sa critique de se servir du mot d'*Acte*, et de cette division inconnue aux Grecs, pour faire ressortir la longueur de certains détails; mais ici il s'en sert doublement à faux. H. P.

« couronnez de violettes! ô ville d'Athènes, bien
« grasse et bien huilée! Alors vous vous releviez sur
« vos sièges pour entendre toutes ces belles choses,
« et ils obtenaient de vous ce qu'ils voulaient, pour
« avoir fait de vous le même éloge que des anchois.
« Le poète vous a donc fait un grand bien; il vous
« a appris que le gouvernement des villes vos alliées
« appartenait au peuple. Aussi vous verrez leurs en-
« voyés, quand ils vous apporteront les tributs, de-
« mander où est Aristophane, et s'empresser à voir
« cet excellent poète, qui ose dire aux Athéniens ce
« qui est juste et vrai. Le bruit de sa hardiesse s'est
« étendu si loin, que le grand roi a demandé aux
« ambassadeurs de Lacédémone s'ils étaient aussi
« puissants sur mer que les Athéniens, et s'ils avaient
« un Aristophane qui leur dît leurs vérités, ajoutant
« que les Athéniens seraient vainqueurs s'ils sui-
« vaient les conseils du poète. C'est pour cela que
« Lacédémone, en vous proposant la paix, vous de-
« mande l'île d'Égine, non qu'elle s'en soucie beau-
« coup, mais parce qu'Aristophane a des terres dans
« cette île, et qu'ils voudraient se l'attacher. Mais
« ne le laissez pas aller, car il vous instruira dans ses
« comédies, et vous apprendra à être heureux, non
« pas en vous flattant, en gagnant des partisans in-
« téressés, en vous séduisant par de perfides ca-
« resses, mais en vous enseignant ce qu'il y a de
« mieux à faire. Ainsi, que Cléon machine ce qu'il
« voudra contre moi, l'honnêteté et la justice seront
« de mon côté, et combattront avec moi; et jamais
« la république ne me trouvera tel que Cléon, c'est-
« à-dire un lâche et un efféminé. »

Cette apologie, ce panégyrique, ne sont pas dans un prologue, comme on pourrait le croire, c'est au milieu de la pièce, à la fin du second acte. On peut juger par là du peu d'égard qu'on avait alors à l'illusion dramatique, qui ne peut s'accorder avec cette coutume bizarre d'adresser à tout moment la parole aux spectateurs[*]. On voit aussi, par ce morceau, que l'auteur se louait lui-même avec aussi peu de retenue qu'il censurait les autres; et ce n'est pas d'aujourd'hui que les faiseurs de libelles répètent sans

---

[*] Cette coutume était familière à l'ancienne comédie; voici ce qu'en dit A. W. Schlegel (*Cours de Littérature dramatique*, t. I, leç. VI, p. 306): « Ce qui distinguait le plus particulièrement le chœur comique était la *parabase*. On appelait ainsi un morceau étranger à la pièce, dans lequel le poète s'adressait à l'assemblée par l'entremise du chœur; tantôt il y vantait son propre mérite, et se moquait de ses compétiteurs; tantôt, en vertu de ses droits de citoyen d'Athènes, il faisait des propositions sérieuses ou badines pour le bien public. Il faut convenir que la parabase est contraire à l'essence de toute fiction dramatique, puisque la loi générale du genre est d'abord que l'auteur disparaisse pour ne laisser voir que ses personnages, et ensuite que ceux-ci agissent et parlent entre eux, sans faire aucune attention aux spectateurs. Certainement, toute impression tragique serait détruite par de semblables infractions aux règles de la scène; mais les interruptions, les incidents épisodiques, les mélanges bizarres de toute espèce, sont accueillis avec plaisir par la gaieté. Quand l'esprit est disposé à l'enjouement, il est toujours bien aise d'échapper à la chose dont on l'occupe, et toute attention suivie lui paraît une gêne et un travail.... Cette espèce d'intermède (la parabase) était conforme à l'esprit de l'ancienne comédie, où non-seulement l'objet de la fiction, mais la composition tout entière, n'était qu'un pur badinage. Cette puissance illimitée de la gaieté se manifestait par l'impossibilité de prendre rien au sérieux, pas même la forme dramatique; l'on trouvait du plaisir à se soustraire un instant aux lois de la scène, à peu près comme dans un déguisement burlesque, on s'amuse quelquefois à lever le masque. C'est encore ainsi que, de nos jours, l'usage des allusions et des mines adressées au parterre ne s'est jamais tout-à-fait aboli dans la comédie, et que les acteurs obtiennent quelquefois par là de grands applaudissements »

H. PATIN.

cesse les mots d'honnêteté et de vertu, en outrageant sans cesse l'une et l'autre. Ce n'est pas qu'Aristophane eût tort en tout : il a cela de commun avec tous les satiriques de profession, que chez lui quelques hommes sans mérite se trouvent attaqués en même temps que les honnêtes gens. Cléon est peint dans l'histoire à peu près comme il l'est ici, au courage près et à l'éloquence, dont il ne manquait pas; mais Lamachus, qu'on ne traite pas mieux, était un habile capitaine qui servit fort bien sa patrie, et fut tué en combattant pour elle. Il s'était raccommodé avec le poète, qui le loua dans la suite autant qu'il l'avait dénigré, sorte de contradiction qui n'embarrasse pas les gens de ce métier. Pour ce qui est d'Euripide, non-seulement il le fait revenir à tout moment dans ses pièces, mais il en fit deux exprès contre lui: *les Fêtes de Cérès*, et *les Grenouilles*. Il fallait qu'il fût terriblement acharné contre ce tragique; et les haines littéraires étaient apparemment comme celles d'aujourd'hui, qui vont jusqu'à la rage et jusqu'au délire. J'en ai dit la raison, telle que les historiens la rapportent : c'est qu'Euripide l'avait méprisé; et le mépris, sur-tout quand il est fondé, fait à l'amour-propre une blessure qui ne se ferme jamais. Mais de quelles armes Aristophane se sert-il contre Euripide? des plus froides railleries, des plus brutales injures, des plus maladroites critiques. Il parodie les plus belles scènes, entre autres celle de l'égarement de Phèdre. N'est-ce pas bien prendre son champ? Il lui reproche sa naissance: bassesse inexcusable. Il l'accuse d'impiété : calomnie

odieuse. Il le peint comme un homme adroit et rusé, tout rempli d'artifice, tout occupé de menées sourdes, se faisant un parti dans la plus vile populace; et c'était un homme simple et retiré, vivant dans son cabinet ou avec quelques philosophes ses amis. Il faut pourtant donner un échantillon des plaisanteries d'Aristophane contre le rival de Sophocle. Ce même Dicœopolis, dont je viens de parler, veut haranguer le peuple, sous l'habit d'un mendiant, pour inspirer plus de pitié. Il frappe à la porte d'Euripide, et tout le sel de la scène que vous allez entendre consiste à railler le poète, sur ce qu'il introduit dans ses tragédies des personnages revêtus de haillons, comme OEdipe à Colone, qui n'en est pas moins tragique; Télèphe, Thyeste, que nous avons perdus, et d'autres*. « *Dicœopolis.* Euripide y est-
« il? — *Céphisophon, valet d'Euripide.* Il y est, et
« il n'y est pas; entendez-vous. — *Dic.* Comment?
« — *Céph.* C'est que son esprit court les champs; il
« cherche des vers; et lui est niché au haut de la
« maison, où il fait une tragédie. — *Dic.* Je ne m'en
« irai pourtant pas. Il faut que je lui parle; je m'en
« vais l'appeler : Euripide, Euripide, écoutez-moi,
« si jamais vous avez écouté quelqu'un; c'est Dicœo-
« polis. — *Euripide.* Je n'ai pas le temps. — *Dic.*
« Montrez-vous au moins un moment. — *Eur.* Non,
« je n'ai pas le temps de descendre. — *Dic.* Et pour-
« quoi vous perchez vous si haut, pour faire vos

---

* Cette raillerie relève un des défauts d'Euripide, l'affectation du pathétique. Quant au personnage d'OEdipe à Colone, que La Harpe attribue par mégarde à Euripide, on sait qu'il appartient à Sophocle. H. PATIN

« tragédies? ne pourriez-vous pas les faire aussi bien
« en bas? Je ne m'étonne pas si vous faites des hé-
« ros boiteux. » (Allusion à une pièce d'Euripide, où
le héros était blessé à la cuisse. Euripide descend
sans qu'on sache trop pourquoi*. « *Dic.* Je vous
« conjure à genoux, mon cher Euripide, de me
« donner quelques lambeaux de quelque vieille
« tragédie; il faut que je fasse un long discours de-
« vant le chœur, et je mourrai de chagrin si je m'en
« tire mal. — *Eur.* Quels lambeaux? Ceux d'Énéus,
« de Philoctète, de Bellérophon? — *Dic.* Non, de
« quelqu'un plus misérable encore. — *Eur.* Ah! j'en-
« tends, de Télèphe. — *Dic.* Oui, de Télèphe, du
« roi de Mysie. — *Eur. à son valet.* Donne-lui donc
« les haillons de Télèphe; ils sont avec ceux de
« Thyeste et d'Ino. — *Dic.* Ah! juste ciel! ils sont
« tout percés. Mais puisque vous avez tant de bonté,
« donnez-moi aussi le chapeau du roi de Mysie;
« car il faut que je paraisse en mendiant devant le
« chœur. qui est composé d'imbécilles que j'amu-
« serai avec de petits vers, et non pas devant les
« spectateurs, qui doivent savoir ce qui en est. —
« *Eur.* tenez, car vous me paraissez un homme sub-
« til. — *Dic.* Je souhaite toute sorte de bonheur à
« Télèphe et à vous. Depuis que j'ai cet habit, je
« me sens déjà tout plein de petits vers. » (Autre allusion au style d'Euripide.) « J'ai besoin ici du bâton
« que portent les mendiants. — *Eur.* Prenez-le donc,
« et allez-vous-en. — *Dic.* Eh! bons dieux! que

---

* Il descend, parce qu'on l'en prie; et on l'en prie, parce qu'il est
difficile de converser avec une personne qui est à la fenêtre. H. P.

« dites-vous? J'ai encore besoin de bien des choses.
« Il faut absolument que je les obtienne de vous,
« et vous ne me refuserez pas. Donnez-moi une
« corbeille noircie à la fumée d'une lampe. — *Eur.*
« Qu'en voulez-vous faire ? — *Dic.* Rien ; mais je
« voudrais l'avoir. — *Eur.* Allez-vous-en, vous m'im-
« portunez. — *Dic.* Que les dieux aient autant de
« soin de vous qu'ils en ont eu autrefois de votre
« mère. — *Eur.* Allez-vous-en. — *Dic.* Donnez-moi
« du moins une petite tasse cassée par les bords.—
« *Eur.* La voilà, mais partez. C'est être trop impor-
« tun. — *Dic.* Ah! mon cher Euripide! vous ne savez
« pas quel tort vous me faites. De grace, donnez-
« moi encore un pot de terre bouché avec une
« éponge.—*Eur.* Cet homme-là me fera perdre toute
« une tragédie. Tenez, et laissez-moi en repos.—*Dic.*
« Je m'en vais; mais pourtant j'ai encore besoin d'une
« chose essentielle; et, si elle me manque, je suis un
« homme mort. Mettez-moi quelques légumes dans
« cette corbeille.—*Eur.* En voilà; mais vous m'assassi-
« nez. Ma tragédie est perdue. —*Dic.* Je ne vous de-
« mande plus rien, je me retire. Je sens que je deviens
« incommode, et que je me brouille avec tous les rois
« vos héros. Ah! malheureux! qu'allais-je faire? j'ou-
« bliais vraiment le principal. Mon cher petit Euri-
« pide, que je meure, si je vous demande plus rien,
« hors cette seule chose : donnez-moi une poignée des
« herbes que vendait votre mère. — *Eur.* Ah! vous
« m'insultez. Céphisophon, ferme la porte. »

Voilà le ton de l'ancienne parodie : elle vaut bien
la nôtre.

Le sujet des *Fêtes de Cérès* est une conspiration de femmes assemblées pour ces fêtes, et qui projettent de se venger de tout le mal qu'Euripide avait dit des femmes dans ses pièces. La délibération se fait dans toutes les formes. Timoclée fait les fonctions de président, Sysilla de secrétaire, Sostrata donne les conclusions : c'est une parodie de l'Aréopage. On demande qui veut parler: Une harangueuse se lève, et rappelle tous les outrages que son sexe a reçus du poète. Une autre femme prend la parole; elle dit qu'elle vend des couronnes pour les dieux, et qu'Euripide, par ses impiétés, a décrédité son commerce, en persuadant aux hommes qu'il n'y avait point de dieux. Si l'on se rappelle qu'Eschyle avait été sur le point d'essuyer une condamnation capitale pour avoir été accusé d'irréligion, qu'Anaxagore courut le même danger, et que Socrate y succomba, on conviendra que l'accusation était aussi atroce que calomnieuse, et qu'Aristophane faisait un vil métier.

Une autre preuve d'impudence, c'est qu'il introduit un homme habillé en femme, qui prend la défense d'Euripide, et soutient qu'il n'a pas dit la centième partie du mal qu'il pouvait dire; que les femmes sont trop heureuses qu'il n'ait pas révélé tous leurs secrets. « Nous sommes seules; personne « ne nous entend. Pourquoi faire tant de bruit de « quelques traits qu'il a lancés contre nous, tandis « qu'il s'est tu sur une infinité de maux que nous « faisons? » Suit un portrait épouvantable qu'il est impossible de traduire. On en peut juger par ce

seul endroit : « A-t-il révélé notre adresse à sup-
« poser des enfants? On lui reproche d'avoir peint
« des Phèdres, et pas une Pénélope. C'est qu'il n'y
« a pas une seule Pénélope parmi nous, et que nous
« sommes toutes des Phèdres. »

Conçoit-on que de pareilles horreurs aient été prononcées sur le théâtre d'Athènes? Au reste, il faut croire au moins que les Grecs ne les approuvèrent pas; car on sait que cette pièce n'eut aucun succès. De pareils traits, et une foule d'autres, particulièrement celui de la supposition des enfants, qui revient plus d'une fois dans les ouvrages du même auteur, et les obcénités dont ils sont remplis, doivent nous faire penser que la licence du théâtre était égale à la corruption des mœurs.

Si l'on veut savoir comment finit cette farce, l'homme vêtu en femme est reconnu, et l'on veut le déférer aux magistrats; mais Euripide, qui est son ami, et qui a su tout ce qui s'était passé dans l'assemblée, déclare que, si elles ne rendent pas le prisonnier, il révèlera tout à leurs maris. De plus, il promet de ne plus dire de mal d'elles; et tout est d'accord.

La pièce intitulée *les Grenouilles* n'est guère moins contre Eschyle que contre Euripide. L'un depuis long-temps n'était plus; l'autre venait de mourir. On peut s'étonner qu'on ait laissé représenter une satire contre deux écrivains illustres qu'Athènes admirait, et qu'elle venait de perdre; mais apparemment les Athéniens n'étaient pas plus délicats sur ce point qu'Aristophane. Bacchus descend aux enfers pour y chercher un bon poète tragique,

parce qu'il n'est pas content de ceux qui disputent le prix à ses fêtes. Il passe le Styx, et Caron le régale d'un chœur de grenouilles, facétie grotesque, digne de l'auteur, et qui a donné le nom à la pièce. Ce qui en fait le sujet, c'est la dispute entre Eschyle et Euripide sur la prééminence que tous deux réclament en conséquence d'une loi qui porte que celui qui aura le mieux réussi dans la poésie siègera près de Pluton, et sera nourri dans le Prytanée des enfers, comme l'étaient dans celui d'Athènes ceux qui avaient rendu quelque grand service à la république. Le valet de Pluton raconte à celui de Bacchus qu'Eschyle était depuis long-temps en possession du premier rang; mais qu'Euripide, depuis son arrivée, a donné des leçons aux coupeurs de bourses, aux brigands, aux scélérats, dont le nombre est infini; qu'il s'est fait ainsi un grand parti, et qu'il est venu à bout de supplanter Eschyle. Ce sont là les gaietés d'Aristophane, qui nous apprend par là que les Athéniens, en révérant la mémoire d'Eschyle, donnaient cependant, et avec justice, la préférence à Euripide. C'est ainsi que plus d'une fois, sans le vouloir, la satire a rendu hommage au mérite. « Mais, dit le valet de Bacchus, n'a-t-on
« pas aussi chassé l'usurpateur à coup de pierres. »
L'autre répond que « non, mais que la décision de la
« querelle doit être remise à la pluralité des suffrages.
« Euripide est bien adroit, dit le valet de Bacchus.
« Mais, quoi donc! Eschyle n'a-t-il pas son parti ?..
« — Non, car il n'y a presque plus d'honnêtes gens
« chez les morts, non plus qu'à Athènes. »

On s'attend bien que la dispute entre les deux poètes, qui dure pendant deux actes*, est une critique réciproque de l'un et de l'autre, mêlée de vrai et de faux, et beaucoup plus bouffonne que raisonnée. Euripide reproche à Eschyle son enflure, ses fictions gigantesques, ses portraits hors de nature, ses expressions monstrueuses : celui-ci n'épargne pas plus Euripide sur la faiblesse de son style, sur la subtilité de ses controverses; mais il est si maladroit dans ses censures, qu'il tourne en défaut non-seulement ce qui n'est pas répréhensible, mais ce qui est même un mérite réel : comme d'avoir peint des rois et des héros dans l'infortune et dans l'indigence, d'avoir mis sur le théâtre les faiblesses de l'humanité. Il n'en faut pas davantage pour démontrer combien Aristophane était un mauvais juge**. Enfin la discussion finit par un trait de parodie : on convient de peser les vers dans une balance. Eschyle défie Euripide de se mettre dans un des bassins, lui, tous ses écrits, sa femme, ses enfants et son grand acteur Céphisophon, le même apparemment qu'Aristophane lui donne pour valet; et il ne veut que deux de ses grands mots pour contre-balancer le tout. Pluton s'en rapporte au jugement de Bacchus, qui se déclare pour Eschyle,

---

* Encore des actes! Et d'ailleurs cette dispute n'est-elle pas précisément le sujet de la pièce? peut-elle y tenir trop de place ?   H P

** Aristophane ne reproche à Euripide que de prodiguer le pathétique, de l'exciter par des moyens matériels et peu dignes de l'art, d'avoir abaissé le ton de la tragédie, plus élevé dans Eschyle et Sophocle Est-ce donc une critique si déplacée, et qui denote un si mauvais juge? (*Voyez* EURIPIDE)

                                                                           H P.

en avouant pourtant que son concurrent n'est pas sans mérite. Il est probable qu'Aristophane n'aurait pas fait cet aveu du vivant d'Euripide.

Il est impossible de donner aucune idée des *Oiseaux*, allégorie entièrement politique, et qui roule tout entière sur une ville qui faisait l'objet d'une grande contestation entre Athènes et Lacédémone, et qui est représentée par une ville que les oiseaux veulent bâtir en l'air*.

Lysistrata est du même genre. Il s'agit encore d'engager les Athéniens à terminer cette longue guerre du Péloponèse, qui épuisait les deux partis. Lysistrata, femme d'un des principaux magistrats d'Athènes, imagine un moyen de les contraindre à faire la paix: c'est d'engager toutes les femmes à se séparer de leurs maris jusqu'à ce que le traité soit conclu. Elle s'empare de la citadelle, de concert avec toutes les Athéniennes, et, maîtresses du trésor public, elles empêchent qu'on en tire rien pour les frais de la guerre. Elles soutiennent un siège régulier. Les ambassadeurs arrivent, et Lysistrata conclut le traité.

C'est encore une conspiration de femmes qui fait le sujet des *Harangueuses*. Ce sont les femmes d'Athènes qui se sont mis dans la tête d'ôter aux hommes le gouvernement de l'état, et de s'en emparer. Cette pièce est celle où il y a le plus d'esprit, et où la

* Voyez, sur cette comédie des *Oiseaux*, deux excellentes analyses, l'une de A. W. Schlegel (*Cours de Littérature dramatique*, t 1, leçon VI, p. 338); l'autre, de M. Lemercier (*Cours de Littérature*, t. II, séance XV, p 91). H. P.

satire est de meilleur goût. Elle est remplie de traits piquants contre le gouvernement d'Athènes; mais c'est aussi celle où l'auteur a le plus maltraité les femmes : Euripide n'est rien en comparaison*.

Plutus est une froide allégorie, dont on a pourtant emprunté les idées dans quelques pièces du théâtre italien.

Dans la pièce qui a pour titre *la Paix*, l'auteur revient encore à son système favori, et d'autant plus que Cléon était mort. Elle est aussi tout allégorique. La guerre et la paix y sont personnifiées. Un vigneron, nommé Trygée, paraît, monté sur un escarbot, et dit qu'il va sommer Jupiter d'être plus favorable aux Grecs. Qu'on imagine ce que c'est qu'une pièce qui commence par un pareil spectacle. Il y a un endroit où la Paix demande ce que fait Sophocle depuis qu'elle a quitté l'Attique. On lui répond : « Il est devenu aussi avare et aussi « intéressé que le poète Simonide. » C'est bien là le génie d'Aristophane; mais ce n'est pas, ce me semble, de la fine plaisanterie. Sophocle était alors d'une extrême vieillesse, et Aristophane l'avait loué dans d'autres pièces; mais il n'était pas juste qu'il l'exceptât de tous les grands hommes qu'il a déchirés**.

Restent deux pièces sur lesquelles il convient de s'arrêter un moment, parce que l'une a eu l'hon-

* M. Lemercier (*Cours de Littérature*, t. II, séance XXI, p. 292), croit retrouver dans une scène de cette comédie l'origine de la lanterne de Sosie, dans notre *Amphitrion*, et du dialogue qu'il soutient avec elle   H. P.

**La Paix* est fort bien analysée par A. W. Schlegel, et par M. Lemercier (*Cours de Littérature*, t. II, séance XV, p. 60 et suiv)   H P.

neur d'être imitée par Racine, et l'autre le malheur de contribuer à la mort de Socrate. *Les Guêpes* ont fourni à l'auteur de *Britannicus* la première idée de ses *Plaideurs*, comme le sujet de *l'Enfant prodigue*, joué aux marionnettes de la Foire, fit éclore celui de Voltaire : d'où il résulte seulement que le germe le plus informe peut être fécondé par le génie.

Philocléon est atteint précisément de la même maladie que Dandin : la fureur de juger l'a rendu fou, et son fils Bdélycléon le fait garder à vue. Il descend par une corde, comme Dandin sort par le soupirail. « Si je me casse le cou, dit-il, enterrez- « moi au barreau. » Son fils, pour flatter un peu sa manie, lui propose d'exercer les fonctions de juge dans sa maison. Il se présente fort à propos un procès digne du juge ; c'est un chien qui a volé un fromage. La cause se plaide dans les formes. Il y a le chien accusateur et le chien accusé, et l'un et l'autre jappent et parlent à la fois : c'est là le comique d'Aristophane. On amène les petits du chien pour émouvoir la pitié du juge, qui se trompe dans le choix de ses deux fèves, et qui donne celle d'absolution au lieu de celle de condamnation. C'est là ce que Racine a imité : joignez-y quelques détails, quelques jeux de théâtre ; et observez surtout que *les Plaideurs* sont une comédie du second ordre, qui descend même jusqu'à la farce dans la scène des petits chiens, et dont le principal mérite est dans le style, dans cette foule de vers charmants et de mots devenus proverbes. Il est pourtant vrai de dire que, malgré la distance prodigieuse de cette pièce à celle qui en a donné l'idée, il y a, dans l'une comme dans l'autre, une critique très vive et très ingénieuse des vices et des ridicules du barreau. Mais qu'on se représente, dans la pièce grecque, les juges d'Athènes déguisés en guêpes, avec leurs manteaux et leurs bâtons, et poursuivant Bdély-cléon sur le théâtre à coups d'aiguillon : cette horrible mascarade, celle des grenouilles formant un chœur, celle de l'escarbot volant, et cent autres, sont des monstres sur la scène, et ne seraient pas tolérées sur nos derniers tréteaux. D'ailleurs, le poète grec, dans les deux derniers actes, abandonne entièrement son sujet. Philocléon, persuadé par son fils, qui lui a démontré que la vie de juge était misérable, et qu'il n'y avait pas à gagner, à beaucoup près, autant qu'à ne rien faire et à flatter le peuple, veut se conformer à ce conseil ; il commence par s'enivrer, et occupe tout le cinquième acte des plus dégoûtantes extravagances où puisse tomber un vieillard ivre. Toutefois, je le répète, il y a dans cette pièce un germe de talent comique, qui montre ce que l'auteur aurait pu être, s'il fût né dans un autre temps et avec un autre caractère ; car le caractère influe beaucoup sur le talent ; et ce n'est pas la méchanceté, la jalousie et la haine qui apprennent à faire des comédies.

Celle des *Nuées*, si malheureusement célèbre, ne mérite en effet de l'être que par le mal qu'elle fit. Quoiqu'il y eût vingt-cinq ans d'intervalle entre sa représentation et le procès de Socrate, on ne peut douter qu'elle n'ait préparé l'injuste arrêt qui fit périr le plus honnête homme de la Grèce, puisque les accusations d'Anytus furent précisément les mêmes que celles que le poète intente ici au philosophe [*].

Strepsiade, bourgeois d'Athènes, ruiné par un fils libertin qui dépense tout, qui est accablé de dettes et pressé par ses créanciers, rêve aux moyens de s'en débarrasser. Il n'en trouve pas de meilleur que d'aller consulter son voisin Socrate le philosophe, un de ces gens qui disent « que le ciel est un four, « et que les hommes sont des charbons, » et qui prouvent que le jour est la nuit, et la nuit le jour. Ne voilà-t-il pas la philosophie de Socrate bien finement caractérisée? ce n'est pas celle qu'on trouve dans Platon. Le valet de Socrate fait beaucoup de difficulté de recevoir Strepsiade, qui demande à être initié dans les mystères de la philosophie. « Ce sont de grands « mystères, dit le valet. Socrate demandait tout à « l'heure à son disciple Chéréphon quelle était la « longueur du saut d'une puce. » Strepsiade, émerveillé, appelle Socrate de toute sa force, et l'on aperçoit le philosophe guindé en l'air dans une corbeille. Strepsiade le conjure par les dieux. « Doucement : « par quels dieux jurez-vous? On n'admet point « dans mon école les dieux du pays. » Strepsiade demande quels sont donc les dieux de Socrate? Il répond que ce sont les nuées : de là vient le titre de la pièce. Il les invoque, et les nuées remplissent le théâtre en habits de costume. Socrate apprend à son

[*] Ce reproche, qu'on a souvent fait à Aristophane, se trouve discuté fort au long dans le *Théâtre* de Brumoy, Préface des *Nuées*. H. P.

nouveau disciple que les nuées sont des déesses qui nourrissent les sophistes, les devins, les médecins et les poëtes. Il se moque de Jupiter, qu'il traite de chimère. « Il n'y a point de Jupiter, dit-il ; et ce qui « le prouve, c'est que ce n'est point Jupiter qui fait « pleuvoir, et que ce sont les nuées seules qui « donnent de la pluie. » Enfin il exige que Strepsiade commence par renoncer aux dieux du pays, et n'adore que les nuées. Le bourgeois consent à tout, pourvu qu'on lui apprenne un moyen de ne pas payer ses dettes, à corrompre le bon droit et à emprunter sans rien rendre. Socrate lui enseigne force subtilités * : le bon homme s'en va fort content, et engage son fils Phidippide à prendre les mêmes leçons, et à se former sous un maître aussi habile que Socrate, qui, en dernier lieu, pendant qu'on le regardait tracer des figures sur la poussière avec un compas, escamota fort adroitement le manteau d'un des spectateurs. Voilà Socrate pour le moins aussi habile que nos sorciers de la Foire ; car un manteau est plus difficile à escamoter qu'un jeu de cartes. Strepsiade présente son fils au philosophe, et le supplie de lui faire connaître les deux grands points de sa doctrine, le juste et l'injuste. « N'ou« bliez pas surtout de l'armer de pied en cap contre

---

* Cette scène, selon M. Lemercier (*Cours de Littérature* , t. II , séance XXII , p. 339), a servi de modèle à la fameuse scène de M. Jourdain et du maître de philosophie, dans le *Bourgeois gentilhomme*. C'est aussi l'opinion de Brumoy. — M. Lemercier voit aussi dans les cérémonies du *Bourgeois gentilhomme* et du *Malade imaginaire*, un souvenir de la manière d'Aristophane. (*Ibid.* séance XIX, p. 226 et suiv) H. P.

« le juste. Je vais, reprend Socrate, le donner à
« instruire à tous les deux. » En effet, le Juste et
l'Injuste paraissent personnifiés. La dispute s'établit
entre eux, et l'Injuste la termine ainsi : « Veux-
« tu que je te fasse voir clairement qui de nous
« deux doit céder à l'autre? Dis-moi un peu : Quelles
« gens sont-ce que nos orateurs? — Des scélérats. —
« D'accord. Et nos faiseurs de tragédies? — Des scé-
« lérats. — Fort bien. Et nos magistrats? — Des scé-
« lérats. — On ne peut pas mieux. Compte à présent
« les spectateurs. Quel est le plus grand nombre?
« sont-ce les gens de bien? examine. — Les scélérats
« l'emportent, je l'avoue. — Eh bien! qu'as-tu à dire
« à présent? — Que j'ai perdu. Messieurs, prenez
« mon manteau; je vais passer de votre côté : vous
« êtes les plus forts. »

Phidippide profite si bien des leçons de la philosophie et de la connaissance du juste et de l'injuste,
qu'il bat ses créanciers qui viennent lui demander
de l'argent, et finit par battre son père, et lui prouver
philosophiquement qu'il a droit de le battre. Des
philosophes de nos jours ont prouvé bien pis; mais
jamais on n'a ouï dire que ce fût là la philosophie
de Socrate*.

On ne saurait lire avec quelque attention les ouvrages d'Aristophane sans se demander à soi-même,
premièrement, quels motifs ont pu autoriser, pendant un certain temps, un genre de spectacle qu'on
ne retrouve chez aucune autre nation, et qui même

---

* Voyez, sur cette comédie, les critiques auxquels nous avons souvent
renvoyé, Brumoy, Schlegel, Lemercier, etc.   H. P.

finit par être entièrement aboli dans Athènes; ensuite, comment ce peuple, si sévère sur l'article de la religion, pouvait permettre que ses dieux fussent tournés en ridicule sur le théâtre; enfin, comment un peuple si poli pouvait s'accommoder des saletés grossières que l'on proférait devant lui? Je vais tâcher de rendre compte de toutes ces questions: non par une dissertation en forme, mais en m'arrêtant simplement à ce qui peut fournir une solution probable, claire et précise.

On peut d'abord poser en principe que le spectacle dramatique doit, par sa nature même, dépendre beaucoup du gouvernement, du caractère et des mœurs des différents peuples. Il doit donc varier, à un certain point, suivant les divers pays où il s'établit, et suivant les diverses époques chez une même nation; c'est ce qui arriva chez les Athéniens. Échappés à la tyrannie après l'expulsion des Pisistratides, ils passèrent à l'extrême liberté et à tous les abus de la démocratie. Ces abus furent balancés par l'esprit patriotique qui anima toute la Grèce au moment des invasions de Darius et de Xercès. Mais comme le danger menaçant avait fait naître les grandes vertus et produit les grands efforts, la victoire et la prospérité amenèrent à leur suite l'orgueil et la corruption. Le peuple d'Athènes fut enivré tout à la fois de son pouvoir et de sa fortune. Chez lui il était maître du gouvernement, et au dehors il donnait la loi aux peuples de la Grèce. Les grands hommes, dont cette puissance était l'ouvrage, éprouvèrent tous cette ingratitude que l'on couvrait du prétexte de la liberté, mais qui n'avait d'autre cause que la jalousie naturelle aux républicains qui commencent à craindre leurs défenseurs quand ils ne craignent plus d'ennemis. Enfin, Athènes était la république la plus puissante, la plus riche, la plus vaine et la plus corrompue de toute la Grèce, au temps de Périclès, qui fut celui d'Aristophane. Périclès lui-même, qui d'ailleurs mérita si bien de sa patrie, et dont le plus grand talent fut de bien connaître à quel peuple il avait affaire, sentit la nécessité de le flatter pour conserver le pouvoir de lui faire du bien, et s'attira le reproche d'avoir augmenté encore l'esprit démocratique, qu'il eût été à souhaiter que l'on pût restreindre. Il n'osa pas s'opposer à la licence d'Aristophane, parce qu'il sentit qu'elle plaisait à la multitude, qui semblait regarder cette espèce de censure publique comme un des privilèges de la liberté. Ce mot seul est si imposant et si spécieux, qu'aujourd'hui même bien des gens, tout en condamnant Aristophane, pensent qu'un poète comique de cette trempe pouvait être fort utile dans une république. Oui, sans doute, s'il était possible de s'assurer qu'un homme chargé de faire sur le théâtre les fonctions de censeur fût l'organe incorruptible de la justice et de la vérité. Mais avec un peu de réflexion, comment ne voit-on pas que celui-même qui serait digne qu'on lui confiât un si dangereux ministère commencerait par le refuser, fondé sur ce principe incontestable, que toute accusation qu'il est permis d'intenter sans avoir besoin de preuve, et sans craindre une réponse, est par cela même une lâcheté et

une calomnie? Je consens que, dans une république,
il soit permis à tout citoyen d'en accuser un autre;
oui, mais légalement, mais dans les tribunaux, mais
de manière que l'accusé puisse se défendre. Et quelle
réponse à la diffamation, aux injures, aux railleries,
aux insinuations malignes et perfides qu'on peut
accumuler dans une satire dramatique? Quand on
parle tout seul aux hommes rassemblés, et qu'on
ne veut que les amuser aux dépens d'un particulier
qu'on leur immole, a-t-on besoin de dire la vérité
pour le rendre odieux ou ridicule? Et n'est-ce pas là
au contraire que le mensonge trouve tout naturellement sa place? Ce principe, évident par lui-même,
n'est-il pas confirmé par les faits? La plupart de ceux
qu'Aristophane déchirait avec tant de fureur n'é-
taient-ils pas, en tous genres, les hommes les plus estimables de leur temps? Écoutons, sur ce point, Cicéron,
qui ne peut être suspect, et qui était aussi bon républicain qu'un autre. Comment parle-t-il de l'ancienne comédie des Grecs, de celle dont il est ici
question? « Qui a-t-elle épargné? qui n'a-t-elle pas
« outragé? Encore si ces traits ne fussent tombés
« que sur de mauvais citoyens, sur un Cléon, un
« Hyperbolus, un Cléophon, l'on pourrait le souffrir;
« mais qu'un homme tel que Périclès, après tant
« d'années de services rendus à son pays dans la guerre
« et dans la paix, soit insulté sur le théâtre et noirci
« dans des vers satiriques, cela est aussi indécent que
« si, parmi nous, Névius ou Cécilius avait osé injurier
« Caton le Censeur ou Scipion l'Africain. »

Ce n'est pas que je prétende ôter au théâtre son

influence sur l'esprit public, influence étouffée sous le despotisme, et par conséquent précieuse aux états libres; je veux au contraire la rendre plus puissante et plus utile, en substituant à la diffamation personnelle, qui peut menacer également le vice et la vertu, et qui est d'ailleurs à la portée du plus médiocre écrivain, une espèce de censure dramatique qui suppose à la fois et plus de talent et plus de morale, et qui est en même temps susceptible d'un plus grand effet. Je dis aux poètes : Peignez en caractères généraux les amis et les ennemis de la chose publique : si vos caractères sont bien conçus et bien prononcés, les individus y rentreront d'eux-mêmes; ils viendront se placer comme des têtes dans un cadre, et les spectateurs y mettront les noms; car il y a une conscience publique qui ne ment pas plus que celle des individus; et, quand les hommes sont rassemblés, cette conscience parle si haut, qu'il n'y a point de pouvoir au monde qui puisse lui imposer silence, pas même (et l'histoire nous l'atteste), pas même les soldats de Néron.

Il faut au reste que cette vérité ait été bien généralement sentie, puisque vers le temps d'Alexandre, et lorsque Athènes, avec moins de puissance, conservait encore sa liberté, tous les vices de l'ancien théâtre furent entièrement proscrits par l'animadversion des lois, qui ne permirent plus dans la comédie que des noms et des sujets de fiction. Ce fut celle-là que les Romains imitèrent; car il est à remarquer que le gouvernement de Rome, qui laissa passer les satires de Lucilius, où les citoyens les plus puissants étaient attaqués, regarda cette liberté comme infiniment plus dangereuse sur le théâtre. Il n'y permit jamais aucune satire personnelle, et n'admit dans les jeux publics d'autre comédie que celle de pure invention, comme elle était alors chez les Grecs. Il ne paraît pas que la sévérité romaine se fût accommodée des insolentes facéties d'Aristophane, ni que les censeurs eussent souffert qu'un bateleur usurpât la plus redoutable de leurs fonctions, celle de noter les citoyens répréhensibles.

Un autre genre de licence qui fut commun au théâtre des deux nations, ce fut d'y faire de leurs dieux l'objet des plus sanglantes railleries et des plus violents sarcasmes. Nous verrons dans l'*Amphitryon* de Plaute (*Voyez* PLAUTE), comment Mercure parle de Jupiter et de lui-même. Nous avons vu, dans Euripide, les dieux assez souvent exposés au ridicule; c'est bien pis encore dans Aristophane; et, quoi qu'on dise pour expliquer cet excès de tolérance dans une ville comme Athènes, où les tribunaux montraient une sévérité si terrible dans les affaires de religion, il n'en est pas moins vrai qu'une des plus grandes difficultés qui se présentent dans la recherche des mœurs anciennes, c'est celle de concilier, d'un côté tant d'indifférence, et de l'autre tant de rigueur sur le même objet: Alcibiade, rappelé de l'armée de Sicile où il commandait, pour se purger d'une accusation d'impiété envers les dieux, et ces mêmes dieux vilipendés sur la scène devant tout un peuple qui ne faisait qu'en rire. Ce n'est pas assez d'établir une distinction entre les dieux de la religion et ceux de la fable, entre les dieux des prêtres et ceux des poètes : on ne peut nier que cette distinction ne soit fondée à un certain point; mais qui nous apprendra en quoi elle consistait? Qui marquera l'intervalle entre ce qu'il fallait respecter et ce qu'on pouvait mépriser? C'est cette mesure qui nous manque absolument, et sans laquelle cependant nous ne pouvons nous rendre compte de rien. L'on conçoit bien que toutes les traditions des poètes pouvaient n'être pas des articles de foi; mais pourtant les dieux de la mythologie sont, à beaucoup d'égards, les mêmes dans l'histoire. Bacchus avait, dans les temples et dans les cérémonies publiques, les mêmes attributs que lui donne Aristophane dans sa comédie des *Grenouilles*. Ni Euripide, ni lui, ni Plaute, ne disent nulle part ni ne font entendre qu'il faille distinguer les dieux dont ils se moquent, de ceux que l'on doit révérer; et ces auteurs, qui étaient dans l'usage de faire tant de confidences aux spectateurs, ne leur ont jamais fait celle-là.

Ce n'est pas non plus une solution plausible de rapprocher, comme on a fait, ces impiétés et les farces religieuses de notre premier théâtre, et ces mystères où, comme dit Boileau, « l'on jouait les « Saints, la Vierge et Dieu, par piété. »

Cela prouvait seulement la grossière ignorance d'écrivains qui n'avaient nulle envie de se moquer de nos mystères, mais qui en parlaient du même ton que les prédicateurs de ce temps. En effet le même goût régnait dans la chaire et sur les tréteaux. On n'en savait pas davantage alors, et la *Passion* était prêchée dans l'église, et jouée à la Foire dans un jargon également ridicule. Mais, quand les dieux de l'antiquité furent bafoués sur la scène, c'était dans le siècle des beaux-arts et dans un temps de lumières : ce n'était pas simplicité, c'était moquerie ; et l'une ne ressemble pas à l'autre. La meilleure raison qu'on en donne, c'est que les représentations dramatiques avaient pris naissance dans les fêtes consacrées à Bacchus, et qu'un des caractères, un des privilèges de ces fêtes, c'était de permettre tout ce qui pouvait faire rire. Des paysans barbouillés de lie pouvaient, du haut de leurs chariots roulants, dire des injures à tout le monde, sans qu'il fût permis de s'en plaindre, à peu près comme dans nos mascarades du carnaval, on permet à la populace de se moquer des passants. Les Romains eurent des Saturnales où régnait la même licence. On croit que les spectacles chez les Grecs, conservant l'esprit de leur institution, furent long-temps affranchis de toute règle, et que l'on convint que tout serait bon pourvu qu'on se divertît. Les Romains, en imitant les pièces des Grecs, profitèrent de la même liberté, et l'on souffrit dans les divertissements publics ce qui était défendu dans tout autre temps. Voilà ce qu'on a trouvé de plus plausible ; et il faut bien se contenter de cette explication, puisqu'il n'y en a point de meilleure*.

---

* *Voyez* celle que donne M. Lemercier dans le dialogue cité plus haut. L'emploi des divinités par Aristophane lui paraît tout allégorique. Minerve

Quoique l'obscénité des termes, si fréquente dans Aristophane, et l'indécence des mœurs que nous verrons dans Plaute, ne soient guère moins révoltantes pour nous, il est pourtant plus aisé de s'en rendre raison. La langue d'Athènes et de Rome était moins modeste que la nôtre.

Le latin dans les mots brave l'honnêteté,

a dit Boileau (*Art. poét. ch. II*), et l'on peut en dire autant du grec. Il est reconnu que, sur cet article, toutes les langues ne sont pas également scrupuleuses. La nôtre même a éprouvé sur ce point des variations, puisqu'il y a dans Molière tel mot qui revient fort souvent, qui, de son temps, n'était pas malhonnête, et qu'aujourd'hui l'on ne se permettrait pas en bonne compagnie, ni sur le théâtre. La coutume et le préjugé doivent donc avoir établi en ce genre des différences sensibles. Comme il n'y eut jamais chez les Grecs, et pendant long-temps à Rome, que les courtisanes qui vécussent librement et indistinctement avec les hommes, l'habitude, générale parmi les jeunes gens, de vivre avec cette espèce de femmes, tandis que toutes les mères de famille se tenaient dans l'intérieur de leur domestique, ne dut pas apporter beaucoup de réserve dans le langage ordinaire et journalier. Tout ce qui a rapport aux convenances sociales n'a pu se perfectionner que chez une nation où le commerce continuel des deux sexes a dû former peu à peu l'esprit général et épurer le ton de la société.

La Harpe, *Cours de Littérature*.

et Neptune, par exemple, ne paraissent, selon lui, sur la scène que comme représentants de la ville d'Athènes.   H. P

IV.

Le *Plutus* est fort bon. Il y a des choses aussi plaisantes que Molière en ait fait. Aristophane paraît en un endroit s'y plaindre de ce qu'il n'y avait point de médecins à Athènes, parce que la médecine n'y était pas estimée. Il fallait que les Athéniens ne fussent pas trop dévots; car cela se jouait devant eux, et les dieux sont traités dans cette comédie assez cavalièrement. Mercure vient se plaindre de ce qu'ils meurent tous de faim, depuis que Plutus a recouvré la vue, parce que, tout le monde étant riche, on ne fait plus de sacrifices. Il pousse la chose jusqu'à demander un emploi chez Chremile, quel qu'il soit, du moins pour avoir de quoi manger. Il y a encore un endroit où Aristophane décrit fort plaisamment la friponnerie du prêtre d'Esculape, qui, ayant éteint les lumières dans le temple, venait ramasser et mettre dans un grand sac tout ce qu'on avait offert au dieu; et Carion, pour imiter le prêtre, mange la bouillie d'une vieille qui était auprès de lui. Les scènes de cette autre vieille qui entretenait un jeune homme sont merveilleuses. Les scènes de la Pauvreté ne me plaisent guère; elles font même un mauvais effet, à quoi Aristophane n'a pas pris garde; car la Pauvreté fait voir des inconvénients très solides à l'égalité de biens, et on ne répond point à ses raisons; cela est cause que je ne suis pas si aise que Plutus ait recouvré la vue. Je le serais tout-à-fait sans cela; tous les effets qu'on en voit sont agréables.

Les Nuées eussent été bonnes contre un sophiste, mais non pas contre Socrate, qui n'était rien moins que sophiste. Le dessein de cette pièce est pourtant fort plaisant. Strepsiade est le vrai Bourgeois gentilhomme, par la difficulté qu'il a d'apprendre, par ses méprises continuelles, et par la naïveté avec laquelle il rend ce qu'il a appris. Il ressemble fort aussi à Georges Dandin, quand il se plaint d'avoir épousé une femme de la ville, lui qui était un homme de la campagne. Les niaiseries qu'on fait faire à Socrate sur la mesure du saut d'une puce sont très ridicules; mais je ne crois pas que cela fût fondé. Aristophane dit beaucoup de bien de lui dans un chœur, et se plaint de ce que tous les comiques ne savaient point d'autre chanson que d'attaquer ce pauvre Hyperbolus. Je n'aime point ces deux personnages, dont l'un est le discours véritable, et l'autre le discours sophistique. Les personnages allégoriques ou métaphysiques ont fort mauvaise grace parmi ceux qui sont vivants, mais principalement ces deux discours-là; ils disent pourtant de bonnes choses. Aristophane reproche à son siècle la délicatesse de se servir des bains chauds.

Les Grenouilles sont faites de deux morceaux qui ne se ressemblent point. L'un est tout de plaisanterie et de jeux de théâtre sur le voyage de Bacchus aux enfers; les différentes réceptions qu'on lui fait, et ses continuels changements d'habits avec Xanthias, font un effet fort agréable : ce serait encore tout autre chose dans l'action; je n'ai rien vu de meilleur pour le jeu de théâtre. L'autre morceau des *Grenouilles* est tout de critique. Euripide reproche à Eschyle ses grands mots forgés à plaisir, l'enflure et l'obscurité de son style, une Niobé qui était tout un acte sur le théâtre sans parler. Eschyle reproche à Euripide qu'il est grand causeur et sophiste ; qu'il a un style mou; qu'il n'a pas fait comme lui des *Perses* et des *Sept devant Thèbes*, qui étaient des tragédies mâles et capables d'animer les citoyens aux grandes choses; mais qu'il a représenté des Sténobées et des Phèdres, caractères vicieux et de mauvais exemple. Il dit que, quoique ces histoires, à la vérité, soient connues de tout le monde, un poëte n'en doit pourtant pas réveiller le souvenir; que, pour lui, il ne croit pas avoir mis sur le théâtre une femme amante. Il me semble que Corneille et Racine pourraient à peu près faire ensemble les mêmes scènes que font Eschyle et Euripide. Euripide est encore bien blâmé par Eschyle de ce qu'il habillait quelquefois ses héros de haillons, afin qu'ils fissent plus de pitié au peuple. Ensuite ils vont jusqu'à critiquer quelques vers l'un de l'autre. Eschyle prétend faire voir que tous les prologues d'Euripide sont sur le même ton. Euripide en commence vingt, et à tous Eschyle leur fait convenir le ληκύθιον ἀπώλεσεν. On ne sait ce que cela veut dire*. M. Blondel m'a dit qu'il soupçonnait que ληκύθιον ἀπώλεσεν était le refrain de quelque chanson de ce temps-là, comme *landeriri, landerirette;* et que, comme cela revenait toujours à la fin de la chanson, Eschyle, en remettant toujours partout ληκύθιον ἀπώλεσεν marquait l'uniformité des prologues d'Euripide.

Selon Aristophane, voici l'ordre des tragiques

* Cela veut dire *a perdu sa peine*. (*Voyez* dans Brumoy l'explication de cette plaisanterie d'Aristophane.) H. P.

grecs : Eschyle, Sophocle, Euripide. Il est fort plaisant de faire mettre dans des balances des vers d'Eschyle contre des vers d'Euripide, et de faire que ceux d'Eschyle, qui sont forts et nombreux, et composés de grands mots, l'emportent sur ceux d'Euripide, qui sont faibles et minces, mais plus peignés.

Les Cavaliers sont un peu ennuyeux, parce que c'est toujours la même chose; toujours la dispute de Cléon et d'Agoracrite, toujours des scènes d'injures de l'un contre l'autre. Mais, à cela près, cette pièce-là est une satire fort plaisante de la facilité qu'avait le peuple d'Athènes à se laisser gouverner par des gens de rien et par des fourbes : car Cléon, qui gouvernait alors, était tanneur, et Aristophane, pour lui donner un rival digne de lui, lui oppose un charcutier. Toutes les qualités qu'il trouve à ce charcutier pour être le premier homme de la république, comme d'être ignorant, accoutumé à couper et à trancher de tort et de travers, à survendre sa marchandise, à brouiller tout dans les boudins qu'il fait; tout cela est très bien imaginé. J'aime bien encore les contestations de Cléon et d'Agoracrite, à qui criera le plus haut et sera le plus méchant; les caresses et les présents qu'ils font au peuple, etc. L'un lui apporte une casaque, l'autre un habit entier; l'un des gâteaux, l'autre une soupe, etc. Ce gâteau à la lacédémonienne, que Démosthène dit qu'il avait préparé, et que Cléon lui a dérobé, représente fort bien l'affaire de Pyle. Cléon est encore bien comparé aux nourrices qui mâchent du pain pour leurs enfants, mais qui en avalent trois fois plus qu'elles ne leur en donnent. Je m'étonne que le peuple d'Athènes, qui était maître absolu, souffrît qu'on le jouât en sa présence, qu'on l'appelât mille fois sot et imbécile, et qu'on lui fît voir qu'on le menait par le nez tant qu'on voulait, et qu'on le prenait par des niaiseries, comme un enfant. Bon pour lui en faire des remontrances sérieuses, à la manière de celles que lui faisait l'orateur Démosthène : mais des plaisanteries de théâtre, c'est autre chose.

Ce vers d'Euripide (*Hippolyte*, 617) :

Ἡ γλῶσσ' ὀμώμοχ', ἡ δὲ φρὴν ἀνώμοτος *.

a été repris par les comiques de ce temps-là, et Platon a paru en plaisanter d'une manière qui le condamne. Cette distinction de la langue et de la volonté, et cette adresse du détour de l'intention, paraissaient une chose dangereuse à enseigner au peuple, quoique ce ne fût que dans une tragédie. Ces casuistes anciens étaient bien plus rigoureux que les nôtres.

A propos de cas de conscience, Cicéron, dans les *Offices*, dit que s'il y a cherté de blé à Rhodes, et qu'un marchand qui y en porte d'Alexandrie, rencontre sur la mer d'autres vaisseaux chargés de blé qui vont à Rhodes, et qu'il arrive plus tôt qu'eux, il est obligé de dire aux Rhodiens qu'il leur vient encore du blé, et de ne vendre le sien que sur ce pied-là. Ces décisions-là sont pis que jansénistes.

Les Acarnaniens ne me plaisent point trop. Le meilleur est l'opposition des préparatifs que fait Lamachus pour s'armer, et de ceux que fait Dicœo-

* « Ma bouche a juré, mais non point mon âme. »   H. P.

polis pour un repas. C'est encore un endroit fort plaisant que celui où ce Dicœopolis, qui veut haranguer le peuple, va prier Euripide de lui prêter les haillons dont il avait habillé Téléphe, afin que la harangue fit plus d'effet. Euripide, à qui on demande l'une après l'autre toutes les pièces de l'équipage d'un gueux, se plaint qu'on lui ôte toute une tragédie. Il est remarquable que, selon Aristophane, la guerre du Péloponèse vint de ce que de jeunes Athéniens, qui avaient bu, allèrent à Mégare enlever la courtisane Simœtha; et que ceux de Mégare, pour se venger, enlevèrent deux demoiselles d'Aspasie; ce qui fut cause que Périclès, qui était tout-à-fait dans les intérêts d'Aspasie, fit traiter Mégare d'une manière si dure, que cette ville fut obligée d'implorer le secours des Lacédémoniens. Aristophane dit que le roi de Perse, après avoir demandé aux ambassadeurs de Lacédémone, lesquels de tous les Grecs étaient les plus puissants sur mer, s'informa à eux de lui, Aristophane; et leur dit que, s'ils l'en croyaient, ils seraient bientôt les maîtres. C'est bien de la vanité pour un poète comique : il est vrai pourtant que les comédies de ce temps-là faisaient partie du gouvernement, et avaient un grand pouvoir sur le peuple. Je n'aime point toute la foire de Dicœopolis, ni les filles du marchand de Mégare déguisées en truies, et vendues pour telles; à moins qu'il n'y ait à cela quelque mystère que je n'entends pas.

Les Guêpes sont assez médiocres. C'est une satire de la passion que les Athéniens avaient pour juger. Hormis le caractère de Philocléon, qui est Perrin Dandin des *Plaideurs*, et le jugement du chien qui avait mangé un fromage, tout le reste n'est guère plaisant. A quoi aboutissent toutes ces sottises que fait Philocléon quand il est soûl, et qu'il s'est mis à aimer la joie?

Je ne vois point le mot pour rire des *Oiseaux*. Cela seulement me paraît bien libre contre les dieux ; car presque toute la pièce roule sur ce que cette ville de Nephelococcigie les réduirait à mourir de faim, parce qu'elle interrompait le commerce entre eux et les hommes, et que les oiseaux seraient maîtres de tout. Les Athéniens n'étaient pas assurément trop dévots, puisqu'ils souffraient de pareilles comédies. Otez de celle-là la plaisanterie sur les dieux, ce n'est plus rien ; encore cette plaisanterie ne me paraît-elle guère bonne. Les oiseaux environnent l'air de murailles ; et c'est à eux désormais qu'il faut que les hommes sacrifient, sans s'embarrasser des dieux. Ce dessein-là n'a rien d'agréable. Toute la pièce, en général, est fort froide. Le meilleur morceau est celui du poète, du sacrificateur, du géomètre et du législateur qui se viennent faire de fête à la nouvelle ville de Nephelococcigie, et offrir chacun un plat de son métier, dont on les remercie.

La Paix est assez agréable par le sujet. Ce sont des réjouissances sur le retour de la paix, que les Grecs croyaient assurée après la mort de Cléon et de Brasidas. Mais cette pièce-là n'a rien de plaisant par la manière dont elle est tournée, si ce n'est la scène des vendeurs de casques, de cuirasses et de trompettes, qui sont ruinés. J'aime assez encore ces deux pilons, Cléon et Brasidas, dont la Guerre se servait pour broyer les villes de la Grèce dans un mortier; et ces esprits de poètes dithyrambiques, que Trigée avait rencontrés dans les airs en y faisant son voyage sur l'escargot. Tout le reste n'a rien de vif; ce sont toujours des répétitions sur les biens de la paix. Peut-être cependant le peuple d'Athènes avait-il besoin qu'on les lui fît bien connaître. Aristophane, se vante dans un chœur, qu'il a le premier traité des sujets importants dans la comédie, au lieu que ce n'était auparavant que de mauvaises plaisanteries d'esclaves sur les coups de fouets qu'on leur avait donnés.

Les Harangueuses sont assez plaisantes. Ce dessein de donner le gouvernement aux femmes, me paraît une satire assez fine du mauvais gouvernement des hommes; et je crois que la pièce eût été meilleure, si elle eût roulé toute entière sur cette satire. Mais je ne vois point à quoi aboutit cette communauté de biens que les femmes veulent établir; cela ne produit rien d'agréable. Il n'en est pas de même de la loi par laquelle elles ordonnent qu'il faudra passer par une vieille pour parvenir à une jolie personne; les scènes qui sont sur cela sont plaisantes. A la vérité, il y a bien des ordures, tant dans la bouche des hommes que dans celle des femmes; mais le siècle était naïf. C'est encore pis, ce me semble, quand il y a des scènes où Aristophane ne parle que de péter, etc. etc. Je crois qu'il n'y avait alors que les hommes qui allassent à la représentation des comédies; car les femmes grecques étaient fort resserrées. C'est-là peut-être la cause de la grossièreté qui est quelquefois dans le style des comiques.

La Fête de Cérès est fort bonne. Il y a de la satire sur les mœurs en général, sur deux ou trois personnes en particulier, sur quelques pièces d'Euripide, et, outre cela, le jeu de théâtre m'en paraît aussi agréable que d'aucune autre comédie d'Aristophane. Tout ce que dit Mnésiloque, déguisé en femme, pour justifier le mal que son gendre Euripide a dit de tout le sexe, est fort plaisant, et très satirique dans les mœurs de ce siècle-là; l'apologie des femmes contre les hommes a quelque chose de bien joli. « Vous nous appelez un mal, disent-elles; « mais pourquoi donc gardez-vous ce mal avec tant « de soin? Si vous ne trouvez pas ce mal chez vous « quand vous y entrez, que n'en êtes-vous bien « aises? Si ce mal met la tête à la fenêtre, pour- « quoi prenez-vous tant de plaisir à le voir? etc. » On ne saurait mieux se moquer des mœurs efféminées d'Agathon, le faiseur de tragédies, qu'en le faisant prier d'aller à la fête de Cérès, déguisé en femme, parce qu'on le prendra aisément pour une d'entre elles. Il s'en défend fort bien par ce vers d'Euripide que Phérès dit à Admète (*Alceste*, 702):

Χαίρεις ὁρῶν φῶς· πατέρα δ' οὐ χαίρειν δοκεῖς*;

mais il est plaisant que, sur son refus, Mnésiloque lui emprunte du moins son équipage pour se dé-

* « La lumière du jour vous paraît précieuse et douce; pensez-vous qu'elle le soit moins à votre père? » (*Trad. de Prevost.*)

guiser lui-même en femme. Toute cette cérémonie, qui se faisait sur le théâtre, devait être fort bouffonne. Il est encore bien imaginé que ce soit Clisthène qui apporte aux femmes la nouvelle qu'il y a un homme déguisé parmi elles, parce que ce Clisthène était fort efféminé, et, par conséquent, s'intéressait aux affaires des femmes. Je crois que ces rôles de Ménélas et de Persée, qu'Euripide joue pour tirer Mnésiloque d'affaire, et auxquels Mnésiloque répond comme Hélène et comme Andromède, devaient faire un effet aussi plaisant que quand les Italiens, parmi nous, contrefont ainsi des pièces sérieuses. Ce ridicule-là, qui le plus souvent n'est point fondé sur la chose, et qui ne dépend que du ton et de l'action, ne laisse pas d'être un ridicule. Ce satellite scythe, qui parle un mauvais grec, est la même chose que nos Suisses qui baragouinent. Il y a dans cette pièce de beaux chœurs sur Cérès et Proserpine; tout cela sans doute se chantait et faisait une diversité fort agréable. Toutes ces comédies ressemblaient au *Malade imaginaire* et au *Bourgeois gentilhomme* : elles étaient mêlées de chants et de danses: et, dans l'état où nous les voyons, elles ont bien perdu de leurs agréments. Aristophane en voulait bien à Euripide. Il va, dans cette pièce, jusqu'à lui reprocher qu'il était fils d'une vendeuse d'herbes.

Lysistrate est une idée très folle. Rien n'est plus plaisant que de faire terminer la guerre du Péloponèse par les femmes, tant athéniennes que lacédémoniennes, qui ont conjuré de ne point coucher avec leurs maris, s'ils ne se résolvent à faire la paix. Je ne sache point de pièce si pleine d'ordures, ni plus propre à faire voir combien les anciens étaient libres. A peine puis-je croire qu'on ait joué la scène où Cinésie prie Marine sa femme de lui accorder ce qu'elle lui doit. On ne se peut rien imaginer de plus gaillard. C'est quelque chose de fort bon que la peine qu'ont toutes ces femmes à faire le serment que Lysistrate exige d'elles ; que les efforts qu'elles font pour lui échapper dans la citadelle d'Athènes, où elles se sont cantonnées contre les hommes, et cet ambassadeur lacédémonien qui vient dire que tout Sparte..... et n'en peut plus, et qu'il faut absolument faire la paix. Mais je trouve tout le combat des vieillards et des femmes assez froid.

En général, Aristophane est plaisant et a de fort bonnes choses. La plupart de ses pièces sont sans art ; elles n'ont ni nœud ni dénouement. La comédie était alors bien imparfaite. Il ne connaissait point ce que nous appelons intrigue, et ce que les Espagnols entendent si bien. Le théâtre était fort simple chez les Grecs. Enfin on voit bien que les pièces d'Aristophane ne sont encore que la naissance de la comédie : mais on voit bien en même temps qu'elle prenait naissance chez un peuple spirituel. Vous ne trouverez jamais dans Aristophane de ces jeux de théâtre fins et agréables, comme les confidences d'Horace à Arnolphe. Vous n'y trouverez encore presque pas de caractères, hormis ceux de Socrate, de Cléon et de Philocléon. Je crois pour-

tant que ce n'est pas sa faute; car il semble qu'en
le temps-là les comédies devaient avoir rapport au
gouvernement et aux affaires publiques ; et cela ne
donne pas lieu de faire paraître tant de caractères différents. Mais nous, nous ne prétendons peindre dans
nos comédies que la vie civile sans aucun rapport
au gouvernement, et toutes les conditions s'offrent
pour être jouées.

FONTENELLE, *Remarques sur quelques Comédies
d'Aristophane.*

V

Quelque vulgaires et corrompues qu'aient pu
être les inclinations personnelles d'Aristophane,
quelque offensantes pour le goût et les mœurs
qu'aient été ses bouffonneries, nous ne pouvons lui
refuser, dans l'invention et l'exécution de ses pièces,
les éloges qu'on donnerait à un artiste habile et
versé dans son art. Son langage, où règne la plus rare
élégance et l'atticisme le plus pur, se ploie à tous
les tons, avec une merveilleuse flexibilité, et sait
descendre à la familiarité du dialogue, de même
qu'il prend l'élan rapide du chant dithyrambique le
plus animé. On ne peut pas douter qu'Aristophane
n'eût également réussi dans la poésie sérieuse, lorsqu'on voit l'orgueilleuse magnificence avec laquelle
il en prodigue les beautés les plus exquises, pour effacer, l'instant d'après, l'impression qu'il a produite.
Cette grace choisie devient encore plus piquante
par le contraste qu'elle forme avec la manière rude
dont il fait parler le peuple, avec les dialectes vulgaires, et même le grec mutilé des barbares, qu'il

emploie quelquefois. Cette même imagination libre et impétueuse à laquelle il soumet les lois de la nature et du monde moral, gouverne aussi son style. Il créé les mots les plus étonnants, en imaginant des associations nouvelles, en faisant allusion à des noms individuels, ou en imitant des sons particuliers. La construction de ses vers exige autant d habileté que celle des vers tragiques. Il y emploie les mêmes formes, mais avec d'autres modifications, et en leur donnant une tournure légère et variée plutôt que noble et énergique. Sous une apparence de négligence, il observe les lois du rhythme avec une parfaite exactitude.

A. W. Schlegel, *Cours de Littérature dramatique.*

VI.

Il ne faut pas juger ses comédies par ce qu'en ont dit quelques littérateurs modernes, qui n'étaient pas en état de les entendre, et qui ont voulu les comparer à celles de Ménandre ou à nos comédies modernes. La comédie, du temps d'Aristophane, n'était autre chose qu'un dialogue satirique en vers, mêlé de chœurs, et il ne pouvait pas s'écarter du genre adopté. On lui reproche les obscénités dont ses pièces sont remplies, qui tiennent quelquefois au sujet, comme dans *Lysistrate.* Mais cette licence était autorisée; la comédie ne fut pas plus décente à Rome, dans ses commencements, quoique les mœurs y fussent très sévères, et il en fut de même de nos premières représentations théâtrales. Il ne faut donc chercher dans Aristophane que l'élégance du style, l'urbanité attique, un grand talent pour saisir les ridicules, et une peinture fidèle des mœurs athéniennes. Il faut convenir que, sur tous ces points, il ne laisse rien à désirer. Platon, si bon juge en fait de style, avait fait sur Aristophane deux vers, dont le sens était que les Graces, voulant se faire un temple impérissable, avaient choisi l'esprit d'Aristophane. Il lisait sans cesse ses comédies ; on les trouva dans son lit à sa mort, et il les envoya à Denys le tyran, qui désirait connaître le gouvernement d'Athènes. Enfin il en fait un des acteurs de son *Banquet*.

On pourrait joindre au témoignage de Platon celui de saint Jean-Chrysostome, s'il était vrai qu'il eût toujours les comédies d'Aristophane sous son chevet; mais Alde Manuce est le seul qui le dise; et la pureté des mœurs de saint Jean-Chrysostome ne permet pas de croire qu'il se plût à la lecture d'un poète si licencieux.

Il ne nous reste que onze comédies d'Aristophane, qui ont été imprimées un grand nombre de fois*.

M. Clavier, *Biographie universelle*.

ARISTOTE était de Stagire, ville de Macédoine. Il naquit la première année de la XCIX^e olympiade (l'an du monde 3620), quarante ans environ après Platon. Son père, appelé Nicomaque, était médecin,

---

* On peut encore consulter sur Aristophane, ce qu'en dit Fénelon, dans sa *Lettre sur l'Éloquence*, etc. ; quelques passages fort curieux de l'*Aristippe* et de quelques autres ouvrages de Wiéland; l'*Histoire de la Littérature grecque*, par Schœll, etc   H P

et fleurissait sous Amyntas, roi de Macédoine, père de Philippe.

Agé de dix-sept ans, il vint à Athènes, entra dans l'école de Platon, et y reçut ses leçons pendant vingt ans. Il en faisait tout l'honneur, et Platon l'appelait l'âme de son école. Il avait une si grande passion pour l'étude, qu'afin de résister à l'accablement du sommeil, il mettait un bassin d'airain à côté de son lit; et quand il était couché, il étendait hors du lit une de ses mains où il tenait une boule de fer, afin que le bruit de cette boule qui tombait dans le bassin lorsqu'il voulait s'endormir, le réveillât sur-le-champ.

Après la mort de Platon, qui arriva l'an du monde 3656, la première année de la CVIII^e olympiade, il se retira chez Hermias, tyran d'Atarne dans la Mysie, son condisciple, qui le reçut chez lui avec plaisir, et le combla d'honneurs. Hermias ayant été condamné et mis à mort par le roi des Perses, Aristote épousa sa sœur Pithaïde, qui était demeurée sans biens et sans protection.

C'est dans ce temps-là que Philippe le choisit pour prendre soin de l'éducation d'Alexandre, son fils, qui pouvait alors avoir quatorze ou quinze ans[*]. Il y avait long-temps qu'il l'avait destiné pour cet important et glorieux emploi. Dès que son fils fut venu au monde, il lui en apprit la nouvelle par une lettre qui ne fait pas moins d'honneur à Philippe qu'à Aristote. Je ne crains point de la rapporter encore ici : « Je vous apprends, lui dit-il,

[*] Aul Gell IX, 3

« que j'ai un fils. Je rends graces aux dieux, non
« pas tant de me l'avoir donné, que de me l'avoir
« donné du temps d'Aristote. J'ai lieu de me pro-
« mettre que vous en ferez un successeur digne
« de nous, et un roi digne de la Macédoine. »
Quintilien[*] dit expressément qu'Aristote enseigna à
Alexandre les premiers éléments des lettres; mais
comme ce sentiment souffre quelque difficulté, je
ne m'y arrête pas entièrement. Quand le temps de
prendre soin de l'éducation du prince fut arrivé,
Aristote se transporta en Macédoine. On a vu ailleurs le cas que Philippe et Alexandre faisaient de
son rare mérite.

Après un séjour de quelques années dans cette
cour, il obtint la permission de se retirer. Callisthène, qui l'y avait accompagné, prit sa place, et
fut destiné pour suivre Alexandre dans ses campagnes. Aristote[**], qui avait joint à beaucoup de jugement un grand usage du monde, prêt à faire
voiles pour Athènes, avertit Callisthène de se rappeler souvent une maxime de Xénophane, qu'il
jugeait absolument nécessaire aux personnes qui
vivent à la cour. « Parlez rarement devant le prince,
« lui dit-il, ou parlez-lui d'une manière qui lui

---

[*] An Philippus Macedonum rex Alexandro filio suo prima litterarum elementa tradi ab Aristotele summo ejus ætatis philosopho voluisset, aut ille suscepisset hoc officium, si non studiorum initia à perfectissimo quoque tractari, pertinere ad summam credidisset? QUINTIL. I, 1.

[**] Aristoteles, Callisthenem auditorem suum ad Alexandrum dimittens, monuit ut cum eo aut rarissimè, aut quàm jucundissimè loqueretur, quo scilicet apud regias aures vel silentio tutior, vel sermone esset acceptior VAL. MAX VII, 2.

« plaise, afin que votre silence vous mette en sû-
« reté, ou que vos discours vous rendent agré-
« able. » Callisthène, qui avait de la dureté et de
l'aigreur dans l'esprit, profita mal de ce conseil,
qui, dans le fond, se sent plus du courtisan que du
philosophe.

Aristote n'ayant donc pas jugé à propos de suivre
son élève à la guerre, pour laquelle son attachement à l'étude lui donnait beaucoup d'éloignement,
après le départ d'Alexandre, retourna à Athènes.
Il y fut reçu avec toutes les marques de distinction
dues à un philosophe célèbre par tant d'endroits.
Xénocrate tenait alors l'école de Platon dans l'Académie : Aristote ouvrit la sienne dans le Lycée. Le
concours des auditeurs y fut extraordinaire. Le
matin, ses leçons étaient sur la philosophie; l'après-
midi, sur la rhétorique; il les donnait ordinairement
en se promenant, ce qui fit appeler ses disciples
péripatéticiens.

Il n'enseignait d'abord que la philosophie* : mais
la grande réputation d'Isocrate, âgé pour lors de
quatre-vingt-dix ans, qui s'était donné tout entier
à la rhétorique, et qui y avait un succès incroyable, le piqua de jalousie, et le porta à en donner
aussi des leçons. C'est peut-être à cette noble émulation, permise entre savants quand elle se borne
à imiter, ou même à surpasser ce que les autres
font de bien, que nous devons la *Rhétorique* d'Aristote, ouvrage le plus complet et le plus estimé que
nous ait laissé l'antiquité sur cette matière : à moins

---
* Cic. De Orat. III, 141; Quintil. IX, 1.

qu'on n'aime mieux croire qu'il l'avait composé pour Alexandre.

Un mérite aussi éclatant que celui d'Aristote ne manqua pas d'exciter contre lui l'envie, qui rarement épargne les grands hommes. Tant que vécut Alexandre, le nom de ce conquérant en suspendit l'effet, et arrêta la mauvaise volonté de ses ennemis; mais à peine fut-il mort, qu'ils s'élevèrent contre lui de concert, et jurèrent sa perte. Eurymédon, prêtre de Cérès, leur prêta son ministère, et servit leur haine avec un zèle d'autant plus à craindre, qu'il était couvert du prétexte de la religion. Il cita Aristote devant les juges, et l'accusa d'impiété, prétendant qu'il enseignait des dogmes contraires au culte des dieux reçu à Athènes. Il apportait en preuve l'hymne composée en l'honneur d'Hermias, et l'inscription gravée sur la statue du même Hermias au temple de Delphes. On a encore cette inscription dans Athénée et dans Diogène Laërce. Elle consiste en quatre vers qui n'ont nul rapport aux choses sacrées, mais seulement à la perfidie du roi de Perse envers ce malheureux ami d'Aristote; et l'hymne n'est pas plus criminelle. Peut-être Aristote avait-il offensé personnellement par quelque trait de raillerie le prêtre de Cérès Eurymédon, crime plus impardonnable que s'il n'eût attaqué que les dieux. Quoi qu'il en soit, ne croyant pas qu'il fût sûr pour lui d'attendre le succès du jugement, il sortit d'Athènes, après y avoir enseigné pendant treize ans. Il se retira à Chalcis, dans l'île d'Eubée, et plaida sa cause de loin par écrit. Athénée rapporte quelques paroles de cette apologie; mais il ne garantit pas qu'elle soit effectivement d'Aristote. Quelqu'un lui demandant la cause de sa retraite, il répondit que « c'était pour empêcher les Athéniens « de commettre une seconde injustice contre la phi- « losophie : » il faisait allusion à la mort de Socrate.

On a prétendu qu'il était mort de chagrin pour n'avoir pu comprendre le flux et reflux de l'Euripe, et que même il s'était précipité dans cette mer, en disant : « Que l'Euripe m'engloutisse, puisque je ne « puis le comprendre. » Il y avait bien d'autres choses dans la nature qui passaient son intelligence, et il avait trop bon esprit pour s'en chagriner. D'autres assurent, avec plus de vraisemblance, qu'il mourut d'une colique, en la soixante-troisième année de son âge, l'an du monde 3683, deux ans après la mort d'Alexandre. Il fut extrêmement honoré dans Stagire, sa patrie. Elle avait été ruinée par Philippe, roi de Macédoine; mais Alexandre la fit rebâtir à la prière d'Aristote. Les habitants, pour reconnaître ce bienfait, consacrèrent un jour de fête à l'honneur de ce philosophe; et, lorsqu'il fut mort à Chalcis, dans l'île d'Eubée, ils transportèrent ses os chez eux, dressèrent un autel sur son monument, donnèrent à ce lieu le nom d'Aristote, et y tinrent dans la suite leurs assemblées. Il laissa un fils nommé Nicomaque, et une fille qui fut mariée à un petit-fils de Démarate, roi de Sparte.

Quintilien (X, 1) dit qu'il ne sait ce qu'on doit le plus admirer dans Aristote, ou de sa vaste et profonde érudition, ou de la prodigieuse multitude d'écrits qu'il a laissés, ou de l'agrément de son style, ou de la pénétration de son esprit, ou de la variété infinie de ses ouvrages. On croirait, dit-il (XII, cap. ultim.), qu'il a dû employer plusieurs siècles à l'étude pour comprendre dans l'étendue de son savoir tout ce qui regarde, non-seulement les philosophes et les orateurs, mais même les animaux et les plantes, dont il a recherché la nature et les propriétés avec un soin infini. Alexandre, pour seconder le zèle de son maître dans ce savant travail, et pour satisfaire sa propre curiosité, donna ordre que, dans toute l'étendue de la Grèce et de l'Asie, on fît d'exactes recherches sur tout ce qui regardait les oiseaux, les poissons et les animaux de toute espèce, dépense qui monta à plus de 800 talents (plus de 800,000 écus). Aristote composa sur cette matière cinquante volumes, dont il ne reste que dix.

On a pensé bien diversement, dans l'université de Paris, des écrits d'Aristote selon la différence des temps. Dans le concile de Sens, tenu à Paris en 1209, on ordonna de brûler tous ses livres, avec défense de les lire, de les écrire, ou de les garder. On apporta ensuite quelque modération et quelque tempérament à la rigueur de cette défense: enfin, par un décret de deux cardinaux que le pape Urbain V envoya à Paris, l'an 1366, pour réformer l'université, tous les livres d'Aristote y furent permis, décret qui fut renouvelé et confirmé, en 1452, par le cardinal d'Étouville. Depuis ce temps-là, la doctrine d'Aristote a toujours prévalu dans l'université de Paris; jusqu'à ce que les heureuses découvertes du dernier siècle aient ouvert les yeux aux savants et leur aient fait embrasser un système de philosophie bien différent des anciennes opinions de l'école; mais comme autrefois on a admiré Aristote au-delà des justes bornes, aussi peut-être le méprise-t-on aujourd'hui plus qu'il ne le mérite.

Rollin, *Histoire ancienne*.

JUGEMENTS.

I.

Sa *Rhétorique*, quoique très belle, a beaucoup de préceptes secs, et plus curieux qu'utiles dans la pratique; ainsi elle sert bien plus à faire remarquer les règles de l'art à ceux qui sont déjà éloquents, qu'à inspirer l'éloquence et à former de vrais orateurs.

Fénelon, *Dialogue Ier sur l'Éloquence*.

II.

Comme Aristote s'est trompé avec son sec, son humide, son chaud, son froid, Platon et Socrate se sont trompés avec leur beau, leur bon, leur sage: grande découverte qu'il n'y avait pas de qualité positive.

Il faut réfléchir sur la *Politique* d'Aristote et sur les *Deux Républiques* de Platon, si l'on veut avoir une juste idée des lois et des mœurs des anciens Grecs.

Montesquieu, *Pensées diverses*.

III.

Il ne fallait rien moins que tout le pédantisme et tout le fanatisme des siècles qui ont précédé la renaissance des lettres, pour exposer à une sorte de ridicule un nom tel que celui d'Aristote. On l'a presque rendu responsable de l'extravagance de ses enthousiastes. Mais celui qui disait, en parlant de son maître, « Je suis ami de Platon, mais encore plus « de la vérité, » n'avait pas enseigné aux hommes à préférer l'autorité à l'évidence ; et celui qui leur avait appris le premier à soumettre toutes leurs idées aux formes du raisonnement n'aurait pas avoué pour disciples des hommes qui croyaient répondre à tout par ce seul mot : *Le maître l'a dit.* Sa dialectique étant devenue le fondement de la théologie, rendit sa doctrine pour ainsi dire sacrée, en la liant à celle de l'Église : de là ces arrêts des tribunaux, qui, jusque dans le siècle dernier, défendaient d'enseigner dans les écoles une autre philosophie que la sienne. Le sage paisible qui conversait dans le Lycée d'Athènes, sur les éléments de la logique, ne pouvait pas prévoir qu'un jour la rage de l'argumentation, se joignant à la frénésie de l'esprit de secte, produirait des meurtres et des crimes, et qu'on s'égorgerait au nom d'Aristote. Mais ce nom, quoiqu'on en ait fait un si funeste abus, n'en est pas moins respectable. Aujourd'hui même que les progrès de la raison ont comme anéanti une partie de ses ouvrages, ce qui lui reste suffit encore pour en faire un homme prodigieux. Ce fut certainement une des têtes les plus fortes et les plus pensantes que la nature ait organisées. Il embrassa tout ce qui est du ressort de l'esprit humain, si l'on excepte les talents de l'imagination ; encore, s'il ne fut ni orateur ni poète*, il dicta du moins d'excellents préceptes à l'éloquence et à la poésie. Son ouvrage le plus éton-

* Aristote fut poète, peut-être même fut-il orateur, dit M. Boissonade, (*Voyez* plus loin le jugement de ce savant sur Aristote)

nant est, sans contredit, sa *Logique*. Il fut le créateur de cette science, qui est le fondement de toutes les autres; et, pour peu qu'on y réfléchisse, on ne peut voir qu'avec admiration ce qu'il a fallu de sagacité et de travail pour réduire tous les raisonnements possibles à un petit nombre de formes précises, à l'aide desquelles ils sont nécessairement conséquents, et hors desquelles ils ne peuvent jamais l'être. Il paraît avoir senti quel honneur cet ouvrage pouvait lui faire; car, à la fin de ses *Analytiques*, où ce chef-d'œuvre de méthode est contenu, il a soin d'avertir que les autres sujets qu'il a traités lui sont communs avec beaucoup d'auteurs, mais que cette matière est toute neuve, et que tout ce qu'il en a dit n'avait jamais été dit avant lui. « Il m'en a coûté, ajoute-t-il, « bien du temps et bien de la peine. On me doit donc « de l'indulgence pour ce que j'ai pu omettre, et de « la reconnaissance pour ce que j'ai su découvrir. »

Un de ses plus grands monuments est son *Histoire des Animaux*, et c'est aussi un des plus beaux de l'antiquité. Pour composer cet ouvrage, son disciple Alexandre lui fournit 800 talents, environ 5 millions d'aujourd'hui, et donna des ordres pour faire chercher les animaux les plus rares dans toutes les parties de la terre. Un pareil présent et de pareils ordres ne pouvaient être donnés que par Alexandre. C'étaient de grands secours, il est vrai; mais ce qu'Aristote tira de son génie est encore au-dessus, si l'on s'en rapporte à un juge dont personne ne niera la compétence en ces matières, à **Buffon**. Voici comme il en parle dans le premier des dis-

cours qui précèdent son *Histoire naturelle;* et j'ai cru qu'on entendrait avec quelque plaisir Buffon parlant d'Aristote. « Son *Histoire des Animaux*, dit-il,
« est peut-être encore aujourd'hui ce que nous
« avons de mieux fait en ce genre.... Il les connut
« peut-être mieux, et sous des vues plus générales
« qu'on ne les connaît aujourd'hui.... Il accumule
« les faits, et n'écrit pas un mot qui soit inutile. Aussi
« a-t-il compris dans un petit volume un nombre
« infini de différents faits; et je ne crois pas qu'il
« soit possible de réduire à de moindres termes
« tout ce qu'il avait à dire sur cette matière, qui
« paraît si peu susceptible de précision, qu'il fallait
« un génie comme le sien pour y conserver en même
« temps de l'ordre et de la netteté. Cet ouvrage
« d'Aristote s'est présenté à mes yeux comme une
« table des matières qu'on aurait extraite, avec le
« plus grand soin, de plusieurs milliers de volumes
« remplis de descriptions et d'observations de toute
« espèce; c'est l'abrégé le plus savant qui ait jamais
« été fait, si la science est en effet l'histoire des
« faits; et quand même on supposerait qu'Aristote
« aurait tiré de tous les livres de son temps ce qu'il
« a mis dans le sien, le plan de l'ouvrage, sa dis-
« tribution, le choix des exemples, la justesse des
« comparaisons, une certaine tournure dans les idées,
« que j'appellerais volontiers le caractère philoso-
« phique, ne laisse pas douter qu'il ne fût lui-même
« beaucoup plus riche que ceux dont il aurait
« emprunté. »

Voilà quel a été cet Aristote que l'on a presque

voulu envelopper dans le mépris que, depuis Descartes, on a conçu pour la scolastique. Cette prétendue science n'est en effet qu'un tissu d'abstractions chimériques et de généralités illusoires, sur lesquelles on peut disputer à l'infini sans rien apprendre et sans rien comprendre; et il faut convenir qu'elle est fondée tout entière sur la métaphysique d'Aristote, qui ne vaut pas mieux. C'est pourtant à lui qu'on est redevable de cet axiome célèbre dans l'ancienne philosophie, et adopté dans la nôtre, que les idées, qui sont les représentations des objets, arrivent à notre esprit par l'organe des sens. C'est le principe fondamental de la métaphysique de Locke et de Condillac; c'était peut-être la seule vérité essentielle qu'il y eût dans celle d'Aristote, et c'est la seule qu'on ait rejetée dans les écoles, parce qu'elle était contraire aux idées innées, regardées long-temps comme une croyance religieuse, et abandonnées généralement depuis les grandes découvertes des modernes, qui sont les vrais fondateurs de la saine métaphysique. Au reste, s'il s'est égaré dans cette carrière, à l'époque où la philosophie venait de l'ouvrir, il semble que ses erreurs excusables tiennent à la nature même de l'esprit humain. En effet il doit arriver, dans les sciences naturelles et spéculatives, le contraire de ce qu'on a toujours observé dans les arts et dans les lettres : ici le progrès est toujours rapide, la perfection prompte; on vole au but dès qu'il est indiqué, parce que ce but est certain, et que la route est bientôt connue. Aussi la belle poésie et la vraie éloquence remontent aux époques les plus reculées; mais les deux choses qui contribuent le plus à avancer le succès en ce genre, c'est-à-dire la promptitude à saisir les objets et la disposition à imiter, sont précisément ce qui retarde la marche de l'homme dans la recherche de la vérité. Celle-ci ne se laisse pas approcher aisément : on n'arrive jusqu'à elle que par le chemin de l'expérience, qui est long et pénible. L'esprit humain est impatient, et l'expérience est tardive : de là vient qu'il s'attache à ces fantômes séduisants qu'on appelle systèmes, qui le flattent d'ailleurs par ce qu'il y a chez lui de plus aisé à séduire, l'imagination et l'amour-propre. Il y a plus : c'est que les plus grands esprits sont les plus susceptibles de l'illusion des systèmes. Leur vaste intelligence ne peut souffrir ce qui l'arrête; le doute est pour eux un état violent, et c'est ainsi qu'un Descartes, un Leibnitz, en cherchant les premiers principes des choses, rencontrent, l'un des tourbillons, l'autre des monades. Quand de pareils guides ont marché en avant, le reste des hommes, naturellement imitateur, suit comme un troupeau, et l'on emploie à étudier les erreurs, le temps qu'on aurait pu mettre à chercher la vérité. Les bornes de l'esprit d'Aristote ont été, en philosophie, pendant vingt siècles, les bornes de l'esprit humain. Ce n'est qu'au temps des Galilée, des Copernic, des Bacon, qu'enfin l'on a compris qu'il valait mieux observer notre monde que d'en faire un, et qu'une bonne expérience qui apprenait un fait, valait mieux que le plus ingénieux système qui ne prouve rien. Alors est tombée la philosophie d'Aristote, mais non pas sa gloire avec elle, puisque cette gloire est fondée, comme nous l'avons vu, sur des titres que le temps a consacrés.

Ce n'est pas que, dans ses meilleurs ouvrages, sa manière d'écrire n'ait des défauts très marqués. Il pousse jusqu'à l'excès l'austérité du style philosophique, et l'affectation de la méthode: de là naissent la sécheresse et la diffusion*. Il semble qu'il ait voulu être en tout l'opposé de son maître Platon; et que, non content d'enseigner une autre doctrine, il ait voulu aussi se faire un autre style. On reprochait à Platon trop d'ornements : Aristote n'en a point du tout. Pour se résoudre à le lire, il faut être déterminé à s'instruire. Il tombe aussi de temps en temps dans l'obscurité**; de sorte qu'après avoir paru, dans ses longueurs et ses répétitions, se défier trop de l'intelligence de ses lecteurs, il semble ensuite y compter beaucoup trop. On a su, de nos jours, réduire à un petit espace toute la substance de sa *Logique*, qui

---

* Ce dernier mot semble en contradiction avec celui qui le précède. Peut-être n'est-il pas très bien choisi pour exprimer ces répétitions didactiques que La Harpe veut reprocher à Aristote, comme la suite le fait comprendre.

H. Patin.

**Il faut avouer que les ouvrages d'Aristote paraissent justifier le reproche que La Harpe leur fait. Ils sont écrits avec une grande sécheresse, et une précision dure et souvent ténébreuse. Mais ne peut-on pas attribuer aux copistes une partie de ces défauts? On sait que les manuscrits autographes des œuvres d'Aristote restèrent pendant cent trente ans enfouis dans un caveau souterrain, d'où on les tira tout rongés de vers et gâtés par l'humidité. Apellicon de Téos les fit copier, et n'eût pas scrupule d'en remplir, par conjecture, les nombreuses lacunes. Après Apellicon, sont venus les critiques, les interprètes grecs qui, à son exemple, ont interpolé, altéré de toutes les manières le texte du philosophe.

Boissonade.

est très étendue. Sa *Poétique*, dont nous n'avons qu'une partie, qui fait beaucoup regretter le reste, a embarrassé en plus d'un endroit et divisé les plus habiles interprètes. Sa *Rhétorique*, dont Quintilien a emprunté toutes ses idées principales, ses divisions, ses définitions, est abstraite et prolixe dans les premières parties; mais, pour le fond des choses, c'est un modèle d'analyse. Ces deux écrits sont, avec ses *Traités de Politique*, ce qu'il a produit de plus parfait. On se souvient avec plaisir qu'Aristote les a composés pour Alexandre, et ces deux noms forment, après tant de siècles, une belle association de gloire. C'est une exception de plus (car il y en a encore quelques autres) à ce principe si énergiquement établi par Thomas, sur le peu d'accord qui se trouve ordinairement entre les rois et les philosophes. Leur grandeur, dit-il, se choque et se repousse. Ce n'était pas là ce que pensait Philippe, roi de Macédoine, lorsqu'il écrivit à Aristote cette lettre fameuse si souvent citée, et qui ne saurait trop l'être : « Je vous apprends qu'il m'est né un fils. Je « remercie les dieux, non pas tant de me l'avoir « donné, que de l'avoir fait naître du temps d'Aris- « tote. » Le précepteur d'Alexandre ne se sépara de lui qu'au moment où ce prince partit pour la conquête de la Perse. Il obtint du père de son élève les plus grands privilèges pour la ville de Stagire, sa patrie, et pour Athènes, qui était déjà celle des arts. C'est aussi à Athènes qu'il se retira pour philosopher dans une république, après avoir élevé un roi. Les Athéniens lui donnèrent le Lycée pour y ouvrir son école, et ce nom seul vous avertit que ce peu de mots que je viens de dire à sa louange n'était pas déplacé dans cette assemblée. Ce sera peut-être un fait assez remarquable dans l'histoire de l'esprit humain, que, plus de deux mille ans après qu'Aristote eut ouvert le Lycée d'Athènes, son éloge et ses ouvrages aient été lus à l'ouverture du Lycée français.

Passons à l'analyse de sa *Poétique*.

Quand nous lisons un poème, ou que nous assistons à la représentation d'un drame, nous sommes tous portés à nous rendre compte de ce qui nous a plus ou moins affectés, soit dans l'ensemble, soit dans les détails de l'ouvrage. C'est là l'espèce de critique qui semble appartenir à tout le monde, et qui est aussi la plus amusante. Mais quand il s'agit de remonter aux premiers principes des arts, et de suivre dans cette recherche un philosophe législateur, il faut une attention plus particulière et plus soutenue. C'est pour cela qu'on ne fait lire à la première jeunesse aucun ouvrage de ce genre : on croit cette étude trop forte pour cet âge ; mais elle est attachante pour un âge plus mûr, et l'on voit alors avec plaisir toute la justesse et toute l'étendue de ces vues générales et de ces idées primitives, dont l'application se trouve la même dans tous les temps. Ainsi donc, ayant à parler de la poésie, le plus ancien de tous les arts de l'esprit chez tous les peuples connus, et qui paraît le plus naturel à l'homme, cherchons d'abord, avec le guide que nous avons choisi, pourquoi cet art a été cultivé le premier, et sur quoi est fondé le plaisir qu'il nous procure. Aristote en donne deux raisons. « La poésie semble devoir sa naissance à deux choses que la nature a mises en nous. Nous avons tous pour l'imitation un penchant qui se manifeste dès notre enfance. L'homme est le plus imitatif des animaux : c'est même une des propriétés qui nous distinguent d'eux. C'est par l'imitation que nous prenons nos premières leçons; enfin tout ce qui est imité nous plaît. Des objets que nous ne verrions qu'avec peine s'ils étaient réels, des bêtes hideuses, des cadavres, nous les voyons avec plaisir dans un tableau (IV). »

Toutes ces idées vous paraissent sans doute justes et incontestables; et vous avez dû reconnaître dans la dernière phrase la source où Despréaux a puisé ce morceau de son *Art poétique:*

Il n'est point de serpent ni de monstre odieux
Qui, par l'art imité, ne puisse plaire aux yeux, etc.
(*Ch. III.*)

Mais, en reconnaissant la vérité du principe, remarquons qu'il est susceptible de quelques restrictions, et qu'il en est de même de presque tous ceux que nous avons à établir. Le même bon sens qui les a dictés enseigne à ne pas les prendre dans une généralité rigoureuse, qui n'est faite que pour les axiomes mathématiques. Ainsi, quoique l'imitation soit une source de plaisir, il ne faut pas croire que tout soit également imitable. Dans la peinture même, dont le principal objet est l'imitation matérielle, il y a un choix à faire, et bien des choses ne seraient pas bonnes à peindre; à plus forte raison dans la poésie, qui doit sur-tout imiter avec choix, et em bellir en imitant. Ce précepte paraît bien simple. Horace et Despréaux ont tous deux fait une loi de cette restriction judicieuse qu'Aristote lui-même a mise en principe général, comme nous le verrons tout à l'heure en suivant la marche qu'il a tenue. Cependant rien n'est si commun que de l'oublier, même depuis que l'art est perfectionné; et si quelque chose peut faire voir combien l'esprit humain est sujet à s'égarer, c'est que, dès le premier pas que nous faisons, venant à peine de poser une vérité fondamentale, nous rencontrons aussitôt l'abus qu'on en a fait. Je ne parle pas seulement des Anglais, à qui l'auteur du *Temple du Goût* a dit avec tant de raison :

> Sur votre théâtre infecté
> D'horreurs, de gibets, de carnages,
> Mettez donc plus de vérité,
> Avec de plus nobles images.

Mais nous-mêmes, à qui l'exemple de Corneille et de Racine apprit dans le siècle dernier à être plus délicats, nous commençons à revenir, depuis quelques années, aux horreurs révoltantes ou dégoûtantes qui appartiennent à l'enfance de l'art. Les exemples en sont si nombreux et si connus, qu'il serait inutile de les citer ici ; nous aurons assez souvent l'occasion d'en parler ailleurs.

Quand Voltaire donna Tancrède, le bruit se répandit que l'on verrait sur la scène l'échafaud où devait périr Aménaïde. Rien n'était plus faux, et jamais l'auteur n'y avait pensé. Quelqu'un lui écrivit à ce sujet : « Gardez-vous bien de donner cet « exemple ; car si le génie élève un échafaud sur la « scène, les imitateurs y attacheront le roué. »

Les réflexions sur la première proposition d'Aristote nous ont menés un peu loin. Revenons à cette espèce de charme que l'imitation a pour tous les hommes, et dont ensuite Aristote veut assigner la cause. « C'est, dit-il, que non-seulement les sages, « mais tous les hommes en général, ont du plaisir à « apprendre, et que pour apprendre il n'est point « de voie plus courte que l'image (IV.) » Cette idée est aussi juste que profonde; mais il me semble qu'on pourrait lui donner plus d'étendue, en faisant entrer notre imagination pour beaucoup dans ce que l'auteur attribue ici à la seule raison. Toute imitation, en effet, exerce agréablement notre imagination, qui n'est que la faculté de nous représenter les objets comme s'ils étaient présents; et c'est toujours un plaisir pour nous de comparer les images que l'art nous présente avec celles que nous avons déjà dans l'esprit.

La seconde cause originelle de la poésie est, suivant Aristote, le goût que nous avons pour le rhythme et le chant, goût qui ne nous est pas moins naturel que celui de l'imitation. Pour sentir combien cette observation est juste, il faut se souvenir que les premiers vers ont été chantés, et de plus, que, dans toutes les langues connues, on ne chante guère que des paroles mesurées, ce qui prouve l'affinité du chant et du rhythme. Comme ce dernier mot, tiré du grec, est devenu en français d'un usage très commun, il est a propos d'en donner une explication précise; car lorsque les mots techniques deviennent usuels, il arrive souvent aux gens peu instruits de les appliquer mal à propos quand ils s'en servent, ou de les entendre mal quand ils les lisent. On définit le rhythme, un espace déterminé, fait pour symétriser avec un autre du même genre*. Cette définition générale est nécessairement un peu abstraite : elle va devenir beaucoup plus claire, en l'appliquant aux trois choses qui sont principalement susceptibles du rhythme, au discours, au chant et à la danse. Dans le discours, le rhythme est une suite déterminée de syllabes ou de mots qui symétrise avec un autre suite pareille ; comme, par exemple, le rhythme de notre vers alexandrin est composé de douze syllabes, qui donnent à tous les vers du même genre une égale durée, par leurs intervalles et par leurs combinaisons. Dans la danse, le rhythme est une suite de mouvements qui symétrisent entre eux par leur forme, par leur nombre, par leur durée. Il est reconnu que rien n'est si naturel à l'homme que le rhythme. Les forgerons frappent le fer en cadence, comme Virgile l'a remarqué des Cyclopes; et même la plupart de nos mouvements sont à peu près rhythmiques, c'est-à-dire ont une sorte de régularité. Cette disposition au rhythme a conduit à mesurer les paroles, ce qui a donné le vers ; et à mesurer les sons, ce qui a produit la musique. On fit d'abord, dit Aristote, des

* Batteux, *Les Quatre Poétiques*

essais spontanés, des impromptus; car le mot dont il se sert emporte cette idée. Ces essais, en se développant peu à peu, donnèrent naissance à la poésie, qui se partagea d'abord en deux genres, suivant le caractère des auteurs : l'héroïque, qui était consacré à la louange des dieux et des héros; le satirique, qui peignait les hommes méchants et vicieux. Dans la suite, l'épopée, menant du récit à l'action, produisit la tragédie; et la satire, par le même moyen, fit naître la comédie. Aristote ajoute :« La tragédie
« et la comédie s'étant une fois montrées, tous ceux
« que leur génie portait à l'un ou à l'autre de ces
« deux genres, préférèrent, les uns, de faire des
« comédies au lieu de satires; les autres, des tragé-
« dies au lieu de poèmes héroïques, parce que ces
« nouvelles compositions avaient plus d'éclat, et
« donnaient au poète plus de célébrité (IV). »
Cette remarque prouve que, chez les Grecs comme parmi nous, la poésie dramatique fut toujours mise au premier rang. L'on peut observer aussi que, parmi les différents genres de poésie grecque, dont Aristote promet de parler dans cette partie de son *Traité* qui a été perdue, il y en a dont il ne nous reste aucun monument, le dithyrambe, le nome, la satire et les mimes. Les mimes étaient, à ce qu'on croit, d'après quelques passages des anciens, une sorte de poésie très licencieuse. Le nome était un poème religieux, fait pour les solennités. Le dithyrambe était destiné originairement à célébrer les exploits de Bacchus, et, par la suite, s'étendit à des sujets analogues, c'est-à-dire à l'éloge des hommes

fameux. Il ne reste rien de tout cela que le nom. On sait qu'Archiloque, Hipponax et beaucoup d'autres ont fait des satires personnelles; mais les Grecs appelaient aussi du nom de *satyre* *des drames d'une licence et d'une gaieté burlesque. Le *Cyclope* d'Euripide est le seul drame de cette espèce qui soit parvenu jusqu'à nous : il ne fait pas regretter beaucoup les autres.

Aristote dit peu de choses de la comédie et de l'épopée, parce qu'il se réservait d'en parler dans la suite de son *Traité*. Selon lui, l'épopée est, comme la tragédie, une imitation du beau par le discours : elle en diffère en ce qu'elle imite par le récit, au lieu que l'autre imite par l'action. A cette différence de forme, il joint celle de l'étendue, qui est indéterminée dans l'épopée, au lieu que la tragédie tâche de se renfermer (ce sont les termes de l'auteur) dans un tour de soleil, ou s'étend peu au-delà. On voit qu'Aristote est ici fort éloigné de ce rigorisme pédantesque que l'on a voulu reprocher à ses principes. Il laisse à ce que nous appelons la règle des vingt-quatre heures cette latitude raisonnable, sans laquelle il faudrait se priver de plusieurs sujets intéressants, et il ne donne pas au calcul de quelques heures de plus ou de moins, plus d'importance qu'il n'en faut. Quant à l'épopée comparée à la tragédie, il dit très judicieusement : « Tout ce

---

* On doit écrire *satyre*, du mot grec Σάτυρος. Les principaux personnages de cette espèce de poème étaient des Satyres. La satire, proprement dite, est d'origine latine, et son nom vient du mot *satura*, mélange.

H. P.

« qui est dans l'épopée est aussi dans la tragédie,
« mais tout ce qui est dans la tragédie n'est pas dans
« l'épopée. » Il regarde celle-ci comme susceptible
indifféremment de recevoir la prose ou les vers, opinion qui n'est pas celle des modernes : quelques-uns se sont efforcés de la soutenir; mais elle est, en général, regardée comme un paradoxe; et le *Télémaque*, tout admirable qu'il est, n'a pas pu obtenir parmi nous le titre de poème, que l'auteur lui-même n'avait jamais songé à lui donner. Si l'on cherche la raison de cette différence d'avis entre les anciens et nous, je crois qu'elle peut tenir à la haute idée que nous attachons avec justice au mérite si rare d'écrire bien en vers, dans une langue où la versification est si prodigieusement difficile. Nous n'avons pas voulu séparer ce mérite d'un aussi grand ouvrage que le poème épique; et, en tout, il n'entre guère dans nos idées de séparer la poésie de la versification. Je crois qu'en cela nous avons très grande raison. La difficulté à vaincre, non-seulement ajoute aux beaux arts un charme de plus quand elle est vaincue, mais elle ouvre une source abondante de nouvelles beautés. Il ne faut pas prostituer les honneurs d'un aussi bel art que la poésie. Si l'on pouvait être poète en prose, trop de gens voudraient l'être, et l'on conviendra qu'il y en a déjà bien assez. Au reste, il ne paraît pas que les Latins aient pensé là-dessus autrement que nous, ni qu'ils aient eu l'idée d'un poème qui ne fût pas en vers. On peut croire que chez les Grecs mêmes l'opinion générale avait prévalu sur celle d'Aristote, puisqu'on ne connaît

aucun passage des anciens, d'où l'on puisse inférer qu'un prosateur ait été regardé comme un poète. Je crois pouvoir rappeler à cette occasion une expression plaisante de Voltaire, que sans doute il ne faut pas prendre plus sérieusement qu'il ne l'entendait lui-même, mais qui peint assez bien l'enthousiasme qu'il voulait qu'un poète eût pour son art. Un de ses amis, entrant chez lui comme il travaillait, voulut se retirer de peur de le déranger. « Entrez, entrez, « lui dit gaiement Voltaire, je ne fais que de la vile « prose. » Quand on songe au mérite de la sienne, on conçoit aisément quelle valeur il faut donner à cette plaisanterie.

A l'égard de la comédie, voici le peu qu'en dit Aristote: « On sait par quels degrés et par quels au-
« teurs la tragédie s'est perfectionnée. Il n'en est pas
« de même de la comédie, parce que celle-ci n'attira
« pas dans ses commencements la même attention.
« Ce fut même assez tard que les archontes en don-
« nèrent le divertissement au peuple. On y voyait
« figurer des acteurs volontaires qui n'étaient ni aux
« gages ni aux ordres du gouvernement. Mais quand
« une fois elle eut pris une certaine forme, elle eut
« aussi ses auteurs, qui sont renommés. On sait que
« ce fut Épicharme et Phormis qui commencèrent
« à y mettre une action. Tous deux étaient Siciliens:
« ainsi la comédie est originaire de Sicile. Chez les
« Athéniens, Cratès fut le premier qui abandonna
« l'espèce de comédie nommée personnelle, parce
« qu'elle nommait les personnes et représentait des
« actions réelles. Ce genre d'ouvrage ayant été dé-

« fendu par les magistrats, Cratès fut le premier qui
« prit pour sujets de ses pièces des noms inventés
« et des actions imaginaires (V). »

Tout ce que l'on peut observer ici, c'est l'usage des anciens, de faire des représentations théâtrales une solennité publique. Parmi les archontes, premiers magistrats d'Athènes, il y en avait un chargé spécialement de la direction des spectacles. Il achetait les pièces des auteurs, et les faisait jouer aux dépens de l'état. Cet établissement dut produire deux effets: il empêcha que l'art ne fût perfectionné dans toutes ses parties comme il l'a été parmi nous, où l'habitude d'un spectacle journalier a exercé davantage l'esprit des juges, et les a rendus plus difficiles; mais, d'un autre côté, cet établissement prévint la satiété, et s'opposa plus long-temps à la corruption de l'art; du moins ne voyons-nous pas que les Grecs, après Euripide et Sophocle, soient tombés, comme nous, dans l'oubli total de toutes les règles du bon sens. C'est au temps de ces deux grands hommes, et sur-tout par leurs ouvrages, que la tragédie fut portée à son plus haut point de splendeur. « Après divers changements, dit Aristote, elle
« s'est fixée à la forme qu'elle a maintenant, et qui
« est sa véritable forme; mais d'examiner si elle a
« atteint ou non toute sa perfection, soit rela-
« tivement au théâtre, soit considérée en elle-
« même, c'est une autre question (IV). » Il ne juge point à propos d'entrer dans cette question, que peut-être il traitait dans ce que nous avons perdu. Au reste, cette réserve à prononcer marque un es-

prit très sage, qui ne veut poser ni les bornes de l'art, ni celles du génie.

Il définit la comédie, « une imitation du mauvais, « non du mauvais pris dans toute son étendue, mais « de celui qui cause la honte et produit le ridicule « (V). » C'est avoir, ce me semble, très bien saisi l'objet principal et le caractère distinctif de la comédie. L'expérience a justifié le législateur toutes les fois qu'on a voulu attaquer dans la comédie, des vices odieux, plutôt que des travers et des ridicules. L'auteur du *Glorieux* a échoué dans l'*Ingrat*. Ce n'est pas que *Tartufe* ne le soit, et d'une manière horrible; mais les grimaces de son hypocrisie et ses expressions dévotes, mêlées à ses entreprises amoureuses, donnent à son rôle une tournure comique, qui en tempère l'atrocité et la bassesse, et c'est le chef-d'œuvre de l'art de l'avoir rendu théâtral.

Après ces vues générales, Aristote commence à considérer la tragédie, qu'il paraît avoir regardée comme l'effort le plus grand et le plus difficile de tous les arts de l'imagination. Il la définit « l'imi- « tation d'une action grave, entière, d'une certaine « étendue; imitation qui se fait par le discours, dont « les ornements concourent à l'objet du poème, qui « doit, par la terreur et la pitié, corriger en nous « les mêmes passions (VI). »

Je m'arrêterai d'abord sur le dernier article de cette définition, parce qu'il a été mal interprété, et qu'en effet il était susceptible de l'être. Il n'y a personne qui ne demande d'abord ce que veut dire corriger, purger (car c'est le mot du texte grec) la terreur et la pitié en les inspirant. Dans le siècle dernier, où tous les critiques s'étaient accordés à vouloir qu'il fût de l'essence de tous les ouvrages d'imagination d'avoir avant tout un but moral, on crut retrouver cette prétendue règle dans le passage dont il s'agit. Toutes les explications se firent en conséquence. Voici celle de Corneille, qui est la plus plausible dans ce sens, et la mieux énoncée : « La pitié d'un malheur où nous voyons tomber nos « semblables nous porte à la crainte d'un pareil pour « nous, cette crainte au désir de l'éviter, et ce désir « à purger, modérer, rectifier, et même déraciner « en nous la passion qui plonge, à nos yeux, dans ce « malheur les personnes que nous plaignons, par « cette raison commune, mais naturelle et indubi- « table, que, pour ôter l'effet, il faut retrancher la « cause (*Ier Discours sur le Poème dramatique*). » Cette logique est fort bonne; mais si c'était là ce qu'Aristote voulait dire, il se serait fort mal expliqué dans la chose du monde la plus simple; car alors il n'y avait qu'à dire que la tragédie corrige en nous, par la terreur et la pitié, les passions qui causent les malheurs dont la représentation produit cette terreur et cette pitié; mais ce n'est point du tout ce qu'il dit : il dit en propres termes, purger, tempérer, modifier (car le mot grec présente ces idées analogues) la terreur et la pitié; et c'est précisément pour n'avoir pas voulu le suivre mot à mot qu'on s'est écarté de son idée. Il veut dire, comme on l'a très bien démontré de nos jours, que l'objet de toute imitation théâtrale, au moment même où elle excite la pitié et la terreur en nous montrant des actions feintes, est d'adoucir, de modérer en nous ce que cette pitié et cette terreur auraient de trop pénible, si les actions que l'on nous représente étaient réelles. L'idée d'Aristote ainsi entendue est aussi juste qu'elle est claire; car qui pourrait supporter, par exemple, la vue des malheurs d'OEdipe, ou d'Andromaque, ou d'Hécube, si ces malheurs existaient sous nos yeux en réalité? Ce spectacle, loin de nous être agréable, nous ferait mal; et voilà le charme, le prodige de l'imitation, qui sait vous faire un plaisir de ce qui partout ailleurs vous ferait une peine véritable. Voilà le secret de la nature et de l'art combinés ensemble, et qu'un philosophe tel qu'Aristote était digne de deviner.

Je me crois obligé de déclarer ici, qu'entraîné par l'autorité de tous les interprètes les plus habiles, j'ai moi-même, dans un *Essai sur les Tragiques grecs*, adopté l'ancienne explication que je viens de combattre, quoiqu'en la restreignant beaucoup, et rejetant toute les conséquences qu'on en voulait tirer, et qui m'ont paru très fausses. C'est dans la traduction de la *Poétique d'Aristote*, par l'abbé Le Batteux, que j'ai trouvé l'explication nouvelle que je crois devoir préférer. Il s'étend fort au long sur les raisons qui l'ont déterminé: il serait hors de propos de les rappeler ici; mais elles m'ont paru décisives, et je me suis rendu à l'évidence*.

* Cette explication de Batteux et de La Harpe a été adoptée par M. Lemercier, dans son *Cours analytique de Littérature*, séance II

Les commentateurs allemands du *Traité d'Aristote*, MM. Bulhr,

Reprenons les autres parties de la définition. La tragédie est l'imitation d'une action grave. Oui, sans doute. Il n'y a que les modernes qui se soient écartés de ce principe. C'est ce mélange du sérieux et du bouffon, du grave et du burlesque, qui défigure si grossièrement les pièces anglaises et espagnoles, et c'est un reste de barbarie. Aristote ajoute que cette action doit être entière et d'une certaine étendue (VII). Il s'explique : « J'appelle entier, dit-il, « ce qui a un commencement, un milieu et une « fin. » Quant à l'étendue, voici ses idées, qui sont d'un grand sens : « Tout composé, pour mériter le « nom de beau, soit animal, soit artificiel, doit être « ordonné dans ses parties, et avoir une étendue

(*Op. Arist.*), et G. Hermann (*Arist. Poet*), sont d'un autre avis. Aristote a voulu dire, selon eux, que l'émotion mêlée de terreur et de pitié que nous rapportons du spectacle tragique, a pour effet de nous élever au-dessus des faiblesses de l'âme, par la peinture ennoblie de ces mêmes faiblesses. Ils appliquent, comme l'on voit, à la tragédie, ce que l'on attribue en général au sentiment du beau, la merveilleuse propriété de purifier notre âme, en l'arrachant à tous les penchants vulgaires par la contemplation de la beauté. Ce passage d'Aristote, ainsi expliqué, paraît à Bulhe une réponse au reproche que Platon faisait à la tragédie (*Rép. III*) d'efféminer les courages, en produisant sur la scène des héros qui tremblent et se lamentent.

Lessing avait, avant les deux critiques dont nous venons de parler, donné du passage d'Aristote une interprétation qu'Hermann trouve simplement ingénieuse, et qu'on peut lire dans sa *Dramaturgie*. Schlegel, qui le critique également, (*Cours de Littérature dramatique*, leçon III,) semble se rapprocher du sentiment de Bulhe et d'Hermann, lorsqu'il dit :
« Je me plais à faire dériver de deux sources également pures cette satis-
« faction cachée qui se mêle à notre pitié pour les douleurs déchirantes que
« dépeint une belle tragédie. C'est le sentiment de la dignité de la nature
« humaine qui se réveille à la vue de ces modèles héroïques, ou c'est l'espoir
« de saisir, au travers de l'apparente irrégularité de la marche des évène-
« ments, la trace mystérieuse d'un ordre de choses plus élevé, qui peut-être
« s'y dévoile … »
H. PATIN.

« convenable à leur proportion : car la beauté réunit
« les idées de grandeur et d'ordre. Un animal très
« petit ne peut être beau, parce qu'il faut le voir de
« près, et que les parties trop réunies se confondent.
« D'un autre côté, un objet trop vaste, un animal
« qui serait, je suppose, de mille stades de longueur,
« ne pourrait être vu que par parties; on ne pour-
« rait en saisir la proportion ni l'ensemble; il ne
« serait donc pas beau. Ainsi, de même que, dans
« les animaux et dans les autres corps naturels, on
« veut une certaine grandeur qui puisse être saisie
« d'un coup d'œil, de même, dans l'action d'un
« poème, on veut une certaine étendue qui puisse
« être embrassée tout à la fois, et faire un tableau
« dans l'esprit. Mais quelle sera la mesure de cette
« étendue? C'est ce que l'art ne saurait déterminer
« rigoureusement. Il suffit qu'il y ait l'étendue né-
« cessaire pour que les incidents naissent les uns
« des autres vraisemblablement, amènent la révolu-
« tion du bonheur au malheur, ou du malheur au
« bonheur (VII). »

Plus on réfléchira sur ces principes, plus on sentira combien ils sont fondés sur la connaissance de la nature. Qui peut douter, par exemple, que les pièces de Lopez de Véga et de Shakspeare, qui contiennent tant d'évènements, que la meilleure mémoire pourrait à peine s'en rendre compte après la représentation; qui peut douter que de pareilles pièces ne soient hors de la mesure convenable, et qu'en violant le précepte d'Aristote, on n'ait blessé le bon sens? Car enfin nous ne sommes susceptibles que d'un certain degré d'attention, d'une certaine durée d'amusement, d'instruction, de plaisir. Le goût consiste donc à saisir cette mesure juste et nécessaire, et là-dessus le législateur s'en rapporte aux poètes. Combien, d'ailleurs, ce qu'il dit sur l'essence du beau, sur la nécessité de n'offrir à l'esprit que ce qu'il peut embrasser, quand on veut inspirer l'intérêt et l'admiration, est profond et lumineux! Avouons-le : éblouir un moment la multitude par des pensées hardies, qui ne paraissent nouvelles que parce qu'elles sont hasardées et paradoxales, c'est ce qui est donné à beaucoup d'hommes; mais instruire la postérité par des vues sûres et universelles, trouvées toujours plus vraies, à mesure qu'elles sont plus souvent appliquées; devancer par le jugement l'expérience des siècles, c'est ce qui n'est donné qu'aux hommes supérieurs.

Poursuivons. Aristote fait entrer encore dans sa définition les ornements du discours qui doivent concourir à l'effet du poème. Ces ornements se réduisent pour nous à ceux de la versification et de la déclamation : pour les anciens, c'était, de plus, la mélopée ou le récit noté, et la musique du chœur et les mouvements rhythmiques qu'ils exécutaient. « Il « y a donc, conclut-il, six choses dans une tragédie, « la fable et l'action, les mœurs ou les caractères « (ici ces expressions sont synonymes), les paroles « ou la diction, les pensées, le spectacle et le « chant (VI). » Substituez au chant la déclamation, et tout cela convient également à la tragédie des anciens et à la nôtre. Mais écoutons ce qui suit et

nous jugerons si Aristote avait connu la tragédie.
« De toutes ses parties la plus importante est la com-
« position de la fable, ou l'action. C'est la fin de la
« tragédie, et la fin est en tout ce qu'il y a de plus
» essentiel. Sans action point de tragédie. On peut
« coudre ensemble de belles maximes, des pensées
« ou des expressions brillantes, sans produire l'effet
« de la tragédie; et on le produira, si, sans rien
« de tout cela, sans peindre des mœurs, sans tracer
« des caractères, on a une fable bien composée.
« Aussi ceux qui commencent réussissent-ils bien
« mieux dans la diction et dans les mœurs que dans
« la composition de la fable (VI). »

Tout cela est aussi vrai aujourd'hui que du temps où l'auteur écrivait. Que le mérite de l'action ou de l'intérêt soit le premier et le plus essentiel au théâtre, c'est ce qui est prouvé par un assez grand nombre de pièces que l'on voit jouer avec plaisir, et qu'on ne s'avise guère de lire. Mais il faut observer ici une différence entre les Grecs et nous : c'est qu'il paraît que chez eux le mérite le plus rare de tous (à en juger par ce que vient de dire Aristote), c'était celui du sujet et du plan : parmi nous, au contraire, c'est celui du style. Nous avons vingt auteurs dont il est resté des ouvrages au théâtre, et même des ouvrages d'un grand effet, et nous n'en avons encore que deux (je ne parle que des morts, la postérité jugera la génération présente), nous n'en avons que deux qui aient été continuellement éloquents en vers, et qui aient atteint la perfection du style tragique, Racine et Voltaire. Le grand Corneille est hors de comparaison, parce qu'étant venu le premier, il n'a pas pu tout faire ; aussi, quoiqu'il ait donné des modèles presque dans tous les genres de beautés dramatiques, il ne peut pas être mis, pour le style, au rang des classiques. D'où vient cette différence entre les Grecs et nous ? Elle tient, je crois, à la nature de la langue et de leur tragédie. L'idiome grec, le plus harmonieux de tous ceux que l'on connaisse, donnait beaucoup de facilité à la versification, et la musique y joignait encore un charme de plus. On ne peut douter que cette réunion ne flattât beaucoup les Grecs, puisque Aristote dit en propres termes : « La mélopée est ce qui fait le plus de plaisir « dans la tragédie. » Nous en pouvons juger par nos opéra, où les impressions les plus fortes que nous éprouvons sont dues principalement à la musique. L'autre raison de la différence que nous examinons, c'est la nature même de la tragédie chez les Grecs, toujours renfermée dans leur propre histoire, et même, comme le dit expressément Aristote, dans un petit nombre de familles. Parmi nous, le génie du théâtre peut chercher des sujets dans toutes les parties du monde connu. Il existe même pour lui un monde de plus, que les anciens ne connaissaient pas, et pour comprendre tout ce qu'on en a pu tirer, il suffit de se rappeler *Alzire*.

Il n'est donc pas étonnant qu'il soit plus commun parmi nous de rencontrer des sujets convenables au théâtre que d'écrire la tragédie en vrai poëte. Mais un trait remarquable et heureux dans notre histoire littéraire, c'est que ceux de nos auteurs dramatiques qui ont le mieux écrit, sont aussi ceux qui ont le plus intéressé; c'est que nos pièces les mieux faites sont aussi les plus éloquentes, et c'est l'ensemble de tous les genres de perfection qui a mis notre théâtre au-dessus de tous les théâtres du monde.

Aristote continue à tracer les règles de la tragédie: « La fable sera une, non par l'unité du héros, mais « par l'unité du fait; car ce n'est pas l'imitation de « la vie d'un homme, mais d'une seule action de « cet homme.... que les parties soient tellement « liées entre elles, qu'une seule transposée ou re- « tranchée, ce ne soit plus un tout ou le même « tout; car ce qui peut être dans un tout ou n'y « être pas, sans qu'il y paraisse, n'est point partie « de ce tout (VIII). »

Voilà l'idée la plus complète et la plus juste qu'on puisse se former de la contexture d'un drame : voilà la condamnation de tous ces épisodes étrangers, de ces morceaux de rapport dont il est si commun de remplir les pièces, quand on n'en sait pas assez pour tirer tout de son sujet. Aristote reprend : « L'ob- « jet du poète n'est pas de traiter le vrai comme il « est arrivé, mais comme il a dû arriver, et de traiter « le possible suivant la vraisemblance (IX). » De là le vers de Boileau :

Le vrai peut quelquefois n'être pas vraisemblable.
(*Art poét. ch. III.*)

« La différence essentielle du poète et de l'historien « n'est pas en ce que l'un parle en vers et l'autre en « prose; car les écrits d'Hérodote mis en vers ne « seraient encore qu'une histoire; ils diffèrent en

« ce que l'un dit ce qui a été fait; l'autre, ce qui a
« pu ou dû être fait. C'est pour cela que la poésie
« est plus philosophique et plus instructive que
« l'histoire. Celle-ci ne peint que les individus, l'autre
« peint l'homme (IX). »

Peut-être cette disparité n'est-elle pas absolument exacte; car il est difficile de peindre bien les personnages de l'histoire sans qu'il en résulte quelque connaissance de l'homme en général. Mais ce passage sert à faire voir que les anciens considéraient la poésie sous un point de vue plus sérieux et plus imposant que nous ne faisons aujourd'hui; et cependant *Mahomet* et *la Henriade* ont pu nous apprendre ce que la poésie pouvait faire en morale.

Aristote distingue la tragédie fondée sur l'histoire et celle qui est de pure invention, et il approuve l'une et l'autre; mais il ne nous reste point de tragédies grecques de ce dernier genre. Celui qu'il blâme formellement, c'est le genre épisodique. « J'en-
« tends, dit-il, par pièces épisodiques, celles dont
« les parties ne sont liées entre elles, ni nécessaire-
« ment, ni vraisemblablement; ce qui arrive aux
« poètes médiocres par leur faute, et aux bons par
« celle des comédiens. Pour faire à ceux-ci des
« rôles qui leur plaisent, on étend une fable au-
« delà de sa portée; les liaisons se rompent, et la
« continuité n'y est plus (*Ibid*).»

On voit que ce n'est pas d'aujourd'hui que l'on s'est plaint de l'inévitable tyrannie qu'exercent sur un artiste ceux qui sont les instruments uniques et nécessaires de son art.

A l'égard de la suite et de la chaîne des événements qui doivent naître les uns des autres, il en donne une excellente raison : « C'est, dit-il, que « tout ce qui paraît avoir un dessein, produit plus « d'effet que ce qui semble l'effet du hasard. Lorsque, « dans Argos, la statue de Mytis tomba sur celui « qui avait tué ce même Mytis, et l'écrasa au mo- « ment qu'il la considérait, cela fit une grande im- « pression, parce que cela semblait renfermer un « dessein (IX). » Je demande si l'on peut choisir un exemple d'une manière plus ingénieuse et plus frappante.

Il distingue les pièces simples et les pièces implexes (X). Il faut entendre par les premières, celles où tous les personnages sont connus les uns des autres; par les secondes, celles où il y a reconnaissance. Il y met une autre différence : « celles, « dit-il, dont l'action est continue, et celles où il y « a péripétie. » Ce mot signifie révolution, changement de situation dans les principaux personnages. Mais, comme je ne conçois pas qu'une pièce de théâtre puisse se passer d'une péripétie quelconque, il m'est impossible d'admettre cette distinction *.

* Cette distinction était très réelle pour les Grecs. Une partie de leur théâtre tragique appartenait au genre simple. Des sept tragédies qui nous restent d'Eschyle, deux seulement les *Coëphores* et les *Euménides* offrent des péripéties, et paraissent être un progrès, un passage vers la tragédie implexe, telle qu'on la voit dans Sophocle. Les cinq autres, *Prométhée*, *Agamemnon*, *les Suppliantes*, *les Perses*, *les Sept Chefs*, sont des tragédies simples, c'est-à-dire qu'elles présentent « un fait unique, dont l'accompli-
« sement se produit sans changement de volonté ni de fortune des person-
« nages, et sans obstacles au projet formé dès le commencement de l'ac-
« tion. » Cette définition est de M. Lemercier, qui, dans son *Cours analy-*

Il indique avec raison les reconnaissances et les péripéties, comme deux grands moyens pour exciter la pitié ou la terreur (X, XIII, XV). Il cite, comme des modèles en ce genre, la situation d'Iphigénie reconnaissant son frère au moment où elle va le sacrifier, et celle de Mérope prête à tuer son propre fils en croyant le venger. De ces deux sujets, Voltaire a rejeté l'un, parce qu'il croyait le dénouement impossible, et Guimond de La Touche, moins frappé de la difficulté que du pathétique de ce sujet, l'a traité d'une manière si intéressante, qu'on lui a pardonné le défaut inévitable du dénouement. Quant à *Mérope*, on sait quel parti Voltaire a tiré de celle de Maffei, combien il l'a surpassé dans l'ensemble, en lui empruntant ses traits les plus heureux; enfin, comme il est parvenu à en faire la plus irréprochable, la plus classique de ses pièces,

tique de Littérature, séance IV, reconnaît, d'après Aristote, le genre simple, et toujours d'après la même autorité, cite pour premier modèle de cette espèce de tragédie, le *Prométhée* d'Eschyle. Il ne faudrait pas y voir un essai, une ébauche de la véritable tragédie; c'est une tragédie à part qui a sa beauté propre, et que la découverte de la tragédie implexe, plus intéressante sans doute, et qu'Aristote préfère avec raison (XIII), ne fit pourtant pas abandonner. Le même Aristote, dans le chapitre XVII de la *Poétique*, où il conseille aux poètes de s'exercer dans tous les genres, revient à sa division, et définit de nouveau le genre simple sur lequel il s'était déjà expliqué dans son chapitre X. Nous savons d'ailleurs que les Athéniens, après les chefs-d'œuvre de Sophocle et d'Euripide, avaient proposé des prix à ceux qui remettraient au théâtre les ouvrages un peu vieillis d'Eschyle. La Harpe, qui niait l'existence du genre dans lequel ce grand poète a travaillé, a dû nécessairement méconnaître le caractère de ses compositions, et les juger d'après des règles qui ne leur étaient point applicables. c'est ce que nous aurons occasion de remarquer au sujet d'Eschyle

H. PATIN.

celle qui peut le mieux soutenir le parallèle avec la perfection de Racine.

A ces deux moyens d'intérêt, tirés du fond de l'action même, Aristote en ajoute un troisième, le spectacle, c'est-à-dire tout ce qui frappe les yeux, comme les meurtres, les poignards, les combats, l'appareil de la scène; mais il remarque très judicieusement que ce moyen est inférieur aux deux autres, et demande moins de talent poétique. « Car,
« dit-il, il faut que la fable soit tellement composée,
« qu'à n'en juger que par l'oreille, on soit ému,
« comme on l'est dans l'*Œdipe* de Sophocle. Mais
« ceux qui nous offrent l'horrible et le révoltant, au
« lieu du terrible et du touchant, ne sont plus dans
« le genre; car la tragédie ne doit pas donner toutes
« sortes d'émotions, mais celles-là seulement qui
« lui sont propres (XIII). »

Nous le retrouvons donc ici, ce grand principe qui nous occupait tout à l'heure, et par lequel Aristote a répondu d'avance, il y a deux mille ans, à ceux qui croient avoir tout dit par ce seul mot : « cela est dans la nature; » comme si toute nature était bonne à montrer aux hommes rassemblés; comme si les spectacles et les beaux-arts étaient l'imitation de la nature commune, et non pas de la nature choisie. Au reste, nous aurons occasion de revenir à ce sujet, quand nous réfuterons spécialement quelques-unes des principales erreurs contenues dans les poétiques modernes.

Nous voilà déjà bien avancés dans celle d'Aristote, dont je ne vous ai présenté que les idées sommaires, en écartant tout ce qui est particulier aux accessoires de la tragédie grecque, et m'arrêtant à tout ce qui peut s'appliquer à la nôtre. J'ose même quelquefois n'être pas tout-à-fait de son avis; ce qui pourtant est infiniment rare. Il dit, par exemple : « Ne « présentez point de personnages vertueux, qui « d'heureux deviendraient malheureux; car cela ne « serait ni touchant ni terrible, mais odieux (XII). » Je crois que cette règle est démentie par beaucoup d'exemples. Hippolyte est vertueux, et cependant sa mort excite la pitié, et ne révolte point. Britannicus est dans le même cas. On en pourrait citer plusieurs autres; mais ce qui suit ne saurait se contester : « Des personnages méchants qui deviennent heu- « reux sont ce qu'il y a de moins tragique (XII). » C'est un des grands défauts de la tragédie d'*Atrée*, où ce monstre, à la fin de la pièce, insulte, avec une joie barbare, à l'horrible situation où il a mis le malheureux Thyeste, et finit par ce vers :

Et je jouis enfin du fruit de mes forfaits.

Jamais les hommes n'aimeront à remporter d'un spectacle une pareille impression. Il est vrai que dans *Mahomet* le crime triomphe; mais du moins ce scélérat est-il puni en perdant ce qu'il aime; il a des regrets et des remords; et cependant, malgré tout l'art de l'auteur, on sent le vice de ce dénouement, et c'est la seule tache de ce grand ouvrage*.

---

* La Harpe sent lui-même le besoin de rectifier sa pensée. On ne peut dire raisonnablement que les regrets amoureux de Mahomet et quelques vains remords soient une punition suffisante de ses crimes. Il s'en faut de beaucoup que ce qu'on a appelé la justice théâtrale soit satisfaite dans l'ouvrage

« Si un homme très méchant, d'heureux, devient
« malheureux, il peut y avoir un exemple, mais il
« n'y a ni pitié ni terreur ; car la pitié naît du mal-
« heur qui n'est pas mérité, et la terreur du malheur
« voisin de nous ; et tel n'est pas pour nous celui
« du méchant (XII). » Cette remarque très juste
n'empêche pas qu'il ne soit très bon de punir le méchant dans un drame ; mais Aristote veut dire seulement que ce n'est pas là ce qui produit la terreur
et la pitié, et qu'il faut les tirer d'ailleurs. Il a raison ;
car, lorsque le méchant, l'oppresseur, le tyran, sont
punis sur la scène, ce n'est pas leur châtiment qui
produit la terreur ou la pitié : l'une et l'autre sont
le résultat du danger ou du malheur où sont les
personnages à qui l'on s'intéresse ; et comme la punition du méchant le tire de ce malheur ou de ce
danger, c'est là ce qui produit l'effet dramatique.
Ainsi, dans cette *Iphigénie* dont nous parlions tout
à l'heure, que Thoas soit égorgé par Pylade, qui
vient on ne sait d'où, ce n'est pas ce qui rend le
dénouement tragique ; mais cette mort délivre Oreste
et Iphigénie, qui étaient les objets de l'intérêt ; et
le spectateur est content. Ainsi dans *Rodogune*, le
moment de la terreur et de la pitié n'est point celui
où Cléopâtre boit elle-même le poison qu'elle a pré-

de Voltaire. On a nié, d'ailleurs, que cette exacte rétribution fût indispensable au dénouement d'une bonne tragédie, comme semble l'établir ici La
Harpe. « Un poète, dit fort bien A. W. Schlegel, doit oser finir par la pein-
« ture de la douleur des justes et du succès des méchants, lorsqu'il a su nous
« inspirer les pensées qui font trouver dans la conscience et dans la pers-
« pective d'un autre avenir, le rétablissement de l'équilibre moral »
(*Cours de Littérature dramatique*, leçon III)   H. Patin.

paré pour son fils; c'est le moment où ce fils, dans la situation la plus affreuse où un homme puisse se trouver, entre une mère et une amante qu'il peut soupçonner également, porte à ses lèvres la coupe empoisonnée; c'est cet instant qui fait frémir, qui demande et obtient grace pour toutes les invraisemblances qui précèdent.

« Il y a un milieu à prendre; c'est que le person« nage ne soit ni absolument bon, ni absolument mé« chant, et qu'il tombe dans le malheur, non par « un crime ou une méchanceté noire, mais par « quelque faute ou erreur humaine qui le préci« pite du faîte des grandeurs et de la prospérité « (XII). »

Il faut toujours se souvenir qu'Aristote ne parlait que des personnages qui doivent produire l'intérêt; et ce qu'il dit ici de cette sorte de caractères que Corneille, dans ses *Dissertations*, appelle *mixtes*, a paru à ce grand homme un trait de lumière qui jette un grand jour sur la connaissance du théâtre, et en général de toute grande poésie imitative. En effet, on a observé que rien n'était plus intéressant que ce mélange, si naturel au cœur humain. C'est sous ce point de vue que le caractère d'Achille paraît si dramatique dans *l'Iliade*, et que Phèdre ne l'est pas moins au théâtre par ses passions et par ses remords. Rien ne fait mieux voir combien se trompent et combien sont injustes tous ceux qui se sont fait, pour ainsi dire, un point de morale de ne s'intéresser au théâtre qu'à des personnages irréprochables, et qui jugent une tragédie sur les principes de la société. Qu'un personnage passionné fasse une belle action par des motifs qui tiennent à sa passion même ; cela serait plus beau, disent-ils, si l'action était faite par des motifs purs. C'est une grande erreur; cela serait plus beau en morale, mais fort mauvais au théâtre. Vous n'éprouveriez qu'une admiration froide, au lieu que le personnage mu par la passion, même dans ce qu'il fait de louable, vous émeut et vous entraîne.

A toutes ces sources du pathétique il en faut joindre une, la plus abondante de toutes, et dont Aristote ne parle pas, parce que les Grecs n'y ont puisé qu'une fois ; c'est l'amour malheureux ; c'est cette passion dont les modernes ont tiré un si grand parti, et dont les anciens n'ont point fait usage dans la tragédie, si l'on excepte le rôle de Phèdre, dont l'aventure était célèbre dans la Grèce, et qui, même dans Euripide, n'est pas, à beaucoup près, aussi intéressante que dans Racine. Cette seule différence entre le théâtre des Grecs et le nôtre, dont l'un a employé l'amour comme ressort tragique, et dont l'autre l'a négligé, suffirait pour rendre l'art beaucoup plus riche et plus étendu pour nous, qu'il ne pouvait l'être chez eux. Quel trésor pour le théâtre, qu'une passion à qui nous devons *Zaire*, *Tancrède*, *Inès*, *Ariane*, et quelques autres encore consacrées par ce mérite particulier qui en supplée tant d'autres, et fait pardonner tant de fautes, le mérite de faire répandre des larmes !

Pour ce qui est du dénouement, Aristote préfère

les pièces « dont la péripétie, dit-il, se fait du bon-
« heur au malheur. » Voici comme il s'exprime sur
Euripide à ce sujet : « C'est à tort qu'on blâme Eu-
« ripide de ce que la plupart de ses pièces se termi-
« nent par le malheur ; il est dans les principes. La
« preuve est que sur la scène les pièces de ce genre
« paraissent toujours, toutes choses égales d'ailleurs,
« plus tragiques que les autres. Aussi Euripide,
« quoiqu'il ne soit pas toujours heureux dans la
« conduite de ses pièces, est-il regardé comme le
« plus tragique des poètes (XII). »

N'oublions pas ce qui a été dit ci-dessus, qu'en fait de goût il n'est pas nécessaire que tous les principes soient d'une vérité absolue, mais seulement d'une vérité suffisante, c'est-à-dire applicables dans un grand nombre d'occasions. Tel est ce principe d'Aristote sur le dénouement : il est généralement vrai. Les quatre pièces que je viens de citer en sont la preuve ; elles sont toutes quatre dans le cas dont parle Aristote, et sont au nombre des pièces les plus intéressantes. Il est cependant d'autres dénouements, d'une espèce toute contraire, et qui produisent aussi un grand effet ; ce sont ceux qui tirent tout-à-coup d'un grand péril des personnages que le spectateur désire vivement de voir heureux, et qui opèrent cette révolution par des moyens naturels et inattendus. Tel est au théâtre Français le dénouement d'*Adélaïde*. J'avoue que j'en connais peu d'aussi beaux. J'aurai occasion d'en parler dans la suite. Il suffit aujourd'hui de l'avoir indiqué comme une exception, ainsi que quelques autres, au principe d'Aristote; mais, quand il dit que les dénouements doivent toujours sortir du fond du sujet, je n'y connais point d'exception.

Il s'étend beaucoup moins sur les mœurs et les caractères, parce que cette partie de l'art est moins compliquée. Il veut, et tous les législateurs l'ont dit après lui, qu'un personnage soit tel à la fin qu'il est au commencement. Ce précepte est général pour toute espèce de drame; et jamais peut-être il n'a été rempli d'une manière plus frappante et plus heureuse que dans une pièce, d'ailleurs médiocre, *l'Irrésolu* de Destouches. Cet irrésolu, après avoir balancé pendant toute la pièce entre deux femmes qu'il veut épouser, se détermine enfin, car il faut finir; mais à peine est-il marié, qu'il se dit à lui-même, en quittant la scène, ce vers, qui est le dernier de l'ouvrage :

J'aurais mieux fait, je crois, d'épouser Célimène.

On ne peut sur ce même sujet adresser aux poètes une leçon plus utile, et qui mérite d'être plus méditée que celle-ci, qui contient tout : « Dans la pein-
« ture des mœurs et des caractères, le poète doit
« toujours avoir devant les yeux, ainsi que dans la
« composition de la fable, ce qui est vraisemblable
« et nécessaire dans l'ordre moral, et se dire à tout
« moment à lui-même : Est-il vraisemblable que
« tel personnage agisse ou parle ainsi (XIV) ? » Il ne faut pas s'étonner si ce principe est si souvent violé; c'est que, pour le mettre en pratique, il faut une raison supérieure, qui n'est guère plus commune

qu'une belle imagination, et toutes les deux sont nécessaires pour faire une bonne tragédie. Que sera-ce si l'on ajoute « que le public est devenu très difficile ; « que, comme on a eu des poètes qui excellaient « chacun dans leur genre, on voudrait aujourd'hui « que chaque poète eût à lui seul ce qu'ont eu tous « les autres ensemble (XVII). » C'est Aristote qui parlait ainsi, il y a plus de deux mille ans. Que dirait-il donc aujourd'hui ?

Il a traité l'article du style en grammairien qui parlait à des Grecs de leur propre langue, et renvoyé à sa *Rhétorique* l'article des pensées, parce que sur cet objet les règles sont les mêmes en prose comme en vers. Ce qui regardait le chant, dernière partie de l'imitation dramatique chez les anciens, a été perdu, et ne servirait d'ailleurs qu'à nous donner sur leur musique des notions qui nous manquent, mais étrangères à notre tragédie. Je me bornerai donc à ce qu'il prescrit de plus général pour la diction. Il veut qu'elle soit élevée au-dessus du langage vulgaire, c'est-à-dire ornée de métaphores et de figures, mais cependant très claires. « L'usage trop « fréquent des figures, dit-il, fait du discours une « énigme, et la quantité de termes empruntés des « autres langues devient barbarie (XXI). » Il recommande donc beaucoup de réserve sur ces deux articles. Nous verrons dans la suite combien nous avons besoin d'une semblable leçon. « C'est un grand « talent, dit-il, de savoir bien employer la métaphore; « c'est la production d'un heureux naturel, le coup « d'œil d'un esprit qui voit les rapports (XXI). »

Tout ce qui regarde l'épopée est contenu dans deux chapitres*, parce que beaucoup de principes généraux lui sont communs avec la tragédie. Je remets à examiner le peu qu'Aristote en a dit dans un discours sur l'épopée, qui précèdera la lecture d'Homère, qu'Aristote cite partout comme l'unique modèle en ce genre.

Le dernier des vingt-cinq chapitres qui nous restent de la *Poétique* d'Aristote, roule sur une de ces questions assez oiseuses dont il paraît que les Grecs s'occupaient ainsi que nous. Il s'agit de savoir laquelle des deux l'emporte sur l'autre, de la tragédie ou de l'épopée. Qu'importe, pourvu que l'une et l'autre soient bonnes? Au reste, la discussion n'est pas fort longue. Il propose les raisons pour et contre, et décide en faveur de la tragédie. Il ne me conviendrait pas d'être d'un avis différent du sien **.

La Harpe, *Cours de Littérature*.

IV.

De toutes les sciences, celle qui doit le plus à Aristote, c'est l'histoire naturelle des animaux. Non-seulement il en a connu un grand nombre d'espèces, mais il les a étudiés et décrits d'après un plan vaste et lumineux, dont peut-être aucun de ses successeurs n'a approché, rangeant les faits, non point selon les espèces, mais selon les organes et les fonctions, seul moyen d'établir des résultats comparatifs : aussi

---

* Il en est question aux chap. III, IV, V, XVI, XXII, XXIII, XXV. H.P.

** Voyez dans le *Cours analytique de Littérature*, de M. Lemercier, IIe séance, une analyse de la *Rhétorique* et de la *Poétique* d'Aristote. Consultez encore Barthelemy, *Voyage d'Anacharsis*; Schoell, *Histoire de la Littérature grecque*, et sur-tout Brucker, *Historia critica Philosophiæ*.

peut-on dire qu'il est non-seulement le plus ancien auteur d'anatomie comparée dont nous possédions les écrits, mais encore que c'est un de ceux qui ont traité avec le plus de génie cette branche de l'histoire naturelle, et celui qui mérite le mieux d'être pris pour modèle. Les principales divisions que les naturalistes suivent encore dans le règne animal sont dues à Aristote, et il en avait déjà indiqué plusieurs, auxquels on est revenu dans ces derniers temps, après s'en être écarté mal à propos. Si l'on examine le fondement de ces grands travaux, l'on verra qu'ils s'appuient tous sur la même méthode, laquelle dérive elle-même de la théorie sur l'origine des idées générales. Partout Aristote observe les faits avec attention ; il les compare avec finesse, et cherche à s'élever vers ce qu'ils ont de commun ; ainsi, sa *Poétique* est fondée sur les ouvrages d'Homère et des grands tragiques; sa *Politique*, sur les constitutions d'un grand nombre de gouvernements grecs et barbares, et son *Histoire Naturelle*, sur cette immensité d'observations que lui procurèrent les généreux secours d'Alexandre. Son style est accommodé à sa méthode; simple, précis, sans recherche et sans chaleur, il semble en tout l'opposé de celui de Platon; mais aussi a-t-il le mérite d'être généralement clair, excepté en quelques endroits, où ses idées elles-mêmes ne l'étaient pas.

Il s'en faut de beaucoup que nous ayons tous les ouvrages d'Aristote; nous en avons perdu de très importants, et entre autres le recueil qu'il avait fait des institutions politiques de cent cinquante-huit états dé-

mocratiques, aristocratiques, oligarchiques et tyranniques, il nous en reste cependant un grand nombre.
Cuvier et Clavier, *Biographie universelle.*

V.

Quand La Harpe parle des anciens, il ne faut pas toujours le croire sur parole. Aristote fut poète, peut-être même fut-il orateur. Par orateur, je n'entends pas un discoureur politique, un harangueur de tribune, un déclamateur, un avocat. Aristote n'entra jamais dans la carrière des Lysias, des Démosthène, des Gorgias; il était bègue, et ce défaut d'organe lui interdisait l'éloquence publique. En ce sens, il ne fut pas orateur; mais ce sens n'est peut être pas celui de La Harpe. Le critique fait allusion au traité de *Rhétorique**, et veut dire, je crois, qu'Aristote donna des leçons qu'il ne sut point pratiquer; qu'il n'écrivit point avec talent, avec imagination, avec éloquence.

Au reste, j'abandonnerai sans peine la prose d'Aristote; je ne ferai même pas valoir en faveur de ses talents oratoires, le beau discours qu'il avait composé à la louange de Platon : c'est sa réputation de poète que j'ai sur-tout intention de défendre.

Aristote avait écrit plusieurs volumes de poésies; et, ce qui est remarquable dans un philosophe si grave et occupé d'études si abstraites et si profondes, il s'exerça souvent dans le genre lyrique, celui de tous qui exige le plus de verve et de véritable inspiration.

Les anciens lisaient ses *Proêmes* pour les fêtes

---
* Voyez la Traduction de la *Rhétorique* d'Aristote, par M. Gros. F.

Dionysiaques, ses *Éloges*, ses *Élégies* à la louange d'Eudémus, ses *Vers héroïques*, et les six livres d'épitaphes qu'il avait publiés sous le titre de *Peplus*, et dont une quarantaine a échappé aux ravages du temps.

Outre ces épitaphes, qui n'ont guère d'autre mérite que celui de la brièveté et d'une élégante précision, il nous reste une ode écrite d'un ton si élevé, avec une telle richesse d'expressions et une si brillante variété de mesure, que Jules Scaliger a bien osé dire qu'Aristote n'était pas dans la poésie lyrique inférieur à Pindare lui-même.

Cette ode a pu faire partie du livre des *Éloges*: elle nous a été conservée par Athénée, Diogène-Laërce et Stobée; il n'est pas possible d'en contester l'authenticité. Aristote la composa pour célébrer les vertus d'Hermias, son disciple et son ami, qui, d'une condition servile, s'éleva au rang suprême, et fut tyran d'Atarnée. Les ennemis d'Aristote essayèrent de rendre suspecte sa liaison avec Hermias; c'était une abominable calomnie. Apellicon, dont les ouvrages sont perdus, écrivit pour défendre la mémoire du philosophe contre ces odieuses imputations; mais l'ode seule d'Aristote suffit pour le justifier, et sûrement le zèle d'Apellicon n'avait pu trouver d'arguments qui fussent plus éloquents et plus décisifs. Aristote y fait de la vertu et de l'amitié un éloge trop vrai, trop passionné, trop noble, pour qu'on puisse le soupçonner de la honteuse passion que lui reprochaient ses vils détracteurs.

J'essaierai de mettre en français cette ode, qu'ont

déjà traduite La Nauze, M. Bélin de Balu, et M. Larcher dans son Mémoire sur Hermias. Je n'ai pas la prétention de lutter contre des hommes d'un tel mérite : cette prétention supposerait l'espoir de faire mieux qu'ils n'ont fait, et je suis assez raisonnable pour ne pas me flatter d'un succès impossible. En recommençant cette traduction, je n'ai cherché qu'un simple amusement et un exercice de style. Je dois ajouter, pour un petit nombre d'hellénistes curieux, que je ne me suis point servi du texte de Brunck, qui me paraît peu fidèle, mais de celui de la nouvelle édition d'Athénée.

« Vertu, objet des longs travaux de l'humaine
« race et la plus belle conquête de la vie, vierge
« sainte, c'est dans la Grèce un sort digne d'envie
« que de supporter d'immenses fatigues, que de
« mourir pour ta beauté : tant ces fruits immortels,
« que tu offres à nos âmes, ont plus de puissance
« que l'or, que la tendresse des parents et que les
« mollesses du sommeil ! Hercule, fils de Jupiter, et
« les enfants de Léda, qui te cherchaient d'une si
« noble ardeur, ont beaucoup souffert pour toi.
« Épris de tes attraits, Achille et Ajax sont descendus
« dans les demeures d'Adès ; et c'est pour tes charmes
« aimables que le nourrisson d'Atarnée a, par sa
« mort, mis le soleil en deuil : aussi la renommée de
« ses actions sera grande ; et quand les Muses, filles
« de Mnémosyne, célèbreront la majesté de Jupiter-
« Hospitalier et les prix d'une amitié durable, elles
« mêleront à leurs concerts le nom de l'immortel
« Hermias. »

N'est-il pas étrange que La Harpe ait ignoré l'existence des œuvres poétiques d'Aristote, et sur-tout celle d'une ode si célèbre, conservée ou traduite dans des recueils qui doivent être dans toutes les bibliothèques, et qu'un homme qui fait profession de critique et de littérature ne peut se dispenser d'avoir lus? Peut-on excuser un philologue qui disserte publiquement sur la littérature ancienne, et ne connaît ni Athénée, ni Diogène, ni Stobée, ni les *Mémoires de l'Académie des inscriptions*, ni quatre éditions données successivement par Brunck, ni tant d'autres ouvrages où il est parlé d'Hermias et de l'ode d'Aristote?

Boissonade.

VI.

Quel homme qu'Aristote, qui trace les règles de la tragédie de la même main dont il a donné celles de la dialectique, de la morale, de la politique*, et dont il a levé, autant qu'il a pu, le grand voile de la nature!

C'est dans le chapitre quatrième de sa *Poétique*, que Boileau a puisé ces beaux vers :

Il n'est point de serpent ni de monstre odieux
Qui, par l'art imité, ne puisse plaire aux yeux.
D'un pinceau délicat l'artifice agréable
Du plus affreux objet fait un objet aimable :
Ainsi, pour nous charmer la tragédie en pleurs
D'Œdipe tout sanglant fit parler les douleurs.
(*Art poét. ch. III.*)

* M. le professeur Thurot, à qui nous devons une excellente Traduction de *la Morale* d'Aristote, est sur le point de publier la traduction de la *Politique*.
F.

ARISTOTE.

Voici ce que dit Aristote : « L'imitation et l'har-
« monie ont produit la poésie...... Nous voyons
« avec plaisir dans un tableau des animaux affreux,
« des hommes morts ou mourants, que nous ne re-
« garderions qu'avec chagrin et avec frayeur dans la
« nature. Plus ils sont bien imités, plus ils nous cau-
« sent de satisfaction. »

Ce quatrième chapitre de la *Poétique* d'Aristote
se retrouve presque tout entier dans Horace et dans
Boileau. Les lois qu'il donne dans les chapitres suivants sont encore aujourd'hui celles de nos bons
auteurs, si vous en exceptez ce qui regarde les
chœurs et la musique. Son idée que la tragédie est
instituée pour purger les passions, a été fort combattue ; mais s'il entend, comme je le crois, qu'on
peut dompter un amour incestueux en voyant le
malheur de Phèdre, qu'on peut réprimer sa colère
en voyant le triste exemple d'Ajax, il n'y a plus
aucune difficulté.

Ce que ce philosophe recommande expressément,
c'est qu'il y ait toujours de l'héroïsme dans la tragédie, et du ridicule dans la comédie : c'est une
règle dont on commence peut-être trop aujourd'hui
à s'écarter*.

VOLTAIRE, *Dict. Phil.*

*Quand la mort enleva Molière,
Ce fut sur le Parnasse un deuil universel ;
On crut voir (le fait est réel)
Ris et jeux avec lui renfermés dans la bière ;
Melpomène fut la première
A faire éclater ses regrets :
Elle est et généreuse et fière,
Même contre ses intérêts

ARLEQUIN, personnage de la comédie italienne. Le caractère distinctif de l'ancienne comédie italienne est de jouer des ridicules, non pas personnels, mais nationaux. C'est une imitation grotesque des mœurs des différentes villes d'Italie; et chacune d'elles est représentée par un personnage qui est toujours le même. Pantalon est Vénitien, le Docteur est Bolonais, Scapin est Napolitain, et *Arlequin* est Bergamasque. Celui-ci est d'une singularité qui mérite d'être observée; et il a fait long-temps les plaisirs de Paris, joué par trois acteurs célèbres, Dominique, Thomassin et Carlin. Il est vraisemblable qu'un esclave africain fut le premier modèle de ce personnage*. Son caractère est un mélange d'ignorance,

> Du destin de sa sœur elle était attendrie :
> Que je vous plains! dit-elle à la triste Thalie;
>   Voilà votre trône abattu,
> Ou, pour un siècle au moins, sa splendeur obscurcie
> Par plus d'un ferme appui le mien est soutenu;
> Partagez-le avec moi sans renoncer au vôtre.
> Il fallut bien se rendre à des soins si touchants
>   Thalie, hélas! depuis ce temps,
>   Riant d'un œil, pleurant de l'autre,
> Grace aux mauvaises mœurs, autant qu'au mauvais goût,
>   Bientôt ne rira plus du tout.
>   AUBERT, *l'Origine du Comique larmoyant*. Fable.

*Schlegel, dans son *Cours de Littérature dramatique*, leçon VIII, cherche aussi dans l'antiquité l'origine de ce personnage et de ceux qui lui servent ordinairement de cortége.

« ... On peut retrouver dans les pantomimes et dans les fables atellanes le
« premier germe de la *comedia dell' arte*, parade jouée impromptu, par des
« personnages masqués, et où les divers dialectes populaires, pareillement
« employés pour exciter la gaieté, offrent un trait de ressemblance très frap-
« pant avec les fables atellanes. Arlequin et Polichinelle seraient sans doute
« bien étonnés d'apprendre qu'ils descendent en droite ligne des anciens Ro-

de naïveté, d'esprit, de bêtise et de grace : c'est une espèce d'homme ébauché, un grand enfant, qui a des lueurs de raison et d'intelligence, et dont toutes les méprises ou les maladresses ont quelque chose de piquant. Le vrai modèle de son jeu est la souplesse, l'agilité, la gentillesse d'un jeune chat, avec une écorce de grossièreté qui rend son action plus plaisante ; son rôle est celui d'un valet patient, fidèle, crédule, gourmand, toujours amoureux, toujours dans l'embarras, ou pour son maître, ou pour lui-même, qui s'afflige, qui se console avec la facilité d'un enfant, et dont la douleur est aussi amusante que la joie.

« mains, ou même des Osques, et cette souche glorieuse leur inspirerait, sans « doute, une burlesque fierté. Il est certain que l'on trouve sur les anciens « vases grecs, parmi les masques grotesques, des costumes très semblables « aux leurs, de grands pantalons, par exemple, et une veste avec des man-« ches, vêtements aussi étrangers aux Grecs qu'aux Romains. Le nom de « *Zanni* est encore aujourd'hui un des noms d'Arlequin, et *Sannio* était dans « les farces latines, au rapport des anciens écrivains, un bouffon qui avait la « tête rasée et un habillement composé de pièces de diverses couleurs. On dit « qu'on a retrouvé la figure de Polichinelle, parfaitement ressemblante, « dans les peintures à fresque de Pompeïa. Si donc il est vrai que ce person-« nage fut originaire d'Atella, il serait toujours resté dans son ancienne pa-« trie. L'on pourrait peut-être m'opposer que la tradition de ces rôles bur-« lesques a dû se perdre, par l'interruption de toutes les représentations théâ-« trales pendant plusieurs siècles ; mais il serait facile de répondre à cette « objection, que les réjouissances annuelles du carnaval, et les facéties du « moyen âge, ont suffi pour en conserver le souvenir. »

Ce passage, qui peut servir à fixer la généalogie d'Arlequin, établit en même temps un rapport de succession fort curieux entre le théâtre moderne et le théâtre ancien ; c'est ce qui m'a déterminé à le transcrire ici malgré sa longueur.

Florian, qui a fait d'Arlequin le héros de ses comédies, adopte l'opinion de Marmontel : il y ajoute une petite anecdote, qu'on peut lire dans l'avant-propos de son théâtre.

H. P.

Ce rôle exige beaucoup de naturel et d'esprit, beaucoup de grace et de souplesse.

Les Français l'ont employé quelquefois heureusement dans leurs comédies, comme de Lisse dans *Arlequin sauvage*, et dans *Timon le Misanthrope*; mais en général la liberté du jeu de cet acteur naïf et l'originalité de son langage s'accommodent mieux d'un simple canevas, qu'il remplit à sa guise, que du rôle le mieux écrit.

MARMONTEL, *Élémens de Littérature*.

ARMSTRONG (JEAN), médecin et poète écossais, naquit vers l'année 1709, à Castleton, dans le comté de Roxburgh, où son père était ministre. Après avoir étudié la médecine à l'université d'Édimburg, il reçut le titre de docteur, et alla s'établir à Londres, où il se fit plus remarquer encore en qualité de littérateur qu'en qualité de médecin.

Il débuta par une satire ingénieuse et piquante contre les empiriques, écrite à la manière de Lucien, et qui a pour titre : *Essai d'une Méthode abrégée pour étudier la Médecine*. Elle fut suivie d'un poëme intitulé : l'*Économie de l'Amour*. Le succès qu'obtint cette dernière production, où les peintures licencieuses se faisaient principalement remarquer, compromit bien plus le caractère moral de l'auteur, qu'il n'honora son talent poétique; aussi Armstrong donna-t-il dans la suite une nouvelle édition de ce poëme, dans laquelle il retrancha ou adoucit tout ce qu'il y avait de trop libre dans la première.

L'ouvrage sur lequel se fonde principalement sa réputation, est son poème didactique intitulé : l'*Art de conserver la Santé*, qu'il fit paraître en 1744. Ce poème où l'énergie de la pensée se joint à la clarté, comme à l'élégance du style, fut accueilli avec le plus vif intérêt par tous les gens de goût, et est encore compté aujourd'hui au nombre des ouvrages classiques de la littérature anglaise. Blair dit, en comparant ce poème avec celui d'Akenside : « Le « docteur Armstrong, dans son *Art de conserver la* « *Santé*, n'a pas pris un si grand essor; mais il est « plus égal dans son style, et sait toujours paraître « pur, correct et élégant. »

Nommé médecin d'un hôpital militaire, en 1746, Armstrong fut envoyé ensuite, en cette qualité, à l'armée d'Allemagne, qu'il ne quitta qu'après la paix de 1763. En 1771, il fit, avec le peintre Fuseli, un voyage en France et en Italie, dont il a donné un courte relation, sous le nom supposé de Lancelot Temple. Il mourut le 7 septembre 1779, des suites d'une chute qu'il fit en descendant de voiture.

Avec des vertus solides, des mœurs simples et douces, Armstrong ne fut pas aussi heureux qu'il pouvait l'être; son naturel indolent et mélancolique lui faisait porter dans la société une habitude de taciturnité et une susceptibilité de caractère qui nuisirent à sa fortune comme à sa réputation. Méprisant les futilités du monde, et tout ce qui ressemble à l'intrigue, la société des gens de lettres avait seule quelque charme pour lui. Granger, Pringle et divers autres hommes distingués de son temps lui furent sincèrement attachés.

Doué d'un savoir très varié et d'un beau talent, Armstrong s'est exercé dans des genres très différents, et même dans l'art dramatique; il est auteur d'une tragédie, imprimée et non représentée, intitulée : *le Mariage forcé;* mais dans aucune de ses productions, il ne s'est élevé à la hauteur de son *Art de conserver la Santé,* qui a été très souvent réimprimé, soit séparément, soit dans différentes collections.

Les stances du poème de Thomson, intitulé : *le Palais de l'Indolence,* où sont peintes les maladies qu'amène souvent cette disposition, passent pour être d'Armstrong. On a encore de lui : un *Poème sur la Bienveillance,* 1751; *le Goût, épître à un jeune Critique,* 1753; *Essais sur différents sujets,* en prose, publiés sous le nom de Lancelot Temple, en 1758; *le Jour,* poème; des essais de médecine et quelques autres écrits. W.

MORCEAUX CHOISIS.

I. Les Zones glaciales et la Zone brûlante

Au sein des affreux royaumes de l'Hiver, aux lieux où l'Océan immobile n'offre qu'une solitude immense, ou entasse jusqu'aux cieux des montagnes et des rochers étincelants, là, vit une race laborieuse: la terre, marâtre impitoyable pour eux, est insensible à leurs plus simples besoins. Sur ces champs d'airain, sur ces plaines stériles et sauvages, on ne voit point flotter de moissons; ils sont en horreur à Pomone et au dieu dont la rustique image protège les jardins : dans ces âpres climats leurs dons rafraîchissants seraient inutiles. On obtient sans peine un aliment plus salutaire; là, le sein fécond de l'Océan leur prodigue ses nombreux essaims, et charge leurs tables de ses riches tributs. Voilà leur nourriture : ils n'en connaissent point d'autre que les hôtes des mers, et la renne, leur esclave volontaire, qui paît le gazon épars sur les flancs de leurs maigres collines.

Sous les feux de la zone torride, ce n'est pas ainsi que le soleil éclaire ses fils basanés, dans les deux Indes ou dans l'aride Libye, dont les brûlantes entrailles recèlent et le lion et tous les monstres qui parcourent le désert en y semant l'épouvante. L'herbe des montagnes, flétrie et desséchée, n'offre pas un doux aliment, et les tièdes ondes n'enfantent pas des tributs aussi parfaits, aussi délicieux que ceux des rivages glacés de Zemble. Ce n'est pas pour ces climats où la fièvre embrase le sang d'un feu séditieux, où les veines contiennent à peine sa bouillante ardeur et son cours impétueux, que la nature bienfaisante réserve de pareils dons. Là, noircit la grappe gonflée d'un jus exquis; là, mûrie par un soleil brûlant, l'orange étale son or au milieu du vert feuillage; là, le melon énorme offre de lui-même un fruit généreux; le coco s'élance chargé d'un lait salutaire; et, dans les replis de son enveloppe hérissée, l'ananas recèle ses poignantes saveurs : noble fils de la terre, trop délicat pour fleurir sous un ciel plus rigoureux, trop fier pour y vivre, ou appelé par une chaleur artificielle à une existence éphémère. Là, avec un sourire maternel, Amalthée verse les dons de sa corne inépuisable : là, règne l'aimable Cérès; les trésors de l'automne flottent au loin sur les plaines en vagues ondoyantes. La nature prodigue avec libéralité ce qui convient le mieux aux climats, ce qui plaît davantage aux hommes, et ce qui satisfait le mieux leur goût. La fontaine, bordée de grappes délicieuses et de fruits savoureux, rafraîchit leur sein altéré. La brise, dont le souffle se joue sans cesse autour de leurs membres, les soutient dans une atmosphère qu'ils ne pourraient supporter sans elle; tandis que le frais palmier, le platane, et le cèdre, dont la cime flottante ombrage le haut Liban, tempèrent les ardeurs de l'enfer qui s'allume sur leurs têtes.

Art d'entretenir la Santé, ch. III.

II. Retraite du Sage.

Heureux celui qui, au déclin de ses ans, avec une renommée pure, une fortune égale à ses modestes souhaits et acquise dans les voies de l'honneur, sûr de l'estime des sages et des hommes vertueux, objet d'envie même pour la vanité, se retire dans les paisibles bosquets d'Épicure, loin de ce monde orageux, libre des importuns soucis, et sans craindre l'égoïsme du vulgaire! Plus heureux encore, si le même coin de terre plaît à quelques amis, compagnons de sa jeunesse, jadis associés peut-être à ses folies, maintenant à ses goûts champêtres, et avec qui dans un libre commerce il puisse goûter les charmes de la nature, et disputer la palme des travaux rustiques! Noble ambition, exempte d'intrigue, de jalousie et d'humiliation pour le vaincu, satisfaite de savoir qui ordonnera le mieux le plan d'un jardin délicieux, qui ménagera le mieux une perspective, qui dirigera le mieux le cours d'un ruisseau; qui, d'une main plus diligente, construira un frais berceau; qui le premier saluera le doux printemps; qui montrera la fleur la plus précoce, parure et orgueil de Flore; qui donnera au jus de Pomone un parfum rival de la mousse pétillante du champagne! Heureux jours consacrés aux occupations champêtres! Heureuses soirées d'hiver, quand, autour de l'ardent foyer qui échauffe la salle spacieuse, sa naïve famille charme gaiement les heures par les soins domestiques, ou par un aimable entretien, qui n'immole pas à de faciles épigrammes un nom estimable; ou quand, égarés parmi les régions de la féerie, des contes et des chants, ils cherchent dans des aventures imaginaires tout ce qui intéresse l'humanité, jusqu'à ce que, perdus dans ce dédale de fictions, ils oublient les moments fugitifs réservés au repos! Quelquefois vers le soir, ses voisins entr'ouvrent sa porte, et viennent sans être invités égayer son heureuse retraite. Autour d'un banquet frugal et de riantes coupes ils confondent leurs joies innocentes, et dans leurs entretiens variés parcourent tout ce qui amuse ou éclaire l'esprit. Quelquefois aussi vers le soir, car j'aime savourer le fruit né sans culture sur un terrain fertile, l'honnête et gai villageois viendrait sous mon toit hospitalier chercher dans ma coupe l'oubli de ses travaux, et, assis à ma table, se croirait encore chez lui.

Ibid.

ARNAUD (François-Thomas-Marie de Baculard d'), né à Paris, le 15 septembre 1718, appartenait à une famille noble originaire du Comtat-Venaissin. Il donna de bonne heure des preuves de talent, et fit naître des espérances que l'avenir ne confirma qu'en partie. Voltaire, auquel le jeune d'Arnaud inspirait de l'intérêt, l'aida de ses conseils et de sa bourse, et favorisa ainsi ses goûts littéraires. La comédie du *Mauvais Riche*, représentée en 1750, sur un théâtre de société, fournit à d'Arnaud le moyen de s'acquitter envers son protecteur, et de lui présenter Lekain, depuis si célèbre, et dont le rare talent s'associa à tous les triomphes de l'auteur de Zaïre; malheureusement l'extrême susceptibilité de celui-ci détruisit les liens qui l'unissaient à d'Arnaud, et un compliment poétique beaucoup trop flatteur que lui adressa le roi de Prusse, choqua tellement Voltaire, qu'il lui fit expier, par une foule de plaisanteries sur sa personne et sur ses ouvrages, l'honneur d'avoir été chanté par un roi.

D'Arnaud, après un assez court séjour à Berlin, où Frédéric l'avait appelé, alla à Dresde occuper le poste de secrétaire de légation. Enfin, pressé de revenir dans sa patrie, il reparut à Paris où, après avoir passé quelque temps dans le grand monde, il finit par mener une vie retirée, et s'occupa uniquement de composer ses nombreux ouvrages. Le genre qu'il embrassa, les plaisanteries de Voltaire, les spirituelles railleries de Beaumarchais contribuèrent et contribuent encore à entretenir sur sa personne un léger vernis de ridicule. Sa prolixe sensibilité, les situations plus noires que pathétiques où il a placé ses héros, manquent assez souvent leur effet; on ne peut cependant lui refuser de la chaleur et quelquefois une sensibilité vraie. Jean-Jacques disait : « La plupart de nos gens de lettres écrivent avec « leur tête et leurs mains : M. d'Arnaud écrit avec son « cœur. »

Emprisonné pendant le régime de la terreur, d'Arnaud recouvra sa liberté pour mener une vie malheureuse qu'il termina le 8 novembre 1805, dans sa quatre-vingt-huitième année.

Il serait trop long, et d'ailleurs peu utile, de faire le calcul de ses ouvrages. On le trouve dans *les Siècles littéraires de la France*, par Desessart.

Il avait fait dans sa jeunesse plusieurs tragédies qui ne furent point représentées; plus tard il en composa d'autres qui ne le furent pas non plus, à l'exception du *Comte de Comminge*, joué en 1790, et qui obtint quelque succès. Parmi les romans ou nouvelles qu'il publia, les plus célèbres sont : *Les Épreuves du sentiment, les Délassements de l'homme sensible*, et *les Époux malheureux*. Ses poésies ont été recueillies en partie, en 3 vol. in-12, 1751. *Les Lamentations de Jérémie*, quoique réimprimées plusieurs fois, ne jouissent que d'une estime médiocre.

ARNAULD (Antoine), le plus célèbre de cette famille qui a fourni tant de personnages recommandables, était le huitième des enfants d'Antoine Arnauld et de Catherine Marion. Il naquit à Paris le

6 février 1612. Ayant perdu son père à l'âge de sept ans, sa mère demeura chargée de son éducation. Le jeune Arnauld fit ses humanités avec ses neveux, MM. Le Maître et de Sacy, fils d'une sœur aînée, et qui étaient à peu près de son âge. C'est à tort que quelques biographes ont dit qu'ils avaient étudié au collège de Beauvais; dans un de ses écrits Arnauld lui-même, en parlant de son éducation, ne cite que le collège de Calvi, qui était annexé à la maison de Sorbonne. Après avoir fait sa philosophie au collège de Lisieux, il s'appliqua à l'étude du droit en même temps que Le Maître; mais bientôt la volonté de sa mère, et les conseils de l'abbé de Saint-Ciran, lui firent quitter cette carrière pour se livrer à la théologie.

Arnauld suivit donc les leçons de la Sorbonne, et eut pour professeur Lescot, depuis confesseur du cardinal de Richelieu, et évêque de Chartres. Ce fut là que les premières idées sur la grace lui furent inculquées; mais il ne devait pas suivre à cet égard les leçons de son maître. L'abbé de Saint-Ciran, sans s'expliquer avec le jeune homme, lui donna à lire les opuscules de saint Augustin sur la grace, et lui conseilla de les bien étudier. Arnauld lut le livre, et bien loin de le comprendre comme son professeur, il en tira une doctrine tout-à-fait opposée qu'il soutint en 1636, dans son *Acte de tentative*, dédié au clergé de France alors assemblé. Son professeur ne put lui pardonner de n'avoir pas soutenu les sentiments qu'il lui avait dictés, et lui en témoigna depuis, dans plusieurs rencontres, son indignation.

Entré en licence, en 1638, il y fit preuve d'une érudition étonnante dans un jeune homme, et dont rendirent témoignage, devant le cardinal de Richelieu, les docteurs de Sorbonne, députés vers lui au sujet de l'admission dans la société, que les règlements de la maison de Sorbonne empêchaient d'accorder à Arnauld. Cette éclatante justice ne lui fit pas gagner sa cause, et il ne fut de la société qu'en 1643, après la mort du cardinal. Il avait reçu la prêtrise en septembre, et le bonnet de docteur le 19 décembre 1641. Il faudrait entrer dans des détails trop longs pour rendre compte de cette affaire; on les trouvera rassemblés dans le tome V de l'*Histoire de Port-Royal*, page 349 et suivantes. Dans le temps qu'Arnauld aspirait à la prêtrise, il résolut de donner son bien à la maison de Port-Royal, où il faisait de fréquentes retraites, et il exécuta cette résolution « pour imiter, dit son historien, les saints « prêtres des premiers siècles, qui ont apporté ce « dépouillement pour préparation au sacerdoce. »

Arnauld, après son doctorat, s'était voué à une retraite presque totale; ce fut pendant les deux années qui suivirent, qu'il continua son *Traité de la fréquente Communion*, commencé en 1640, lorsqu'il n'était pas encore prêtre. C'est une exposition des règles de la pénitence. Cet ouvrage parut en 1643, et ce fut par là que commença la vie publique de son auteur. Un grand nombre d'évêques donnèrent leur approbation à la doctrine qui y était contenue; le monde en jugea de même, et les éditions se succédèrent rapidement.

Les Jésuites se déchaînèrent contre le livre et son auteur; et le succès qu'ils obtenaient tous deux, fut la cause des persécutions qu'essuya l'illustre docteur. Des ordres de la cour le déterminèrent d'abord à faire le voyage de Rome pour rendre compte de sa foi; mais, ayant changé d'avis, en 1644, il se cacha chez M. Hamelin, dans le Faubourg Saint-Marceau. Il y resta jusqu'à ce que le feu de cette persécution fût passé, et se retira ensuite à Port-Royal en 1648. Les querelles du jansénisme s'envenimaient alors de plus en plus; Arnauld prit parti pour Jansénius, et écrivit en sa faveur; ce qui n'empêcha pas les cinq fameuses propositions d'être condamnées à Rome. C'était de sa retraite de Port-Royal que le docteur combattait ses adversaires; sa vie entière fut consacrée à ces querelles, et, jusqu'au dernier soupir, il ne cessa de se livrer avec la même ardeur à la défense de ce qu'il croyait la vérité. En 1655, s'éleva la grande affaire au sujet du duc de Liancourt (*Hist. de Port-Royal*, t. V, p. 457).

Dans un de ses écrits, Arnauld avança une proposition qui fut vivement attaquée; et, quoiqu'il présentât le texte de saint Chrysostome et celui de saint Augustin, il n'en fut pas moins condamné par les docteurs de Sorbonne, et exclus de la société. Lorsque la censure fut lancée contre lui, il sortit de Port-Royal, et se cacha en différentes retraites, où il faillit souvent être arrêté. C'est à ce temps qu'il faut rapporter divers écrits où Arnauld, sans négliger d'ailleurs ses disputes théologiques, parcourut une carrière nouvelle. *La Logique de Port-*

Royal, ou *l'Art de penser*, la *Grammaire raisonnée*, les *Éléments de Géométrie*, attestèrent ce qu'on aurait dû attendre d'un tel génie, si des questions, aujourd'hui d'un intérêt secondaire, n'avaient pas absorbé la plus grande partie de son temps. Il demeura errant ainsi pendant plusieurs années jusqu'en 1668, où il sortit de chez la duchesse de Longueville pour rentrer à Port-Royal, à l'époque de la paix appelée *la paix de Clément IX*.

Aussitôt que cet accommodement fut conclu, l'archevêque de Sens et l'évêque de Châlons allèrent tirer Arnauld de sa retraite, et le conduisirent à l'hôtel du nonce. Ce ministre lui fit un accueil gracieux, et lui adressa ces mots : « Monsieur, vous avez une « plume d'or. »

Le roi ayant su que le nonce avait vu le docteur, voulut aussi le voir; et le jour même, M. de Pomponne, son neveu, le présenta à ce prince, qui le reçut avec distinction. Cependant ceux qui étaient mécontents de la paix de l'Église trouvèrent moyen d'empêcher la censure de la Sorbonne d'être abolie, et s'opposèrent à la réhabilitation d'Arnauld dans ses droits de docteur. Les affaires publiques de l'Église étant ainsi terminées, Arnauld recommença à mener une vie privée. En 1669, il publia, de concert avec Nicole, *la Perpétuité de la Foi*, ouvrage auquel ce dernier eut la plus grande part, et qui fut commencé en 1664, et achevé en 1668. Arnauld le dédia au pape Clément IX. Le deuxième et le troisième volumes parurent successivement, l'un en 1670 et l'autre en 1676.

Il composa encore beaucoup d'autres ouvrages dans l'intervalle de tranquillité qu'il obtint depuis 1669 jusqu'en 1679, où, devenu suspect en France, il fut obligé de se retirer dans les pays étrangers. Il partit le 18 juin de cette année et se retira d'abord à Bruxelles. L'affaire de la Régale lui causa de nouvelles inquiétudes ; et, quoique hors de France, des avis secrets lui prouvaient qu'il n'était pas encore assez en sûreté. On le cherchait ; on l'accusait d'avoir écrit contre la religion et contre l'état ; quelques personnes mêmes furent gravement compromises à Rouen où l'on avait saisi les ouvrages introduits dans le royaume. On rapporte à ce sujet ce mot de Despréaux, à qui l'on disait que le roi faisait chercher Arnauld : *Le roi*, dit-il, *est trop heureux pour le trouver !* Après avoir erré ensuite sur plusieurs points de la Hollande, Arnauld revint à Bruxelles vers la fin d'octobre 1682, sous la protection du marquis de Grana, qu'il pria de ne le point forcer de se montrer à cause de la guerre qui existait alors entre la France et l'Espagne. Cette retraite fut employée à composer encore un grand nombre d'ouvrages. C'est en cette année 1682 que commença la dispute avec Malebranche. Chacun des deux adversaires obtint gain de cause aux yeux de ses partisans. Malebranche, plus pacifique, céda le premier, en disant à son antagoniste qu'il était las de voir le *Journal des Savants* rempli de leurs pauvretés réciproques. Le trait suivant fait beaucoup d'honneur à Arnauld. On voulut l'engager à produire une pièce qui pouvait nuire à Malebranche, et que celui-ci lui avait autrefois confiée : *Rien ne serait plus malhonnête*, dit Arnauld; *j'aimerais mieux qu'on m'eût coupé la main que de lui en faire aucun reproche.* Une autre anecdote peint son infatigable activité et son caractère guerrier. Nicole, un peu las de cette vie aventureuse qu'ils menaient de compagnie, lui disait un jour qu'il était temps de se reposer : *Vous reposer!* s'écrie Arnauld, *eh! n'aurez-vous pas pour vous reposer l'éternité tout entière?*

Enfin, au terme d'une vie si orageuse, l'illustre fugitif vit approcher sa dernière heure avec tranquillité. Il expira à Bruxelles, le 8 août 1694, dans sa quatre-vingt-troisième année. Il fut enterré dans le chœur de l'église de Sainte-Catherine de cette ville. En octobre de la même année, son cœur fut apporté à Port-Royal, conformément à ses désirs.

Il serait trop long de faire l'énumération de ses ouvrages. On en trouve le catalogue dans Moréri, et en tête d'une vie d'Arnauld, 1783, in-4°, qui fait le complément nécessaire de la grande édition de ses œuvres, 1775 — 81, 42 vol. in-4°. On joint à cette édition *la Perpétuité de la Foi*, 5 vol. in-4°.

Parmi les autres Arnauld, le plus connu est Arnauld d'Andilly, frère aîné du docteur, qui traduisit l'historien Joseph, les *Confessions* de saint Augustin, et composa d'autres ouvrages recommandables. On remarque parmi ses poésies, la *Vie de Jésus-Christ*. Ce poème a été traduit en latin par Pierre de la Bastide, et une seconde fois par Gaspard de Varadier, 1682.

Nous avons encore de lui des *Stances sur les Vérités chrétiennes* et quelques pièces *sur la Délivrance de la Terre-Sainte*, et *sur la Solitude*.

J. B. Rousseau fait le plus grand éloge des poésies d'Arnauld d'Andilly. Dans une lettre rapportée à la fin du *Parnasse français* de Titon du Tillet, on lui attribue faussement des vers insérés dans un recueil intitulé : *Sentiments d'Amour*. La muse d'Arnauld d'Andilly a été consacrée uniquement à la piété et à la religion.

Son fils aîné, ANTOINE ARNAULD, après avoir quitté la carrière militaire, embrassa l'état ecclésiastique, et fut abbé de Chaulnes. Il a publié des *Mémoires*, recherchés à cause d'un certain nombre de faits qui ont échappé aux nombreux chroniqueurs du siècle de Louis XIV.

DE BROTONNE.

JUGEMENTS.

I.

Un génie peut-être supérieur à celui du Père Malebranche, et qui a passé avec raison pour le plus grand dialecticien de son siècle, pourrait suffire seul pour donner un modèle de la méthode avec laquelle on doit traiter, approfondir, épuiser une matière, et faire ensorte que toutes les parties du même tout tendent et conspirent également à produire une entière conviction.

Il est aisé de reconnaître M. Arnauld à ce caractère. La logique la plus exacte, conduite et dirigée par un esprit naturellement géomètre, est l'âme de tous ses ouvrages : mais ce n'est pas une dialectique sèche et décharnée, qui ne présente que comme un squelette de raisonnements; elle est accompagnée d'une éloquence mâle et robuste, d'une abondance et d'une variété d'images qui semblent naître d'elles-mêmes sous sa plume, et d'une heureuse fécondité d'expressions: c'est un corps plein de suc et de vigueur, qui tire toute sa beauté de sa force, et qui fait servir ses ornements mêmes à la victoire. Il a d'ailleurs combattu pendant toute sa vie; il n'a presque fait que des ouvrages polémiques; et l'on peut dire que ce sont comme autant de plaidoyers, où il a toujours eu en vue d'établir ou de réfuter, d'édifier ou de détruire, et de gagner sa cause par la seule supériorité du raisonnement.

On trouve donc dans les écrits d'un génie si fort et si puissant, tout ce qui peut apprendre l'art d'instruire, de prouver et de convaincre. Mais comme il serait trop long de les lire tous, on peut se réduire au livre de *la Perpétuité de la Foi*, auquel M. Nicole, autre logicien parfait, a eu aussi une grande part, et à des morceaux choisis, dans le livre qui a pour titre : *la Morale pratique*.

Le premier est une application continuelle des préceptes de la logique, qui enseignent à renverser les arguments les plus captieux, et à démêler les sophismes les plus subtils, en les ramenant toujours aux règles fondamentales du raisonnement.

Le second est plein de modèles dans l'art de discuter les faits, de digérer et de réunir les preuves, les conjectures, les présomptions, pour leur donner une évidence parfaite, ou du moins ce degré de vraisemblance et de probabilité qui, dans les questions de fait, tient lieu, en quelque manière, de l'évidence, et équipolle presque à la vérité.

D'AGUESSEAU, *IVe Instruction*.

II.

On donna à Arnauld le nom de *Grand*, dans le siècle du génie, et il en était d'autant plus digne, qu'il fut persécuté. Santeuil, Racine, Boileau, honorèrent à l'envi sa mémoire par des épitaphes. Le dernier surtout n'en parlait qu'avec enthousiasme : circonstance remarquable dans la vie de ce poète célèbre, et qui prouve l'élévation de son âme; car il n'ignorait pas combien ce docteur, accusé de jansénisme, avait eu le malheur de déplaire à Louis XIV. Mais l'amitié courageuse de Boileau ne se démentit point : il osa toujours la témoigner publiquement; et la gloire dont il semblait le plus jaloux, c'était d'apprendre à la postérité qu'il avoit mérité le suffrage d'un homme aussi généralement estimé.

Arnauld (disait-il), le grand Arnauld fit mon apologie.

L'ouvrage immortel de cet illustre écrivain n'est pas celui de la *Perpétuité de la Foi*, dans lequel il combattit le ministre Claude, sans le persuader; mais c'est *l'Art de penser*, livre véritablement classique, et l'un de ceux qui ont le plus contribué à perfectionner la raison humaine.

PALISSOT, *Mémoires sur la Littérature*.

III.

L'honneur d'occuper le premier rang au barreau français, appartient sur-tout à ce fameux Antoine Arnauld, qui se signala dans la controverse, en forme juridique, par son chef-d'œuvre sur *la Perpétuité de la Foi*, dont on ne saurait trop admirer le style, l'éloquence du raisonnement, l'érudition et la dialectique. Arnauld composa ces trois volumes in-4° pour développer et pour démontrer une seule phrase du cardinal Bellarmin ; et il en fit dans sa Préface un aveu d'autant plus noble, qu'on eût ignoré à jamais, sans lui, qu'il était redevable à un jésuite de l'idée très lumineuse de son ouvrage. Mais il ne dut qu'à son seul génie le choix d'un autre sujet dans lequel il a surpassé tous les orateurs du barreau, je veux dire son invincible *Apologie des Catholiques d'Angleterre*, accusés de conspiration contre le roi Charles II, en 1678. Lisez cette éloquente discussion. Que de larmes Arnauld vous fera répandre sur la mort du vertueux vicomte de Strafford! Orateur, sans chercher à l'être, il ne paraît pas se proposer de vous émouvoir; mais, par le simple récit des faits, par la seule dialectique, par les dépositions de témoins sur lesquelles les catholiques furent condamnés, il prouve péremptoirement leur innocence. Il vous attendrit sur le sort des infortunés dont il raconte les désastres; il remue votre sensibilité, par le seul ressort de l'évidence, qu'il a su rendre pathétique; et il rend exécrable pour toujours la mémoire du fameux Ouatès, qui inventa cette absurde calomnie. Jamais on n'a porté plus loin la démonstration morale; et il ne faut point oublier, en l'honneur du défenseur officieux qui s'est tant illustré par une pareille apologie, que, dans cet ouvrage, malgré les plus violentes préventions du jansénisme, Arnauld justifie victorieusement les jésuites, qu'il déteste, et qui, devenus à leur insu les clients de leur antagoniste le plus redoutable, durent être bien étonnés de l'entendre plaider leur cause, avec un zèle aussi généreux que touchant : bienfait dans lequel ils furent forcés d'admirer la plus sublime des vengeances !

Il serait à désirer sans doute que ce célèbre Arnauld, si injustement préféré par Boileau à tous les grands écrivains du siècle de Louis XIV, dans l'accès de la plus aveugle admiration que l'esprit de parti puisse inspirer, eût toujours traité des questions aussi propres à faire triompher son génie. Ce fameux chef de l'école de Port-Royal n'avait pas encore atteint sa vingt-huitième année, lorsque Descartes le consulta, *comme l'homme du siècle*, disait-il, sur ses *Méditations physiques*, et proclama lui-même dans ses lettres la prééminence de ses talents en tout genre. Il était né avec un esprit guerrier. On disait de lui, comme du docte Peteau, jésuite, qu'il n'écrivait jamais que pour critiquer ou pour réfuter les livres d'autrui. Il ne composa guère en effet que des ouvrages polémiques ; mais il aurait pu être compté parmi les plus grands orateurs, comme il le fut parmi les premiers controversistes de son siècle.

MAURY, *Essai sur l'Éloquence de la Chaire.*

IV.

Ne vous êtes vous pas demandé quelquefois comment cet Arnauld, pour lequel les plus beaux génies du XVIIe siècle avaient réservé le nom de *Grand*, n'a laissé que des ouvrages sans lecteurs ?.... Grand homme de son vivant, il n'est plus estimé que sur la foi de son siècle, parce que, dans la foule de ses compositions précipitées, il a négligé cet immortel talent d'écrire qui produit l'intérêt par l'élégance, et met dans un ouvrage l'impérissable empreinte de l'imagination et du goût. Arnauld n'est plus un orateur pour la postérité, parce qu'il ne fut jamais un grand écrivain.

Villemain, *Discours d'ouverture du Cours d'Éloquence française.*

ARNAULT (Antoine-Vincent), chevalier de la Légion-d'Honneur, ancien membre de l'Institut, est né à Paris, en 1766. On a de lui : *Marius à Minturnes*, tragédie en trois actes, 1791; *Lucrèce*, tragédie, 1792; *Cincinnatus ou la Conjuration de Spurius Manlius*, tragédie, 1793; *Horatius-Coclès*, tragédie lyrique, 1793; *Phrosine et Mélidor*, drame lyrique en trois actes, 1793 : ces deux opéra furent mis en musique par Méhul; *Oscar, fils d'Ossian*, tragédie en cinq actes, 1796; *Blanche et Montcassin ou les Vénitiens*, tragédie, 1798; *Don Pèdre ou le Roi et le Laboureur*, tragédie en cinq actes, 1802; *Scipion*, drame héroïque en un acte, 1804; *De l'Administration des Établissements d'Instruction publique, et de la Réorganisation de l'Enseignement*, in-8°, 1804; Quatre *Discours sur l'Instruction publique*, prononcés dans les distributions générales des prix, faites par le ministre de l'intérieur, dans le local de l'Institut, aux écoles nationales; la *Rançon de Du Guesclin ou les Mœurs du douzième Siècle*, comédie, 1813; *Fables*, in-12, 1812; *Chant lyrique pour l'Inauguration de la Statue votée à l'Empereur*, par *l'Institut*; *Cantate sur la naissance du Roi de Rome*; *Germanicus*, tragédie en cinq actes, 1816. M. Arnault a lu à l'Institut des fragments d'une tragédie intitulée : *Zénobie*; une autre, intitulée *les Guelfes et les Gibelins*, qu'il a lue au théâtre Français, a été inscrite au répertoire; depuis il a fait recevoir la tragédie de *Lycurgue*. Dans un recueil de poésies intitulé : *l'Hymen et la Naissance*, on trouve cinq pièces de M. Arnault. Il a donné à Bruxelles, en 1815, une nouvelle édition de ses *Fables*, augmentées de deux livres; et, à La Haye, la collection de ses *OEuvres*, qui composait six volumes in-8°. Il a, en outre, travaillé à la rédaction de plusieurs ouvrages périodiques, notamment aux *Veillées des Muses*, en 1797, au *Mercure*, en 1815, et il a fourni plusieurs articles, de 1816 à 1820, au journal belge intitulé *le Libéral*. Il est un des quatre éditeurs de la *Biographie des Contemporains*. Son fils aîné, Lucien-Émile, qui, en sortant de la carrière administrative, s'est livré comme lui à la culture des lettres, a fait recevoir au théâtre Français, en 1818, une tragédie intitulée *Pertinax*, qu'on attribue à son père, et en 1819, la tragédie de *Régulus*, qui lui appartient tout entière, et qu'on a représentée avec succès.

JUGEMENTS.

I.

Des différentes pièces de M. Arnault, celle qui jusqu'à présent a produit le plus de sensation, et par laquelle il nous paraît avoir donné l'idée la plus favorable de son talent, c'est *Blanche et Montcassin*;

sujet en partie d'invention, en partie emprunté de l'histoire, et dont la scène se passe à Venise. La principale intention de l'auteur (et il y a réussi) a été de peindre, avec autant de vérité que d'énergie, l'effrayant pouvoir confié dans cette république à ce que l'on nommait le *Conseil des Trois*, ou les *Inquisiteurs d'État*. La scène de terreur que produit, au cinquième acte, un jugement de ce conseil, exécuté aussitôt que rendu, est la catastrophe de la pièce.

Elle fit sur les spectateurs, elle fait même à la lecture, une impression d'autant plus vive qu'elle tient de la manière anglaise, qui commence à s'introduire sur nos théâtres, mais que M. Arnault n'a employée qu'avec la réserve que le goût devait lui prescrire, et dont il serait très dangereux de s'écarter.

Il n'a pas traité moins heureusement la partie pathétique de sa pièce. Les personnages de Blanche et de Montcassin sont très intéressants, et le caractère noble et généreux de Capello, forme avec celui de Contarini, un contraste que nous regardons comme un des beaux ornements de son ouvrage.

Palissot, *Mémoires sur la Littérature.*

II.

Il y a dix-sept ans, M. Arnault, très jeune alors, fit représenter sa première tragédie de *Marius à Minturnes*. Le caractère fortement tracé du héros, des traits énergiques, la belle scène du Cimbre, la simplicité de l'action, la noblesse élevée du style, assurèrent à l'ouvrage un brillant succès. M. Arnault, l'année suivante, ne craignit point d'essayer un sujet d'une excessive difficulté, celui de *Lucrèce*. L'auteur a trop étudié son art pour ne pas condamner lui-même aujourd'hui l'amour de Lucrèce pour Sextus; et certes, dans une tragédie pareille, il ne sacrifierait plus à cet esprit de galanterie que Voltaire a signalé tant de fois comme le vice radical de notre ancien théâtre. Le délire simulé de Brutus, sous la tyrannie de Tarquin, porte un caractère bien autrement tragique. Ce n'était pas une entreprise vulgaire que de peindre ce vieux fondateur de la plus illustre des républiques, cachant tout l'avenir de Rome dans les replis de son âme profonde, et jouissant avec délices d'un avilissement passager qui assure la liberté de sa patrie. Cette conception forte et neuve mérite de rester au théâtre, et M. Arnault ne saurait apporter trop de soins à perfectionner l'ouvrage où il a su l'exécuter. La tragédie de *Cincinnatus* présente, pour ainsi dire, l'âge d'or de la république romaine; et, ce qui est bien honorable pour l'auteur, cette pièce, où triomphe une liberté sage, qui n'est autre chose que l'empire des bonnes lois, fut composée dans le temps horrible où triomphait parmi nous un despotisme sanguinaire, paré du nom de liberté. Dans *Oscar*, l'amour furieux et jaloux, l'amour vraiment tragique, est aux prises avec l'amitié. L'énergie des passions s'y déploie, et la scène de Dermid et de Fillan, est remarquable par des traits du plus beau dialogue. Mais de tous les ouvrages de l'auteur celui qui a le plus complètement réussi, sans en excepter *Marius*, c'est la tragédie des *Vénitiens*. Et comment ne pas rendre justice aux scènes touchantes de Blanche et de Montcassin, aux nobles développements du rôle de Capello, surtout à l'effet du cinquième acte, aussi original que tragique? En général, M. Arnault cherche toujours et trouve souvent des idées nouvelles; ses compositions lui appartiennent; son style est nourri de pensées.

D'ingénieux apologues de M. Arnault ont obtenu, à juste titre, les applaudissements d'un nombreux auditoire. Entre plusieurs que nous pourrions citer, qui ne se rappelle cette belle fable du *Chêne et des Buissons*, l'un des meilleurs ouvrages que l'on ait composés dans ce genre après La Fontaine? (*V*. p. 235.)

M. J. Chénier, *Tableau de la Littérature française.*

III.

Le recueil de fables que vient de publier M. Arnault est, sans contredit, un des plus piquants et des plus agréables qu'on nous ait donnés depuis La Fontaine : c'est même le seul qui ait véritablement un caractère, et ce mérite paraît avoir une **double** source : d'abord, l'auteur a inventé tous ses sujets, et n'a composé chacune de ses fables que d'après une vue, un rapport qui avait frappé son esprit dans l'observation de la nature et de la société; ensuite il a été guidé dans l'investigation et dans la découverte de ses sujets par l'instinct de ses propres affections, qui percent presque à chaque page de son recueil. M. Arnault ne semble point s'être dit : « Je me propose de faire des fables; » mais ses premières fables sont venues sans doute au-devant de lui, et ses yeux une fois ouverts sur cette multitude d'emblèmes inaperçus dont la nature et la société sont remplies, en ont rencontré partout; son oreille, accoutumée à ce langage secret que tout parle dans l'univers, en a recueilli tous les accents; c'est, pour ainsi dire, sous la dictée des choses mêmes qu'il a écrit; les dispositions de son âme n'ont pas été étrangères à ses inspirations, et il a quelquefois confié à l'apologue le soin de la soulager : il est impossible qu'un ouvrage conçu de cette manière, et conduit sur ce plan, manque au moins de physionomie et d'originalité, qualités singulièrement précieuses, et sans doute aujourd'hui les plus nécessaires de toutes à quiconque s'exerce dans un genre auquel il est si difficile de donner maintenant quelque relief. Mais peut-être l'apologue, en s'offrant dans un nouveau jour, a-t-il pris un peu trop, sous le pinceau du nouveau fabuliste, la couleur de la satire; peut-être quelques-unes des *Fables* de M. Arnault ont-elles trop la forme épigrammatique : celle-ci, par exemple, qui manque absolument d'action, et qui n'est qu'une jolie petite pièce de vers contre l'égoïsme :

Sans ami comme sans famille,
Ici bas vivre en étranger;
Se retirer dans sa coquille,
Au signal du moindre danger;
S'aimer d'une amitié sans bornes;
De soi seul emplir sa maison;
En sortir, suivant la saison,
Pour faire à son prochain les cornes;
Signaler ses pas destructeurs
Par les traces les plus impures;
Outrager les plus tendres fleurs

Par ses baisers ou ses morsures ;
Enfin, chez soi, comme en prison,
Vieillir, de jour en jour plus triste ;
C'est l'histoire de l'égoïste,
Et celle du colimaçon.
(*Le Colimaçon.*)

Ce morceau est bien tourné ; cette description est légère et spirituelle ; le trait de la fin est plein de grace et de vivacité ; mais, après tout, ce n'est point là une fable. L'apologue est essentiellement une petite scène, un petit drame ; et il n'y a rien ici de dramatique ; on peut faire le même reproche à la pièce suivante :

On nous raconte que Léda,
Par le diable autrefois tentée,
D'un amant à l'aile argentée,
Un beau matin s'accommoda :
Hélas ! ces caprices insignes
Sont encor les jeux des amours,
Si ce n'est qu'on voit de nos jours
Les dindons remplacer les cygnes.
(*Les Cygnes et les Dindons.*)

L'épigramme, la boutade est fort bonne ; mais cela ne peut pas s'appeler une fable. Cette critique, à laquelle je suis loin d'attacher trop d'importance, n'est applicable qu'à une très petite partie du recueil, rempli d'ailleurs de véritables apologues fort bien conçus, et très conformes aux règles du genre ; il en est une autre que j'ai déjà indiquée, et dont l'application est plus générale : l'auteur semble n'avoir acheté l'avantage de l'originalité qui distingue ses fables qu'aux dépens d'une certaine douceur, d'une certaine aménité, qui forme un des caractères les plus aimables de l'apologue, et qu'on regrette de ne pas trouver dans un certain nombre de ses compositions : cette physionomie nouvelle qu'il a su donner à la fable, a parfois quelque chose de passionné, de brusque et même de violent; quelquefois le ton du nouveau moraliste paraît âpre, et l'apologue, dans ce recueil, s'étonne souvent de cacher sous son voile innocent les armes sanglantes de la satire. Ici, les citations ne me manqueraient pas si je croyais devoir alléguer des preuves; mais j'aime mieux indiquer comme un modèle de la grace et de l'enjouement, de la plaisanterie inoffensive et gaie, que j'aurais voulu rencontrer partout dans les *Fables* de M. Arnault, celle qui a pour titre : *le Secret de Polichinelle :* elle est malheureusement trop étendue pour que je puisse la transcrire ici; mais elle ne paraîtra longue à aucun lecteur; c'est, à l'exception d'un ou deux traits, un petit chef-d'œuvre d'un goût exquis (*Voyez* page 233). Plusieurs autres me semblent aussi composées dans cette juste mesure où la malice de l'épigramme et la causticité de la satire ont besoin d'être renfermées pour ne pas altérer et corrompre la douce naïveté de l'apologue. Heureux les écrivains qui fournissent eux-mêmes à la critique les exemples des perfections dont ils s'écartent quelquefois! Presque tous les sujets de M. Arnault sont ingénieux et saillants; je ne reprendrais que celui de la *Pièce de Bœuf*, à laquelle l'auteur compare la *Louange :* cette comparaison ne me paraît ni gracieuse, ni naturelle; peut-être aussi quelques censeurs plus sévères voudraient-ils effacer la fable intitulée : *le Chien et les Puces*, qui commence ainsi :

>A-t-on des puces, mes amis?
>Il faut songer à s'en défaire.

Peut-être s'appuieraient-ils sur ce vers de Boileau :

>Le style le moins noble a pourtant sa noblesse.

Quoiqu'il en soit, la diction de M. Arnault est pleine de noblesse, de vigueur et d'harmonie, toutes les fois que le sujet l'exige : il me semble que ces qualités, auxquelles on reconnaît le véritable poète, sont poussées très loin dans ce début de la fable qui a pour titre *le Fleuve* :

>Un grand fleuve parcourt le monde :
>Tantôt lent, il serpente entre des prés fleuris,
>Les embellit et les féconde;
>Tantôt rapide, il s'enfle, il se courrouce, il gronde,
>Roulant, précipitant, au milieu des débris,
>Son eau turbulente et profonde.
>A travers les cités, les guérets, les déserts,
>Il va distribuant à mesure inégale,
>Aux avides humains, dont ses bords sont couverts,
>Les trésors de son urne avare et libérale;
>Ainsi, tandis que l'un, dans son repos,
>Bénit la main de la nature,
>Qui dans son héritage a fait passer leurs flots,
>Ou les lui donne pour ceinture;
>L'autre maudit le sol, dont les flancs déchirés
>Reproduisent sans cesse et le roc et la pierre,
>Indestructible digue, éternelle barrière,
>Assise entre le fleuve et ses champs altérés.

Peu d'écrivains, je crois, font aujourd'hui des vers aussi énergiques et aussi sonores que ceux qu'on vient de lire. Nous comptons peu de pièces où la période poétique soit maniée avec plus d'adresse et de bonheur. Les connaisseurs observeront avec quel art les césures et les repos sont ménagés, distribués, variés dans cette tirade, qu'on peut regarder comme un morceau d'étude fait de main de maître; bientôt l'auteur change de ton avec beaucoup de souplesse et de goût, et, passant du noble au familier, termine ainsi une des plus agréables fables de son recueil :

> Mais le plaisant de cette histoire,
> C'est de voir certain compagnon
> Plongé dans l'eau jusqu'au menton :
> Plus il a bu, plus il veut boire.
> Insatiable, et dans son bain,
> Cent fois moins heureux et moins sage,
> Qu'un homme qui, tout près, sans désir, sans dédain,
> Regardant l'eau couler, n'en prend pour son usage
> Que ce qui peut tenir dans le creux de sa main.
> Homme rare, sur ma parole !
> Avec moi vous en conviendrez,
> Mes bons amis, quand vous saurez
> Que notre fleuve est le Pactole.

Il y a, en général, une grande flexibilité dans le style de ces fables qui étincellent de traits ; et l'auteur, aux différents genres de mérite que j'ai déjà fait remarquer dans sa manière, joint cette correction soutenue et cette pureté suivie, qui sont les fruits de l'attention et du travail.

Je ne sais si, dans cet extrait, j'ai mis le lecteur

à portée de se former une idée juste et complète des apologues de M. Arnault; mais voici en résumé ce que j'en pense : ils sont écrits supérieurement ; ils ont un sel de nouveauté qui pique et réveille le goût qu'affadit la plupart des autres apologues ; ils sont pleins d'originalité, de légèreté, d'esprit; un peu acrimonieux en quelques endroits, un peu durs dans leurs vivacités satiriques; mais la satire et l'épigramme sont de puissants véhicules.

DUSSAULT, *Annales littéraires*.

MORCEAUX CHOISIS.

1 Marius dans les marais de Minturnes.

Le monde a conspiré la perte d'un seul homme,
Et la nature entière est d'accord avec Rome.
De son sein l'Océan m'écarte avec effroi,
La terre me repousse et s'ébranle sous moi.
C'est en vain que la nuit, moins cruelle et plus sombre,
Favorise mes pas et me prête son ombre ;
Au défaut du soleil, la foudre ici me luit,
Et montre à l'univers qu'enfin Marius fuit!
Par d'étonnants revers le sort veut que j'expie
Les étonnants succès qui signalent ma vie;
Il veut faire admirer à la postérité
Mon infortune autant que ma prospérité...
Tout se tait; tout a fui dans une horreur profonde,
Et seul je semble errer sur les débris du monde.
Je n'irai pas plus loin : j'attends ici mon sort.
Ce n'est pas d'aujourd'hui que je brave la mort.
Demanderai-je aux dieux qu'un trépas plus illustre
Au nom de Marius ajoute un nouveau lustre?
Quarante ans de combats m'ont épargné ce soin,
Et, pour être immortel, je n'en ai pas besoin.
Expirer loin de Rome, en cette solitude,

N'est-ce pas la punir de son ingratitude ?
Je l'abandonne en proie au plus pressant danger.
Oui, me laisser mourir, c'est assez me venger.
Teutons, Cimbres, Gaulois, que ce jour vous rallie,
La mort de Marius vous livre l'Italie.
Mais Sylla cependant ne recueille-t-il pas
Cet absolu pouvoir, objet de nos débats ?
Favorable à ses vœux, mon désespoir seconde
Son orgueil qui l'appelle à l'empire du monde.
Est-ce ainsi que mon cœur apprit à le haïr ?
Son plus fidèle ami le peut-il mieux servir ?
Ah! quels que soient les maux dont la mort nous délivre,
Montrons-nous Marius, en osant encor vivre.
Dussé-je encor m'attendre à de plus grands revers,
Je ne puis me résoudre à céder l'univers.
Vivons, tant que ce noble et puissant héritage
D'un autre que mon fils peut être le partage;
Vivons, tant qu'un sénat guidé par l'intérêt
N'aura pas à mes pieds révoqué mon arrêt;
Vivons, tant que ce bras, pour victoire dernière
N'aura pas à Sylla fait mordre la poussière;
Vivons : le ciel le veut. En ces lieux j'aperçois
L'abri qui m'est offert sous ces rustiques toits.
C'est chez l'infortuné que la pitié se trouve :
Sans peine on compâtit aux maux que l'on éprouve*.
A travers tant d'écueils les dieux qui m'ont sauvé,
Au plus affreux trépas ne m'ont point réservé.
Leurs mains, qui sous mes pas aplanissent la route,
Pour un grand avenir m'ont réservé sans doute.
Éprouvons les destins, fatiguons leur courroux,
Voyons si le malheur est plus constant que nous.

Marius à Minturnes.

* Non ignara mali, miseris succurrere disco.
VIRG. *Æneid.* I, 630.

ARNAULT.

II. Le Secret de Polichinelle.

Qui découvre une vérité,
 A dit un grave personnage,
La gardera pour soi, s'il est quelque peu sage,
 Et chérit sa tranquillité.
Socrate, Galilée, et gens de cette etoffe,
Ont méconnu ce dogme, et s'en sont mal trouvés.
 Quels maux n'ont-il pas éprouvés!
D'abord, c'est Anitus qui crie au philosophe;
Mélitus applaudit; et mon sage, en prison,
Reconnaît, mais trop tard, le tort d'avoir raison.
Socrate y but la mort: mais quoi! son infortune,
Qui n'a fait qu'assurer son immortalité,
Pourrait-elle étonner mon intrépidité?
Ce qu'il osa cent fois, je ne l'oserais une!
Non, non, je veux combattre un préjugé reçu:
Dût l'Anitus du jour, aboyant au scandale,
Calomnier mes mœurs pour venger la morale,
Je rectifie un fait qu'on n'a jamais bien su,
Des générations erreur héréditaire,
Erreur qu'avec Fréron partage aussi Voltaire.
Polichinelle, amis, n'était pas né bossu;
L'Histoire universelle affirme le contraire,
 Je le sais fort bien; mais qu'y faire?
 Ne pas lui céder sur ce point,
Ni sur cet autre encor: monsieur Polichinelle
Grasseyait bien un peu, mais ne bredouillait point,
Quoi qu'en ait dit aussi l'Histoire universelle;
Du reste, en fait d'esprit se croyant tout donné,
 Pour avoir un peu de mémoire,
Monsieur Polichinelle, au théâtre adonné,
Fondait sur ce bel art sa fortune et sa gloire:
Il voulait l'une et l'autre. Assez mal à propos,
Un soir donc il débute en costume tragique;

Ignorant, l'idiot, qu'un habit héroïque
  Veut une taille de héros.
Aussi la pourpre et l'or, dont mon vilain rayonne,
  Font-ils voir aux plus étourdis
  Ce qui, sous de simples habits,
  N'avait encor frappé personne :
  Son dos un peu trop arrondi,
  Son ventre un peu trop rebondi,
  Sa figure un peu trop vermeille.
De plus, si ce n'est trop de la plus douce voix
Pour dire ces beaux vers qui charment à la fois
  L'esprit et le cœur et l'oreille,
  Imaginez-vous mon grivois
Psalmodiant Racine et grasseyant Corneille.
  On n'y tint pas ; il fut hué,
  Sifflé, bafoué, conspué.
Un autre en serait mort, ou de honte, ou de rage ;
  Lui, plus sensé, n'en mourut pas,
  Et crut même de ce faux pas
  Pouvoir tirer quelque avantage.
« Mes défauts sont connus : pourquoi m'en affliger ?
  « Mieux vaudrait les mettre à la mode.
  « Je ne saurais les corriger,
  « Affichons-les ; c'est si commode !
  « Il est plusieurs célébrités.
  « Hommes de goût, gens à scrupules,
  « La vôtre est dans vos qualités,
  « La nôtre est dans nos ridicules. »
Il dit, et sur son dos, qui n'était que voûté,
  Il ajuste une bosse énorme ;
  Puis un ventre de même forme
  A son gros ventre est ajouté.
  Loin d'imiter ce Démosthènes,
  Qui, bredouilleur ambitieux,

ARNAULT.

Devant les flots séditieux,
Image du peuple d'Athènes,
S'exerçait à briser les chaînes
De son organe vicieux,
Confiait aux vents la harangue
Où des Grecs il vengeait les droits,
Et, pour mieux triompher des rois,
S'efforçait à dompter sa langue,
Polichinelle croit qu'on peut encor charmer,
Sans être plus intelligible
Que tel que je pourrais nommer ;
Et met son art à se former
Un parlage un peu plus risible ;
Puis, vêtu d'un habit de maint échantillon,
Il barbouille de vermillon
Sa face déjà rubiconde ;
Prend des manchettes, des sabots ;
Dit des sentences, de gros mots ;
Bref, n'omet rien pour plaire aux sots,
Et plaît à presque tout le monde.
Quels succès par les siens ne sont point effacés !
Les Roussels passeront, les Jeannots sont passés ;
Lui seul, toujours de mode, à Paris comme à Rome,
Peut se prodiguer sans s'user ;
Lui seul, toujours sûr d'amuser,
Pour les petits enfants est toujours un grand homme.

Ajoutons à ce que j'ai dit,
Que tel qui tout bas s'applaudit
De la faveur universelle,
Ne doit sa vogue et son crédit
Qu'au secret de Polichinelle.

III Le Chêne et les Buissons

Le vent s'élève, un gland tombe dans la poussière ;

Un chêne en sort. — Un chêne! osez-vous appeler
Chêne, cet avorton qu'un souffle fait trembler?
Ce fétu, près de qui la plus humble bruyère
   Serait un arbre! — Et pourquoi non?
Je ne m'en dédis pas, docteur; cet avorton,
Ce fétu c'est un chêne, un vrai chêne, tout comme
   Cet enfant qu'on berce est un homme.
Quoi de plus naturel d'ailleurs que vos propos!
Vous n'avez rien dit là, docteur, qu'en leur langage,
   Tous les buissons du voisinage
Sur mon chêne, avant vous, n'aient dit en d'autres mots:
« Quel brin d'herbe, en rampant, sous notre abri se range?
  « Quel germe inutile, égaré,
  « A nos pieds végète enterré
  « Dans la poussière et dans la fange? »
« Messieurs, leur répondait, sans discours superflus,
« Le germe, au fond du cœur, chêne dès sa naissance,
« Messieurs, pour ma jeunesse ayez plus d'indulgence.
« Je croîs, ne vous déplaise, et vous ne croissez plus. »
   Le germe raisonnait fort juste:
Le temps qui détruit tout, fait tout croître d'abord;
   Par lui le faible devient fort;
  Le petit, grand; le germe, arbuste.
Les buissons, indignés qu'en une année ou deux
   Un chêne devînt grand comme eux,
  Se récriaient contre l'audace
« De cet aventurier qui, comme un champignon,
« Né d'hier, et de quoi? sans gêne ici se place,
« Et prétend nous traiter de pair à compagnon! »
L'égal qu'ils dédaignaient cependant les surpasse;
D'arbuste il devient arbre, et les sucs généreux,
   Qui fermentent sous son écorce,
De son robuste tronc à ses rameaux nombreux
Renouvelant sans cesse et la vie et la force,

Il grandit, il grossit, il s'allonge, il s'étend,
    Il se développe, il s'élance;
      Et l'arbre, comme on en voit tant,
    Finit par être un arbre immense.
De protégé qu'il fut, le voilà protecteur,
Abritant, nourrissant des peuplades sans nombre;
    Les troupeaux, les chiens, le pasteur,
    Vont dormir en paix sous son ombre;
L'abeille, dans son sein, vient déposer son miel,
    Et l'aigle suspendre son aire
A l'un des mille bras dont il perce le ciel,
Tandis que mille pieds l'attachent à la terre.
L'impétueux Eurus, l'aquilon mugissant,
En vain contre sa masse ont déchaîné leur rage;
Il rit de leurs efforts, et leur souffle impuissant
    Ne fait qu'agiter son feuillage.
    Cybèle aussi n'a pas de nourrissons,
De l'orme le plus fort au genêt le plus mince,
Qui des forêts en lui ne respecte le prince:
Tout l'admire aujourd'hui, tout, hormis les buissons.
« L'orgueilleux! disent-ils, il ne se souvient guères
    « De notre ancienne égalité;
    « Enflé de sa prospérité,
« A-t-il donc oublié que les arbres sont frères?
« Si nous naissons égaux, repart avec bonté,
« L'arbre de Jupiter, dans la même mesure,
« Nous ne végétons pas; et ce tort, je vous jure,
    « Est l'ouvrage de la nature,
    « Et non pas de ma volonté.
« Le chêne vers les cieux portant un front superbe,
    « L'arbuste qui se perd sous l'herbe,
    « Ne font qu'obéir à sa loi.
« Vous la voulez changer, ce n'est pas mon affaire;
    « Je ne dois pas, en bonne foi,

« Me rapetisser pour vous plaire :
« Mes frères, tâchez donc de grandir comme moi. »

IV. La Feuille *

De ta tige détachée,
Pauvre feuille desséchée,
Où vas-tu ? — Je n'en sais rien :
L'orage a brisé le chêne
Qui seul était mon soutien.
De son inconstante haleine,
Le zéphyre ou l'aquilon,
Depuis ce jour, me promène
De la forêt à la plaine,
De la montagne au vallon.
Je vais où le vent me mène,
Sans me plaindre ou m'effrayer;
Je vais où va toute chose,
Où va la feuille de rose
Et la feuille de laurier.

---

* Nous croyons faire plaisir au lecteur, en lui offrant la traduction latine suivante de cette charmante fable de M. Arnault ; l'auteur de cette version est M. Léon Thiessé :

Ramo lapsa tuo, tristis et arida,
Quò, frons, tendis iter ? — Nescio ; concidit
  Nimbos passa furentes,
Solum heu ! quæ columen fuit,

Quercus ; nunc Zephyrus, nunc aquilo procax,
Hùc illùc, variis flaminibus, vagam
  E vallo ad jugum, ab agro
Ad sylvam docilem ferunt.

Quò me ventus agit, nulla querens agor ;
Quò res cuncta fluit, nulla timens fluo,
  Hùc quò denique currunt
Et lauri folium, et rosæ.

V. Le Chien et le Chat.

Pataud jouait avec Raton,
Mais sans gronder, sans mordre, en camarade, en frère :
Les chiens sont bonnes gens; mais les chats, nous dit-on,
　　Sont justement tout le contraire.
　　Raton, bien qu'il jurât toujours
　　Avoir fait patte de velours,
Raton, et ce n'est point une histoire apocryphe,
Dans la peau d'un ami, comme fait maint plaisant,
　　Enfonçait, tout en s'amusant,
　　Tantôt la dent, tantôt la griffe.
　　Pareil jeu dût cesser bientôt.
　　« Eh quoi! Pataud, tu fais la mine :
　　« Ne sais-tu pas qu'il est d'un sot
　　« De se fâcher quand on badine ?
　　« Ne suis-je pas ton bon ami ?
« — Prends le nom qui convient à ton humeur maligne,
　　« Raton, ne sois rien à demi :
　　« J'aime mieux un franc ennemi
　　« Qu'un bon ami qui m'égratigne. » *

ARRIEN (Flavius), historien grec, disciple d'Épictète, était de Nicomédie, ville de Bithynie. L'étude de la philosophie n'empêcha point Arrien d'embrasser la profession des armes, et il s'y montra avec tant de distinction que l'empereur Adrien lui conféra le titre de citoyen romain. Ce fut à cette occasion qu'Arrien prit le nom de Flavius. Appelé au gouvernement de la Cappadoce, vers l'an 134 après et non avant J. C., comme le dit la *Biographie universelle*, il

* *V.* p. 226 et suiv de ce volume les autres fables citées par M Dussault.

défendit cette province contre les attaques des alains. Le succès couronna ses efforts; et la reconnaissance d'Adrien le fit parvenir au consulat et à la dignité de sénateur. Sa patrie lui donna la grande prêtrise de Cérès et de Proserpine. On sent, en lisant Arrien, la différence de l'école qu'il avait suivie et de celle où Xénophon avait puisé de sublimes leçons. Le sentiment religieux qui les anime tous deux prend une teinte particulière dans chacun, et l'on voit que la doctrine de Socrate conduisait à l'amour, tandis que celle d'Épictète ne produisait que le respect et la soumission. Leur style s'en ressent : celui de Xénophon riche et simple à la fois, conserve toujours un caractère de franchise et de naïveté; celui d'Arrien est sec et dépouillé d'ornements. Il paraîtrait que les anciens n'avaient pas une idée aussi sévère que nous du *décorum* qui convient à un grave historien, car Arrien n'avait pas dédaigné d'écrire l'histoire d'un brigand célèbre nommé Tilliboras. Ce livre a été perdu ainsi que les suivants : Les *Discours familiers d'Épictète; De la Vie et de la mort d'Épictète;* les *Évènements qui ont suivi la mort d'Alexandre;* les *Gestes de Timoléon;* les *Guerres contre les Parthes;* l'*Affranchissement de Syracuse, par Dion;* les *Bithyniques,* dont parle Photius. Ce même Photius, dans sa *Bibliothèque,* donne un abrégé sommaire du livre d'Arrien, *des Évènements qui ont suivi la mort d'Alexandre.* Nous avons de cet historien philosophe le *Manuel d'Épictète* et les *Dissertations sur la philosophie;* les *Expéditions d'Alexandre;* (cet ouvrage divisé en sept livres, a été composé d'après les relations contemporaines de Ptolomée et d'Aristobule); enfin *les Indiques*, que l'on joint ordinairement à l'ouvrage précédent, et qui en forment le complément. On estime beaucoup l'édition de Gronovius, grec-latin : Leyde, in-fol., 1704. Perrot-d'Ablancourt a traduit les *Expéditions d'Alexandre*, et on lit encore sa traduction, malgré celle qu'a fait paraître M. Chaussard; Paris, 1802, 3 vol. in-8°, avec atlas in-4°, et à laquelle il a joint des Commentaires. Il existe encore cinq traités d'Arrien; on les trouve réunis dans l'ouvrage intitulé : *Fl. Arriani tactica acies contrà Alanos; cum notis variorum*; 1683. On peut consulter sur Arrien La Mothe le Vayer, *Historiens grecs*; et de Sainte-Croix, *Examen critique des Historiens d'Alexandre*.

ARTS LIBÉRAUX. Rien de plus bizarre en apparence que d'avoir ennobli les arts d'agrément, à l'exclusion des arts de première nécessité; d'avoir distingué dans un même art l'agréable d'avec l'utile, pour honorer l'un de préférence à l'autre; et cependant rien de plus raisonnable que ces distinctions, à les regarder de près.

La société, après avoir pourvu à ses besoins, s'est occupée de ses plaisirs; et le plaisir, une fois senti, est devenu un besoin lui-même. Les jouissances sont le prix de la vie; et on a reconnu dans les arts d'agrément le don de les multiplier. Alors, regardant tous les arts comme utiles, et sans distinction des genres de bonté, on n'a considéré que l'encouragement qu'exigeaient les uns et les autres, et on leur a proposé des récompenses relatives aux facultés et aux inclinations de ceux qui devaient s'y exercer.

Le premier objet des récompenses est d'encourager les travaux. Or des travaux qui ne demandent que des facultés communes, telles que la force du corps, l'adresse de la main, la sagacité des organes, et une industrie facile à acquérir par l'exercice et l'habitude, n'ont besoin, pour être excités, que de l'appât d'un bon salaire. On trouvera partout des hommes robustes, laborieux, agiles, adroits de la main, qui seront satisfaits de vivre à l'aise en travaillant, et qui travailleront pour vivre.

A ces arts, même aux plus utiles et de première nécessité, on a donc pu ne proposer qu'une vie aisée et commode; et les qualités naturelles qu'ils supposent ne sont pas susceptibles de plus d'ambition. L'âme d'un artisan, celle d'un laboureur ne se repaît point de chimères; et une existence idéale l'intéresserait faiblement.

Mais pour les arts dont le succès dépend de la pensée, des talents, de l'esprit, des facultés de l'âme, sur-tout de l'imagination, il a fallu non-seulement l'émulation de l'intérêt, mais celle de la vanité; il a fallu des récompenses analogues à leur génie, et dignes de l'encourager; une estime flatteuse aux uns, une espèce de gloire aux autres, et à tous des distinctions proportionnées aux moyens et aux facultés qu'ils demandent.

Ainsi s'est établie dans l'opinion la prééminence des arts libéraux sur les arts mécaniques, sans égard à l'utilité, ou plutôt en les supposant diversement utiles, les uns aux besoins de la vie, les autres à son agrément.

Cette distinction a été si précise, que, dans le même art, ce qui exige un degré peu commun d'intelligence et de génie, a été mis au rang des arts libéraux, tandis qu'on a laissé au nombre des arts mécaniques, ce qui ne suppose que des moyens physiques, ou les facultés de l'esprit données à la multitude. Telle est, par exemple, la différence de l'architecte et du maçon, du statuaire et du fondeur, etc. Quelquefois même on a séparé la partie spéculative et inventive d'un art mécanique, pour l'élever au rang des sciences, tandis que la partie exécutive est restée dans la foule des arts obscurs. Ainsi, l'agriculture, la navigation, l'optique, la statique tiennent par une extrémité aux connaissances les plus sublimes, et par l'autre à des arts que l'on n'a point ennoblis.

Les arts libéraux se réduisent donc à ceux-ci : l'éloquence, la poésie, la musique, la peinture, la sculpture, l'architecture, la gravure considérée dans la partie du dessin.

Par un renversement assez singulier, on voit que les plus honorés des arts, et ceux en effet qui méritent le plus de l'être, par les facultés qu'ils demandent et par les talents qu'ils supposent ; que les seuls même d'entre les arts qui exigent une intelligence, une imagination, un génie rare, et une délicatesse d'organes dont peu d'hommes ont été doués, sont presque tous des arts de luxe, des arts sans lesquels la société pourrait être heureuse, et qui ne lui ont apporté que des plaisirs de fantaisie, d'habitude et d'opinion, ou d'une nécessité très éloignée de l'état naturel de l'homme. Mais ce qui nous paraît un caprice, une erreur, un désordre de la nature, ne laisse pas d'être conforme à ses desseins : car ce qui est vraiment nécessaire à l'homme a dû être facile à tous; et ce qui n'est possible qu'au plus petit nombre a dû être inutile au plus grand.

Parmi les arts libéraux, les uns s'adressent plus directement à l'âme, comme l'éloquence et la poésie; les autres plus particulièrement aux sens, comme la musique et la peinture : les uns emploient pour s'exprimer des signes fictifs et changeants, les sons articulés; un autre emploie les signes naturels, et partout les mêmes, les accents de la voix, le bruit des corps sonores; les autres emploient, non pas des signes, mais l'apparence même des objets qu'ils expriment, les surfaces et les contours, les couleurs, l'ombre et la lumière; un autre enfin n'exprime rien (je parle de l'architecture), mais son étude est d'observer ce qui plaît au sens de la vue, soit dans le rapport des grandeurs, soit dans le mélange des formes; et son mérite est de réunir l'agrément et l'utilité.

Enfin, parmi ces arts, les uns ont la nature pour modèle; et leur excellence consiste à la choisir, et à composer d'après elle, aussi bien qu'elle, et mieux qu'elle-même : ainsi opèrent la poésie, la peinture et la sculpture. Tel autre exprime la vérité même, et n'imite rien; mais aux moyens qu'il emploie il donne toute la puissance dont ces moyens sont susceptibles : ainsi l'éloquence déploie tous les ressorts du sentiment, toutes les forces de la raison. Tel autre imite, ou par ressemblance, ou seulement par analogie; ainsi la musique a deux organes, l'un naturel, l'autre factice : la voix humaine, et les instruments qui peuvent seconder la voix, y suppléer, porter à l'âme, par l'entremise de l'oreille, d'agréables émotions.

On voit combien il serait difficile de réduire à un même principe des arts dont les moyens, les procédés, l'objet, diffèrent si essentiellement.

Quand il serait vrai, comme un musicien célèbre l'a prétendu, que le principe universel de l'harmonie et de la mélodie fût dans la nature, il s'ensuivrait que la nature serait le guide, mais non pas le modèle de la musique. Tous les sons et tous les accords sont dans la nature, sans doute; mais l'art est de les réunir et d'en composer un ensemble qui plaise à l'oreille et qui porte à l'âme d'agréables émotions : or, qu'on nous dise à quoi ce composé ressemble. Est-ce dans le chant des oiseaux, dans les accents de la voix humaine, que la musique a pris le système des modulations et des accords ?

Cet art est peut-être le plus profond secret que l'homme ait dérobé à la nature. Le peintre n'a qu'à ouvrir les yeux; dira-t-on de même que le musicien n'a qu'à prêter l'oreille pour trouver des modèles? La musique, il est vrai, imite assez souvent, et la vérité embellie est un nouveau charme pour elle; mais qui la réduirait à l'imitation, à l'expression de la nature, lui retrancherait les plus frappants de ses prodiges, et à l'oreille les plus sensibles et les plus chers de ses plaisirs. La musique ressemble donc, d'un côté, à la poésie, laquelle embellit la nature en l'imitant; et de l'autre, à l'architecture, qui ne consulte que le plaisir du sens qu'elle doit affecter.

En étudiant les arts, il faut se bien remplir de cette idée, que, indépendamment des plaisirs réfléchis que nous causent la ressemblance et le prestige de l'imitation, chacun des sens a ses plaisirs purement physiques, comme le goût et l'odorat : l'oreille surtout a les siens; elle y est même d'autant plus sensible, qu'ils sont plus rares dans la nature. Pour mille sensations agréables qui nous viennent par le sens de la vue, il ne nous en vient peut-être pas une par le sens de l'ouïe. On dirait que cet organe étant spécialement destiné à nous transmettre la parole et la pensée avec elle, la nature, par cela seul, ait cru l'avoir assez favorisé. Tout, dans l'univers, semble fait pour les yeux, et presque rien pour les oreilles. Aussi, de tous les arts, celui qui a le plus d'avantage à rivaliser avec la nature, c'est l'art des accords et du chant.

L'architecture est encore moins que la musique asservie à l'imitation. Quelle idée, que de lui donner pour modèle la première cabane dont l'homme sauvage imagina de se faire un abri! Quand cette cabane, cette ébauche de l'art, en contiendrait les éléments, elle n'a pas été donnée par la nature: elle est comme l'église de Saint-Pierre de Rome, un composé artificiel : ce fut le coup d'essai de l'industrie ; et il est étrange de vouloir que l'essai soit le modèle du chef-d'œuvre. Comment tirer de cette cabane l'idée des proportions, des profils, des formes les plus régulières?

Le prodige de l'art n'a pas été d'employer des colonnes et des chevrons : c'est la plus simple et la plus grossière des inventions de la nécessité. Le prodige a été de déterminer les rapports des hauteurs et des bases, l'ensemble harmonieux, l'équilibre des masses, la précision et l'élégance des profils, des saillies et des contours. Est-ce la raison, l'analogie, la nature enfin, qui a donné la composition de l'ordre corinthien, le plus magnifique de tous, le plus agréable et le plus insensé? Les colonnes rappellent des tiges d'arbres qui supportaient de longues poutres, et des solives en travers, figurées par l'entablement ; je le veux bien : mais où l'inventeur de l'ordre corinthien a-t-il vu, soit dans l'ordre de la nature, soit dans les premières inventions de la nécessité, un vase entouré d'une plante, placé au bout d'une tige d'arbre, et soutenant un lourd fardeau? Callimaque l'a vu ce vase ; mais il l'a vu par terre et ne supportant rien; l'emploi qu'il en a fait répugne au bon sens et à la vraisemblance; et cependant cette absurdité est, au gré des yeux, le plus riche, le plus bel ornement de l'architecture. Les rouleaux ou volutes de l'ordre ionique, ne sont pas moins ridiculement employés; et c'est encore une beauté. L'art même, depuis deux mille ans, cherche en vain à renchérir sur ces compositions; rien n'en peut approcher : les proportions de l'architecture grecque restent encore inaltérables; et, sans avoir de modèle dans la nature, elles semblent destinées à être éternellement elles-mêmes le modèle de l'art. Pourquoi cela? c'est que le plaisir des yeux est, comme celui de l'oreille, attaché à de certaines impressions, et que ces impressions dépendent de certains rapports que la nature a mis entre l'objet et l'organe. Mais saisir ces rapports, ce n'est pas imiter, c'est deviner la nature.

Ainsi procède l'éloquence; elle n'imite rien : l'orateur n'est pas un mime; il parle d'après lui, il transmet sa pensée, il exprime ses sentiments. Mais, dans le dessein d'émouvoir, d'éclairer, de persuader, de faire passer dans nos cœurs les mouvements du sien, il choisit avec réflexion ce qu'il connaît de plus capable de nous remuer à son gré. C'est encore ici l'influence de l'esprit sur l'esprit, l'action de l'âme sur l'âme, le rapport des objets avec l'organe du sentiment qu'il faut étudier; et, pour maîtriser les esprits, le soin de l'orateur est de connaître ce qui les touche et peut les émouvoir comme il entend qu'ils soient émus.

Dans les arts mêmes dont l'imitation semble être le partage, comme la poésie, la peinture, la sculpture, copier n'est rien, choisir est tout. Les détails sont dans la nature, mais l'ensemble est dans le génie. L'invention consiste à composer des masses qui ne ressemblent à rien, et qui, sans avoir de modèle, aient pourtant de la vérité ; or, quel est dans la nature le principe et la règle de ces compositions? il n'y en a pas d'autre que la connaissance de l'homme, l'étude de ses affections, le résultat des impressions que les objets font sur l'organe. Cela est évident pour le choix, le mélange et l'harmonie des couleurs, la beauté des contours, l'élégance des formes : l'œil en est le juge suprême; et la même étude de la nature, qui démêle les sons qui plaisent à l'oreille, nous a éclairés sur le choix des objets qui plaisent aux yeux.

Même théorie à l'égard de la partie intellectuelle de la peinture, et à l'égard de la poésie, qui est l'art de peindre à l'esprit.

Il est aussi impossible d'expliquer les plaisirs de la pensée et du sentiment que ceux de l'oreille et des yeux. Mais une expérience habituelle nous fait connaître que la faculté de sentir et d'imaginer a dans l'homme une activité inquiète qui veut être exercée, et de telle façon plutôt que de telle autre.

La nature nous présente pêle-mêle, si j'ose le dire, ce qui flatte et ce qui blesse notre sensibilité : or, l'imitation se propose non-seulement l'illusion, mais le plaisir; c'est-à-dire non-seulement d'affecter l'âme en la trompant, mais de l'affecter comme elle se plaît à l'être. Ce choix est le secret de l'art, et rien dans la nature ne peut nous le révéler, que l'étude même de l'homme et des impressions de plaisir ou de peine qu'il reçoit des objets dont il est affecté.

C'est ce discernement acquis par l'observation qui éclaire et conduit l'artiste; mais il est le guide du parfumeur comme celui du poète et du peintre; et que l'art imite ou n'imite pas, s'il est de son essence d'être un art d'agrément, son principe est le choix de ce qui peut nous plaire. La différence est dans les organes qu'on se propose de flatter, ou plutôt dans les affections que chacun des arts peut produire.

Les arts d'agrément qui ne portent à l'âme que des sensations, comme celui du parfumeur, ne seront jamais comptés parmi les arts libéraux. Ceux-ci ont spécialement pour organes l'œil et l'oreille, les deux sens qui portent à l'âme des sentiments et des pensées; et c'est à quoi l'opinion semble avoir eu égard, lorsqu'elle a marqué à chacun d'eux sa place et le rang qu'il devait tenir.

Les arts s'accordent assez souvent pour embellir à frais communs le même objet, et produire un plaisir composé de leurs impressions réunies; c'est ainsi que l'architecture et la sculpture, la poésie et la musique travaillent de concert; mais il ne faut pas croire que ce soit dans la vue de faire plus d'illusion en imitant mieux leur objet. Un observateur habile a déjà remarqué que les deux arts dont l'alliance était le plus sensiblement indiquée par leurs rapports (la sculpture et la peinture), se nuisent l'un à l'autre en se réunissant. Une belle estampe fait plus de plaisir qu'une statue colorée; dans celle-ci, l'excès de ressemblance ôte à l'illusion son mérite et son agrément. (*Voyez* ILLUSION, IMITATION, etc.)

MARMONTEL, *Élémens de Littérature*.

ARTICULATION. Depuis la leçon du *Bourgeois gentilhomme*, il n'y a guère moyen de parler sérieusement de la manière de prononcer les lettres; mais, raillerie cessante, il ne serait peut-être pas inutile d'analyser le mécanisme de la parole: on trouverait dans cette analyse la raison physique de la rudesse ou de la douceur, de la lenteur ou de la rapidité naturelle des articulations, et, en deux mots, les éléments de la prosodie et de la mélodie d'une langue.

Parmi les voyelles, on trouverait que les sons graves ont naturellement de la lenteur, par la raison que l'organe, en formant ces sons, éprouve une modification plus pénible; que les sons grêles veulent être brefs; que les sons moyens sont également susceptibles ou de lenteur par leur volume, ou de vitesse par la facilité que nous avons à les former. (*Voyez* prosodie.)

L'étude de l'articulation, ou des mouvements combinés des organes de la parole, pour donner aux sons de la voix les qualités qui en font les consonnes, serait encore plus curieuse. On distinguerait d'abord parmi les consonnes celles où un souffle muet, une espèce de bruit confus précède l'articulation, comme l'*m* et l'*n* consonne; comme l'*f* et son doux le *v*; comme l'*s* double et son doux le *z*; comme le *g* et l'*l* mouillés; et celles où l'articulation n'est précédée d'aucun souffle, comme le *p*, et son doux le *b*; comme le *t*, et son doux le *d*; comme le *k*, et l'*l* simple. De là un caractère propre, qui assigne à chacune d'elles une place dans l'harmonie imitative, détail que nous mépriserons peut-être, mais que les Grecs ne méprisaient pas.

On trouverait dans la nature la raison du choix que les anciens avaient fait de l'*m* et de l'*n* pour être les signes du son nasal; et on s'apercevrait, avec surprise que, pour faire passer et retentir dans le nez le son d'une voyelle, on est obligé de l'intercepter ou avec la langue, en la disposant de la même façon que pour l'articulation de l'*n*, ou avec les lèvres, en les pressant comme pour l'articulation de l'*m* ; et de là cette conséquence que les nasales des Latins et des Italiens, où l'articulation de l'*n* se fait sentir, peuvent bien être brèves, par la raison que l'articulation éteint le retentissement, comme dans *examen*, *hymen* ; mais que les nasales françaises, où la langue ne fait qu'intercepter le son, sans le détacher nettement, doivent toutes se prolonger. Les Latins eux-mêmes ne faisaient brèves que ces nasales grecques dont l'articulation coupait le retentissement : *culmen*, *tibicen*, *omen*, *barbiton* ; mais toutes les nasales en *m*, *Deum*, *finem*, *Romam*, *enim*, étaient longues, par la raison qu'elles n'étaient, comme les nôtres, que des voyelles inarticulées : si bien que dans les vers on les élidait comme voyelles finales, afin d'éviter l'*hiatus*.

Dans cette analyse, on verrait pourquoi on a confondu la faible articulation du *y* avec le son de l'*i*, et que la légère application de la langue contre les dents étant la même pour donner le son de l'*i* et l'articulation du *y*, il n'est pas possible d'exécuter celle-ci sans que le son analogue se fasse entendre, comme dans *payer*, *moyen*, *citoyen*.

On verrait pourquoi l'articulation est plus forte ou plus faible, plus rude ou plus douce en elle-même, suivant le caractère de la consonne qui frappe la voyelle ; pourquoi les articulations, relativement l'une à l'autre, sont aussi plus ou moins liantes, plus ou moins dociles à se succéder; pourquoi les unes se suivent coulamment et avec aisance, les autres se froissent et se brisent dans leur collision; et l'étude de tous ces effets contribuerait à éclairer le choix de l'oreille.

On verrait pourquoi l'*l* est facile après l'*r*, et l'*r* pénible après l'*l*; pourquoi deux labiales ne peuvent s'allier ensemble, *abfert*, *abfugit*; non plus que deux dentales dont l'une est la faible de l'autre, *adtendere*, que les Latins avaient répudié; pourquoi le passage d'une labiale à une dentale est facile du faible au faible, comme dans *ab-diquer*; du fort au fort, comme dans *ap-titude*; du faible au fort, comme dans *obtenir*; et très pénible du fort au faible, comme dans *Cap-de-Bonne-Espérance*, que l'on est obligé de prononcer *Cab-de-Bonne-Espérance*.

On trouverait de même la raison de la difficulté que nous éprouvons à prononcer l'*x* après l'*s* et réciproquement, comme Quintilien l'a remarqué : *Virtus Xerxis, arx studiorum*, etc.

Ce ne serait donc pas une étude aussi puérile qu'on l'imagine; et plus d'un poète en aurait eu besoin pour suppléer au don d'une oreille sensible, qui seule peut-être a manqué à quelques-uns de ceux qu'on estime, et qu'on ne lit pas. (*Voyez* HARMONIE DE STYLE.)

MARMONTEL, *Éléments de Littérature*.

ATHANASE (SAINT), père de l'Église, et l'un des plus grands hommes de son siècle, naquit à Alexandrie, vers l'an 296, d'une famille distinguée. Saint Alexandre, archevêque d'Alexandrie, ayant découvert ses heureuses dispositions et ses vertus naissantes, prit pour lui tant d'affection, qu'il le dirigea dans ses études, l'éleva au diaconat et le nomma ensuite son successeur. Avant que d'arriver à l'épiscopat, Athanase eut occasion de déployer ses talents et son zèle dans une discussion qu'il soutint contre Arius, au concile de Nicée; mais les succès qu'il obtint dans cette circonstance, en lui attirant l'estime et l'admiration des Pères, lui valurent la haine des ariens, qui se liguèrent contre lui avec les méléciens quand ils le virent, en 326, occuper le siège d'Alexandrie. Ils l'accusèrent successivement d'avoir imposé une espèce de tribut sur l'Égypte, fourni de l'argent à des séditieux, fait briser un calice, renversé un autel, brûlé des livres saints, enfin d'avoir tué un évêque mélécien et de lui avoir coupé un bras pour s'en servir dans des opérations magiques.

Quoique l'empereur Constantin eût reconnu la fausseté de ces diverses accusations, il n'en céda pas moins à l'importunité des ennemis du prélat, qu'il fit citer, en 334, au concile de Tyr, puis à celui de Jérusalem, où la plupart des juges avaient été choisis parmi les ariens et les méléciens. Cependant Athanase fournit des preuves si claires de son innocence, et confondit si bien l'imposture, que cette assemblée factieuse, résolue à sa perte, fut obligée de se borner à le déposer. Il continua néanmoins ses fonctions; mais, ayant refusé de recevoir Arius à sa communion, il fut relégué à Trèves, et ne sortit de cet exil qu'à la mort de Constantin.

Le retour d'Athanase dans Alexandrie fut un véritable triomphe : le peuple accourut en foule pour lui donner des marques de sa vénération; mais les ennemis du saint prélat, plus irrités que jamais, ne le laissèrent pas jouir long-temps de la satisfaction qu'il éprouvait au milieu de son troupeau. Accusé par eux de vouloir empêcher la sortie des blés d'Alexandrie destinés pour Constantinople, et de vouloir les détourner à son profit, quatre-vingt-dix évêques, sectateurs d'Arius, firent son procès, et le condamnèrent sans preuves; mais cent évêques orthodoxes, réunis à Alexandrie, le déclarèrent innocent. Enfin le pape Jules, auquel les deux partis en appelèrent, confirma, dans un concile de cinquante évêques, le jugement porté à Alexandrie, et sa sentence fut approuvée ensuite par le concile de Sardique, où plus de trois cents évêques, tant de l'Orient que de l'Occident, s'étaient rassemblés. Athanase fut donc encore rendu à ses fonctions; mais Constance, dévoué aux Ariens, étant devenu maître de tout l'empire, les persécutions contre le saint prélat recommencèrent avec un nouvel acharnement.

Proscrit pour la troisième fois, il se réfugie dans les déserts de l'Égypte; ses ennemis l'y poursuivent, mettent sa tête à prix, font massacrer de pieux solitaires qui lui avaient donné asyle, et qui n'avaient point voulu déclarer sa retraite. Enfin il n'a plus d'autre moyen d'échapper à la fureur de ses cruels persécuteurs, que de s'enfoncer dans la partie tout-à-fait inhabitée du désert, où un serviteur fidèle lui porte de temps en temps quelques aliments au péril de sa vie.

C'est au fond de cette retraite, inaccessible aux hommes, que l'âme du saint patriarche, loin de se laisser abattre, s'anime au contraire d'un nouveau zèle pour la cause de la religion; méprisant les maux dont il est accablé, il ne songe qu'à combattre l'erreur, et à raffermir la foi des fidèles par d'éloquents écrits qu'il compose avec autant de facilité que s'il eût vécu paisiblement au milieu de son troupeau.

Cependant, après six ans de cette vie errante et solitaire, il lui fut permis de retourner occuper le siège d'Alexandrie. Le premier usage qu'il fit de son autorité fut de rétablir l'ordre dans cette ville, et la paix dans l'Église; mais bientôt les païens, dont il faisait, par son zèle, déserter les temples, le rendirent odieux à Julien, qui était monté sur le trône. Ce prince, aussi crédule que superstitieux, ordonna qu'Athanase fût chassé d'Alexandrie; et le saint patriarche se vit forcé de regagner la Thébaïde. L'avènement de Jovien au trône le ramena pendant quelques mois au milieu de son peuple, qu'il fut encore obligé de quitter lorsque Valens, entièrement dévoué aux ariens, devint possesseur de l'empire. Cette fois ce fut dans le tombeau de son père que saint Athanase alla chercher un asyle. Il y resta l'espace de quatre mois, au bout desquels les murmures des Alexandrins, qui gémissaient de son absence, forcèrent Valens de le rétablir sur son siège. Ses ennemis, qui n'avaient pu lasser sa constance, et qui, sans doute, étaient fatigués de le poursuivre, abandonnèrent enfin leur système de persécution, et le laissèrent achever paisiblement sa carrière au milieu de son peuple. Il mourut en 373, après quarante-six ans d'épiscopat, passés, en grande partie, dans l'agitation et dans l'exil.

« Athanase, dit La Bletterie, était le plus grand
« homme de son siècle, et peut-être qu'à tout
« prendre l'Église n'en a jamais eu de plus grand.
« Il avait l'esprit juste, vif et pénétrant, le cœur
« généreux et désintéressé, un courage de sang-
« froid, et, pour ainsi dire, un héroïsme uni, tou-
« jours égal, sans impétuosité ni saillies, une foi
« vive, une charité sans bornes, une humilité pro-
« fonde, un christianisme mâle, simple et noble
« comme l'Évangile, une éloquence naturelle, semée
« de traits perçants, forte de choses, allant droit
« au but, et d'une précision rare dans les Grecs de
« ce temps-là. L'austérité de sa vie rendait sa vertu
« respectable : sa douceur dans le commerce le
« faisait aimer; le calme et la sérénité de son âme
« se peignaient sur son visage. Jamais ni les Grecs, ni
« les Romains, n'aimèrent autant la patrie qu'Atha-
« nase aima l'Église, dont les intérêts furent toujours
« inséparables des siens. Une longue expérience
« l'avait rompu aux affaires : l'adversité lui avait
« donné un coup d'œil admirable pour apercevoir
« des ressources, même humaines, quand tout pa-
« raissait désespéré. Personne ne discerna mieux
« que lui les moments de se produire ou de se ca-
« cher, ceux de la parole ou du silence, de l'action
« ou du repos. Il sut fixer l'inconstance du peuple,

« trouver une nouvelle patrie dans les lieux de son
« exil, entretenir des correspondances, ménager des
« protections, lier entre eux les orthodoxes, encou-
« rager les plus timides, d'un faible ami ne se faire
« jamais un ennemi, excuser les faiblesses avec une
« charité et une bonté d'âme qui font sentir que,
« s'il condamnait les voies de rigueur en matière de
« religion, c'était moins par intérêt que par principes
« et par caractère. Julien, qui ne persécutait pas les
« autres évêques, du moins ouvertement, regardait
« comme un coup d'état de lui ôter la vie, croyant
« que la destinée du christianisme était attachée à
« celle d'Athanase. » (*Histoire de Jovien.*)

Les principaux ouvrages de ce Père, sont : sa *Défense de la Trinité et de l'Incarnation*; ses *Apologies*; ses *Lettres*; ses *Traités contre les Ariens*, les *Méléciens*, les *Apollinaristes et les Macédoniens.*

« On y trouve, dit Photius, une diction nette,
« facile, abondante, avec une force et une finesse
« inimitables. Tout ce qu'il avance, et qu'il présente
« sous le jour le plus avantageux, repose sur une
« logique solide, et en même temps susceptible de
« termes nobles et des ornements de la haute élo-
« quence. Mais son plus grand art consiste à cacher
« l'art même, et rien ne paraît si simple et si naturel
« que ses traits les plus victorieux. Il s'insinue dans
« les esprits, couvert de ses moyens qui font dispa-
« raître sa personne : ce n'est pas l'auteur, c'est la
« raison qui domine le lecteur; et celui-ci se trouve
« persuadé, sans s'être aperçu qu'on le voulût faire.
« Docteur et orateur d'une sagesse extrême, d'un

« goût exquis, d'une justesse unique dans l'expres-
« sion, partout il proportionne exactement le tour
« du discours au sujet qu'il traite et aux personnes
« qui l'écoutent. »

Erasme était aussi grand admirateur du style de saint Athanase, et il le préférait à celui de tous les autres Pères. Il trouvait qu'il n'était point dur et difficile comme celui de Tertullien, point gêné et embarrassé comme celui de saint Hilaire, point recherché comme celui de saint Grégoire de Nazianze, point entortillé comme celui de saint Augustin. Il est partout, selon le même auteur, facile, élégant, orné, fleuri, et admirablement adapté aux différents sujets que traite le saint docteur. Un ancien moine, nommé Côme, avait coutume de dire : « Quand
« vous trouverez quelque chose des ouvrages de
« saint Athanase, si vous n'avez pas de papier,
« écrivez-le sur vos habits. » (*Prat. spirit.* c. XL.)

L'édition la plus complète des œuvres de ce Père est celle de Padoue, 1777, 4 vol. in-fol.; mais on lui préfère généralement, à cause de la beauté de l'exécution, celle qu'on doit aux Bénédictins, Paris, 1698, 3 vol. in-fol., reliés en 2. Godefroi Hermant a donné la vie de saint Athanase, en 2 vol. in-4°.; elle renferme des détails fort curieux.   W.

ATHÉNÉE (ATHENÆUS), grammairien, naquit à Naucrates, en Égypte, sous le règne de Marc-Aurèle. L'époque précise de sa naissance n'est pas plus connue que celle de sa mort. On sait cependant qu'il vivait encore sous Alexandre Sévère. Les lettres ont à cet auteur une obligation qui jette une grande faveur sur son nom; car son ouvrage, en lui-même, n'est que d'une lecture difficile et d'un attrait médiocre pour tout autre qu'un helléniste ou un amateur des anciens; mais les innombrables citations qu'on y trouve nous ont fait connaître des fragments d'auteurs anciens qui, sans elles, seraient absolument ignorés. Cet ouvrage est intitulé *les Déipnosophistes*, ou *Banquet des Savants*. Athénée y met en scène un certain nombre de personnages qui discourent sur une infinité de sujets, à la table d'un particulier de Rome. A en juger par la multitude de faits et de citations, qui sont tout l'ouvrage, l'auteur devait posséder une immense érudition. *Les Déipnosophistes* forment quinze livres. Les deux premiers et le commencement du neuvième ne nous sont connus que par un abrégé; le reste est complet, à l'exception d'une partie du dernier livre. Cet abrégé, que l'on possède en entier, a été imprimé pour remplacer ce qui a été perdu. L'auteur n'en est pas connu: plusieurs l'attribuent à un certain Hermolaüs de Byzance.

La première édition d'Athénée fut publiée à Venise en 1514; in-fol., par Manuce. On y trouve beaucoup de fautes. Casaubon en a donné une édition in-fol., 1598, avec la traduction latine de Dalechamp, et des notes qui parurent plus tard, en 1600. L'ouvrage et le commentaire ont été réimprimés depuis. M. Schweighauser a publié une édition d'Athénée, 14 vol. in-8°, 1801—7, revue sur le manuscrit qui existe maintenant à la Bibliothèque-Royale. Cette édition, considérée comme la meilleure, ne dispense cependant pas d'avoir recours à celle de Casaubon. Tous ceux qui se sont exercés sur cet auteur ont été plus ou moins malheureux. Les uns manquaient des connaissances nécessaires pour bien commenter un ouvrage composé d'une multitude de fragments, et qui exige une science profonde des lettres anciennes. Les autres, qui sont les traducteurs, n'ont rien produit que de mal écrit ou d'infidèle. L'abbé de Maroles, qui ne savait pas le grec, n'a pas mieux traité Athénée, que tant d'autres qu'il a voulu traduire. La traduction de Lefebvre de Villebrune est plus belle qu'estimable; elle a paru à Paris en 5 vol. in-4°, 1785—91. Au reste, Athénée n'est rien moins que facile à traduire ou à commenter, et Casaubon lui-même l'avoue dans sa préface. Natalis Comes et Dalechamp ont attaché leurs noms à l'ouvrage d'Athénée, et le dernier par son travail a ouvert la route à ceux qui depuis se sont occupés du même auteur. M. Jacobs, de Munich, a publié en 1809, in-8°, Jéna, un ouvrage sous ce titre : *Addimenta animadversionum in Athenæi Deipnosophistas*.

Outre *les Déipnosophistes*, Athénée avait composé d'autres ouvrages que nous n'avons plus, et particulièrement l'*Histoire des Rois de Syrie*. Les *Mémoires de l'Académie des inscriptions* peuvent être d'un grand secours à ceux qui veulent étudier Athénée; on y trouve beaucoup d'éclaircissements sur cet auteur.

Voyez Suidas, *Dict.*; Casaubon, *Præfatio animadversionum*; Vossius, *Hist. Grecs*, ch. XV; Baillet, *Jugement des Savants*, t. II part. II.; Bayle, *Dict.*, etc.

ATTENTION. C'est une action de l'esprit qui fixe la pensée sur un objet et l'y attache, au contraire de la dissipation qui la dérobe à elle même; de la rêverie, qui la laisse aller au hasard sur mille objets dont aucun ne l'arrête, et de la distraction, qui l'amuse loin de l'objet qui la doit occuper.

L'attention donne à l'esprit une fécondité surprenante et bien souvent inespérée : c'est peut-être le plus grand secret de l'art, le plus grand moyen du génie*. Ce que tout le monde aperçoit d'un coup d'œil dans la nature n'a rien de piquant dans l'imitation : le charme de celle-ci consiste à nous frapper de mille traits intéressants qui nous avaient échappé : or c'est l'attention qui les saisit, et qui, changée en habitude, distingue le regard pénétrant de l'artiste, du regard distrait, vague et confus de la multitude.

Il n'est pas bien décidé que le poète dont les peintures vous ravissent par la nouveauté des détails et leur vérité singulière, soit né avec plus de talent que vous pour imiter la nature : vous l'auriez peinte comme lui, si vous l'aviez étudiée avec la même attention que lui. Mais tandis que vos yeux se promènent, sans réflexion comme sans dessein, sur ce qui se passe autour de vous, les siens ne cessent d'épier la nature, et d'observer ce qui lui échappe de singulier et de piquant.

Lorsque l'attention se porte sur ce qui se passe au dedans de nous-même, elle s'appelle réflexion;

* Inter ingenium et diligentiam perpaululùm loci reliquum est arti. (*De Orat.* II, 36.)

et lorsque l'attention est profonde et long-temps fixe, elle s'appelle méditation : c'est la source des grandes pensées. Rien de superficiel n'est rare; rien de commun n'est précieux. C'est en creusant que le génie s'enrichit des trésors cachés dans les entrailles de la nature, semblable au chêne que nous peint Virgile, qui, plus il étend ses racines, plus il élève ses rameaux (*Éneid.* IV, 445).

MARMONTEL, *Éléments de Littérature.*

ATTERBURY (François) naquit le 6 mars 1662, à Middleton, dans la province de Buckingham. Son père, ministre anglican, le destinant à suivre la même carrière que lui, l'envoya au collège de Westminster, et ensuite à l'université d'Oxford, pour y perfectionner ses études. Atterbury montra de bonne heure un goût très vif pour la littérature. Pendant son séjour à Oxfort, il mit en vers latins l'*Absalon* et l'*Achitophel* de Dryden; et, en 1687, année de son doctorat, il publia un écrit sous le titre de *Réponse à des Considérations sur l'Esprit de Martin Luther, et sur l'origine de la Réformation.* Cet ouvrage, peu digne de ses lumières, et dont l'enthousiasme de secte fait tout le mérite, commença cependant sa réputation. Il vint à Londres vers 1590, et s'y livra avec tant de succès à la prédication, qu'il obtint la place d'aumônier du roi avec plusieurs bénéfices. Une lettre qu'il fit paraître en 1700, pour la défense des droits et des privilèges de la chambre basse de l'assemblée du clergé, occasionna une vive controverse, dans laquelle plusieurs évêques se déclarèrent contre lui; mais les distinctions honorables qu'il reçut à cette époque de l'université d'Oxford, le dédommagèrent de ces discussions; et la faveur dont il jouit sous la reine Anne, qui succéda à Guillaume III, acheva d'établir sa fortune. Il fut nommé, en 1710, président de la Convocation; trois ans après, il obtint l'évêché de Rochester avec le doyenné de Westminster, et il allait passer à l'archevêché de Cantorbéry, lorsque la mort de la reine vint mettre un terme à ses prospérités. S'étant déclaré pour le Prétendant, sous le règne de Georges Ier, il fut enfermé, en 1722, dans la tour de Londres, et, l'année suivante, banni à perpétuité du royaume. En débarquant à Calais, Atterbury rencontra le lord Bolingbroke, qui venait d'obtenir la permission de rentrer dans sa patrie après un long exil, et lui dit gaiement : « Il me paraît, Milord, qu'on nous a échan« gés. » Pope dit à cette occasion, dans une de ses lettres : « Apparemment la nation a peur d'être sur« chargée de mérite, puisqu'elle ne peut regagner un « grand homme sans en perdre un autre. »

Atterbury se rendit d'abord à Bruxelles, et vint ensuite se fixer à Paris, où il se livra avec une nouvelle ardeur à la culture des lettres. Son érudition et les agréments de son commerce le firent rechercher par les hommes les plus distingués; et il eût trouvé quelque douceur dans son exil, si la mort n'était venue lui enlever sa fille unique, qui était sa plus grande consolation. Il exprime des regrets fort touchants sur cette perte, dans une lettre adressée à Pope, avec lequel il entretenait une correspondance où il montre autant d'esprit que de goût, et autant d'attachement pour ses amis que de noblesse dans le caractère.

Il n'eut point le bonheur de revoir sa patrie, qu'il ne cessa jamais de chérir, malgré ses injustices envers lui, et mourut à Paris, le 15 février 1732, âgé de soixante-dix ans. Ses *Sermons*, imprimés en quatre volumes in-8°, sont les plus considérables de ses ouvrages, et jouissent encore d'une grande réputation; mais ses écrits de controverse sont oubliés. Ses *Lettres*, dont la plupart ont été conservées parmi celles de Pope et de Swift, seront toujours lues avec plaisir. On en a fait une collection, sous le titre de *Atterbury's epistolary Correspondence*.

Atterbury dut particulièrement sa célébrité aux évènements de sa vie; cependant on est généralement convenu qu'il fut un très bon écrivain et un excellent prédicateur. « L'évêque Atterbury, dit
« Blair, peut être particulièrement cité comme un
« modèle de style élégant et correct; quelques-uns
« de ses *Sermons* ont même une chaleur et une élo-
« quence qu'on ne rencontre pas ordinairement dans
« les discours de ce genre. »

AUBERT (Jean-Louis, dit l'abbé), que Voltaire nomme *le premier des fabulistes après La Fontaine*, et dont plusieurs biographies ont négligé de parler, était né à Paris en 1731. Si l'éloge que lui accorda Voltaire a droit de nous étonner, le silence des biographes doit nous étonner plus encore; l'un n'est pas plus mérité que l'autre. Toutefois, les *Fables* de l'abbé Aubert, sans avoir le naturel inimitable de La Fontaine, ni la finesse de La Motte, ni la grace de Florian, se recommandent par leur originalité. L'auteur, qui, toute sa vie, rédigea des journaux, notamment la *Gazette de France*, qu'il prit, quitta et reprit, qui fut un critique de profession, et même un peu acerbe, a porté dans ses apologues son esprit caustique et sentencieux qui serait un défaut, s'il n'était tempéré par une certaine naïveté qui forme un contraste assez piquant. Cette habitude de causticité était inhérente à tel point au caractère de l'abbé Aubert, et si connue, qu'un plaisant écrivit un jour au bas de son buste, sculpté par Moitte : *Passez vite, car il mord.*

Aubert conserva le titre d'abbé, parce qu'il avait été tonsuré dans sa jeunesse. Censeur royal, directeur de la *Gazette de France*, il fut ensuite professeur de littérature française au Collège royal. Appelé à cette chaire en 1773, il l'occupa jusqu'en 1784, époque où il obtint sa retraite.

Indépendamment de son recueil de *Fables*, qui est son meilleur titre littéraire, l'abbé Aubert est l'auteur d'un *poème de Psyché*, en huit chants, 1769; d'un *drame de la Mort d'Abel*, en trois actes, 1765; de plusieurs *Discours sur les progrès de la Langue et de la Littérature*, prononcés à l'ouverture de ses cours; d'une *Dissertation sur la Musique française*, où il s'est attaché à réfuter les principes de J. J. Rousseau;

d'un grand nombre de pièces de vers disséminées dans divers recueils du temps.

Il ne faut pas confondre l'abbé Aubert avec un autre Aubert qui donna en 1793 un livre intitulé : *Études sur l'Éducation*.

JUGEMENTS.
I.

J'ai lu vos *Fables* avec tout le plaisir qu'on doit sentir quand on voit la raison ornée des charmes de l'esprit. Il y en a quelques-unes qui respirent la philosophie la plus digne de l'homme : celles du *Merle*, du *Patriarche*, des *Fourmis* sont de ce nombre. De telles fables sont du sublime écrit avec naïveté. Vous avez le mérite du style et celui de l'invention, dans un genre où tout paraissait avoir été dit.

VOLTAIRE, *Lettre à l'abbé Aubert* (1758).

II.

L'abbé Aubert a donné un volume de *Fables* dans lequel on en trouve quelque-unes qu'on peut lire avec plaisir, même après celles de La Fontaine, et ce n'est point un éloge médiocre. Il a ordinairement assez de goût pour qu'on soit étonné que, dans une de ses fables, il ait choisi pour interlocuteurs un billet de mariage et un billet d'enterrement. Il ne faudrait qu'une bizarrerie de cette espèce pour jeter du ridicule sur un recueil moins estimable; mais il y a dans celui de M. l'abbé Aubert, des sujets de meilleur choix, et qui doivent faire excuser ceux dont l'invention est moins heureuse.

A l'exception de ses *Fables*, tout ce que cet auteur a écrit en vers, est assez médiocre; mais on doit lui savoir gré de l'étude qu'il a faite de l'inimitable fabuliste qu'il s'est proposé pour modèle, et dont il a eu le bonheur de s'approcher quelquefois.

PALISSOT, *Mémoires sur la Littérature.*

III.

M. Le Monnier et l'abbé Aubert contrefont parfois très heureusement la naïveté ; mais alors même on voit qu'ils la contrefont; ils mettent un pied, puis l'autre sur les traces de La Fontaine ; ils chancellent, ils bronchent souvent, et quelquefois le terrain se dérobe tout-à-fait sous eux.

DUSSAULT, *Annales littéraires.*

FABLES CHOISIES *.

I Le Livre de la Raison **.

Lorsque le ciel, prodigue en ses présents,
   Combla de biens tant d'êtres différents,
Ouvrages merveilleux de son pouvoir suprême;
   De Jupiter l'homme reçut, dit-on,
   Un livre écrit par Minerve elle-même,

---

* La Harpe, après avoir déclaré, dans sa *Correspondance littéraire*, que l'abbé Aubert n'est pas de ses amis, prétend que *son insipide recueil* ne renferme que trois ou quatre bonnes fables. Nous répondrons à La Harpe en en citant un nombre beaucoup plus grand, et nous aurions pu en citer davantage.   F.

** Le père Desbillons a ainsi rendu cette fable

RATIONIS LIBER

Eximius, ipsa ratio quem confecerat,
Quique ipse ratio inscribebatur, in manus
Hominum à Minervâ traditus fuerat liber
Virtutis optima quævis et sapientiæ
Præcepta, ad omnes vitæ usus idonea,
Is continebat: Ponerentur in lucro,
Hinc oriebatur omnium felicitas.
At pueri in illo, præter verba, nil vident;
Juvenes videre, si quid norunt, negligunt;
Et pleraque vident, et ea corrumpunt viri :
Et omnia vident, et nil arripiunt senes

F.

AUBERT.

Ayant pour titre *la Raison*.
Ce livre, ouvert aux yeux de tous les âges,
Les devait tous conduire à la vertu ;
Mais d'aucun d'eux il ne fut entendu,
Quoiqu'il contînt les leçons les plus sages.
L'enfance y vit des mots, et rien de plus ;
   La jeunesse, beaucoup d'abus ;
L'âge suivant, des regrets superflus ;
Et la vieillesse en déchira les pages.

II Le miroir

Un miroir merveilleux et d'utile fabrique,
Où se peignait par art le naturel des gens,
Attirait, au milieu d'une place publique,
   Les regards de tous les passants.
J'ignore chez quel peuple ; il n'importe en quel temps.
Chacun glose à l'envi sur ce tableau fidèle.
Arrive une coquette : elle y voit traits pour traits
Ses petits soins jaloux et ses penchants secrets :
« Sans mentir, voilà bien le portrait d'Isabelle !
« Présomption, désirs, mépris d'autrui : c'est elle ;
« C'est son esprit tout pur ; je la reconnais là :
   « Le joli miroir que voilà !
« Et combien je m'en vais humilier la belle ! »
   Un petit-maître succéda,
Et la glace aussitôt présente pour image
  Beaucoup d'orgueil et fort peu de raison.
« Parbleu ! je suis ravi que l'on ait peint Damon,
« S'écrie, en se mirant, l'important personnage,
  « Et je voudrais que, pour devenir sage,
« De ce miroir malin il prît quelque leçon. »
  Après ce fat, vint un vieil Harpagon,
   D'une espèce tout-à-fait rare.
Il tire une lunette, et se regarde bien ;

   Puis, ricanant d'un air bizarre :
« C'est Ariste, dit-il, ce vieux fou, cet avare,
« Qui se ferait fouetter pour accroître son bien;
« J'aurais un vrai plaisir à montrer sa lésine,
« Et paîrais de bon cœur cette glace divine,
  « Si l'on me la donnait pour rien. »
Mille gens vicieux, sur les pas de cet homme,
Tour-à-tour firent voir la même bonne foi;
Chacun d'eux reconnut dans le brillant fantôme,
  Qui l'un, qui l'autre, et jamais soi.
  Tout homme est vain, tout homme aime à médire :
  On rirait moins des traits de la satire,
Si la présomption, dont naquit le dédain,
  Entre eux et nous ne mettait le prochain.

III. L'Abricotier.

Un manant imbécile, et vain par conséquent,
  Car l'un ne va jamais sans l'autre,
  Et je crois l'esprit d'un manant,
En ce point-là peu différent du nôtre;
Un rustre se plaignant qu'un destin trop ingrat
  Ne l'eût pas placé sur le trône,
Attendu ses talents pour régir un état,
Blâmant, critiquant tout, et glosant sur le prône,
  Aperçut un abricotier
Tortu, mais jeune encore, et qu'un jardinier sage
  S'était contenté d'étayer.
Mon Dieu! que d'hébêtés, dit-il, dans mon village!
Ces gens-ci, par exemple, ont bien trouvé cela :
  Ils ont long-temps rêvé, je gage,
Pour accoutrer ainsi l'arbrisseau que voilà!
  Eh, parbleu! si c'est leur envie
  De redresser cet arbre-là,
Il penche par ici, qu'ils le courbent par là;

Sous l'effort de leurs bras il faudra bien qu'il plie.
Je n'ai jamais été jardinier de ma vie,
    Et contre eux je vais parier
Qu'en moins de quatre coups, de leur abricotier
Je corrige à l'instant la pente vicieuse.
Il dit, et commença d'abord par le lier,
Puis, s'efforçant de loin de le faire plier,
Il attirait à lui sa tige tortueuse.
    Il croyait agir sagement :
Garo ne songeait pas que c'est une folie
De détruire un défaut par un autre penchant.
Pomone avec chagrin voit agir ce manant.
    Sa sottise est bientôt punie ;
L'arbre crie et se rompt, et tombe en gémissant.

Ecoute-moi, pédant, dont la philosophie,
Au lieu de les régler, dérange nos cerveaux,
    J'ai peint dans cette allégorie
   Les heureux fruits de tes rares travaux :
En des défauts plus grands tu changes mes défauts ;
Tu veux me redresser, et ta main m'estropie.

IV. Fanfan et Colas.

Fanfan, gras et vermeil, et marchant sans lisière,
    Voyait son troisième printemps.
D'un si beau nourrisson Pérette toute fière,
S'en allait à Paris le rendre à ses parents.
    Pérette avait sur sa bourrique,
  Dans deux paniers, mis Colas et Fanfan.
De la riche Chloé celui-ci fils unique
Allait changer d'état, de nom, d'habillement,
    Et peut-être de caractère.
    Colas, lui, n'était que Colas,
Fils de Pérette et de son mari Pierre :

Il aimait tant Fanfan qu'il ne le quittait pas;
  Fanfan le chérissait de même.
Ils arrivent: Chloé prend son fils dans ses bras;
  Son étonnement est extrême,
Tant il lui paraît fort, bien nourri, gros et gras.
Pérette de ses soins est largement payée.
   Voilà Pérette renvoyée;
 Voilà Colas, que Fanfan voit partir.
 Trio de pleurs: Fanfan se désespère;
  Il aimait Colas comme un frère :
Sans Pérette et sans lui que va-t-il devenir?
Il fallut se quitter. On dit à la nourrice :
« Quand de votre hameau vous viendrez à Paris,
 « N'oubliez pas d'amener votre fils,
« Entendez-vous, Pérette? on lui rendra service. »
Pérette, le cœur gros, mais plein d'un doux espoir,
De son Colas déjà croit la fortune faite.
De Fanfan cependant Chloé fait la toilette:
Le voilà décrassé, beau, blanc, il fallait voir!
 Habit moiré, toquet d'or, riche aigrette.
On dit que le fripon, se voyant au miroir,
  Oublia Colas et Pérette.
« Je voudrais à Fanfan porter cette galette,
« Dit la nourrice un jour: Pierre, qu'en penses-tu?
« Voilà tantôt six mois que nous ne l'avons vu. »
 Pierre y consent: Colas est du voyage.
 Fanfan trouva (l'orgueil est de tout âge),
 Pour son ami, Colas trop mal vêtu;
 Sans la galette il l'aurait méconnu.
Pérette accompagna ce gâteau d'un fromage,
De fruits, et de raisins, doux trésors de Bacchus.
  Les présents furent bien reçus :
Ce fut tout; et, tandis qu'elle n'est occupée
  Qu'à faire éclater son amour,

Le marmot, lui, bat du tambour,
Traîne son chariot, fait danser sa poupée.
Quand il a bien joué, Colas dit : C'est mon tour.
　　　Mais Fanfan n'était plus son frère ;
　　　Fanfan le trouva téméraire ;
Fanfan le repoussa d'un air fier et mutin.
　　Pérette alors prend Colas par la main :
　　« Viens, lui dit-elle, avec tristesse :
　« Voilà Fanfan devenu grand seigneur ;
　　« Viens, mon fils ; tu n'as plus son cœur :
« L'amitié disparaît où l'égalité cesse. »

　　　　　V. Chloé et Fanfan.

　　J'ai peint Fanfan ingrat envers Pérette,
　　　Pérette qui l'avait nourri ;
Je l'ai peint dédaignant Colas pour son ami,
Et logeant la fierté déjà sous sa bavette.
　　Fanfan grandit ; et, malgré les avis
　　　De Chloé, mère tendre et sage,
　　　Son orgueil s'accrut avec l'âge :
Le fripon insultait tous les gens du logis.
　　Que fit Chloé pour corriger son fils ?
　　　Chloé, par un adroit mensonge,
　　　Vint à bout de changer son cœur :
« Mon fils, dit-elle un jour, apprenez le malheur
　　　« Où le juste destin vous plonge :
« Vous n'êtes point à moi ; Pérette et son mari
　　« Ont trompé tous deux ma tendresse ;
　　« Ce secret vient d'être éclairci :
« De vous sacrifier ils ont eu la faiblesse.
« Soit amour pour Colas, soit toute autre raison,
« Soit l'espoir de tirer un jour quelque avantage
« Des trésors usurpés par vous dans ma maison,
　　« Ils vous ont fait changer de nom,

« D'habit, d'état et d'héritage.
« Mais enfin le remords a dévoilé l'horreur
« De leur détestable artifice :
« Colas est mon enfant, et vous êtes le leur.
« Je retire mon fils des mains de sa nourrice ;
« Il va rentrer aujourd'hui dans ses droits,
« Et vous allez partir : votre orgueil en murmure.
« Adieu : je sentais bien, Colas, que la nature
« Dans mon âme pour vous n'élevait point sa voix. »
Fanfan, troublé, muet, l'œil fixé sur sa mère,
A ce nom de Colas laisse couler des pleurs.
    Chloé, tournant les yeux ailleurs
    Pour pousser jusqu'au bout l'affaire,
Tient ferme, le dépouille, et lui met les habits
    Qu'il devait porter au village.
Mille sanglots alors échappent à son fils ;
    Les pleurs inondent son visage.
Il parle enfin : « Maman, que vais-je devenir ?
« Mal vêtu, mal nourri, fils du paysan Pierre,
« Je serai malheureux. — Oui, Colas ; mais qu'y faire ?
« Le ciel de votre orgueil a voulu vous punir ;
« Colas, vous méprisiez mon fils et votre mère,
« Vous traitiez durement tous ceux que la misère
    « Pour subsister obligé de servir ;
    « Vous allez apprendre à les plaindre.
    « Vous voyez qu'au sein du bonheur
    « Les retours du sort sont à craindre.
« De vos cruels dédains reconnaissez l'erreur.
    « Si mon fils allait vous les rendre !
« S'il allait à son tour.... » Fanfan, n'y tenant plus,
Tombe aux pieds de Chloé, désespéré, confus,
    La conjure de le reprendre.
« Je servirai, lui dit-il, votre fils,
« Je le respecterai, je lui serai soumis. »

Ce fut assez pour cette sage mère,
  Qui se sentait trop attendrir :
Elle embrassa son fils, quitta son air sévère,
L'appela par son nom, loua son repentir,
Et désormais eut lieu de s'applaudir
   De cette leçon salutaire *.

VI. L'Ane et son Maître.

Un âne des plus sots prétendait faire accroire
Que sa cervelle était un trésor de bon sens;
    On en parlerait dans l'histoire :
    Les dieux avaient sué vingt ans
Pour former les ressorts qui jouaient là-dedans.
  Raison, sagesse, esprit, mémoire,
  Il avait tout en un degré parfait.
Si l'avenir regrette un Socrate baudet,
La race des baudets lui devra cette gloire.
Le galant, enivré de cet orgueil si vain,
   Résistant un jour à son maître,
   Refusa d'aller au moulin :
   Cet emploi dégradait son être :
   Le beau métier pour un Caton !
   « Ah ! je trouve celui-là bon,
« Dit Gros-Jean le meunier. Et que prétends-tu faire ? »
   « Penser, reprit l'aliboron :
 « Je ne veux plus désormais d'autre affaire.
« Faites porter vos sacs à quelque âne vulgaire,
  « Et respectez un sage comme moi. »
Le bon homme se tut. « Quelle mouche le pique ?
« Disait-il en lui-même ; il est fou, sur ma foi :
« Gros-Jean, la tête tourne à ta pauvre bourrique.
   « Ce mal lui vient je ne sais d'où.

* Ces deux fables ont fourni à M. de Beaunoir le sujet de sa jolie pièce de *Fanfan et Colas*, qu'il a fait paraître sous le nom de sa femme.   F.

« Laissons-la penser tout son soû,
« Et cependant retranchons sa pitance. »
Ce parti n'était pas trop sot pour un meunier.
L'âne bientôt se lassa d'un métier
    Qui ne remplissait point sa panse.
Il se plaignit. Gros-Jean tout aussitôt
    Lui dit : « Impertinente bête !
   « Me prends-tu pour un idiot ?
« Quel fruit me revient-il des rêves de ta tête ?
« Porte ton bât, travaille, et l'on te nourrira. »
    Tout en irait mieux sur la terre,
    Si chacun se bornait à faire
Le métier pour lequel Jupiter l'appela.

VII. Les Forçats.

Des criminels à périr condamnés,
Chargés de fers, accablés de misères,
Comptaient des jours sans cesse empoisonnés
Par la rigueur de leurs destins contraires.
Aux malheureux sied-il d'être jaloux,
De se haïr, de connaître l'envie ?
Ceux-ci, rivaux, et se trahissant tous,
En noirs complots passaient leur triste vie.
Un jour, livrés au plus affreux courroux,
Et se frappant avec leurs propres chaînes *,
Ces furieux se meurtrirent de coups.
Quelqu'un leur dit : Cruels ! y pensez-vous ?
Quelle fureur vous fait doubler vos peines ?
Modérez-les plutôt en vous aimant.
Humains ! humains ! je vous en dis autant.

* Voltaire a exprimé la même idée dans les vers suivants :
    Je crois voir des forçats dans un cachot funeste,
    Se pouvant secourir, l'un sur l'autre acharnés,
    Combattre avec les fers dont ils sont enchaînés.   F.

VIII. L'Horloge à réveil.

Un homme, à qui la mort, à force d'y songer,
      Rendait la vie insupportable,
Pour médecin un jour choisit son horloger :
Choix par lequel il crut se sauver du danger
Qu'on court entre les mains d'un docteur véritable.
C'était la nuit surtout que cet homme craignait
De l'infernale faux l'invasion subite.
« Encor faut-il du moins savoir l'heure qu'il est,
« Quand la Mort, disait-il, vient nous rendre visite.
« Faites-moi, sans grands frais, monsieur George, un réveil
      « Qui sonne l'heure et la demie. »
Monsieur George obéit; et voilà du sommeil
Les pavots dispersés par cette sonnerie;
Voilà notre hypocondre agité de la peur
D'entendre sonner l'heure et de perdre la vie :
Il maudit l'horloger qui, doublant sa terreur,
      Lui cause une double insomnie.
Celui-ci prend alors le ton d'un vrai docteur :
« Je ne vois, lui dit-il, dans votre maladie
      « Qu'une sombre et triste vapeur
      « Que ce réveil aurait guérie,
« Si vous ne m'aviez pas prescrit l'économie :
      « Payez-en plus cher la façon,
« Et j'y vais adapter un brillant carillon
« Qui chassera soudain cette mélancolie.
« Soit, » dit le vaporeux. Inutile industrie !
Dans un cerveau timbré tout se change en poison.
Le carillon en vain à toute heure varie ;
La peur saisit d'abord notre homme au premier son,
      Et comme une longue agonie,
Tant que dure chaque air, lui donne le frisson.
      A la fin il perdit courage.

Mais pourquoi de la mort ainsi se tourmenter?
  Cet homme, il n'en faut point douter,
Avait fait de la vie un criminel usage.
  Quiconque ici-bas vit en sage,
Et des arrêts du ciel n'a rien à redouter,
Bravant jusques au bout les dangers du voyage,
  Prend les heures sans les compter.

IX. Le Sommeil du méchant.

Un soir, sous un berceau, quelqu'un voyant dormir
  Un tyran qui passait sa vie
A tourmenter autrui, pour l'unique plaisir
  De contenter sa barbarie,
  Ne put s'empêcher d'en gémir :
« Ce scélérat, dit-il, dort d'un aussi bon somme
  « Que pourrait faire un honnête homme :
« Dans ce repos si doux et si peu mérité
« Je ne reconnais point la céleste équité. »
Un vieillard l'entendit : « Tremble qu'il ne s'éveille,
« Lui dit tout bas cet homme, et rends graces aux dieux
« De ce qu'en attendant la paix règne en ces lieux :
« Le crime dort tandis que le tyran sommeille.
« Les dieux, lorsque la nuit brunit l'émail des champs,
  « Et noircit les palais des villes,
« Accordent quelquefois le sommeil aux méchants,
  « Afin que les bons soient tranquilles*. »

---

 * Voici le même sujet traité par Bret :   F.

  Sous ses lambris dorés un tyran détesté
  Dormait, en apparence, avec tranquillité
« Le sommeil, dit quelqu'un, est-il fait pour le crime ?
  « Eh, quoi ! le ciel épargne sa victime !
   « — Imprudent ! au bruit que tu fais,
  « Dit un faquin, tremble qu'il ne s'éveille !
  « Le ciel permet que le méchant sommeille,
  « Pour que le sage ait des moments de paix. » I.

X. Les deux vieilles Chattes

Certaine chatte douairière
Avec une autre vieille un jour s'entretenait :
 Devinez sur quelle matière?
 C'était d'amour qu'il s'agissait.
 Sur l'amour on ne tarit guère
 (Je ne parle que du caquet);
 Femelle d'homme une journée entière
 En jasera sans se faire prier.
Femelle de matou parfois aussi babille
 Sur ce chapitre, un jour entier.
Celle que j'introduis en son temps fut gentille;
L'autre vieille était chatte aussi de son métier.
 « Ne trouvez-vous pas, ma commère,
« Qu'en amour, comme en tout, le siècle dégénère,
« Et que nos jeunes chats, autrefois si galants,
« Sont devenus grossiers, brutaux, impertinents?
« Mon Dieu! j'en suis choquée autant que vous, ma chère;
 « Leurs procédés font mal au cœur.
« Jadis il n'était pas de si laide gouttière
« Qui ne parût charmante aux yeux du chat vainqueur
« Dont j'y récompensais la tendresse sincère
 « Par quelque légère faveur.
« Nos plus jeunes minets alors étaient fidèles.
« Ma chère, vous rouvrez des blessures cruelles,
« Dit l'autre; et je connais bien des ingrats aussi!
« Un chat les entendait : Le beau train que voici!
« Avez-vous tout conté, mes deux bonnes amies?
 « Dit-il, en rompant l'entretien.
« Quand nous étions galants, vous étiez plus jolies.
« Grondez, emportez-vous; vos cris n'y feront rien.
« Vous ne remarquez pas que vous êtes vieillies;
 « Mais, pour nous, nous le voyons bien. »

Coquettes qui briguez vainement la louange,
Quand de vos yeux éteints les ris sont délogés,
  Vous criez que le siècle change,
  Tandis que c'est vous qui changez.

XI. Les Fourmis.

La reine des fourmis mourut : on la pleura.
  Le trône était héréditaire;
Elle n'avait qu'un fils : ce fils lui succéda;
Mais il n'imita point les vertus de sa mère,
  Et bientôt on le détrôna.
Ce peuple avec ses rois n'entend pas raillerie.
Voulant à l'avenir éviter un tel cas,
  Il abolit la monarchie.
Il fallut pour cela convoquer les états.
  Ils créèrent des magistrats :
  Ils accrurent la tyrannie;
Et de ce nouveau joug chacun fut bientôt las.
Pour avoir mal choisi, ces insectes conclurent
Qu'un tel gouvernement ne leur convenait pas;
Et leurs meilleurs cerveaux dès l'instant résolurent
De n'avoir désormais ni magistrats ni roi :
Le Louvre fut détruit, et les lois disparurent.
Alors chaque fourmi ne vécut que pour soi :
  Que m'importe si ma voisine
Pour passer son hiver n'a pas assez de grain?
Je n'irai pas quitter le soin de ma cuisine
  Pour enrichir ses magasins :
L'une ainsi raisonnait. Grace à Dieu, disait l'autre,
Mon grain me durera quatre bonnes saisons;
  Plutôt que de donner du nôtre,
Le printemps et l'été, nous nous reposerons.
Plusieurs avaient, parmi ces insectes avares,
Au pied d'un petit mont établi leurs foyers;

D'autres sur la hauteur avaient mis leurs dieux lares.
L'aquilon de ceux-ci vide un jour les greniers.
  Les dames d'en-bas, toutes fières
   D'avoir leurs magasins entiers,
Quand ils viennent quêter, rejettent leurs prières.
Mais la pluie à son tour ravageant leurs logis,
  Ces bestioles trop altières
Vont des rives du Styx grossir les fourmilières.
Leurs voisins, par l'épargne et le temps rétablis,
Les laissèrent périr sans en être attendris.
Une jeune fourmi vit un jour avec joie
Un bel épi de bled à deux pas de son trou.
Vingt fourmis près de là trottaient sans savoir où :
« Aidez-moi, leur dit-elle, à charger cette proie.
« C'est très bien dit, vraiment, répond chaque fourmi;
« Allez vous fatiguer pour cette demoiselle ;
« Quant à moi je prends l'air; mon grenier est rempli :
  « Le ciel vous assiste, la belle! »
De leur mépris barbare elle se vengea bien
  (Le dépit donne du courage);
Tandis qu'elles goûtaient les plaisirs du voyage,
  La dame alla piller leur bien.
De retour au logis, les autres ne trouvèrent
  Que la moitié de leur provision;
Pour unique ressource elles se désolèrent :
Personne ne prit part à leur affliction.

Les hommes deviendraient bientôt insociables,
S'ils ne connaissaient plus ni monarques ni lois;
Et les refus cruels qu'essuîraient leurs semblables
  Leur nuiraient à tous à la fois.
Cérès a dans mon champ répandu ses largesses :
Ce que j'aurai de trop sera pour mon voisin,
  Qu'elle a privé de ses richesses ;

Et sa reconnaissance est un trésor certain
    Où je puiserai l'abondance
Quand Cérès, me voyant avec indifférence,
    Pour lui seul ouvrira son sein.
Tel fut le fondement de la loi naturelle;
Mais tant de passions en détachent nos cœurs,
    Que, pour nous ramener vers elle,
Il faut des dieux, des rois, et des décrets vengeurs *.

AUBIGNAC (François Hedelin, abbé d') naquit à Paris, le 4 août 1604, de Claude Hedelin, avocat au parlement, et de Catherine Paré, fille du célèbre Ambroise Paré.

Après avoir fait ses études, qu'il perfectionna lui-même par la lecture des bons auteurs, et sans avoir eu recours à aucun maître depuis l'âge de onze ans, excepté pour la philosophie, François Hedelin exerça pendant quelque temps à Nemours la profession d'avocat. Mais bientôt il quitta cette carrière pour embrasser l'état ecclésiastique, ce qui lui procura l'emploi de précepteur du jeune duc de Fronsac, neveu du cardinal de Richelieu. Ce ministre récompensa noblement le précepteur de son neveu, et le pourvut de l'abbaye d'Aubignac et de celle de Meimac. Le grand monde, où sa position sociale eut bientôt répandu l'abbé d'Aubignac, le mit en liaison avec les beaux esprits de ce temps. La dispute qui s'éleva sur le théâtre des anciens, ne contribua pas peu non plus à lui donner de la réputation.

* Voyez page 199, l'Origine du Comique larmoyant, fable d'Aubert

Protégé par le cardinal, et cher au duc de Fronsac, l'abbé d'Aubignac reçut de la reconnaissance de son élève une pension viagère de quatre mille francs, dont il jouit jusqu'à sa mort. Le grand Condé, qui avait épousé la sœur du duc de Fronsac, ayant hérité de ce jeune seigneur, tué à vingt-sept ans au siège d'Orbitello, conserva cette rente à l'abbé d'Aubignac.

Le prince avait d'abord refusé de la reconnaître; l'abbé d'Aubignac lui présenta une requête où il établissait ses droits et le reconnaissait pour seul juge de leur contestation. La noblesse de ce procédé frappa le prince, qui ordonna que la rente fût payée.

La mort du duc de Fronsac fut si sensible à son ancien précepteur, que, renonçant tout-à-coup aux espérances de fortune et aux plaisirs du monde, il s'enferma dans son cabinet, et se borna à la conversation de quelques amis éloignés comme lui de toute ambition.

Sur la fin de sa vie, il se retira à Nemours, où il mourut, le 25 juillet 1676, auprès de son frère Anne Hedelin, qui avait succédé à la charge de lieutenant général qu'avait possédée leur père. Il était âgé de soixante-douze ans.

Le désir de plaire au cardinal son protecteur avait engagé l'abbé d'Aubignac à étudier tout ce qui regarde la poésie dramatique. Ce fut dans ce dessein qu'il composa *la Pratique du théâtre*. Ce traité est considéré comme son meilleur ouvrage. On n'en peut pas dire autant de la tragédie de *Zénobie*. Il l'avait composée d'après les règles d'Aristote et celles qu'il a consignées dans son ouvrage. C'est à l'occasion de cette pièce que le grand Condé dit un jour : « Je sais bon gré à l'abbé d'Aubignac d'avoir « si bien suivi les règles d'Aristote; mais je ne puis « pardonner à Aristote d'avoir fait faire une si mau- « vaise tragédie à l'abbé d'Aubignac. »

Ce littérateur a fait aussi le *Térence justifié*, où il montre une grande connaissance du théâtre ancien et moderne. Son livre intitulé *Macarise*, où il établit la philosophie stoïcienne sous le voile du roman, lui valut l'approbation des hommes les plus célèbres de son temps.

L'abbé d'Aubignac est encore l'auteur de différentes poésies, et en outre de sermons et de panégyriques, ce qui fit dire qu'il servait Dieu et le monde par semestre. Ses querelles avec Ménage et Corneille ont fait jadis beaucoup de bruit; mais le ton peu décent, et les injures au lieu de raisons, ont décrédité tout ce qui a pu paraître à ce sujet. Nous avons suivi la vie de l'abbé d'Aubignac par le père Niceron. (*Mém. pour servir à l'Hist. de la Rép. des Lettres*, t. IV, p. 120.) Les dates y sont plus exactes que toutes celles que l'on rencontre ailleurs; car elles sont tirées d'un mémoire de M. Hedelin, qui rectifie toutes celles qui sont données faussement dans la *vie de l'abbé d'Aubignac* par M. de Boscheron, insérée dans les *Mémoires de Littérature*, par Sallengre, t. 1er, p. 284, et par Titon du Tillet, dans le *Parnasse français*.

DE BROTONNE.

JUGEMENTS.

I.

Attaché au cardinal de Richelieu, il était ennemi de Corneille. Sa *Pratique du Théâtre* est peu lue; il prouva par sa tragédie de *Zénobie* que les connaissances ne donnent pas les talents.

Voltaire, *Siècle de Louis XIV*.

II.

La Pratique du Théâtre, de l'abbé d'Aubignac, est un lourd et ennuyeux commentaire d'Aristote, fait par un pédant sans esprit et sans jugement qui entend mal ce qu'il a lu, et qui croit connaître le théâtre parce qu'il sait le grec.

La Harpe, *Cours de Littérature*.

III.

La pratique qu'il avait du théâtre ne lui servit qu'à faire une tragédie détestable, et à dire beaucoup d'injures au grand Corneille, qui en faisait de sublimes : tant il y a loin des règles au génie. Son livre mérite encore d'être lu.

Palissot, *Mémoires sur la Littérature*.

AUGER (Athanase, l'abbé), de l'Académie des inscriptions, naquit à Paris le 12 décembre 1734. D'abord professeur de rhétorique au collège de Rouen, il passa ensuite grand-vicaire de l'évêque de Lescar, M. de Noé, qui l'appelait en plaisantant son grand-vicaire *in partibus Atheniensium*, à cause de sa profonde connaissance de la langue grecque. Modeste, ingénu, bienveillant, l'abbé Auger avait l'innocence et la pureté des mœurs patriarcales. Sachant se contenter d'un modique revenu qu'il partageait avec ses parents peu aisés, jamais on ne le vit briguer la faveur des grands, ni s'inquiéter de la fortune; l'amour de l'étude fut sa seule passion, et il eut le bonheur de ne connaître ni ennemis, ni envieux. Il mourut le 7 février 1792, regretté de tous les amis des lettres. Sélis a fait les vers suivants pour le portrait de cet écrivain :

> Voici l'auteur qui réunit
> Le cœur, les mœurs, le don d'écrire ;
> Que jamais on n'entend médire,
> Et dont personne ne médit.

Son éloge funèbre fut prononcé à la séance publique de la Société des Neuf-Sœurs, par Hérault de Séchelles, qui avait fait avec lui une étude approfondie de la langue grecque. Ses principaux ouvrages sont : *Harangues de Démosthène et d'Eschine, pour la Couronne*, Rouen, 1768, in-12; *Œuvres complètes de Démosthène et d'Eschine*, 1777 et 1788, 6. vol. in-8°; *Œuvres complètes d'Isocrate*, 1783, 3 vol. in-8°; *Œuvres complètes de Lysias*, 1783, in-8°; *Homélies, Discours et Lettres choisies de saint Jean-Chrysostome*, 1785, 4 vol. in-8°; *Discours choisis de Cicéron*, 1787, 3 vol. in-12; *Harangues tirées d'Hérodote, de Thucydide et des Œuvres de Xénophon*, 1788, 2 vol. in-8°; *Homélies et Lettres choisies de saint Basile-le-Grand*, 1788, in-8°; *De la Constitution des Romains, sous les Rois et au temps de la République*, 1792, 3 vol. in-8° (L'auteur a consacré plus de trente ans à cet ouvrage); *De la Tragédie grecque*, 1792. Ce dernier écrit, qui parut quatre jours après la mort de l'auteur, était destiné à servir de préface à la traduction des trois tragiques grecs, en prose et en vers. Les écrits de l'abbé Auger, réunis à Paris, dont la partie posthume a été publiée en 1794, forment une collection de vingt-neuf volumes in-8°. La partie posthume, en dix volumes in-8°, contient la *Constitution des Romains*, et la traduction de tous les Discours de Cicéron.

JUGEMENTS.
I.

Quand Athanase Auger fit paraître pour la première fois sa traduction de Démosthène, qu'il m'envoya pour en rendre compte dans le *Journal de Littérature*, je n'en fis aucune critique : l'ouvrage prouvait l'impuissance de faire mieux; et dès lors la censure n'aurait pu que le mortifier sans lui servir. Mais, voulant donner une idée de l'original, je ne pus faire usage d'un seul morceau de sa version, et il m'en sut mauvais gré : tant il est facile de blesser l'amour-propre, même en le ménageant, et tant le meilleur des hommes est toujours susceptible, en qualité d'auteur! Cependant, au bout d'un certain temps, le peu de succès de sa traduction lui fit sentir que mon silence n'était rien moins qu'une injure, et il eut l'infatigable courage de refondre presque en entier un ouvrage de si longue haleine, et le courage, plus rare encore, de convenir qu'il s'était trompé. Voici comme il s'exprimait dans sa

nouvelle édition : « J'avouerai avec franchise que,
« par un trop grand attachement à la lettre, le style
« de ma première traduction manquait en général
« d'élégance et de grace; de cette aisance et de cette
« légèreté qui font lire les ouvrages avec plaisir,
« qui font que tout attache et rien n'arrête. » Celui
qui avait assez de candeur pour avouer ainsi ses
fautes, eût mérité d'avoir en soi les moyens de se
corriger; mais on ne peut forcer la nature; et le
bon Auger fit autrement sans faire mieux.

Il en était pourtant venu, à force d'aimer Démosthène, à se persuader qu'il était né pour le traduire, et que c'était en lui une vocation marquée par la Providence. Je sais, à n'en pouvoir douter, qu'on lui offrit une cure assez considérable en Normandie, où il avait professé; il la refusa en disant: « Eh! qui est-ce qui traduirait Démosthène? » Il obtint depuis des places et des récompenses ecclésiastiques, qui étaient dues à ses travaux et à ses vertus, et qui ne l'empêchèrent point de se livrer à ses occupations favorites.

Ce n'était pas tout-à-fait de légèreté dans le style (comme il le dit fort improprement) qu'il s'agissait en traduisant Démosthène; c'était de précision, de rapidité, d'énergie, et surtout de mouvement; et c'est tout cela qui manque totalement au traducteur. Il s'en faut de tout qu'il sache assez manier sa langue pour donner à sa diction la vivacité et la variété des formes oratoires : c'est un art dont il ne paraît pas même avoir aucune idée. Il ressasse dans ses longs discours préliminaires tous les lieux communs qu'il a pris dans toutes les rhétoriques; mais il y a loin d'une leçon qu'on répète à un art que l'on sent. Ces généralités vagues sont à la portée de tout le monde; et encore de quelle manière nous les a-t-il répétées! «Qu'on fasse attention, en lisant « les anciens, à cette chaleur, à cette vivacité d'une « imagination sage et réglée, qui échauffe, qui « anime le raisonnement, qui sait unir et fondre « les différentes parties, qui sait cacher, pour ainsi « dire, les nerfs du discours, *les recouvrir d'une en-* « *veloppe active, les embellir d'un coloris mâle et gra-* « *cieux ; etc.* » Une *enveloppe active*, des *nerfs embellis d'un coloris!* phrases d'écolier. Pour traduire des écrivains tels que Démosthène et Cicéron, il faudrait d'abord être en état d'analyser en homme de l'art, en homme sensible, un morceau de l'un ou de l'autre, et de faire voir en quoi consiste cet accord continuel entre le mouvement de la phrase et l'effet qu'elle doit produire; entre la combinaison harmonique choisie pour l'oreille, et la pensée qui s'adresse à l'esprit, ou le sentiment qui s'adresse au cœur: c'est là le premier secret de l'élocution oratoire; et ensuite il faut pouvoir, en changeant d'idiome, retrouver les mêmes effets correspondants; ce qui suppose une grande connaissance des deux langues, et une grande flexibilité de diction. Celle d'Auger, au contraire, toujours vague, inanimée, diffuse, embarrassée, se traîne à travers les circonlocutions les plus vulgaires, et ne frappe jamais au but. On sent bien qu'il est impossible ici d'entrer jusqu'à un certain point dans les détails. D'abord, tout ce qui concerne la comparaison de la version avec l'original ne peut intéresser que ceux qui savent le grec; et, en se bornant même à l'examen du français, la construction des phrases, le choix, la place et la disposition des mots, sont des parties si importantes dans le style oratoire, que souvent on pourrait faire quatre pages de remarques sur vingt lignes. Ce genre d'instruction, qui n'est praticable que de vive voix, mais qui est alors susceptible d'agrément comme d'utilité, doit être extrêmement restreint par écrit; c'est-là sur-tout que

Le secret d'ennuyer est celui de tout dire.

Il suffit d'indiquer et d'avertir : l'intelligence du lecteur fait le reste. Je me bornerai donc à montrer l'abbé Auger à côté de Démosthène, dans un seul morceau, que je ne choisirai même pas là où il faut suivre l'orateur grec dans sa marche impétueuse et renversante, mais dans un endroit où sa composition, beaucoup plus tranquille, était aussi plus facile à saisir, dans un exorde, celui de la fameuse harangue *Pour la Couornne*. Ce n'est pas, à beaucoup près, un des plus mauvais morceaux du traducteur, et cependant on verra combien il est faible et défectueux:

« Je commence, Athéniens, par implorer tous
« les dieux : je leur demande que, dans cette cause,
« ils vous inspirent pour moi les mêmes sentiments
« dont je suis animé pour la république et pour
« chacun de vous; je leur demande encore (et votre

« religion, votre sûreté, votre honneur y sont in-
« téressés) que, sur la manière dont je dois me
« défendre, vous ne consultiez pas mon adversaire*
« (il y aurait de l'injustice), mais nos lois et votre
« serment. Ce serment porte, entre autres choses,
« qu'on écoutera également les deux parties, c'est-
« à-dire qu'il faut non-seulement déposer toute
« prévention et accorder à l'une et à l'autre partie
« une faveur égale, mais encore permettre à chacune
« d'elles de suivre le plan d'accusation ou de défense
« qu'elle aura préféré. Eschine, dans ce jugement,
« a sur moi deux grands avantages; le premier, c'est
« que nos périls ne sont pas égaux. Je risque bien
« plus à déchoir de votre bienveillance que lui à
« ne pas triompher dans son accusation. Je risque,
« moi..... mais je dois éviter toute parole sinistre en
« commençant ce discours; lui, au contraire, il n'a
« rien à perdre s'il perd sa cause. Le second avan-
« tage, c'est qu'il est dans la nature de l'homme
« d'écouter avec plaisir l'accusation et l'injure, et de
« ne supporter qu'avec peine l'apologie et l'éloge.
« Ce qui est fait pour plaire était donc le partage
« de mon rival; ce qui déplaît presque générale-
« ment est maintenant le mien. Si, d'un côté, par
« un sentiment de crainte, je n'ose vous entretenir
« de mes actions, je paraîtrai n'avoir pu détruire les
« reproches de mon adversaire, ni établir mes
« droits à la récompense qu'il voudrait me ravir;
« de l'autre, si j'entre dans les détails de ma vie

---

* Eschine avait demandé que l'on prescrivît à Démosthène l'ordre de ses défenses.

« publique et privée, je serai forcé de parler sou-
« vent de moi. Je le ferai du moins avec la plus grande
« réserve; et ce que la nature de ma cause m'obli-
« gera de dire, il est juste de l'imputer à celui qui
« a rendu ma justification nécessaire. »

Il y a là presque autant de fautes que de lignes :
et d'abord, quelle maladresse de débuter par une
phrase coupée, par une incise, dans un discours de
si grand appareil; dans un exorde, où il importe
sur-tout de captiver l'attention en la suspendant! Si
Démosthène, dans une semblable occasion, se fût
avisé de finir sa phrase, et une phrase si commune,
à la première ligne, les Athéniens, qui étaient connaisseurs, se seraient mis à rire. Ensuite quelle
profusion de mots oiseux, de phrases redondantes!
« Les deux parties, l'une et l'autre partie; déposer
« toute prévention, et accorder une faveur égale, »
comme s'il s'agissait de faveur.... « Je leur demande....
« je leur demande encore, etc. Je risque bien plus;
« je risque, moi, etc. »; et puis la froideur et l'incon-
venance des expressions : « Je dois éviter toute pa-
« role sinistre en commençant ce discours.... » Il y
a dans le grec *je veux*, ce qui n'est pas la même
chose. *Ce discours* est bien dans le texte, τοῦ λόγου;
mais, selon le génie de notre langue, le mot de *discours* convient peu dans une affaire criminelle. Un
homme si gravement accusé ne doit ni songer ni
avertir qu'il fait *un discours*. *Mon rival* est encore
plus déplacé. Démosthène est bien loin de donner
nulle part à Eschine un titre si honorable; il l'appelle son ennemi, son adversaire, son calomnia-

teur. Il ne dit pas non plus que « l'on supporte avec
« peine l'apologie; » ce qui n'est pas vrai : il dit
« qu'on entend avec peine ceux qui se louent eux-
« mêmes; » ce qui est fort différent. Je laisse de côté
beaucoup d'autres fautes dans ce morceau, qui
d'ailleurs pèche encore davantage par ce qui n'y est
pas; et, sans prétendre égaler l'original, voici, ce
me semble, comme on pouvait le rendre, et même
en se tenant beaucoup plus près de lui :

« Je commence par demander aux dieux immor-
« tels qu'ils vous inspirent à mon égard, ô Athé-
« niens, les mêmes dispositions où j'ai toujours
« été pour vous et pour l'état ; qu'ils vous persua-
« dent, ce qui est d'accord avec votre intérêt, votre
« équité, votre gloire; de ne pas prendre conseil
« de mon adversaire pour régler l'ordre de ma dé-
« fense. Rien ne serait plus injuste et plus contraire
« au serment que vous avez prêté d'entendre égale-
« ment les deux parties ; ce qui ne signifie pas
« seulement que vous ne devez apporter ici ni pré-
« jugé ni faveur, mais que vous devez permettre à
« l'accusé d'établir à son gré ses moyens de jus-
« tification. Eschine a déjà dans cette cause assez
« d'avantages sur moi: oui, Athéniens, et deux sur-
« tout sont bien grands. D'abord, nos risques ne
« sont pas égaux : s'il ne gagne pas sa cause, il ne
« perd rien; et moi, si je perds votre bienveillance.....
« Mais non, il ne sortira pas de ma bouche une
« parole sinistre, au moment où je commence à vous
« parler. Un autre avantage qu'il a sur moi, c'est
« qu'il n'est que trop naturel d'écouter volontiers

« l'accusation et le blâme, et de n'entendre qu'avec
« peine ceux qui sont forcés de dire du bien d'eux-
« mêmes. Ainsi donc, Eschine a pour lui tout ce qui
« flatte la plupart des hommes, et il m'a laissé ce
« qui leur déplaît et les blesse. Si, dans cette crainte,
« je me tais sur les actions de ma vie publique, je
« paraîtrai me justifier mal ; je ne serai plus celui
« que vous avez jugé digne de récompense. Si je
« m'étends sur ce que j'ai fait pour le service de
« l'état, je serai dans la nécessité de parler sou-
« vent de moi-même : je le ferai du moins avec toute
« la réserve dont je suis capable ; et ce que je serai
« obligé de dire, ô Athéniens ! imputez-le à celui
« qui m'a réduit à me défendre. »

Une chose dont l'abbé Auger ne paraît pas se douter, c'est que l'éloquence a ses chevilles comme la poésie, et qu'un mot de trop ou déplacé gâte une phrase ainsi qu'un vers. Un style ferme, tel que celui de Démosthène, n'admet rien d'inutile, rien de languissant. Son traducteur n'avait pas d'ailleurs étudié sa propre langue autant que les langues anciennes ; il la savait fort médiocrement, et y faisait des fautes de toute espèce. « Il partit en Ar-« cadie. » C'est un latinisme : *In Arcadiam profectus est*. On dit en français : « Il partit pour l'Arcadie. » « Il le poursuit en crime. » Ceci n'est d'aucune langue. On poursuit quelqu'un en réparation d'un crime, on le poursuit au criminel, etc.

Ses idées générales manquent quelquefois de justesse. Par exemple, il ne reconnaît d'éloquence proprement dite que celle qu'on appelle délibérative ou judiciaire : cela n'est pas exact. S'il se contentait de dire que cette éloquence est la première de toutes, il aurait raison, parce qu'en effet c'est celle qui, ayant pour objet immédiat une victoire à remporter, c'est-à-dire des juges à convaincre, une assemblée à persuader, demande de plus grands efforts, exige toutes les ressources de l'esprit et de l'imagination, tous les mouvements de l'âme, toutes les forces du raisonnement. Mais d'abord, de ce qu'un genre d'éloquence est au premier rang, il ne s'en suit pas qu'il soit le seul; c'est comme si l'on disait que la poésie dramatique est la seule véritable, parce que des juges renommés, à compter depuis Aristote, l'ont regardée comme la plus difficile, comme celle qui renferme le plus de sortes d'esprit et de talent; et pourtant l'épopée, l'ode, la satire, l'épître, etc., sont aussi de la vraie poésie : quelques-uns même, avec quelque raison, mettent l'épopée au-dessus de la tragédie. On aurait de la peine à nous faire comprendre que Bossuet et Massillon ne soient pas des orateurs. Ils ont travaillé dans le genre démonstratif, que tous les anciens ont classé parmi ceux de l'éloquence. Il y a plus : celle qui n'est pas oratoire*, c'est-à-dire qui ne comporte pas le débit public et la déclamation, n'en est pas moins aussi une éloquence très réelle, de l'aveu de ces mêmes anciens qui la demandaient dans tous les genres d'écrire où elle peut entrer, comme, par exemple, dans l'histoire. Qu'est-ce qu'un histo-

* Orateur, *orator*, vient d'*orare*, qui signifie proprement *parler*, du mot *os*, *oris*, bouche.

rien qui ne sera pas éloquent, dit Cicéron? Ainsi Rousseau est regardé universellement comme un écrivain éloquent dans sa philosophie et dans ses fictions romanesques et passionnées, quoiqu'il ne soit pas un orateur, et qu'il n'eût même aucun des moyens naturels nécessaires pour parler en public. Les anciens admettaient comme nous cette distinction, puisqu'on opposait à l'éloquence de Cicéron celle de Sénèque, qui n'a écrit que des traités de philosophie.

Après Isocrate et Démosthène, qu'Auger traduisit en entier, il nous donna deux volumes de traduction de quelques plaidoyers de Cicéron, deux de discours tirés des historiens grecs, et cinq d'homélies des Pères de l'Église. Toutes ces différentes versions ont le même caractère et les mêmes défauts.

La Harpe, *Cours de Littérature.*

II.

Auger est le premier qui ait fait passer dans notre langue tout ce qui nous reste de Démosthène et d'Eschine, dont on ne connaissait que quelques discours; mais tout le feu de ces grands maîtres s'éteint sous les mains timides du traducteur. Sa version se recommande par la correction et l'exactitude; mais elle manque de vie, de chaleur et de noblesse. Cependant ce grand ouvrage l'occupa dix ans, et son panégyriste nous apprend qu'il le refondit en entier avant de donner la seconde édition.

Sa traduction d'Isocrate est plus estimée, parce qu'il est plus facile de reproduire la froide symétrie de cet auteur que l'éloquence impétueuse et rapide de Démosthène. Cependant un critique, sans doute trop sévère (LaHarpe, dans sa *Correspondance littéraire*), dit que le traducteur savait mieux le grec que le français, et que, si son travail pouvait servir aux études des jeunes gens, il n'était pas fait pour donner aux gens du monde une idée de l'éloquence des anciens et de l'éloquence attique.

Noel, *Biographie universelle*.

AUGUSTIN (Aurelius Augustinus, saint) naquit à Tagaste, petite ville d'Afrique, le 13 novembre 354. Il était fils de Patrice et de Monique, qui l'élevèrent avec un soin extrême. Sa sainte mère lui inspira de bonne heure les sentiments de piété dont elle était elle-même pénétrée; mais les leçons de la vertu furent bientôt effacées par les passions de la jeunesse; et dès l'âge de seize ans Augustin s'abandonna avec ivresse aux attraits du plaisir. Envoyé à Carthage pour y perfectionner ses études commencées à Madaure, ses mœurs achevèrent de s'y corrompre; il forma une liaison criminelle avec une femme qu'il aima pendant quinze années et dont il eut un fils, nommé Adéodat, qui hérita du génie de son père. Au milieu du désordre dans lequel il vivait, Augustin, cependant, ne négligea point d'orner son esprit de toutes les connaissances qui pouvaient le faire distinguer. Il était dans sa dix-neuvième année, étudiant avec zèle les lettres et l'éloquence, lorsque la secte des manichéens fit de lui un prosélyte et bientôt un apôtre; mais quoiqu'il eût embrassé leurs systèmes avec ardeur, son cœur n'en était point satisfait; il lui semblait souvent qu'ils le conduisaient à l'erreur, et cependant, ne sachant que leur substituer, il y demeura attaché pendant neuf ans. Enfin, son esprit, acquérant tous les jours de nouvelles forces par la méditation, s'ouvrit peu à peu à l'idée de la vraie religion. La perte d'un ami qu'il vit mourir avec les consolations chrétiennes, et les larmes de sa mère, qui s'affligeait de le voir plongé dans l'erreur, tout contribuait à le pousser vers le but qu'il devait atteindre.

Après avoir été professeur d'éloquence à Tagaste, à Carthage et à Rome, il fut envoyé en cette qualité à Milan par le préfet Symmaque. Ce fut là que ses yeux achevèrent de se dessiller. Saint Ambroise occupait alors le siège de cette ville, et ses prédications y étaient célèbres. Attiré d'abord par l'éloquence de ce Père, Augustin en vint bientôt à goûter sa doctrine; chaque jour ses méditations devenaient de plus en plus profondes; mais, presque convaincu des vérités de la religion, il manquait de force pour accomplir les sacrifices que cette religion exigeait de lui. Il quitta cependant la femme avec laquelle il vivait; mais, retombant bientôt après dans sa faiblesse, il s'abandonna de nouveau à ses penchants. Enfin, après avoir encore essayé de les combattre, il s'attacha avec tant d'ardeur à la lecture de l'Écriture sainte, qu'il finit par sortir victorieux de cette lutte cruelle. Dès-lors, ne s'occupant plus qu'à vivre saintement, il se retira à la campagne avec quelques amis qui voulaient être ses émules. Sainte Monique présidait à cette réunion, où l'on se livrait sans cesse à l'étude et à de pieux entretiens. Augustin s'occupa aussi dans cette retraite de l'éducation de son fils Adéodat, qu'il aimait tendrement, et composa divers ouvrages. Plusieurs de ses conférences avec ses amis nous sont parvenues. Il fit un livre contre les académiciens et leur scepticisme, un autre sur la vie bienheureuse, un troisième intitulé *De l'Ordre*, et enfin ses *Soliloques*, où il peint l'état de son âme et les jouissances qu'il éprouvait à dompter le reste de ses passions. Ce fut ainsi qu'il se rendit digne du baptême, qu'il reçut des mains de saint Ambroise, avec son fils et son ami Alype, à la Pâque de 387. Il avait alors trente-trois ans.

Ayant perdu sa mère, qu'il regretta beaucoup, Augustin alla passer encore quelque temps à Rome, où il composa les livres des Mœurs de l'Église contre les manichéens, et de la Grandeur de l'Ame. Il y commença aussi son livre sur le Libre Arbitre, et retourna ensuite à Tagaste, où il donna la meilleure partie de ses biens aux pauvres, forma une communauté avec quelques-uns de ses amis, et se consacra au jeûne et à la prière.

En même temps qu'il menait cette vie austère, il multipliait ses écrits en faveur de la religion. Son savoir et ses éminentes vertus se répandirent et lui attirèrent la vénération publique. S'étant un jour trouvé dans l'église d'Hippone, au moment où Valère, qui en était évêque, témoignait le désir d'ordonner un prêtre qui pût partager ses travaux et lui succéder, le peuple signala Augustin, qui, d'abord, se défendit d'obéir parce qu'il sentait toute la sévérité des devoirs qu'on voulait lui imposer; mais il finit par se soumettre à la voix publique, et fut ordonné prêtre au commencement de l'an 391. Par un privilège singulier et inouï jusqu'alors en Afrique, Valère lui permit d'annoncer la parole de Dieu, et l'on vit dès lors la piété se répandre à la voix du saint prédicateur. Sa touchante éloquence attirait autour de lui une foule de disciples, et bientôt l'Afrique s'emplit de monastères et d'autres institutions religieuses.

En 393, un concile d'Afrique s'étant assemblé à Hippone, saint Augustin y donna une explication si savante du *Symbole de la Foi*, qu'il fut jugé digne d'être élevé à l'épiscopat; et, en 395, un nouveau concile le nomma évêque d'Hippone, conjointement avec Valère, qu'il avait aidé jusque là dans ses fonctions. Ce fut alors que les vertus et le génie de saint Augustin se montrèrent dans tout leur éclat; son zèle à convertir les hérétiques, sa douceur, sa charité envers les pauvres, ses soins éclairés dans les affaires civiles le firent admirer de toute l'Afrique. Félix, manichéen célèbre, fut vaincu dans une conférence publique par la force des raisonnements du saint évêque, et finit par abjurer sa doctrine entre les mains de son vainqueur. Saint Augustin s'attacha aussi avec un grand zèle à combattre la secte des donatistes; mais il le fit avec cette modération et cet esprit de charité qui convenaient à son caractère et à la doctrine qu'il voulait répandre. En 411, il obtint de nouveaux droits à l'admiration de la postérité dans une conférence célèbre qui eut lieu à Carthagène entre les évêques catholiques et donatistes; il y démontra, avec cette éloquence persuasive qui lui était si familière, l'universalité de la véritable Église; et plusieurs évêques, entraînés par l'onction et la force de ses discours, rentrèrent avec leurs troupeaux dans le sein de l'unité.

Peu de temps après, saint Augustin, voulant répondre aux plaintes des païens, qui attribuaient les irruptions des barbares et les malheurs de l'empire à l'établissement de la religion chrétienne, entreprit les livres de la *Cité de Dieu*, ouvrage admirable, où l'on retrouve presque toute la doctrine de ce Père avec la plus noble peinture de cette religion vers laquelle il s'efforçait d'attirer tous les cœurs. Appelé ensuite à de nouveaux combats contre les pélagiens, il réfuta leurs erreurs avec un zèle si ardent qu'il fut surnommé le *Docteur de la Grace*.

Malgré ses nombreux travaux et les austérités de sa vie, ce grand homme était parvenu à une vieillesse assez avancée, quand il eut la douleur de voir son pays en proie aux horreurs de la guerre : il avait soixante-seize ans lorsque les Vandales assiégèrent Hippone. On le vit alors, animé de ce zèle charitable qui était le caractère de sa sainteté, rassembler le peu de forces qui lui restaient pour prodiguer des consolations et des secours à son malheureux troupeau; mais, en même temps qu'il cherchait de tout son pouvoir à adoucir les maux dont il était témoin, il suppliait le ciel de ne pas lui laisser voir la ruine de sa ville : ses vœux furent exaucés; il mourut pendant le troisième mois du siège, le 28 août 430. Les plus grands honneurs furent rendus à sa mémoire; et quelques années après, il paraît que son corps fut transporté en Sardaigne, d'où il a été, dit-on, dans le huitième siècle, apporté dans l'église de Saint-Pierre de Pavie. Saint Possidonius, évêque de Calame, son ami intime, a écrit sa vie et rassemblé ses ouvrages, qu'il porte à plus de mille en y comprenant ses *Sermons* et ses *Lettres*.

On remarque, dans les écrits de saint Augustin, un génie vaste, un esprit pénétrant et une force de raisonnement admirable. A la vérité, il est resté au-dessous de quelques Pères de l'Église pour l'éloquence et la pureté du goût; mais il n'en est pas qui attire plus à la religion, et qui la fasse aimer davantage.

On a donné plusieurs éditions des OEuvres complètes de saint Augustin. La plus estimée, quoique non exempte de fautes assez graves, est celle de la congrégation des Bénédictins de Saint-Maur, onze tomes en 9 vol. in-fol., 1679-1700; on peut joindre à cette édition l'*Appendix Augustiniana*, volume qui fait partie de la réimpression des œuvres de ce Père, faite à Anvers, par les soins de T. Le Clerc, 1700-1703, 12 t. en 9 vol. in-fol. Dans l'*Histoire générale des Écrivains sacrés*, on trouve une bonne analyse des OEuvres de saint Augustin. Eugippius a publié, *Thesaurus ex sancti Augustini operibus*, Bâle, 1542, 2 tomes en un vol. in-fol., qui n'est pas commun. Berti et M. de Tillemont ont donné aussi chacun une vie de ce Père : l'ouvrage de M. de Tillemont jouit encore d'une réputation méritée. Les *Lettres* de saint Augustin ont été traduites en français avec assez d'élégance, 6 vol. in-8° et in-12. Lambert a donné la traduction de *la Cité de Dieu*, 4 vol. in-8° ou 4 vol. in-12. Nous avons trois traductions des *Confessions*: l'une par Dubois, l'autre par Arnauld d'Andilly, et la troisième par M. de Saint-Victor. M. Genoude est sur le point d'en publier une nouvelle qui, sans doute, ne laissera rien à désirer.

W.

JUGEMENTS.

I.

B. Mais saint Augustin, dont vous parlez, n'est-ce pas l'écrivain du monde le plus accoutumé à se jouer des paroles? Le défendrez vous aussi?

A. Non, je ne le défendrai point là-dessus. C'est le défaut de son temps, auquel son esprit vif et subtil lui donnait une pente naturelle. Cela montre que saint Augustin n'a pas été un orateur parfait; mais cela n'empêche pas qu'avec ce défaut, il n'ait eu un grand talent pour la persuasion. C'est un homme qui raisonne avec une force singulière, qui est plein d'idées nobles, qui connaît le fond du cœur de l'homme, qui est poli et attentif à garder dans tous ses discours la plus étroite bienséance, qui s'exprime enfin presque toujours d'une manière tendre, affectueuse et insinuante. Un tel homme ne mérite-t-il pas qu'on lui pardonne le défaut que nous reconnaissons en lui?

C. Il est vrai que je n'ai jamais trouvé qu'en lui seul une chose que je vais vous dire; c'est qu'il est touchant, lors même qu'il fait des pointes. Rien n'en est plus rempli que ses *Confessions* et ses *Soliloques*. Il faut avouer qu'ils sont tendres, et propres à attendrir le lecteur.

A. C'est qu'il corrige le jeu d'esprit autant qu'il est possible, par la naïveté de ses mouvements et de ses affections.

Fénelon, *IIIe Dialogue sur l'Éloquence.*

II.

Montaigne et Rousseau nous ont donné leurs *Confessions*. Le premier s'est moqué de la bonne foi de son lecteur; le second a révélé de honteuses turpitudes, en se proposant, même au jugement de Dieu, pour un modèle de vertu. C'est dans les *Confessions* de saint Augustin qu'on apprend à connaître l'homme tel qu'il est. Le saint ne se confesse point à la terre, il se confesse au ciel; il ne cache rien à celui qui voit tout. C'est un chrétien à genoux devant le tribunal de la pénitence, qui déplore ses fautes, et qui les découvre, afin que le médecin applique le remède sur la plaie. Il ne craint point de fatiguer par des détails celui dont il a dit ce mot sublime : « Il est patient parce qu'il est éternel.... »

Et quel portrait ne nous fait-il point du Dieu auquel il confie ses erreurs!

« Vous êtes infiniment grand, dit-il, infiniment
« bon, infiniment miséricordieux, infiniment juste;
« votre beauté est incomparable, votre force irré-
« sistible, votre puissance sans bornes. Toujours en
« action, toujours en repos, vous soutenez, vous
« remplissez, vous conservez l'univers; vous aimez

« sans passion, vous êtes jaloux sans trouble; vous
« changez vos opérations et jamais vos desseins.....
« Mais que vous dis-je ici, ô mon Dieu! et que peut-
« on dire en parlant de vous? »

Le même homme qui a tracé cette brillante image du vrai Dieu, va nous parler à présent, avec la plus aimable naïveté, des erreurs de sa jeunessse.

« Je partis enfin pour Carthage. Je n'y fus pas
« plutôt arrivé que je me vis assiégé d'une foule de
« coupables amours qui se présentaient à moi de
« toutes parts.... Un état tranquille me semblait in-
« supportable, et je ne cherchais que les chemins
« pleins de pièges et de précipices.

« Mais mon bonheur eût été d'être aimé aussi
« bien que d'aimer : car on veut trouver la vie dans
« ce qu'on aime..... Je tombai enfin dans les filets
« où je désirais d'être pris : je fus aimé, et je pos-
« sédai ce que j'aimais. Mais, ô mon Dieu! vous
« me fîtes alors sentir votre bonté et votre miséri-
« corde, en m'accablant d'amertume; car, au lieu des
« douceurs que je m'étais promises, je ne connus
« que jalousie, soupçons, craintes, colère, querelles
« et emportements. »

Le ton simple, triste et passionné de ce récit, ce retour vers la divinité, et le calme du ciel, au moment où le saint semble le plus agité par les illusions de la terre et par le souvenir des erreurs de sa vie, tout ce mélange de regrets et de repentir est plein de charmes. Nous ne connaissons point de mot, de sentiment plus délicat que celui-ci : « Mon
« bonheur eût été d'être aimé aussi bien que d'ai-

« mer; car on veut trouver la vie dans ce qu'on
« aime. » C'est encore saint Augustin qui a dit cette
parole : « Une âme contemplative se fait à elle-même
« une solitude. » la *Cité de Dieu*, les *Épîtres* et
quelques traités du même Père, sont pleins de ces
sortes de pensées.

CHATEAUBRIAND, *Génie du Christianisme.*

III.

Voyez saint Augustin ramené aux véritables principes du goût, par son génie supérieur et par des études plus approfondies; disons mieux, par le rayon surnaturel d'une grace divine qui dirigea son esprit comme elle éclaira son cœur; avec quelle fermeté vous le voyez redescendre des principes les plus hauts aux conséquences les plus palpables; jamais au-dessus de son auditoire, jamais au-dessous de son ministère; portant la lumière dans les mystères de l'essence divine, et des énigmes de notre nature; c'est Élie qui s'élève sur le char de feu, mais sans se dérober aux regards de son disciple; c'est Élysée qui se rapetisse avec le fils de la veuve qu'il va ressusciter. Lisez, par exemple, ses *Homélies sur le mélange des Bons et des Méchants, sur le Sermon de la Montagne, sur la Providence, sur la Passion du Sauveur, sur l'Enfer, sur l'Injustice et l'Endurcissement du Pécheur;* dans son explication du psaume XLIII, lisez ce qu'il rapporte lui-même d'un discours qu'il fit au peuple de Césarée, de Mauritanie, pour faire abolir une coutume barbare*; rappelez-vous ces énergiques interpellations

---

* *De Doctr. Christ.* IV, 24.

aux donatistes qui prétendaient que l'Église de Jésus-Christ était resserrée dans un petit coin de l'Afrique :

« Notre père n'est pas mort sans faire un testa-
« ment; il l'a fait : ouvrons donc ce testament. Je lis
« que Dieu *son père lui a donné toutes les nations*
« *pour héritage, et les extrémités du monde pour*
« *seules bornes à son empire.* De quelque côté que
« vous vous tourniez, tout appartient donc à Jésus-
« Christ. Mais vous voulez posséder une portion de
« l'héritage; vous dérobez donc tout le reste à
« Jésus-Christ.... Nous avons été les trouver quel-
« quefois pour leur dire : Cherchons la vérité, trou-
« vons-la ensemble; ils nous répondent : Gardez
« ce que vous avez; vous avez vos brebis, et moi
« les miennes; ne vous mêlez pas de mes brebis,
« puisque je ne me mêle pas des vôtres. — Dieu soit
« loué : j'ai mes brebis, il a les siennes; mais Jésus-
« Christ, qu'est-ce donc qui lui appartient? qu'est-
« ce donc qu'il a acheté? Ces brebis sont-elles à
« vous, sont-elles à moi? Qu'elles soient donc à celui
« qui les a achetées, qui les a payées de son sang,
« qui les a marquées de son sceau. Pourquoi donc
« ai-je mes brebis, et vous les vôtres? Si Jésus-Christ
« est parmi vous, que mes brebis y aillent, puis-
« qu'elles ne sont pas à moi; et s'il est parmi nous,
« que vos brebis y viennent, puisqu'elles ne sont pas
« à vous, etc. »

Et cet élan passionné d'une charité si véritablement pastorale pour ces mêmes hommes qui le fuyaient, qui le persécutaient : « Vous êtes nos
« frères. — Ils ont beau nous dire : Pourquoi nous

« cherchez-vous? pourquoi vous mettez-vous en
« peine de nous? Répondons-leur : Vous êtes nos
« frères.—Qu'ils nous disent : Retirez-vous de nous;
« nous n'avons rien de commun avec vous. — Mais
« pour nous, nous avons bien des choses communes
« avec vous. Ne confessons-nous pas un même
« Jésus-Christ avec vous; ne tenons-nous pas à un
« même corps sous un même chef?—Mais pourquoi,
« si, dites-vous, je suis déjà perdu, pourquoi donc
« me cherchez-vous?—O folie! ô extravagance! Eh!
« pourquoi vous cherché-je, sinon parce que vous
« êtes perdu?—Vous insistez! Si je suis déjà perdu,
« comment suis-je encore votre frère? —C'est afin
« qu'on me dise de vous : Votre frère était mort, il
« est ressuscité; il était perdu, et votre frère est
« retrouvé *. »

Et mille autres traits de cette force, qui vous font demander : Celui qui tient ce langage, est-ce Paul revenu de cette extase où il conversait avec les séraphins? N'est-ce pas plutôt encore le maître de Paul lui-même, ce Dieu de charité qui disait à ses apôtres : « Qui vous écoute m'écoute; car c'est moi
« qui parle par votre bouche. »

Suivez-le sur les théâtres divers de son zèle, ou plutôt de ses victoires. Cette éloquence qui vous semble être un des prodiges de ce nouvel apôtre, à quoi faut-il en rapporter le merveilleux effet? à une délicatesse profane? à la mollesse d'un langage fleuri et efféminé? Augustin n'en fut jamais coupable. A une affectation puérile d'antithèses que l'on ren-

* Enarr. II, in Ps XXXII.

contre parfois dans ses ouvrages, comme on a pu remarquer des taches dans le soleil? Augustin peut perdre quelque chose, sans cesser d'être un modèle admirable dans tout ce qu'il a de parfait *. A quoi donc enfin? à une éloquence, en quelque sorte, dramatique, animée de mouvements et de figures, mâle, libre, généreuse dans ses ornements, armée de ces flèches aiguës du Tout-Puissant, lesquelles percent les cœurs les plus rebelles, entrent avec empire dans les esprits et dans les âmes; à un pathétique sublime et populaire, par lequel le véritable orateur, se mettant en rapport avec son auditoire, révélant à ceux qui l'écoutent, et leurs propres affections et leurs premiers intérêts, arrache non-seulement des applaudissements, mais des larmes, non-seulement des remords, mais des conversions, mais des restitutions, mais des réconciliations éclatantes; *non plausus, sed lacrymas et suspiria***.

M. N. Silvestre Guillon, *Bibliothèque choisie des Pères de l'Église*. Discours préliminaire.

AULU-GELLE (Aulus Gellius), célèbre grammairien et critique, vivait dans le deuxième siècle, sous Marc-Aurèle et quelques empereurs qui le suivirent; suivant d'autres, il vécut sous Adrien et Antonin, et mourut sous Marc-Aurèle. On a élevé

* Un savant homme de nos jours dit souvent, « qu'en lisant saint Augustin on n'a pas le temps de s'appliquer aux paroles, tant on est saisi par la grandeur, par la suite, par la profondeur des pensées.
Bossuet, *Défense de la Trad.*

** S Hieron *Epist* XXXIV; S Prosper, *De vit. Contemplat*. I; Grenade, *Rhetor*. I, 12

des discussions, assez indifférentes en elles-mêmes, sur le véritable nom de cet auteur ; les manuscrits anciens le nomment le plus ordinairement Agellius. C'est le sujet d'une dissertation de Pétrus Lambécius; mais le nom d'Aulu-Gelle est celui qui a prévalu. Cet écrivain étudia la grammaire à Rome et la philosophie à Athènes, sous Alvisius Taurus. Dans cette dernière ville, il vécut intimement avec plusieurs savants, et parcourut ensuite la Grèce. De retour à Rome, il s'appliqua à l'étude des lois, et obtint une place de juge. Il nous rend compte lui-même de quelques particularités de sa vie, et entre autres il nous dit, qu'étant encore fort jeune il fut choisi par les préteurs pour juger quelques petites affaires de particuliers.

Aulu-Gelle s'est rendu célèbre par ses *Nuits attiques*; il donna ce nom à son ouvrage parce qu'il l'avait composé à Athènes pendant l'hiver, dont les longues nuits laissent plus de temps pour travailler.

On trouve fort peu d'ordre dans les matières qu'il traite, ou plutôt il les a placées au hasard, et comme un homme plus curieux d'accumuler des faits et des remarques que de composer un ouvrage; et en effet, son recueil était destiné à mettre sous les yeux de ses enfants ce que lui-même avait appris sous les rhéteurs et dans la conversation des savants. On ne peut lui refuser une grande érudition; et son livre nous a conservé une infinité de faits dont on n'est redevable qu'à lui. Les *Nuits attiques*, composées de vingt livres, ne nous sont pas parvenues entièrement complètes. Le huitième livre a été perdu, et nous n'en avons que les titres des chapitres; celui où il traite en passant des lois des douze tables est fort estimé suivant Rollin.

« Le style d'Aulu-Gelle, dit encore Rollin, ne
« manque pas de force, mais il est souvent mêlé de
« mots barbares et impropres qui le rendent dur et
« obscur, et qui se sentent du siècle où il a vécu, dont
« il ne faut pas attendre beaucoup de pureté ni
« d'élégance. »

Cependant saint Augustin, dans sa *Cité de Dieu* (IX, 4), loue dans Aulu-Gelle cette dernière qualité.

L'édition *ad usum Delphini* et celle dite *Cum notis variorum* sont estimées. Sabbathier parle d'une édition qui a paru en Saxe en 1741, et qui est enrichie d'une dissertation sur l'auteur et sur l'ouvrage.

MORCEAU CHOISI.

Fable de l'Alouette.

Esope de Phrygie, ce fameux auteur d'Apologues, fut mis avec raison dans la classe des sages les plus illustres. Ses fables, pleines de conseils et de leçons de la plus grande utilité, n'affectent point le ton sévère et impérieux de l'altière philosophie; l'apologue, entre ses mains, emprunte le langage des graces et de la gaieté; c'est par ce charme séduisant qu'il s'insinue dans l'âme de ses lecteurs, et qu'il leur fait goûter les diverses peintures qu'il trace d'une main si sage et si judicieuse. Sa fable de *l'Alouette*, écrite avec autant d'aménité que d'élégance, fait connaître qu'il faut moins attendre d'autrui que de soi-même le succès d'une affaire dans laquelle on peut agir.

« Il est, dit le fabuliste, un petit oiseau qu'on
« appelle alouette; il habite communément dans les
« blés, et y fait son nid, de façon que ses petits com-
« mencent à se couvrir de plumes au temps de la
« moisson. L'alouette dont je parle avait choisi
« par hasard un champ dont les fruits étaient pré-
« coces; déjà même on voyait flotter les épis dorés,
« et la petite famille était sans plumage. Un jour, la
« mère, partant pour chercher la pâture, l'avertit de
« bien remarquer ce qui arriverait ou se dirait de
« nouveau, de le bien retenir, et de le lui rendre
« fidèlement.

« Le maître du champ arrive, appelle son fils à
« la fleur de l'âge : Tu vois, lui dit-il, que ces blés
« sont en pleine maturité, et n'attendent que la
« faucille; demain donc, dès le point du jour, va
« trouver nos amis, prie-les de venir nous aider à
« faire la moisson. Ainsi parle le père, et il s'éloigne.

« Dès que la mère paraît, les petites alouettes
« tremblantes crient toutes à fois, et la conjurent
« de déloger au plus vite, car le maître a dit à son
« fils : Demain, dès le point du jour, va trouver nos
« amis, et prie les de venir nous aider à faire la
« moisson. Soyez en paix, mes enfants, répond
« l'alouette; si le maître se repose de ce travail sur
« ses amis, demain ces épis seront encore sur pied;
« il n'est donc point nécessaire que je vous trans-
« porte actuellement.

« Le lendemain, la mère retourne à la pâture;
« le maître paraît, attend les moissonneurs; le soleil
« embrase les airs, le temps se passe, point d'amis.

« Mon fils, dit le père étonné, ces amis sur lesquels
« nous avions compté sont des paresseux; faisons-
« mieux, que n'allons-nous chez nos voisins, nos
« parents et nos alliés, les prier de se trouver ici,
« demain, à l'heure du travail?

« Le petit nid, aussi épouvanté que la veille,
« rend ces terribles paroles à la mère. Point d'a-
« larmes, leur répondit-elle : comme hier, dormez
« en repos; il n'est ni parents, ni voisins assez com-
« plaisants pour partager si promptement le travail
« d'autrui. Prêtez seulement une oreille bien atten-
« tive à ce qui se dira demain matin.

« Au premier rayon du jour, l'alouette prend son
« essor, et malgré l'invitation, on ne voit arriver
« ni parents, ni voisins. Laissons, mon fils, dit le
« père, laissons ces alliés et ces amis; apporte ici,
« demain, deux faucilles, une pour moi, l'autre
« pour toi, et nous ferons nous-mêmes la moisson.

« Dès que ces dernières paroles eurent été ren-
« dues à la mère : il est temps, mes enfants, dit-elle,
« de partir, l'ordre du maître sera rempli, puisqu'il
« se charge lui-même de l'exécution, sans se reposer
« sur des étrangers. En achevant ces mots, l'alouette
« s'envole, transporte son nid, et le maître vient mois-
« sonner son champ. »

Excellent apologue, admirable leçon du peu de
confiance qu'on doit avoir aux secours de ses parents et de ses amis! Eh! que nous recommandent
les maximes les plus sacrées de la philosophie?
de ne nous reposer que sur nos propres travaux, de compter pour absolument étranger tout

ce qui est hors de nous et de notre propre cœur.

Ennius, dans son recueil de *Satires*, a mis cette allégorie en vers iambiques pleins de finesse et d'élégance. J'en cite les deux premiers, qu'il est bien essentiel, à mon avis, d'avoir gravés au fond de l'âme:

« Conserve précieusement cet axiome dans ta
« mémoire: N'attends jamais rien de tes amis quand
« tu peux travailler toi-même. »

On peut comparer la manière élégante de conter d'Aulu-Gelle, qui nous a conservé cette fable, avec celle de La Fontaine qui l'a mise en vers; et l'on sera convaincu que ce dernier a trouvé l'art d'embellir ses originaux, et qu'il leur prête des graces si naturelles qu'en les imitant, il devient original lui-même.

L'Alouette et ses petits avec le maître d'un champ.

Ne t'attends qu'à toi seul: c'est un commun proverbe.
  Voici comme Ésope le mit
    En crédit.
  Les alouettes font leur nid
  Dans les blés quand ils sont en herbe,
  C'est-à-dire environ le temps
Que tout aime, et que tout pullule dans le monde,
  Monstres marins au fond de l'onde,
Tigres dans les forêts, alouettes aux champs.
  Une pourtant de ces dernières
Avait laissé passer la moitié d'un printemps
Sans goûter le plaisir des amours printannières.
A toute force enfin elle se résolut
D'imiter la nature, et d'être mère encore.
Elle bâtit un nid, pond, couve et fait éclore,
A la hâte; le tout alla du mieux qu'il put.

Les blés d'alentour mûrs avant que la nitée
  Se trouvât assez forte encor
  Pour voler et prendre l'essor,
De mille soins divers l'alouette agitée,
S'en va chercher pâture, avertit ses enfants
D'être toujours au guet et faire sentinelle.
    « Si le possesseur de ces champs
« Vient avecque son fils, comme il viendra, dit-elle,
    « Écoutez-bien : selon ce qu'il dira
    « Chacun de nous décampera. »
Sitôt que l'alouette eût quitté sa famille,
Le possesseur du champ vient avecque son fils.
« Ces blés sont mûrs, dit-il; allez chez nos amis
« Les prier que chacun, apportant sa faucille,
« Nous vienne aider demain, dès la pointe du jour. »
    Notre alouette, de retour,
    Trouve en alarme sa couvée.
L'un commence : « Il a dit, que l'aurore levée,
« L'on fît venir demain ses amis pour l'aider.
« S'il n'a dit que cela, repartit l'alouette,
« Rien ne nous presse encor de changer de retraite.
« Mais c'est demain qu'il faut tout de bon écouter.
« Cependant soyez gais, voilà de quoi manger. »
Eux repus, tout s'endort, les petits et la mère.
L'aube du jour arrive, et d'amis point du tout.
L'alouette à l'essor, le maître s'en vient faire
    Sa ronde ainsi qu'à l'ordinaire.
« Ces blés ne devraient pas, dit-il, être debout.
« Nos amis ont grand tort, et tort qui se repose
« Sur de tels paresseux, à servir aussi lents.
    « Mon fils, allez chez nos parents
    « Les prier de la même chose. »
L'épouvante est au nid plus forte que jamais :
« Il a dit ses parents, mère ! c'est à cette heure....

« Non, mes enfants; dormez en paix,
« Ne bougeons de notre demeure. »
L'alouette eut raison, car personne ne vint.
Pour la troisième fois, le maître se souvint
De visiter ses blés : « Notre erreur est extrême,
« Dit-il, de nous attendre à d'autres gens que nous.
« Il n'est meilleur ami ni parent que soi-même.
« Retenez bien cela, mon fils ; et savez-vous
« Ce qu'il faut faire ? il faut qu'avec notre famille,
« Nous prenions dès demain chacun une faucille ;
« C'est là notre plus court; et nous achèverons
   « Notre moisson quand nous pourrons. »
Dès lors que ce dessein fut su de l'alouette,
« C'est à ce coup qu'il faut décamper, mes enfants, »
       Et les petits, en même temps
       Voletants, se culebutants,
       Délogèrent tous sans trompette.
              (*Liv. IV, fab.* 22.)

AURÉLIUS VICTOR (Sextus), historien latin, vécut au IVe siècle, sous le règne de Constance, et même jusqu'à celui des enfants de Théodose. En 361, l'empereur Julien, se trouvant à Naïsse, le fit gouverneur de la seconde Pannonie. L'an 369 il fut consul avec Valentinien. Ces honneurs furent sans doute le prix d'un mérite fort distingué que les ouvrages qui nous restent sous le nom d'Aurélius Victor ne peuvent justifier qu'en partie : ce qui porte à le croire, c'est qu'il reconnaît lui-même que son père était pauvre et d'une condition obscure. On présume qu'Aurélius était Africain ; dans ses ouvrages il donne de grandes louanges à cette contrée qu'il appelle *la gloire du monde*. On lui conteste la meilleure partie de ses ouvrages; celui que l'on connaît sous le nom de *Origo gentis romanæ*, commençait aux temps incertains de Janus et se termine actuellement à la fondation de Rome : il a été attribué à Asconius Pédianus. Le *De Viris illustribus urbis Romæ* a été donné à Suétone, à Æmilius Probus, à Cornélius Népos. Vossius affirme qu'il appartient à Aurélius Victor. Ce même Vossius soutient qu'il a existé deux écrivains du nom d'Aurélius, et veut que l'auteur d'une *Histoire de la vie des Empereurs romains, depuis César jusqu'à Théodose*, soit un autre Aurélius Victor, qui vivait sous Arcadius et Honorius. Il s'appuie de l'autorité d'une inscription, qui désigne Aurélius Victor, préfet de la ville, élevant un monument à Théodose; mais le témoignage d'Ammien-Marcellin, qui dit que celui qui fut gouverneur de Pannonie, en 361, devint préfet de la ville long-temps après, infirme l'opinion de Vossius, et l'inscription prouve tout le contraire de ce qu'il voulait prouver. Les ouvrages d'Aurélius que l'on met habituellement dans les mains des enfants leur sont d'une médiocre utilité; ils sont chargés de dates et de faits, et leur servent peu sous le rapport de la latinité. Aux deux ouvrages mentionnés plus haut, il faut joindre ces deux-ci : 1° *De Cæsaribus Historia, ab Augusto Octavio, id est à fine Titi Livii, usquè ad consulatum decimum Constantii Augusti et Juliani Cæsaris tertium*; 2° *De vitâ et moribus Imperatorum romanorum, excerptâ à Cæsare Augusto usquè ad Theodosium imperatorem.*

La première édition d'Aurélius Victor a été donnée par André Schott, en 1579, in-8°. L'édition *variorum*, et celle que Barbou a imprimée à la suite d'Eutrope, jouissent d'une estime méritée : cette dernière a été revue par M. Caperonnier.

AUSONE (Decius, ou plutôt Decimus-Magnus), l'un des plus grands poètes du IVe siècle, fils de Jules Ausone et d'Émilia OEonia naquit à Bordeaux, en 309. Son père, célèbre médecin, cultiva avec le plus grand soin ses heureuses dispositions, et sa famille se plut à concourir au perfectionnement de ses talents; aussi fit-il de grands progrès dans l'étude des lettres grecques et latines. A l'âge de trente ans, il enseigna la grammaire, et fut choisi ensuite par ses compatriotes pour professer l'éloquence. Il s'acquit dans cet emploi une telle réputation que l'empereur Valentinien l'appela auprès de lui, et lui confia l'éducation de son fils Gratien. Ce fut pour Ausone et sa famille la source des honneurs : on le vit d'abord nommé questeur par l'empereur; après la mort de ce prince, sous Gratien, il géra tour-à-tour la préfecture d'Italie et d'Afrique et celle des Gaules; enfin on le créa consul en 379. Ainsi fut justifiée cette maxime de Juvénal, que, « Quand il plaît « à la fortune, on passe de la fonction de rhéteur « à la charge de consul. » *Si fortuna volet, fies de rhetore consul.* Son grand père maternel Cecilius Argicius Arborius, astrologue distingué, avait, dit-on, prédit l'élévation de son petit-fils ; et la foi qu'on ajouta à cette vaine prédiction fut cause qu'on s'empressa de donner à Ausone une brillante éducation. Ausone épousa une femme d'une famille très riche, qu'il perdit fort jeune; il en eut des enfants, et termina sa carrière en 394. Nous relevons ici la bévue de Trithême qui prétend que notre poète fut élevé à la dignité d'évêque : cette assertion, qui n'est fondée sur aucune preuve, a été suffisamment réfutée depuis. Ausone a composé beaucoup d'ouvrages en prose et en vers. On a perdu ses *Fastes*, sa *Chronique de Cornélius Népos* et les *Fables d'Ésope*, qu'il avait mises en prose. Dans les œuvres qui nous sont parvenues, on remarque une extrême inégalité, « soit, dit Bayle, que sa muse fût « journalière, soit qu'on ait inséré dans ses poésies « quelques pièces qu'il n'avait fait qu'ébaucher, soit « que des raisons particulières l'aient obligé de « laisser courir des vers qu'il n'avait pas eu le « temps de polir. » Ses *Lettres* brillent par le naturel, la simplicité; et ses *Parentales* font l'éloge de son cœur. On regrette de ne pas trouver dans ses *Épigrammes*, pour la majeure partie empruntées aux poètes grecs, la clarté et la beauté qui distinguent les pièces originales. Quant à son *Griphe*, à sa *Lettre sur les trente huîtres*, ce sont des ouvrages de pure montre d'esprit; il n'en est pas de même de sa *Moselle* et de son *Remerciment à Gratien*, regardés avec raison comme des morceaux remarquables.

On a reproché à quelques pièces, à son *Centon*, par exemple, une obscénité repoussante : ses admirateurs ont cherché à le justifier en alléguant que ce fut malgré lui, et par l'ordre de Valentinien qu'il publia ces sortes d'ouvrages. Le reproche n'en subsiste pas moins, et il eût été plus honorable pour lui de résister à l'influence d'une cour licencieuse. La première édition d'Ausone a été publiée à Venise, en 1472. La plus complète et la plus estimée est celle dite : *cum notis variorum*, in-8°, Amsterdam, 1671. L'abbé Jaubert a donné une traduction de ce poète, Paris, 1769, 4 vol. in-12. Cette traduction est assez estimée, et peu commune.

JUGEMENTS.

I.

Il y a une extrême inégalité entre les ouvrages d'Ausone. Son style est dur, comme je l'ai déjà remarqué ; mais la dureté est le moindre vice de ses poésies. Les obscénités dont il les a remplies en interdisent la lecture à quiconque n'a pas renoncé à toute pudeur.

ROLLIN, *Histoire ancienne*.

II.

Gratien, qui eut de la faiblesse et du zèle, qui posséda peut-être le courage militaire, mais à qui le courage d'esprit et les talents manquèrent; que les écrivains d'un parti ont comparé aux meilleurs princes, que ceux du parti contraire ont comparé à Néron; Gratien, dont le plus grand mérite peut-être est d'avoir élevé Théodose à l'empire, et qui, après un règne de huit ans, mourut à vingt-quatre, vaincu à Paris, assassiné à Lyon, eut aussi ses panégyristes.

AUSONE.

Le plus célèbre est Ausone. Il naquit à Bordeaux, qui était alors l'Athènes des Gaules. Son père était médecin, et lui fut poète et orateur; il préféra l'art qui amuse et séduit l'imagination des hommes, en leur parlant, à l'art utile et souvent trompeur qui promet de les guérir. Nous savons qu'il enseigna l'éloquence avec éclat. On est intéressé, en tout pays, à chercher des hommes célèbres pour l'éducation des princes; Valentinien le donna pour précepteur à son fils. Gratien, sur le trône, le fit d'abord préfet des Gaules et d'Italie, et ensuite consul. En le nommant à la seconde place de l'empire, il lui écrivit : « J'acquitte ce que je dois, et je dois ce que « j'acquitte. » Ausone, pour remercier son bienfaiteur, son élève et son prince, prononça alors le panégyrique de Gratien. Il s'en faut de beaucoup qu'il vaille celui de Théodose, que nous avons cité; il semblerait qu'entre les deux il y a l'intervalle d'un siècle. L'ouvrage n'a aucun mérite pour le fond; et, à l'égard du style, il est quelquefois ingénieux, mais sans goût, sans harmonie et sans grace. Ce n'est presque partout que des sons brisés et heurtés les uns contre les autres, un choc éternel de petites phrases qui se repoussent, des déclamations, des figures incorrectes, de l'exagération, enfin nulle noblesse dans les sentiments; on dirait que l'orateur est accablé sous le poids de l'honneur qu'il a reçu. Il ne savait pas qu'il y a une fierté généreuse qui honore le bienfaiteur même, et une bassesse de reconnaissance qui peut l'avilir. Par exemple, au milieu de son discours, il fait un long commentaire sur la lettre que Gratien lui a écrite, sur chaque mot dont il s'est servi, sur la robe qu'il lui a envoyée; enfin, sur ce qu'en le nommant consul, il l'a nommé le premier et non pas le second. Je sais bien qu'il y a, dans Cicéron même, de ces petits détails de vanité; mais, dans l'orateur romain, ces faiblesses d'amour-propre sont relevées par la beauté du style, par une éloquence harmonieuse et douce, par une certaine fierté de sentiment républicain qui s'y mêle; enfin, par le souvenir de ses grandes actions, et le parallèle qu'il fait souvent de lui-même et de ses travaux, avec ces grands de Rome, endormis sous les images de leurs ancêtres, fiers d'un nom qu'ils déshonoraient, inutiles à l'état, et prétendant à le gouverner, rejetant tous les travaux et aspirant à toutes les récompenses. Il semble qu'un orgueil noble donne du ressort à la vanité, et lui communique un peu sa grandeur; mais ici, on ne trouve rien de pareil : c'est un esclave peu éloquent qui remercie son maître à genoux. On n'a d'autres dédommagements que quelques épigrammes et des jeux de mots; du reste, tout est petit, faible et barbare. Il faut plaindre un siècle où, avec de pareils ouvrages, on parvient cependant à être célèbre.

Thomas, *Essai sur les Éloges.*

III.

Les critiques ne sont pas d'accord sur le rang que mérite Ausone comme poète : les uns l'ont loué, les autres l'ont blâmé avec excès. On ne peut nier qu'il eût infiniment d'esprit, des connaissances variées; que parmi ses *Épigrammes* il ne s'en trouve d'excellentes*, et que son poème de *La Moselle* ne mérite une partie des éloges que ses contemporains lui ont donnés. Les naturalistes y ont remarqué une description des poissons qui se trouvent dans ce fleuve, aussi exacte que l'homme le plus instruit pourrait en faire aujourd'hui. D'un autre côté, on est forcé de convenir que la versification d'Ausone manque de facilité; que son style est dur et a une

---

* On cite souvent les deux suivantes :

Infelix Dido nulli bene nupta marito !
Hoc pereunte, fugis : hoc fugiente, peris.

Pauvre Didon ! où t'a réduite
De tes amants le triste sort !
L'un, en mourant, cause ta fuite ;
L'autre, en fuyant, cause ta mort !

Le sujet de celle qui suit est un jeune garçon et une jeune fille, tous deux privés d'un œil. On s'adresse au jeune garçon :

Lumine Acon dextro, capta est Leonida sinistro;
Et poterat formâ vincere uterque deos :
Parve puer, lumen quod habes concede puellæ,
Sic tu cæcus Amor, sic erit illa Venus.

Mademoiselle de Gournay, morte le 13 juillet 1645, âgée de soixante-dix-neuf ans, imita cette épigramme en mettant une mère à la place d'une sœur :

Lys et sa jeune mère, aussi beaux que les dieux,
De deux côtés divers ont perdu l'un des yeux.
Échange, ô cher mignon, cet œil vif qui te reste,
Contre l'œil de ta mère exclu des rais du jour,
Et vous deux resterez une couple céleste :
Elle sera Vénus, et toi l'aveugle Amour.

En voici une autre imitation plus fidèle, par Dorat :

L'œil droit manque à Dorine, et le gauche à Cydnus ;
Tous deux ont en partage une beauté céleste :
A ta sœur, bel enfant, cède l'œil qui te reste,
Tu vas être l'Amour, elle sera Vénus.

F.

21.

partie des défauts de son siècle; sa latinité même est moins pure que celle de Claudien, qui vécut peu de temps après lui. Ausone, en un mot, ne peut pas être regardé comme un modèle; mais les hommes de goût n'en doivent pas moins lui conserver une place honorable parmi les poètes latins. On a d'Ausone des *Épigrammes*, des *Idylles*, dont le poème de *la Moselle* fait partie; des *Églogues*, des *Lettres* en vers, un *Discours* à Gratien, pour le remercier de l'avoir nommé consul, où l'esprit brille plus que l'éloquence.

Weiss, *Biographie universelle*.

AUTREAU (Jacques). Pesselier, dans la préface estimée qu'il a mise en tête des *Œuvres d'Autreau*, ne fixe pas d'une manière certaine l'époque de la naissance de cet écrivain. Il la place vers 1659; la *Biographie universelle* la reporte à l'année 1656.

Autreau était né avec de l'esprit et de la finesse; son caractère brusque et son extérieur peu avantageux, en l'éloignant du monde, l'empêchèrent d'obtenir des succès que la fréquentation de la bonne compagnie aurait pu lui procurer au théâtre. Son sort aurait pu être également plus heureux, s'il eût été capable de s'assujettir aux devoirs de la société et à la souplesse nécessaire pour parvenir.

Autreau était d'un âge avancé lorsqu'il commença à travailler pour le théâtre. Les comédiens italiens étaient près de quitter la France, où leurs affaires prenaient un tour peu favorable, lorsque Autreau leur donna la pièce intitulée *le Port à l'Anglais* ou *les*

Nouvelles débarquées. Cet ouvrage, le début de l'auteur, et la première pièce française jouée sur le théâtre Italien, fut représenté le 25 avril 1718, et obtint un grand succès. Obligé de se conformer au goût qui régnait alors, l'auteur a semé cette pièce de traits un peu décousus et d'une plaisanterie peu noble; mais lorsque le ton qui régnait au théâtre Italien fut devenu plus élevé, Autreau sut s'y conformer, et *Démocrite prétendu fou* témoigna que l'auteur, sans la bizarrerie de son caractère, aurait pu obtenir des succès avoués par le goût. En 1720, il donna *les Amants ignorants* : cette pièce eut du succès. Arlequin et Nina sa maîtresse y sont peints d'après le roman de *Daphnis et Chloé. L'Amante romanesque*, donnée aux Italiens, n'avait point réussi : c'était la seconde pièce d'Autreau; quelques autres eurent le même sort, telles que le *Besoin d'aimer* et *Panurge à marier dans les espaces imaginaires*. Curieux de s'essayer sur un plus grand théâtre, Autreau donna à la comédie française, en 1731, *le Chevalier Bayard*, comédie héroïque en cinq actes et en vers : cette tentative n'eut point de succès; la pièce était entièrement dénuée d'intérêt; mais l'auteur prit sa revanche dans *la Magie de l'Amour*, pièce tirée des *Veillées de Thessalie* de mademoiselle de Lussan, et qui fut représentée avec applaudissements. Une dernière comédie, qui ne parut point au théâtre et qui porte pour titre *les Faux Amis démasqués*, forme, avec cinq poèmes lyriques, le reste du bagage dramatique d'Autreau. Il ne réussit point dans ce dernier genre, et l'opéra de *Platée* ne put se soutenir au théâtre, malgré la musique de Rameau. On a encore d'Autreau des pièces fugitives, qui ne manquent ni de grace ni de facilité.

Autreau joignit au goût de la poésie celui de la peinture, mais il y eut peu de succès; les connaisseurs ont cependant remarqué le tableau où se trouvent représentés Fontenelle, La Motte et Danchet, disputant sur un ouvrage dont on leur fait la lecture; et celui où Diogène, une lanterne à la main, cherche un homme, et le trouve en la personne du cardinal de Fleury, dont il fait voir le portrait.

Autreau mourut en 1745 aux Incurables. Ses œuvres ont été recueillies par Pesselier, en 4 vol. in-12, Paris, 1749.

JUGEMENT.

A l'âge de soixante ans, Autreau commença de travailler pour le théâtre avec assez de succès pour faire regretter que l'idée ne lui en fût pas venue plus tôt. Il y a de la gaieté, du naturel, de la finesse dans la comédie de *Démocrite prétendu fou*. Celle qui est intitulée *la Magie d'Amour* eut du succès, et méritait d'en avoir, par des traits pleins de naïveté et de graces.

PALISSOT, *Mémoires sur la Littérature*.

AVIÉNUS (RUFUS FESTUS), poète latin, vécut vers l'an 400, et s'occupa non-seulement de traduire en vers latins différents ouvrages grecs, mais voulut encore mettre en vers iambes l'*Histoire de Tite Live*. Ce dernier ouvrage est perdu; il y a tout lieu de croire qu'il ne mérite pas d'être fort regretté. Aviénus a traduit les *Phénomènes* d'Aratus, et le *Periegesis* de Denys, sous le titre de *Descriptio Orbis Terræ*. Nous avons aussi le premier livre d'un poème intitulé : *Ora Maritima*, en vers iambes. Une pièce de vers adressée à Flavius Murmécius, et une allégorie des Syrènes. Ces différents ouvrages lui ont fait moins de réputation que ses *Fables* traduites d'Ésope en vers élégiaques, et dédiées à Théodore, qui n'est autre que Macrobe ; elles sont infiniment éloignées de la pureté et de la grace de celles de Phèdre, et paraissent peu propres aux enfants, auxquels, suivant Quintilien, on ne doit donner que des choses excellentes et pures. Quelques auteurs, et entr'autres Harles, ont prétendu qu'il fallait distinguer deux Aviénus, et que le fabuliste était un Flavius Aviénus qui vivait deux cent quarante ans avant Rufus Festus Aviénus. Cette opinion est contraire à celle de Vossius et autres, qui ne reconnaissent qu'un seul personnage, Rufus Festus, comme auteur de ces différents ouvrages.

On ne cite pas d'édition complète de ce poète. La première de toutes, Venise, 1488, in-4°, ne contient que les traductions d'Aratus et de Denys. H. Friesemann a donné la *Description de la Terre* avec des notes, à Amsterdam, 1786, in-8°. La meilleure édition des *Fables* est celle de Nodell, Amsterdam, 1787, in-8° ; la meilleure d'Aratus se trouve dans le *Syntagma Aratœorum* de Grotius, Leyde 1600, in-8° *.

* *Voyez* ci-dessus page 1 et suiv. l'art. ARATUS de M. Patin.

Les deux ouvrages de géographie font partie de la collection d'Oxford.

———

AVRIGNY (C. J. L. Loelliard d') est né à la Martinique vers 1760. Après avoir habité Montpellier pendant quelques années, il vint à Paris, et s'y fixa au commencement de la révolution. Il avait concouru en 1778 pour le prix de poésie de l'Académie française, dont le sujet était : *Prière de Patrocle à Achille*. Le prix ne fut pas décerné ; mais la pièce de M. d'Avrigny fut mentionnée honorablement. En 1789 il débuta dans la carrière dramatique par un opéra comique imbroglio, intitulé *les Brouilleries*. Il fit ensuite pour les théâtres de Feydeau et du Vaudeville des pièces qui eurent du succès ; on remarque sur-tout : *le Mariage de la Veille*, 1797, et *les Deux Jockeys*, 1798 ; *la Lettre*; *Doria* ou *la Tyrannie détruite*, opéra, en société avec Legouvé ; *l'Homme et le Malheur*, 1793 ; *le Négociant de Boston*, et *la Supercherie par Amour*, 1794. Depuis 1804, M. d'Avrigny a publié ses *Poésies nationales*, et quelques odes également estimées sur les évènements du temps. Son poème intitulé *la Navigation moderne* ou *le Départ de La Peyrouse*, se distingue par la correction du style. On range parmi nos meilleurs morceaux d'histoire, son *Tableau historique des Commencements et des Progrès de la Puissance britannique dans les Indes Orientales*, inséré dans *l'Histoire de Mysore*, par M. Michaud. Enfin, sa tragédie de *Jeanne-d'Arc*,

qui a paru sur la scène avec éclat, a mérité, sous
beaucoup de rapports, le brillant succès qu'elle a
obtenu.

MORCEAU CHOISI.

Jeanne d'Arc raconte sa mission.

..... Si, dans ce jour, une aveugle furie,
Prince, par ses clameurs n'attaquait que ma vie,
Celle qu'à la vengeance on veut sacrifier
Dédaignerait le soin de se justifier.
Mais au Dieu dont je tiens ma force et mon courage,
Guerrière, je dois rendre un noble témoignage ;
Je le dois, je le veux ; et ma voix, sans détours,
De ma vie à vos yeux va présenter le cours.
Mon nom vous est connu... Depuis que je suis née,
L'hiver n'a pas vingt fois vu s'achever l'année.
Sous un rustique toit Dieu cacha mon berceau.
Non loin de Vaucouleurs, quelques prés, un troupeau,
Des auteurs de mes jours composaient la richesse ;
Le travail de leurs mains nourrissait leur vieillesse.
Docile à leurs leçons, heureuse à leur côté,
Mon enfance croissait dans la simplicité ;
Et bergère, comme eux j'errais sur les montagnes,
Chantant le nom du Dieu qui bénit les campagnes.
Chaque jour cependant, jusqu'à nous apportés,
Des bruits affreux troublaient nos hameaux attristés ;
On disait qu'inondant et nos champs et nos villes,
L'Anglais, à la faveur de nos haines civiles,
Allait bientôt, brisant nos remparts asservis,
Saper les fondements du trône de Clovis,
Et, de la Loire enfin franchissant la barrière,
Sur les murs d'Orléans arborer sa bannière......
Des maux de mon pays en secret tourmenté,

Tout mon cœur s'indignait, jour et nuit agité;
Et du bruit des combats, au milieu des prairies,
Seule, j'entretenais mes longues rêveries.
Un soir (il m'en souvient), de la cime des monts
L'orage, en s'étendant, menaçait nos vallons;
Tout fuyait.... Près de là, l'ombre d'un chêne antique
Protégeait du hameau la chapelle rustique :
J'y cours; et sur la pierre où j'implorais les cieux,
Le sommeil, malgré moi, vint me fermer les yeux.
Tout-à-coup, de splendeur et de gloire éclatante,
Du céleste séjour une jeune habitante,
La houlette à la main, se montre devant moi :
« Humble fille des champs, dit-elle, lève-toi!
« Du souverain des cieux l'ordre vers toi m'amène;
« Geneviève est mon nom. Les rives de la Seine
« Me virent, comme toi, conduire les troupeaux.
« Quand du fier Attila les funestes drapeaux
« Envoyaient la terreur aux deux bouts de la France,
« Ma voix, au nom du ciel, promit sa délivrance.
« Le ciel veut par ton bras l'accomplir aujourd'hui.
« Du trône des Français, va, sois l'heureux appui.
« Le Dieu qui, des bergers empruntant l'entremise,
« Jadis arma David, et dirigea Moïse,
« Dans les murs de Fierbois, au pied des saints autels,
« Cacha, depuis long-temps, aux regards des mortels
« Le glaive qui, remis aux mains d'une bergère,
« Doit briser les efforts d'une armée étrangère.
« En secret, éclairé par un avis des cieux,
« Déjà Valois attend le bras victorieux
« Que suscite pour lui leur faveur imprévue.
« Pleine d'un feu divin va t'offrir à sa vue;
« Marche : Orléans t'appelle au pied de ses remparts;
« Marche : à ta voix l'Anglais fuira de toutes parts;
« Et le temple de Reims verra, dans son enceinte,

« Sur le front de ton roi s'épancher l'huile sainte... »
L'immortelle, à ces mots, remonte dans les airs ;
Et moi, le cœur ému de sentiments divers,
Je m'éveille incertaine, et n'osant croire encore
Au choix trop éclatant dont l'Éternel m'honore.
Mais trois fois, quand la nuit ramène le repos,
Je vois les mêmes traits, j'entends les mêmes mots :
« Humble fille des champs, lève-toi, Dieu t'appelle !
« Au ciel, à ton pays, tremble d'être infidèle ! »
Je cède enfin : je pars, respirant les combats.
Le frère de ma mère accompagnait mes pas.
J'avais atteint le front des collines prochaines :
Là, muette et pensive, à nos bois, à nos plaines,
Par un dernier regard, j'adressai mes adieux,
Et le toit paternel disparut à mes yeux....

(Jeanne d'Arc, un moment attendrie, s'arrête et se tait)

.... Au travers du trouble et du ravage,
Vers la cour de Valois le ciel m'ouvre un passage.
J'arrive : on m'interroge, on doute de ma foi ;
Mais les pontifes saints ont rassuré mon roi :
Je parais à ses yeux. Sans crainte, sans audace,
J'entre : un de ses guerriers est assis à sa place ;
Lui-même, au milieu d'eux, il siège confondu ;
Mais un esprit céleste, à mes yeux descendu,
Me le montrait du doigt, et planait sur sa tête.
J'approche ; et, devant lui, je m'incline et m'arrête ;
Des cieux, à haute voix, j'annonce les décrets...
« Oui, me dit-il, commande ; et mes guerriers sont prêts
« A suivre sur tes pas l'ardeur qui les transporte. »
Il dit, et de Fierbois à son ordre on m'apporte
Le glaive qui bientôt doit venger les Français.
Nous partons... Mais pourquoi retracer nos succès ?
Jeune et faible instrument de la faveur céleste,
Je marchais, je parlais.... Dieu seul a fait le reste....

Jeanne d'Arc à Rouen, act. III, sc. 5.

BABRIAS.

BABRIAS ou BABRIUS, fabuliste grec, vivait avant Phèdre. Tyrwith, savant anglais qui a donné en 1776 une excellente dissertation sur Babrias et sur ses *Fables*, pense qu'il florissait un peu avant Auguste; et M. Coray ne balance pas, d'après l'élégance de ses vers, à le reculer jusqu'à l'époque de Bion et Moschus, vers l'an 130 avant Jésus-Christ. Ce savant helléniste, dans l'excellente édition d'Ésope qu'il a donnée en 1810, a mis au bas de chaque fable les fragments de Babrias qu'il a pu recueillir.

JUGEMENT.

La Harpe ne nomme parmi les fabulistes grecs qu'Ésope, et ce Gabrias « qui se fit, dit-il, une loi « de renfermer toutes ses fables dans quatre vers, « afin d'être au moins le plus *laconique* de tous les « fabulistes. » Chamfort, qui avait moins d'érudition que La Harpe, ne parle dans son *Éloge de La Fontaine* que d'Ésope et de Babrias, dont il blâme le *laconisme* excessif*. Ces deux littérateurs, le premier sur-tout, ont beaucoup de crédit auprès des jeunes gens; leurs opinions sont adoptées sans assez de réflexions et d'examen ; et je vois que, faute de puiser à de meilleures sources, des personnes, d'ailleurs fort instruites, s'imaginent « que les Grecs « ont peu cultivé l'apologue, et qu'Ésope n'a trouvé « que dans Phèdre un rival et un imitateur. »

---

* La Harpe et Chamfort se souvenaient de leur La Fontaine ;
  Mais sur tous certain Grec renchérit, et se pique
    D'une élégance *laconique*;
  Il *renferme* toujours son conte *en quatre vers*,
  Bien ou mal, je le laisse à juger aux experts.

Si M. de La Harpe eût un peu mieux connu la littérature grecque, dont il s'était fait professeur sans mission, il n'eût pas manqué, traitant de l'apologue, de citer la fable du *Rossignol et de l'Épervier*, qui se trouve dans Hésiode. Elle est de trois cents ans plus ancienne que celles d'Ésope. C'est le premier exemple de l'apologue chez les Grecs. De grands poètes, Archiloque, Alcée, Stésichore, avaient aussi composé quelques fables dont nous connaissons les sujets, et un petit nombre de vers. M. de La Harpe ne devait-il pas en dire quelques mots? Dans Platon, dans Aristote, dans Diodore, dans Plutarque, dans Lucien, et ailleurs, on trouve aussi quelques fables éparses. Ne convenait-il pas que le professeur du Lycée leur consacrât au moins quelques lignes? ou, s'il pensait que l'examen de ces morceaux détachés l'eût mené trop loin, n'était-il pas obligé de parler d'Aphthonius, de Nicéphore, de Syntipas, dont nous avons des recueils de fables? n'était-il pas de son devoir de s'arrêter au moins quelques instants sur un fabuliste aussi distingué que Babrias?

La patrie de Babrias est inconnue. Suidas dit qu'il s'appelait Babrias ou Babrius. M***, dans son *Dictionnaire*, condamne le premier de ces noms; je ne sais pas pourquoi, et je parierais bien qu'il ne le sait pas non plus. Il est vrai qu'assez ordinairement les érudits écrivent Babrius : si j'ai préféré l'autre orthographe, c'est qu'elle nous montrera mieux l'origine du Pseudo-Gabrias. D'ailleurs Babrias est, dans Suidas, le premier des deux noms ; ce qui peut faire croire que c'était le plus connu et le plus en usage.

Babrias avait composé dix livres de fables, selon Suidas; deux livres seulement selon Aviénus, en sa préface. Mais Aviénus emploie le mot de *volumina* qui n'a probablement pas le sens de *livres;* et cette préface est-elle authentique? elle manque dans beaucoup de manuscrits. Les *Fables* de Babrias étaient écrites en vers chôliambes ou scazons. Il ne nous reste aujourd'hui que six fables entières de Babrias, et un assez grand nombre de fragments. Son style est de la plus exquise élégance ; il a de la naïveté, de la grace, de l'élévation quand le sujet le demande, et quelquefois ce ton d'ironie légère dont La Fontaine a fait un emploi si heureux. Il dit du lion : « Un lion régnait, qui n'était point colère, ni « cruel, ni violent, mais débonnaire, doux et juste « comme un homme. »

Ignatius Magister a beaucoup contribué à nous faire perdre le recueil de Babrias. C'était un grammairien qui, dans le neuvième siècle, parvint du diaconat et de la sacristie de l'église de Sainte-Sophie au siège épiscopal de Nicée. La fantaisie lui prit d'abréger les *Fables* de Babrias, qu'il trouvait apparemment trop diffuses, et de les réduire chacune à quatre vers ïambiques. Il fit ce beau travail sur cinquante-trois fables. Cet extrait sec et décharné fit fortune, dans la décadence des lettres et du goût, et il nous est parvenu sous le nom d'*Ignatius* et sous celui de *Gabrias*. Mais ce dernier mot (qui se trouve dans presque toutes les éditions du *Cours de Littérature*) n'est qu'une faute d'orthographe. Dans un manuscrit qui devait porter pour titre *Abrégé de*

Babrias, un copiste aura, par distraction, écrit *Gabrias* : la faute aura été répétée par d'autres copistes; et c'est ainsi que nous est venu ce *Pseudo-Gabrias*.

Je crois qu'il était du devoir de M. de La Harpe, professeur de lettres anciennes, de savoir l'histoire critique de ce Gabrias, et surtout de ne pas ignorer l'existence du fabuliste Babrias, qui occupe une très belle place dans la littérature grecque.

BOISSONADE.

BACON (FRANÇOIS, baron de VÉRULAM, et vicomte de SAINT-ALBAN) naquit en Angleterre, l'an 1560. Il donna dans son enfance des marques de ce qu'il devait être un jour; et la reine Élisabeth eut occasion plusieurs fois d'admirer la sagacité de son esprit. Il étudia la philosophie d'Aristote dans l'université de Cambridge; et, quoiqu'il n'eût pas encore seize ans, il aperçut le vide et les absurdités de ce jargon. Il s'appliqua ensuite à l'étude de la politique et de la jurisprudence, et son mérite l'éleva à la dignité de chancelier sous le roi Jacques Ier. Il fut accusé de s'être laissé corrompre par argent ; et le roi l'ayant abandonné, il fut condamné par la chambre des pairs à une amende d'environ 400,000 liv. de notre monnaie; il perdit sa dignité de chancelier, et fut mis en prison. Peu de temps après, le roi le rétablit dans tous les biens et dans tous les honneurs qu'il avait perdus : mais ses malheurs le dégoûtèrent des affaires, et augmentèrent sa passion pour l'étude. Enfin, il mourut âgé de soixante-six ans, et si pauvre, qu'on dit que, quelques mois avant sa mort, il avait prié le roi Jacques de lui envoyer quelques secours, pour lui épargner la honte de demander l'aumône dans sa vieillesse. Il fallait qu'il eût été ou bien désintéressé ou bien prodigue pour être tombé dans une si grande indigence.

Le chancelier Bacon est un de ceux qui ont le plus contribué à l'avancement des sciences. Il connut très bien l'imperfection de la philosophie scolastique, et il enseigna les seuls moyens qu'il y eût d'y remédier. « Il ne connaissait pas encore la nature, « dit un grand homme, mais il savait et indiquait « tous les chemins qui mènent à elle. Il avait méprisé « de bonne heure tout ce que les universités ap- « pelaient *la Philosophie*, et il faisait tout ce qui « dépendait de lui afin que les compagnies insti- « tuées pour la perfection de la raison humaine ne « continuassent pas de la gâter par leurs quiddités, « leurs horreurs du vide, leurs formes substantielles, « et tous ces mots impertinents que non-seulement « l'ignorance rendait respectables, mais qu'un mé- « lange ridicule avec la religion avait rendus sa- « crés. »

Il composa deux ouvrages pour perfectionner les sciences. Le premier est intitulé *De l'Accroissement et de la dignité des Sciences* : il y montre l'état où elles se trouvaient alors, et indique ce qui restait à découvrir pour les rendre parfaites. Mais il ajoute qu'il ne faut pas espérer qu'on avance beaucoup dans cette découverte, si on ne se sert d'autres moyens que de ceux qu'on avait employés jusqu'alors. Il fait voir que la logique qu'on enseignait dans les écoles était plus propre à entretenir les disputes qu'à éclaircir la vérité, et qu'elle enseignait plutôt à chicaner sur les mots qu'à pénétrer dans le fond des choses. Il dit qu'Aristote, de qui nous tenons cet art, a accommodé sa physique à sa logique, au lieu de faire sa logique pour sa physique; et que, renversant l'ordre naturel, il a assujetti la fin aux moyens. C'est aussi dans ce premier ouvrage qu'il propose cette célèbre division des sciences qu'on a suivie en partie dans l'*Encyclopédie*.

C'est pour remédier aux défauts de la logique ordinaire, que Bacon composa son second ouvrage, intitulé *Nouvel Organe des Sciences*. Il y enseigne une logique nouvelle, dont le principal but est de montrer la manière de faire une bonne induction, comme la fin principale de la *Logique* d'Aristote est de faire un bon syllogisme. Bacon a toujours regardé cet ouvrage comme son chef-d'œuvre : il fut dix-huit ans à le composer. Voici quelques-uns de ses axiomes, qui feront connaître l'étendue des vues de ce grand génie.

1. « La cause du peu de progrès qu'on a faits
« jusqu'ici dans les sciences vient de ce que les
« hommes se sont contentés d'admirer les préten-
« dues forces de leur esprit, au lieu de chercher les
« moyens de remédier à sa faiblesse. »

2. « La logique scolastique n'est pas plus propre à
« guider notre esprit dans les sciences, que les

« sciences, dans l'état où elles sont, ne sont propres
« à nous faire produire de bons ouvrages. »

3. « La logique scolastique n'est bonne qu'à en-
« tretenir les erreurs qui sont fondées sur les no-
« tions qu'on nous donne ordinairement : mais elle
« est absolument inutile pour nous faire trouver la
« vérité. »

4. « Le syllogisme est composé de propositions
« Les propositions sont composées de termes, et
« les termes sont les signes des idées. Or, si les idées,
« qui sont le fondement de tout, sont confuses, il
« n'y a rien de solide dans ce qu'on bâtit dessus.
« Nous n'avons donc d'espérance que dans de bonnes
« inductions. »

5. « Toutes les notions que donnent la logique
« et la physique sont ridicules ; telles sont les no-
« tions de substance, de qualité, de pesanteur, de
« légèreté, etc. »

6. « Il n'y a pas moins d'erreur dans les axiomes
« qu'on a formés jusqu'ici que dans les notions; de
« sorte que, pour faire des progrès dans les sciences
« il est nécessaire de refaire tant les notions que les
« principes : en un mot, il faut, pour ainsi dire,
« refondre l'entendement. »

7. « Il y a deux chemins qui peuvent conduire à
« la vérité. Par l'un, on s'élève de l'expérience à des
« axiomes très généraux; ce chemin est déjà connu :
« par l'autre, on s'élève de l'expérience à des axiomes
« qui deviennent généraux par degrés, jusqu'à ce
« qu'on parvienne à des choses très générales. Ce
« chemin est encore en friche, parce que les hommes

« se dégoûtent de l'expérience, et veulent aller
« tout d'un coup aux axiomes généraux, pour se
« reposer. »

8. « Ces deux chemins commencent tous les deux
« à l'expérience et aux choses particulières; mais
« ils sont d'ailleurs bien différents : par l'un, on ne
« fait qu'effleurer l'expérience ; par l'autre, on s'y
« arrête : par le premier, on établit dès le second
« pas des principes généraux et abstraits; par le
« second, on s'élève par degrés aux choses uni-
« verselles, etc. »

9. « Il ne s'est encore trouvé personne qui ait eu
« assez de force et de constance pour s'imposer la
« loi d'effacer entièrement de son esprit les théories
« et les notions communes qui y étaient entrées
« avec le temps; de faire de son âme une table rase,
« s'il est permis de parler ainsi, et de revenir sur
« ses pas, pour examiner de nouveau toutes les
« connaissances particulières qu'on croit avoir ac-
« quises. On peut dire de notre raison, qu'elle est
« obscurcie et comme accablée par un amas confus
« et indigeste de notions, que nous devons en partie
« à notre crédulité pour bien des choses qu'on nous
« a dites, au hasard qui nous en a beaucoup appris,
« et aux préjugés dont nous avons été imbus dans
« notre enfance.... Il faut se flatter qu'on réussira
« dans la découverte de la vérité, et qu'on hâtera
« les progrès de l'esprit; pourvu que, quittant les
« notions abstraites, les spéculations métaphysiques,
« on ait recours à l'analyse; qu'on décompose
« les idées particulières; qu'on s'aide de l'expé-

« rience, et qu'on apporte à l'étude un jugement
« mûr, un esprit droit et libre de tout préjugé... On
« ne doit espérer de voir renaître les arts et les
« sciences qu'autant qu'on refondra entièrement
« ses premières idées, et que l'expérience sera
« le flambeau qui nous guidera dans les routes
« obscures de la vérité. Personne jusqu'ici, que
« nous sachions, n'a dit que cette réforme de nos
« idées eût été entreprise, ou même qu'on y eût
« pensé. »

On voit, par ces aphorismes, que Bacon croyait que *toutes nos connaissances viennent des sens.* Les péripatéticiens avaient pris cette vérité pour fondement de leur philosophie : mais ils étaient si éloignés de la connaître, qu'aucun d'eux n'a su la développer; et qu'après plusieurs siècles, c'était encore une découverte à faire. Personne n'a donc mieux connu que Bacon la cause de nos erreurs : car il a vu que les idées, qui sont l'ouvrage de l'esprit, avaient été mal faites; et que, par conséquent, pour avancer dans la recherche de la vérité, il fallait les refaire. C'est un conseil qu'il répète souvent dans son *Nouvel Organe.* « Mais pouvait-on l'écouter, dit
« l'auteur de l'*Essai sur l'Origine des Connaissances*
« *humaines?* Prévenu, comme on l'était, pour le
« jargon de l'école et pour les idées innées, ne
« devait-on pas traiter de chimérique le projet
« de renouveler l'entendement humain? Bacon pro-
« posait une méthode trop parfaite pour être l'auteur
« d'une révolution; et celle de Descartes devait réus-
« sir, parce qu'elle laissait subsister une partie des

« erreurs. Ajoutez à cela que le philosophe anglais
« avait des occupations qui ne lui permettaient pas
« d'exécuter entièrement lui-même ce qu'il conseil-
« lait aux autres. Il était donc obligé de se borner
« à donner des avis qui ne pouvaient faire qu'une
« légère impression sur des esprits incapables d'en
« sentir la solidité. Descartes, au contraire, livré
« entièrement à la philosophie, et ayant une ima-
« gination plus vive et plus féconde, n'a quelquefois
« substitué aux erreurs des autres que des erreurs
« plus séduisantes, qui peut-être n'ont pas peu
« contribué à sa réputation. »

Le soin que Bacon prenait de toutes les sciences en général, ne l'empêcha pas de s'appliquer à quelques-unes en particulier; et, comme il croyait que la philosophie naturelle est le fondement de toutes les autres sciences, il travailla principalement à la perfectionner. Mais il fit comme les grands architectes, qui, ne pouvant se résoudre à travailler d'après les autres, commencent par tout abattre, et élèvent ensuite leur édifice sur un dessin tout nouveau. De même, il ne s'amusa point à embellir ou à réparer ce qui avait déjà été commencé par les autres, mais il se proposa d'établir une physique nouvelle, sans se servir de ce qui avait été trouvé par les anciens, dont les principes lui étaient suspects. Pour venir à bout de ce grand dessein, il avait résolu de faire tous les mois un traité de physique; il commença par celui des vents, il fit ensuite celui de la chaleur, puis celui du mouvement, et enfin celui de la vie et de la mort. Mais comme il était impossible qu'un homme seul fit toute la physique avec la même exactitude, après avoir donné ces échantillons pour servir de modèle à ceux qui voudraient travailler sur ses principes, il se contenta de tracer grossièrement et en peu de mots le dessein de quatre autres traités, et d'en fournir les matériaux dans le livre qu'il intitula *Silva Silvarum*, où il a ramassé une infinité d'expériences, pour servir de fondement à sa nouvelle physique. En un mot, personne, avant le chancelier Bacon, n'avait connu la philosophie expérimentale; et de toutes les expériences physiques qu'on a faites depuis lui, il n'y en a presque pas une qui ne soit indiquée dans ses ouvrages.

Ce précurseur de la philosophie a été aussi un écrivain élégant, un historien, un bel esprit.

Ses *Essais de Morale* sont très estimés, mais ils sont faits pour instruire plutôt que pour plaire. Un esprit facile, un jugement sain, le philosophe sensé, l'homme qui réfléchit, y brillent tour-à-tour. C'était un des fruits de la retraite d'un homme qui avait quitté le monde, après en avoir soutenu long-temps les prospérités et les disgraces. Il y a aussi de très belles choses dans le livre qu'il a fait *De la Sagesse des Anciens*, dans lequel il a moralisé les fables qui faisaient toute la théologie des Grecs et des Romains.

Il a fait encore l'*Histoire de Henri VII, roi d'Angleterre*, où il y a quelquefois des traits du mauvais goût de son siècle, mais qui d'ailleurs est pleine d'esprit, et qui fait voir qu'il n'était pas moins grand politique que grand philosophe.

L'Abbé Mallet.

JUGEMENTS.

I.

Bacon parcourut toute la surface des connaissances humaines; il jugea les siècles passés, et alla au-devant des siècles à venir; mais il indiqua plus de grandes choses qu'il n'en exécuta. Il construisit l'échafaud d'un édifice immense, et laissa à d'autres le soin de construire l'édifice.

Thomas, *Éloge de Descartes.*

II.

Bacon, génie vaste, élevé, profond comme la nature, osa la parcourir tout entière, non lentement et en détail, mais comme l'aigle planant sur les hauteurs, et franchissant d'un vol rapide l'espace immense qu'il embrassait d'un coup d'œil. Ce génie vraiment philosophique accéléra les progrès des sciences naissantes, dirigea les anciennes dans leurs véritables sentiers, devina celles qui n'existaient pas encore, proclama la vanité des fausses sciences, analysa nos facultés, refit l'entendement humain, divisa cet arbre antique en trois branches principales, et chaque branche en rameaux particuliers; détermina la filiation naturelle, les liaisons plus ou moins sensibles, et, pour ainsi dire, les frontières des diverses connaissances; montra que tous les moyens de savoir existaient dans l'observation, tous les moyens d'observer dans les sens et l'intelligence, et posa les limites de l'homme, en lui révélant à la fois et son pouvoir et sa faiblesse.

M. J. Chénier, *Progrès des Connaissances et de l'Enseignement.*

III.

Dans une lettre adressée à un de ses amis, il s'appelle le *serviteur de la postérité*. Ce qu'il avait prévu a été confirmé par l'évènement. La postérité a été plus juste que son siècle, et il a trouvé parmi les étrangers plus d'admirateurs que parmi ses compatriotes. Le docteur Shaw, qui a donné une édition des OEuvres de Bacon rédigée sur un plan qui en rend la lecture plus facile et plus instructive, observe lui-même dans sa préface que les étrangers ont exalté à l'excès le mérite de ce philosophe. David Hume semble placer Bacon au-dessous de Galilée, et même de Kepler, ses contemporains ; opinion étrange de la part d'un écrivain aussi éclairé et aussi impartial dans ses jugements. Il y a plus d'équité, sous une forme heureuse, dans ce mot d'Horace Walpole : « Bacon a été le prophète des vérités « que Newton est venu ensuite révéler aux hommes. » C'est surtout en France que se sont trouvés les plus dignes appréciateurs des travaux de ce philosophe. On ne peut trop s'étonner que Bayle n'ait consacré que quelques lignes à Bacon dans son *Dictionnaire*, tandis que le sage Gassendi exaltait avec enthousiasme ses écrits, comme devant donner une face nouvelle à la philosophie. Dans le même temps, Sallo, dans un *Journal des Savants*, de 1666, rendait le même hommage au grand chancelier d'Angleterre. Malgré tous ces éloges, les ouvrages de Bacon étaient peu lus en France, lorsque Voltaire écrivit ses *Lettres sur les Anglais*. Il y rappelle en peu de mots les principaux ouvrages de Bacon, dont il trace avec justesse le véritable caractère, et dont il relève le mérite et l'importance avec la manière spirituelle, brillante et rapide qui lui est propre. Il cite ce mot de Bolingbroke, qui, interrogé sur le caractère du chancelier Bacon, répondit : « C'était « un si grand homme, que j'ai oublié ses vices : » mot qui exprime un sentiment généreux dans un admirateur du génie, mais qui ne peut pas convenir à la sévérité de l'histoire. Condillac, dans l'*Essai sur l'Origine des Connaissances humaines*, présente Bacon comme le créateur du vrai principe de la bonne métaphysique. Diderot et d'Alembert, dans le prospectus de l'*Encyclopédie*, ajoutèrent un nouvel éclat à la renommée de Bacon, et donnèrent plus de poids à leurs éloges, par l'analyse savante qu'ils tracèrent du plan et des vues de ce grand homme. Dans toute l'Europe, l'opinion, à cet égard, est unanime ; et la gloire de Bacon serait parfaite, s'il n'avait été qu'un homme de lettres, et si les faiblesses de l'homme d'état n'avaient imprimé à sa mémoire une tache ineffaçable. Plusieurs des ouvrages de Bacon ont été écrits en anglais, d'autres en latin, quelques-uns dans les deux langues.

Voyez la belle édition des *OEuvres de Bacon*, publiée en 1765; 5 vol. in-4°. La réimpression de Londres, 1778, est très incorrecte.

SUARD, *Biographie universelle*.

MORCEAUX CHOISIS.
PENSÉES DIVERSES DE BACON, TRADUITES PAR D'ALEMBERT.
I. De la Vérité.

Qu'est-ce que la vérité ? dit Pilate en se moquant. Et il n'attendit pas la réponse.

Les hommes aiment le faux à cause de l'alliage qui s'y joint. Si on leur ôtait les espérances flatteuses, la vaine estimation des choses, les idées chimériques, combien d'âmes resteraient abattues et flétries, pleines de tristesse et de langueur, à charge et déplaisantes à elles-mêmes !

Cependant, quoi qu'en disent les passions et la corruption du cœur, le vrai bonheur de la nature humaine consistera toujours dans la recherche de la vérité, qui nous rend dignes de la connaître; dans la connaissance de la vérité, qui l'arrête et la fixe à nos yeux; dans l'acquiescement à la vérité, qui en est la possession et la jouissance.

Le poète* qui a orné par ses vers les dogmes d'une secte dangereuse** a dit avec son éloquence ordinaire :
« Heureux qui voit du rivage un navire agité par les
« vents! heureux qui, du haut d'une citadelle, voit
« dans la plaine un combat sanglant et opiniâtre;
« mais plus heureux mille fois celui qui, placé sur
« la montagne de la vérité (montagne inaccessible,
« où l'air est toujours pur et serein), voit au-dessous
« de lui, dans la vallée du monde, le désordre et
« les erreurs des hommes, pourvu que ce spectacle
« lui inspire la compassion et non l'orgueil ! »

Passons maintenant de la vérité philosophique à la vérité civile, qu'on appelle *véracité*. Ceux même à qui elle est le plus étrangère avouent que la bonne foi et la franchise sont la première vertu de l'homme, et que l'alliage du faux avec le vrai est comme celui

---

* Lucrèce, liv II.
** La secte d'Épicure

du plomb avec les métaux précieux; alliage qui rend ces métaux plus faciles à forger, mais en diminue le prix. Tous ces détours obliques et tortueux font ressembler l'homme aux serpents, qui, faute de pieds, rampent sur le ventre. Aussi n'y a-t-il point de vice qui couvre plus l'homme de honte que la fausseté et la perfidie. Montaigne se demande pourquoi le nom de menteur est une si grande injure : « Reprocher le mensonge à quelqu'un, dit-il avec « beaucoup de finesse, c'est l'accuser d'audace en- « vers Dieu et de lâcheté envers les hommes; car « le menteur insulte son maître, et tremble devant « son semblable. »

II. De la Mort.

Les hommes craignent la mort comme un enfant les ténèbres; cette dernière frayeur est grossie dans les enfants par des contes qui les épouvantent : il en est de même de l'autre. Penser à la mort, comme peine du péché, et comme passage à une vie nouvelle, est un sentiment religieux et salutaire; la redouter comme une dette de la nature, est une vaine et honteuse faiblesse. Il se glisse, même dans les plus pieuses méditations sur la mort, quelque levain de superstition et de sottise. « Songez, di- « sent quelques livres, à la douleur que vous res- « sentez quand la moindre articulation souffre, et « jugez quel supplice doit être la mort quand tout « le corps se corrompt et se dissout. » La mort néanmoins passe souvent avec moins de douleur qu'on n'en éprouve dans la souffrance d'un membre; car

les parties les plus vitales ne sont pas les plus sensibles. « L'appareil de la mort, dit avec raison un ancien
« philosophe, effraie plus que la mort même; les
« gémissements et les sanglots, les convulsions des
« membres, la pâleur du visage, les pleurs des amis,
« le spectacle des funérailles, et le reste, voilà ce
« qui rend la mort terrible. C'est une chose bien
« remarquable, qu'il n'y a aucune passion, parmi
« celles même qu'on croit les plus faibles, qui ne
« surmonte et ne mette à la raison cette crainte. La
« mort n'est donc pas un ennemi si formidable, puis-
« que l'homme est entouré d'athlètes qui la combat-
« tent avec succès. La vengeance en triomphe, l'a-
« mour la méprise, l'honneur la cherche, la crainte
« du déshonneur la choisit, la douleur l'implore, la
« frayeur la prévient : nous lisons même que l'em-
« pereur Othon s'étant donné la mort, la compassion
« (c'est-à-dire le plus tendre de tous les sentiments)
« engagea ses plus fidèles serviteurs à mourir comme
« lui par pur intérêt pour leur maître. »

Sénèque ajoute à ces réflexions le dégoût et la satiété de vivre. « Pensez, dit-il, au temps qu'il y
« a que vous faites toujours la même chose. » Non-seulement le courage ou la misère, l'ennui même appelle la mort.

Le peu de changement que produit l'approche de la mort dans les âmes fortes et généreuses n'est pas moins remarquable. Jusqu'au dernier moment elles conservent leur caractère; Auguste mourut avec *urbanité* : « Adieu, dit-il à Livie, souvenez-
« vous de notre amour, et vivez; » Tibère en dissi-

mulant : « Déjà, dit Tacite, il perdait ses forces et
« sa substance, sa dissimulation lui restait; » Vespasien en plaisantant : « Je commence à devenir
« Dieu ; » Galba avec grandeur d'âme : « Frappe,
« dit-il en présentant sa tête, si le bien du peuple
« romain l'exige; » Septime Sévère en travaillant :
« Hâtez-vous, il me reste encore quelque chose à
« faire. »

Certes les stoïciens ont mis trop de peine à se
roidir contre la mort. Tout ce grand appareil, pour
se rassurer à son approche, ne sert qu'à la rendre
plus terrible. Celui-là était plus sage qui a mis la
fin de la vie au nombre des charges de la nature :
en effet, il est aussi naturel de mourir que de naître;
et un enfant qui vient au monde souffre peut-être
plus qu'un mourant.

Celui qui meurt profondément occupé de quelque grand désir, est comme un blessé que l'ardeur
du sang empêche de sentir sa plaie.

La mort enfin a cet avantage d'ouvrir la porte à
la renommée et d'éteindre l'envie : on est aimé quand
on n'est plus.

III. De l'Adversité.

Sénèque, parlant en stoïcien, a dit une grande
vérité : « Les vertus de la prospérité sont dignes
« d'envie, et celles de l'adversité, d'admiration. » En
effet, si l'on regarde comme un prodige ce qui surpasse les forces de la nature, le courage dans l'adversité est le prodige le plus grand. « Quel plus
« beau spectacle, a dit le même philosophe avec une

« élévation digne de lui, que la tranquillité d'un
« Dieu unie à la fragilité humaine? »

La vertu a quelque chose de semblable aux corps
odoriférants, qui ne rendent jamais plus de parfum
que lorsqu'on les broie ou qu'on les brûle ; car la
prospérité met les vices dans leur jour, et le malheur
y met les vertus.

IV. De la Vengeance.

La vengeance est une espèce de justice sauvage :
plus la nature humaine y est portée d'elle-même,
plus la sévérité des lois doit la réprimer. L'injure
ne fait que violer la loi, la vengeance la rend inutile;
elle nous met au niveau de nos ennemis, l'indulgence
nous élève au-dessus d'eux.

Il est rare qu'on fasse du mal pour le plaisir
d'en faire ; c'est toujours par quelque vue d'ambition ou d'intérêt. Pourquoi donc punirais-je mon
semblable de s'aimer plus que moi? Pourquoi même
trouverais-je étrange que la malice seul le portât à
m'outrager? L'épine et le chardon piquent et déchirent aussi, parce que c'est leur nature.

La vengeance est pourtant excusable, quand la
loi n'a point pourvu à la réparation ; mais il faut
examiner alors si la vengeance elle-même ne donne
point de prise à la loi, autrement ce serait doubler
son mal et le plaisir de son ennemi.

Il y a des personnes qui, en se vengeant, désirent
que leur ennemi connaisse de quelle part vient le
coup. Cette manière de penser est noble et généreuse, lorsqu'elle a moins pour objet le plaisir de

la vengeance que le repentir de celui qui nous a fait du mal; mais les âmes viles et timides qui cherchent à se venger en secret, ressemblent à des flèches qui volent dans les ténèbres.

Le grand duc de Florence, Côme de Médicis, a lancé un trait plein de finesse contre les amis perfides. « L'Écriture, dit-il, nous oblige de pardonner « à nos ennemis; elle ne nous ordonne rien de sem- « blable pour nos amis. » J'aimerais mieux dire d'un ami traître ce que dit Job de la Divinité : « Nous « avons reçu les biens de la main de Dieu, pour- « quoi n'en recevrions-nous pas aussi les maux? »

Se venger, c'est entretenir une blessure que l'oubli et le temps auraient guérie.

La vengeance publique est toujours juste et souvent utile; c'est tout le contraire de la vengeance privée; le vindicatif ressemble aux empoisonneurs, qui, après avoir été funestes aux autres, finissent par l'être à eux-mêmes et par se perdre.

V. De l'Audace.

Démosthène a dit un mot fort connu, mais digne d'être remarqué par les sages. On lui demandait quelle était la première qualité de l'orateur? l'action, répondit-il. Quelle est la seconde? l'action. Quelle est la troisième? l'action. Il parlait en connaisseur, et en connaisseur d'autant moins suspect, que la nature avait d'abord été avare à son égard, d'un avantage qu'il élevait si haut. C'est une chose surprenante qu'un talent qui ne passe pas l'écorce, et qui est encore plus celui d'un comédien que d'un orateur, ait été mis par Démosthène au-dessus des plus belles parties de l'éloquence, de l'invention, de l'élocution, et des autres; enfin, qu'il l'ait presque regardé comme la seule partie nécessaire. La raison en est évidente : les hommes ont beaucoup plus de sottise que de sagesse, et les qualités qui en imposent à la sottise sont les plus puissantes.

On peut comparer à l'action dans l'éloquence, l'audace dans les affaires civiles. Quelle doit être dans les affaires la première qualité? l'audace. Quelle est la seconde? l'audace. Quelle est la troisième? l'audace. Elle est pourtant fille de l'ignorance et de la faiblesse, et fort au-dessous des autres parties de la science civile; mais elle éblouit et captive les petits esprits et les âmes timides, c'est-à-dire presque tous les hommes. Elle ébranle même quelquefois le sage, quand il ne se tient pas ferme et sur ses gardes; c'est pour cela que l'audace a tant de pouvoir dans les démocraties, et qu'elle réussit moins dans l'aristocratie et la monarchie.

L'audacieux peut davantage, quand il entame les affaires, qu'il ne peut ensuite; car l'audace, pour l'ordinaire, ne tient point parole.

Comme il y a des charlatans qui promettent de guérir, il y a aussi dans le corps politique des hommes qui répondent des guérisons les plus difficiles. Le hasard les fait réussir quelquefois; mais ils se trompent encore plus souvent, parce qu'ils n'ont pas étudié la science qu'ils professent. Il n'est pas rare même de leur voir faire le miracle de Mahomet. Cet imposteur persuada au peuple qu'il ferait venir à lui une montagne, et que, placé sur son sommet, il y adresserait des prières au ciel pour les fidèles sectateurs de sa loi. Le peuple s'assemble en foule; Mahomet appelle la montagne à plusieurs reprises, mais elle demeure immobile : « Puisque la « montagne ne vient point à Mahomet, dit-il sans « se troubler, Mahomet ira donc à elle. » De même les hommes dont je parle, quand ils ont honteusement échoué dans quelque grande entreprise, en plaisantent les premiers, retournent sur leurs pas, et en restent là.

L'audace est ridicule non-seulement aux yeux des hommes sensés, mais à ceux du vulgaire même, du moins jusqu'à un certain point; car une grande audace a presque toujours l'absurdité pour compagne. Aussi, pour l'ordinaire, est-elle aveugle : elle n'aperçoit ni les dangers ni les obstacles; c'est ce qui la rend nuisible dans les conseils et propre à l'exécution. Ainsi, pour employer les audacieux avec avantage et avec sûreté, il ne faut pas leur confier le pouvoir suprême, il faut les placer dans une classe inférieure, où ils soient guidés et commandés par d'autres; car, quand on délibère, il faut voir le danger; mais il faut fermer les yeux quand on agit, à moins que le péril ne soit très grand.

VI. De l'art de gouverner sa Santé.

Il est, pour gouverner sa santé, un art supérieur à toutes les règles de la médecine. L'observation que chacun doit faire de ce qui lui nuit ou de ce qui lui est utile est la médecine la plus salutaire et la plus sûre. Il est cependant encore plus sûr de dire : « Telle « chose m'a nui, j'y renoncerai donc, » que de dire : « Telle chose m'a fait plaisir, je continuerai donc à « en faire usage; » car la force de la jeunesse couvre bien des excès que l'on paie dans un âge avancé.

Considérez donc l'âge qui vous menace sans cesse, et ne croyez pas pouvoir continuer toujours la même façon de vivre; car il ne faut point déclarer la guerre à la vieillesse.

Gardez-vous de faire un changement subit dans quelque partie principale de votre régime; et si la nécessité vous y force, accommodez le reste à ce changement; car c'est un principe de santé et de politique, « qu'il vaut mieux tout changer à la fois, « qu'un seul article considérable. »

Examinez avec soin vos habitudes, votre diète, votre sommeil, vos exercices, et si vous vous apercevez que quelque chose vous nuise, essayez peu à peu de vous en défaire, de manière pourtant que si cette privation vous est nuisible, vous puissiez revenir sur vos pas; car il est difficile de distinguer entre les choses qui, en général, sont salutaires, et celles qui conviennent uniquement à la constitution de votre corps.

Un des meilleurs préceptes, pour prolonger et conserver sa vie, est d'avoir l'esprit libre et gai aux heures du sommeil, des repas et de l'exercice. Pour cela, évitez l'envie, l'inquiétude, la crainte, la colère étouffée et retenue, la joie immodérée, la douleur renfermée au dedans d'elle-même et qui ne s'exhale point au dehors. Livrez-vous au contraire à l'espérance, à la gaieté plutôt qu'à la joie, à la variété plutôt qu'à l'excès des plaisirs, à la nouveauté qui amuse et qui dissipe, aux études enfin qui remplissent l'âme d'objets agréables, telles que la fable, l'histoire, le spectacle de la nature.

Si l'on fuit toutes sortes de médicaments lorsqu'on est en santé, l'usage des médicaments sera plus désagréable et plus pénible dans la maladie. D'un autre côté, si l'on s'accoutume trop aux remèdes, ils perdront de leur force et de leur efficacité quand on en aura un besoin réel.

La diète, observée dans certains temps, est bien préférable au fréquent usage des remèdes; elle ne cesse d'être utile que quand elle est tournée en habitude.

Ne négligez pas les accidents inconnus qui peuvent arriver à votre individu; mais ayez recours, en ces occasions, au conseil des médecins.

Êtes-vous malade? veillez avec soin sur votre santé. Vous portez-vous bien? usez de votre corps, et ne l'amollissez pas par une délicatesse excessive; car celui qui, dans l'état de santé, traite son corps avec une espèce de tolérance, pourra souvent, dans les maladies non aiguës, se guérir de lui-même sans aucun autre remède qu'un peu de diète et de régime. Celse a moins parlé en médecin qu'en homme sage, lorsqu'il a donné comme un des plus utiles secrets de prolonger la vie et de conserver sa santé, l'usage alternatif des choses contraires, mais cependant l'usage plus fréquent des choses qui nous sont plus analogues. « Soyez, dit-il, alternativement

« sobre et peu retenu dans le manger, mais plus
« souvent sobre. Entremêlez les veilles et un som-
« meil long, mais plus souvent le sommeil; livrez-
« vous au repos et au mouvement, mais plus souvent
« au dernier : c'est le moyen de conserver et de for-
« tifier tout à la fois la nature. »

Quelques médecins sont si indulgents envers le malade et ses désirs, qu'ils semblent oublier le soin de sa guérison; d'autres, au contraire, sont si rigoureux et si réguliers à procéder *selon l'art* dans le traitement des malades, qu'ils ne sont pas assez attentifs à l'état et au tempérament du malade. Prenez un médecin qui évite également ces deux excès.

VII. Du Caractère et de l'Habitude.

On cache quelquefois le naturel, on le surmonte aussi quelquefois, rarement on le détruit. La violence qu'on lui fait ne sert qu'à le rendre plus impétueux lorsqu'il revient; les lumières et les préceptes peuvent rendre les affections naturelles moins importunes, mais ne les détruisent pas; l'habitude seule est capable de changer et de dompter la nature.

Celui qui veut remporter la victoire sur son naturel ne doit s'imposer ni une tâche trop forte ni une tâche trop faible; car, dans le premier cas, l'âme, souvent frustrée de son attente, perdrait courage; dans le second, elle ne serait guère plus avancée, malgré ses victoires.

Il faut, dans les commencements d'un exercice si pénible, s'aider de quelques soutiens et de quelques secours, comme un nageur novice se sert de joncs ou de vessies. Quand on se sentira plus fort, on se fera des obstacles à soi-même, comme les sauteurs se font une chaussure plus pesante.

Si le naturel a beaucoup de force, et qu'il soit par conséquent fort difficile à dompter, il sera bon de procéder par degrés à peu près en cette manière. Premièrement, on arrêtera pour quelque temps le naturel, à l'exemple de celui qui, lorsqu'il était en colère, répétait toutes les lettres de l'alphabet avant de rien faire. En second lieu, on modérera le naturel, et on fera de jour en jour sa part plus petite; par exemple, si l'on veut s'abstenir de vin, on commencera par en diminuer peu à peu l'usage; enfin on domptera tout-à-fait le naturel, et on le passera sous le joug.

Cependant, si l'on avait assez de constance et de force pour le rompre et s'en délivrer tout d'un coup, ce serait sans doute le meilleur parti. « Heu« reux, a dit un poète, celui qui, maître de son « âme, a brisé avec force les liens qui la blessaient, « et n'a eu qu'un accès de douleur à soutenir ! »

N'oubliez pas non plus cette ancienne règle, de courber le naturel en sens contraire, comme un bâton qu'on veut redresser, en prenant garde pourtant que cette flexion ne dégénère enfin dans le vice opposé.

Il faut aussi introduire l'habitude, non par un effort continu, mais par un effort interrompu; car l'interruption et le relâche augmentent et renouvellent l'effort; et celui qui s'exerce trop continûment durant son apprentissage, s'exerce quelquefois aux erreurs.

Qu'on se garde bien sur-tout de se croire trop tôt vainqueur du naturel; quelquefois il demeure long-temps enseveli pour revivre et reparaître à la première occasion : c'est la fable de *la Chatte métamorphosée en femme*, qui parut fort raisonnable jusqu'au moment où elle aperçut une souris.

Le naturel se montre sur-tout infailliblement dans le commerce ordinaire et familier, car toute affectation en est bannie; dans le trouble de l'âme, car cet état ignore les règles et les préceptes; enfin dans quelque accident nouveau et imprévu, car alors l'habitude nous abandonne.

On peut appeler heureux ceux dont le caractère convient à leur genre de vie; les autres doivent dire : « Mon âme est en pays étranger. »

Dans l'étude, fixez-vous un temps pour méditer et pour vous exercer sur les choses qui vous plaisent le moins; à l'égard de celles qui vous plaisent, n'ayez point d'heure fixe pour vous y livrer, votre esprit y volera assez de lui-même dès que les affaires et les études nécessaires le lui permettront.

Le naturel produit constamment de bonnes et de mauvaises herbes; il faut donc constamment arracher les unes et arroser les autres.

VIII. De la Louange.

La louange est le renvoi et comme la réflexion de la vertu; elle participe, ainsi que la lumière, de la nature des miroirs qui la réfléchissent. Si la louange vient du peuple, la réflexion est trouble et fausse; elle accompagne plus souvent la vanité et l'orgueil, que la véritable vertu. En effet, il y a bien des vertus du premier ordre, qui ne sont pas faites pour être aperçues par le peuple. Les petites vertus obtiennent ses louanges, les vertus médiocres l'étonnent, les grandes lui échappent; mais ce qui le frappe sur-tout, c'est l'apparence de la vertu et son image. La réputation est trop souvent semblable à un fleuve qui porte les corps enflés et pleins de vent, et qui engloutit les corps solides; mais si le jugement des hommes sages se joint à celui du peuple, alors la réputation s'étend, se fortifie, et devient difficile à détruire; elle ressemble à ces parfums bien composés, dont l'odeur est beaucoup plus durable que celle des fleurs qui les composent.

La louange a fréquemment une compagne trompeuse qui la rend suspecte; trop souvent elle n'est dictée que par l'adulation.

Si le flatteur est un homme ordinaire, il ne louera en vous que des qualités communes et que vous partagez avec d'autres, et non des qualités particulières et recherchées. Un adulateur plus fin marchera sur les traces de l'adulateur principal, c'est-à-dire de vous-même; il louera principalement en vous les qualités dans lesquelles vous croyez exceller, et qui sont l'objet de votre complaisance. Un adulateur impudent et sans honte s'attachera sur-tout à louer les défauts que vous reconnaissez en vous, et dont vous rougissez, et parviendra à vous étourdir sur le témoignage intérieur de votre conscience.

Certaines louanges non méritées sont dictées quelquefois par le respect et même par la vertu ; ce sont celles qui conviennent principalement aux princes : les louanges, quand ils n'en sont pas dignes, doivent être pour eux des leçons ; en les louant de ce qu'ils ne sont pas, on les avertit respectueusement de ce qu'ils doivent être.

Il y a des gens qui affectent quelquefois par malice de louer leurs ennemis, pour exciter plus sûrement contre eux l'envie et la haine. « Agricola, « dit Tacite, avait des ennemis d'autant plus mé-« chants qu'ils le louaient. »

Les louanges modérées données à propos, et peu communes, sont les plus agréables et les plus avantageuses ; car rien ne révolte davantage et n'est plus sujet à la contradiction et au ridicule, que d'élever jusqu'aux nues quelqu'un ou quelque chose : mais s'il n'est pas décent de se louer soi-même, excepté dans quelques cas extrêmement rares, on peut au moins louer décemment, et même avec une sorte de grandeur, l'état qu'on professe et les emplois qu'on exerce. Saint Paul se glorifiant lui-même, ajoute quelquefois ces mots : « Je parle en insensé : » mais quand il parle de sa mission, il ne craint point de dire : « Je me glorifierai de mon apostolat. »

IX. De la Colère.

Vouloir éteindre entièrement la colère est une vaine ostentation des stoïciens ; l'oracle du sage est plus vrai : « Que le soleil ne se couche point sur « votre colère. »

Sénèque compare l'homme colère à un bâtiment

ruiné, qui se brise et s'anéantit en tombant sur un autre corps.

L'homme ne doit point imiter l'abeille, qui laisse sa vie dans la blessure qu'elle fait.

La colère est une passion basse, et qui montre notre faiblesse; c'est de quoi l'on peut se convaincre en considérant ceux qui y sont le plus sujets; les femmes, les enfants, les vieillards et les malades.

X. Des Dignités et des Places.

Les hommes en place sont trois fois esclaves: esclaves du prince ou de l'état, esclaves de la voix publique, esclaves des affaires; de sorte qu'ils ne jouissent de leur liberté, ni dans leurs personnes, ni dans leurs actions, ni dans leur temps.

C'est une frénésie bien singulière de la cupidité humaine, que de perdre sa liberté pour être plus puissant, et de cesser d'être son maître pour vouloir l'être des autres; aussi les hommes en place ne peuvent-ils s'accoutumer à leur disgrace ou à leur retraite. La vieillesse même et les infirmités n'empêchent pas que la vie privée ne leur soit odieuse; ils ressemblent à ces vieillards décrépits, qui, plutôt que de rester au dedans de leur maison, se font asseoir à leur porte, quoique, dans cette posture, ils ne soient qu'un objet de compassion ou de mépris.

XI. Des Séditions et des Troubles.

Il est très important, pour les chefs du peuple, de savoir prévenir et prévoir les tempêtes politiques: elles arrivent principalement lorsque les différents ordres de l'état tendent à l'égalité, à peu près comme les grands ouragans arrivent vers le temps des équinoxes.

XII. De l'Amitié.

« Quiconque aime la solitude, a dit un ancien, est « un dieu ou une bête sauvage : » j'ajoute qu'il est presque toujours le dernier ; car les dieux sont rares.

Souvent on se trouve dans la solitude sans la chercher, et c'est lorsqu'on est privé d'amis ; car il ne faut pas croire qu'une compagnie fort nombreuse soit une société ; les hommes qu'on y voit ne sont guère pour nous que comme des statues dans des portiques. Le commerce sans liaison et sans confiance n'est qu'un vain bruit.

On a dit avec raison : « Une grande ville est quel- « quefois une grande solitude ; » le monde même sans amis serait un désert. Le meilleur remède aux *obstructions* du cœur est un ami fidèle, à qui l'on puisse confier ses chagrins, ses plaisirs, ses craintes, ses espérances, ses soupçons, ses inquiétudes, ses desseins, ses faiblesses même.

L'amitié est un bien si nécessaire aux hommes, que les rois mêmes, à qui rien ne paraît manquer, la cherchent, et ne la trouvent presque jamais ; c'est que l'égalité et la sûreté en sont l'âme : il semble que la nature l'ait accordée aux états inférieurs pour les dédommager.

XIII. Lettre à Jacques Ier.

Avec le bon plaisir de Votre excellente Majesté, Je considère quelquefois en moi-même, pour ma satisfaction et pour le soulagement de mes travaux, les éclatantes faveurs dont le ciel dans sa bonté infinie a comblé partout Votre Majesté : je songe combien ce bonheur serait parfait si l'état de vos revenus était une fois réglé et mis en ordre. Votre peuple belliqueux et obéissant, prêt à la guerre et accoutumé à la paix; votre église éclairée par de bons ministres, comme le ciel par les étoiles; vos juges instruits, apprenant de vous la justice, et justes à votre exemple; votre noblesse à une distance convenable de la couronne et du peuple, sans opprimer le peuple, sans porter ombrage à la couronne; vos conseils remplis d'hommes zélés, loyaux et sincères; vos intendants et vos magistrats résolus à maintenir dans les divers cantons votre autorité royale, mais prompts à obéir; vos serviteurs pleins de respect pour votre sagesse, et de confiance en votre bonté; les campagnes, grace à l'amélioration et aux progrès de l'agriculture, se transformant chaque jour de déserts en jardins; la capitale construite en brique au lieu de bois; vos ports ou le *pomœrium* de votre île, surveillés et entretenus; vos sujets embrassant par leur commerce le monde entier, l'orient, l'ouest, le nord, et le midi; les circonstances favorables à la paix, et vous offrant néanmoins l'occasion d'exercer au dehors votre influence; enfin votre noble et royale postérité; prête à transmettre les faveurs et les bienfaits de Dieu à tous nos descendants. Il ne vous reste donc plus rien à souhaiter, puisque Dieu a tant fait pour Votre Majesté et vous pour les autres, sinon d'accomplir à votre satisfaction l'œuvre que vous avez commencée; en portant l'ordre et la réforme dans vos finances et vos revenus, seule branche de l'administration encore imparfaite ; *hoc rebus defuit unum*. Ainsi donc moi, que mon seul zèle et mon dévouement pour Votre Majesté et votre auguste dynastie ont rendu financier, je me propose de vous présenter un registre exact de vos revenus, afin de mettre sous vos yeux, comme un fidèle tableau, l'état de vos finances : mais je supplie Votre Majesté de se souvenir que, si je n'ai pas obtenu tout le succès auquel je voudrais arriver, dans cet emploi où je suis novice, et qui n'est pas mon élément, je réparerai ce tort envers Votre Majesté dans quelque autre science qui me sera plus familière. Dieu vous garde, etc.

BALLADE. Petit poème régulier, composé de trois couplets et d'un envoi, en vers égaux, avec un refrain, c'est-à-dire avec le retour du même vers à la fin des couplets, ainsi qu'à la fin de l'envoi.

Dans la ballade, les trois couplets sont symétriquement égaux soit pour le nombre des vers, soit pour l'enlacement des rimes. C'est une stance de huit, de dix, de douze vers en deux parties. L'envoi n'en est qu'une moitié, et il répond communément à la seconde partie de la stance. Les parties correspondantes des trois couplets sont sur les mêmes rimes; et l'envoi conserve les rimes de la partie à laquelle il répond.

BALLADE.

Ce petit poème a de la grace et de la régularité dans sa forme; et quand le refrain en est heureusement amené à la fin des couplets, il leur donne un tour très piquant.

Nos anciens poètes, comme Villon et Marot, n'y ont employé que les vers de dix et de huit syllabes : celui de douze n'était guère en usage; et sa gravité semblerait déplacée dans un poème qui doit garder la naïveté du vieux temps.

La ballade a passé de mode depuis madame Deshoulières; mais si quelqu'un veut s'y amuser encore, il fera bien de lui conserver le tour du style de Marot, sans trop affecter son langage. La Fontaine est un excellent maître dans l'art de rajeunir cette ancienne naïveté.

Comme la forme de la ballade est difficile à décrire avec précision, en voici un modèle pris de Marot, et dans lequel on remarquera, comme une singularité, qu'il y a deux refrains au lieu d'un:

BALLADE DU FRÈRE LUBIN.

Pour courre en poste par la ville,
Vingt fois, cent fois, ne sais combien;
Pour faire quelque chose vile,
Frère Lubin le fera bien;
Mais d'avoir honnête entretien,
Ou mener vie salutaire,
C'est à faire à un bon chrétien :
Frère Lubin ne le peut faire.

Pour mettre, comme un homme habile,
Le bien d'autrui avec le sien,

Et vous laisser sans croix ne pile,
Frère Lubin le fera bien.
On a beau dire, je le tien,
Et le presser de satisfaire,
Jamais ne vous en rendra rien :
Frère Lubin ne le peut faire.

Pour amuser, par un doux style,
Quelque fille de bon maintien,
Point ne faut de vieille subtile,
Frère Lubin le fera bien.
Il prêche en théologien ;
Mais pour boire de belle eau claire,
Faites-la boire à notre chien :
Frère Lubin ne le peut faire.

ENVOI.

Pour faire plutôt mal que bien,
Frère Lubin le fera bien ;
Mais si c'est quelque bien à faire,
Frère Lubin ne le peut faire.

Le temps de la galanterie fut celui de la ballade, ainsi que de tous ces petits poèmes qui composaient, nous dit Marot, le *Bréviaire du Temple de l'Amour.*

Ce sont rondeaux, ballades, virelais,
Mots à plaisir, rimes et triolets,
Lesquels Vénus apprend à retenir
A un grand tas d'amoureux nouvelets,
Pour mieux savoir dames entretenir.

La régularité sévère de ces petites pièces de poésie en a fait abandonner le genre, et c'est ce qui aurait dû le rendre intéressant.

Le sentiment de la difficulté vaincue entre plus

qu'on ne pense dans le plaisir que nous font les arts ; et lorsque cette difficulté n'est pas trop gênante, qu'il y a de l'adresse à la vaincre, et qu'il en résulte un agrément de plus, elle est précieuse à conserver. C'est peut-être ce qui nous rend si chère l'habitude des vers rimés ; c'est aussi ce qui nous doit faire regretter ces petits poèmes qui, dans leur forme prescrite, avaient de l'élégance et de la grace, et dans lesquels la facilité unie à la contrainte était un objet de surprise, et par conséquent un plaisir de plus. Tels étaient le sonnet, le rondeau, le virelai, le triolet, le chant, et la ballade.

Le sonnet est peut-être le cercle le plus parfait qu'on ait pu donner à une grande pensée, et la division la plus régulière que l'oreille ait pu lui prescrire. Le couplet ne peut guère avoir de plus jolie forme que celle du triolet. Le tour du rondeau et du virelai donne de la saillie au badinage et à l'épigramme. La ballade, comme le chant, donne, par son refrain, de l'élégance et de la grace aux stances qui la composent. Chacun de ces petits poèmes avait son caractère particulier et ses règles prescrites, c'est-à-dire des guides sûrs pour le talent et pour le goût.

Ce qu'on appelle aujourd'hui *poésies fugitives* n'a plus ni forme ni dessein : elles sont libres, mais trop libres. La facilité, que suit la négligence, en fait produire avec une abondance qui ajoute encore au dégoût de leur insipidité. Des hommes de génie, dont ces poésies légères sont les délassements, y excelleront toujours ; mais le génie est rare ; et le talent médiocre, qui aurait peut-être réussi à bien tourner une ballade ou un rondeau, ne fera, dans une pièce de vers libres, qu'enfiler des rimes communes et des idées plus communes encore, sans aucune peine, il est vrai, mais aussi sans aucun mérite, ni du côté du goût, ni du côté de l'art.

Marmontel, *Éléments de Littérature.*

BALZAC (Jean-Louis Guez, seigneur de) naquit en 1594, à Angoulême, où Guillaume Guez, gentilhomme de Languedoc, son père, avait épousé une demoiselle de la famille Nesmond, qui lui apporta en mariage la terre de Balzac.

Bayle, dans son *Dictionnaire*, élève une discussion sur l'époque de la naissance de Balzac; il la place en 1595, et même plus tard. Mais des renseignements plus certains, rapportés par l'abbé d'Olivet, ne permettent pas de douter qu'il ne soit né en 1594, et c'est la date qui a été adoptée par les biographes.

Balzac, à l'âge de dix-sept ans, alla faire un voyage en Hollande, et y composa un *Discours politique sur l'état des Provinces unies*. Cet écrit fort court ne fut imprimé que long-temps après. L'auteur nous apprend lui-même que, peu de temps après ce séjour en Hollande, il accompagna dans plusieurs voyages le duc d'Épernon. Attaché ensuite au cardinal de la Valette, il alla passer à Rome, en qualité de son agent, dix-huit mois pendant les années 1621 et 1622. Si l'on en croit la *Biographie universelle*, Balzac, à son retour d'Italie, se fixa à Paris, et ce fut dans cette capitale qu'il composa la plus grande partie de ses ouvrages; ce qui pourrait le faire croire, c'est que ses écrits sont datés de cette ville; mais Niceron, qui, du reste, a suivi littéralement l'abbé d'Olivet, prétend qu'après le voyage d'Italie, Balzac se retira à sa terre, d'où il ne sortit presque plus le reste de ses jours, que pour se montrer cinq ou six fois à Paris. Il y était attiré par l'espoir d'y avancer sa fortune, grace à la protection du cardinal de Richelieu, qui, avant d'être parvenu au ministère, avait recherché son amitié. Mais, las bientôt d'une vie qui convenait peu à la fierté de son âme, incapable de se plier aux démarches qu'une situation malheureuse aurait pu seule excuser, Balzac préféra à la fortune, qu'il aurait pu acheter à la cour au prix de son repos, l'aisance dont il pouvait jouir chez lui. Sa retraite dut être alors plus absolue, et je pense que ce peuvent être ces circonstances qui auront fait dire à l'auteur de la notice qui le concerne dans la *Biographie universelle*, qu'il ne se confina dans sa terre qu'après avoir habité Paris, et par suite des tracasseries littéraires qui s'élevèrent à son sujet. Les faveurs qu'il obtint de la cour se réduisirent à une pension de deux mille livres à prendre sur l'épargne, pension dont il fut rarement payé, et aux titres de conseiller-d'état et d'historiographe de France, qu'il appelle de magnifiques bagatelles et qu'il ne prit jamais, se contentant de celui de conseiller du roi en ses conseils.

« Peut-être, dit d'Olivet, sa mauvaise santé faisait-
« elle partie de sa philosophie. » A quoi lui aurait servi

la fortune et les emplois, s'il n'avait pas été en état de jouir de l'une, ou de remplir les autres. A peine âgé de trente ans, il se plaignait d'être « plus vieux « que son père, et aussi usé qu'un vaisseau qui aurait « fait trois fois le voyage des Indes. »

Le premier fondement de sa réputation fut la publication de ses *Lettres*. Le premier volume parut en 1624. Elles causèrent une si grande admiration, « qu'on ne parlait pas de lui, dit Boileau, simple- « ment comme du plus éloquent homme de son « siècle, mais comme du seul éloquent. »

Cette haute réputation où Balzac était parvenu ne manqua pas d'offenser quelques jaloux, et de donner naissance à des critiques fort animées. On n'a pas impunément des succès et des admirateurs; mais il faut le dire, à l'honneur de la littérature, ces jaloux ne furent pas des gens de lettres.

Un passage, un peu vif, excita la bile d'un jeune feuillant, nommé Dom André de Saint-Denis, et il lança contre Balzac, un écrit assez piquant, sous ce titre : *Conformité de l'éloquence de M. de Balzac, avec celle des plus grands personnages du temps passé et du présent.* Cet écrit fut réfuté par les amis de Balzac, entre autres par le prieur Ogier, qui publia en 1627 l'*Apologie pour M. de Balzac*. Ici, je releverai encore une insinuation de la *Biographie universelle*, qui laisserait croire, que Balzac, lui-même, se défendit sous le nom d'Ogier. une note de l'abbé d'Olivet, dit positivement que Balzac ne fit rien paraître là-dessus, que dix-sept ans après; car son apologie, faite par lui-même, sous le titre de *Relation à Ménandre*, ne parut que dans ses *OEuvres diverses*, imprimées pour la première fois en 1645, quoi qu'il y eût travaillé beaucoup plus tôt. Il est vrai de dire, toutefois, que Balzac a prononcé ces paroles : « Je suis vraiment le père de « mon apologie ; Ogier a fourni la soie, et j'ai donné « le canevas ; » Mais si ce passage prouve bien qu'il y a travaillé, il n'autorise pas à dire que son apologie a été publié sous le nom d'Ogier.

La querelle s'envenima ; Jean Goulu, général des feuillants, prit la défense de son religieux, et dans deux volumes, publiés sous le nom de *Lettres de Phyllarque à Ariste*, 1627 et 1628, il traita Balzac avec une animosité impardonnable. D'autres auteurs prirent parti contre Balzac dans cette affaire ; mais, enveloppés dans leur médiocrité, pour ne pas dire plus, ils sont tombés maintenant dans l'oubli le plus complet. J'en excepterai pourtant Nicolas Bourbon, d'abord partisan, et ensuite antagoniste de Balzac.

La mort de Jean Goulu, son principal adversaire, mit fin à la dispute. Dom André de Saint-Denis, ce jeune feuillant, qui le premier était entré dans la lice, se réconcilia avec l'écrivain qu'il avait attaqué. Il alla exprès le trouver à Balzac. Son ancien adversaire le reçut à bras ouverts, lui jura une amitié sincère ; et ses derniers ouvrages nous confirment qu'il y demeura fidèle.

Dès l'année 1634, Boisrobert ayant écrit à Balzac, que l'Académie française, qui ne faisait que de naître, l'admettrait au nombre de ses membres, pour peu qu'il en témoignât le désir, il suivit ce conseil, et y fut effectivement admis.

Chacun des membres était tenu de prononcer un discours; Balzac se contenta d'envoyer à M. du Chastelet, quelques uns de ses ouvrages, pour que celui-ci en fît lecture. On ne cite que trois exemples de cette singularité académique; Saint-Amand et Serisay ont fourni les deux autres. L'usage des discours de réception ne s'établit que quelques années plus tard, après Patru qui prononça, en 1640, l'éloge de son devancier, et remercia la compagnie. L'Académie s'en montra si satisfaite, qu'elle en fit une obligation pour l'avenir.

Les plaisanteries que l'on fait tous les jours encore sur les hyperboles dont Balzac abonde, l'ont peut-être un peu trop décrédité; la postérité doit lui rendre cette justice, qu'il a le premier donné du nombre et de l'harmonie à notre langue. Il fut le réformateur de la prose, comme Malherbe l'avait été de la poésie.

Nous ajouterons encore à sa gloire, qu'il fut le fondateur du prix d'éloquence que décerne l'Académie. Il laissa une rente pour cet objet; mais ses intentions ne furent remplies qu'en 1671, long-temps après sa mort.

Balzac, sentant sa santé s'affaiblir, songea à se disposer à sa dernière heure : ce fut dans ce dessein qu'il se fit préparer deux chambres aux capucins d'Angoulême, où il allait se recueillir plusieurs fois l'année. Il voulut être enterré parmi les pauvres de l'hôpital. Il mourut le 18 février 1654, et non 1655, comme le dit la *Biographie universelle*, et fut effectivement enterré dans l'hôpital de Notre-Dame-des-Anges, à Angoulême. Il avait légué une somme de 12,000 francs à cet établissement.

Ses *OEuvres complètes* ont été recueillies et publiées à Paris en deux volumes in-fol., 1665, par Thomas Jolly. La Préface est de l'abbé Cassagne.

M. Campenon a donné un *Choix de Lettres de Balzac, de Voiture, de Boursault;* Paris, 1806; 2 vol. in-12. M. Mersan a publié les *Pensées de Balzac* avec des *Observations critiques sur cet écrivain*, in-12, 1807; et en 1822 M. Malitourne a fait paraître les *OEuvres choisies de Balzac*, en 2 vol. in-8°.

DE BROTONNE.

JUGEMENTS.

I.

Je ne sais si l'on pourra mettre jamais dans les lettres plus d'esprit, plus de tour, plus d'agrément et plus de style que l'on n'en voit dans celles de Balzac et de Voiture. Elles sont vides de sentiments, qui n'ont régné que depuis leur temps, et qui doivent aux femmes leur naissance.

Balzac et Ronsard ont eu, chacun dans leur genre, assez de bon et de mauvais pour former après eux de très grands hommes en vers et en prose.

LA BRUYÈRE, *Caractères.*

II.

Dans quelle estime n'ont point été, il y a trente ans, les ouvrages de Balzac! On ne parlait pas de lui simplement comme du plus éloquent homme de son siècle, mais comme du seul éloquent[*]. Il a

---

[*] Le cardinal de Richelieu lui écrivait en 1624 :

« Bien que j'aie déjà fait connaître à l'un de vos amis le jugement que je

effectivement des qualités merveilleuses. On peut
dire que jamais personne n'a mieux su sa langue
que lui, et n'a mieux entendu la propriété des mots
et la juste mesure des périodes. C'est une louange
que tout le monde lui donne encore; mais on s'est
aperçu tout d'un coup que l'art où il s'est employé
toute sa vie était l'art qu'il savait le moins, je veux
dire l'art de faire une lettre : car bien que les siennes
soient toutes pleines d'esprit et de choses admira-

« faisais des *Lettres* qu'il m'a fait voir de votre part, je ne me satisferais pas
« moi-même, si ces lignes ne vous en portaient une approbation plus au-
« thentique. Ce n'est pas l'affection que j'ai pour vous qui me convie à vous
« la donner; mais la vérité, qui a cet avantage, qu'elle force ceux qui ont
« les yeux de l'esprit assez bons pour la voir telle qu'elle est, à la représenter
« sans déguisement. Mon sentiment sera suivi de beaucoup d'autres; et,
« s'il y en a quelques-uns qui en aient un contraire, j'ose vous assurer
« que le temps leur fera connaître que les défauts qu'ils remarquent en vos
« lettres viennent de leur esprit, et non de votre plume, et qu'ils sont
« comme ces pauvres malades, qui ayant la jaunisse jusque dedans les yeux,
« ne voient rien qui ne leur semble en avoir la teinture. Autrefois les esprits
« médiocres admiraient tout ce qui passait leur portée; maintenant leur juge-
« ment suit leur puissance; car ils n'approuvent que ce qu'ils peuvent faire,
« et blâment ce qui est au-dessus d'eux. J'ose dire sans présomption qu'en
« ce qui vous concerne, je vois les choses comme elles sont, et les dis telles
« que je les vois. Les conceptions de vos lettres sont fortes, et aussi éloi-
« gnées des imaginations ordinaires, qu'elles sont conformes au sens com-
« mun de ceux qui ont le jugement relevé; la diction en est pure, les paroles
« autant choisies qu'elles le peuvent être pour n'avoir rien d'affecté, le sens
« clair et net, et les périodes accomplies de tous leurs nombres. »

Dans l'édition in-fol. de 1665 on trouve les vers suivants au bas du
portrait de Balzac :

C'est le portrait de l'éloquence,
Qui, par sa divine puissance,
Sous le nom de Balzac, charme tous les esprits;
Mais, pour la mieux connaître, écoute son langage;
Elle est vivante en ses écrits,
Et n'est que peinte en cette image.

blement dites, on y remarque partout les deux vices les plus opposés au genre épistolaire, c'est à savoir l'affectation et l'enflure; et on ne peut plus lui pardonner ce soin vicieux qu'il a de dire toutes choses autrement que le reste des hommes. De sorte que tous les jours on rétorque contre lui ce même vers que Maynard a fait autrefois à ses louanges.

Il n'est point de mortel qui parle comme lui.

Il y a pourtant encore des gens qui le lisent; mais il n'y a plus personne qui ose imiter son style; ceux qui l'ont fait s'étant rendus la risée de tout le monde.

Boileau, *Réflexions critiques sur Longin*.

III.

Balzac doit être lu avec précaution; on y trouve une affectation vicieuse dans les pensées, un goût peu réglé pour l'extraordinaire et pour le merveilleux, un génie qui prend souvent l'enflure pour la grandeur, et qui approche plus de la déclamation que de la véritable éloquence : défauts, après tout, qui sont trop marqués dans cet auteur pour être bien dangereux, et qui peuvent être utiles, parce qu'ils nous montrent les écueils que ceux à qui la nature a donné beaucoup d'esprit ont à éviter. Mais, en récompense, on y remarque un tissu parfait dans la suite et dans la liaison des pensées, un art singulier dans les transitions, un choix exquis dans les termes, une justesse rare et une précision très digne d'être imitée dans le tour et dans la mesure des phrases; enfin, un nombre et une harmonie qui semble avoir péri avec Balzac, ou du moins avec Fléchier son disciple et son imitateur.

Les défauts de cet auteur ont donc fait un grand tort à ses vertus : trop admiré pendant sa vie, il a été trop méprisé après sa mort. Mais le bon esprit consiste à savoir faire usage de tout ; et pourquoi ne pas profiter de ce qu'un auteur a d'excellent, parce qu'on y trouve des fautes qu'on ne saurait excuser ? On peut donc appliquer à Balzac ce que Quintilien a dit de Sénèque, qui avait presque les mêmes défauts : « ceux qui ont le goût déjà formé peuvent
« non-seulement le lire impunément, mais le lire uti-
« lement, quand ce ne serait que parce qu'il est pro-
« pre à exercer des deux côtés le jugement, *vel ideò*
« *quòd potest exercere utrimque judicium.* » Ce qu'il a de vicieux est l'objet d'une critique avantageuse, qui sert à affermir l'esprit dans le goût du simple et du vrai ; ce qu'il a de bon apprend à perfectionner la nature, sans cesser de la prendre pour modèle, et de travailler toujours d'après elle.

D'AGUESSEAU, *IVe Instruction*.

IV.

Les Balzac et les Voiture ne me parurent pas occuper les premiers rangs dans le temple du Goût. Ils les avaient autrefois : ils brillaient avant que les beaux jours des belles-lettres fussent arrivés ; mais peu à peu ils ont cédé aux véritablement grands hommes ; ils ne font plus ici qu'une assez médiocre figure. En effet, la plupart n'avaient guère que l'esprit de leur temps, et non cet esprit qui passe à la dernière postérité.

BALZAC.

>Déjà de leurs faibles écrits
>Beaucoup de graces sont ternies;
>Ils sont comptés encore au rang des beaux-esprits,
>Mais exclus du rang des génies.

>Balzac assomme de longues phrases hyperboliques Voiture et Benserade, qui lui répondent par des pointes et des jeux de mots dont ils rougissent eux-mêmes le moment d'après.
><div align="right">VOLTAIRE, <i>Temple du Goût.</i></div>

V

On doit regarder Balzac comme le précurseur des bons écrivains et de l'excellente école de Port-Royal, école à laquelle nous nous sommes toujours glorifiés d'appartenir.

Il avait puisé dans la lecture de Cicéron, la véritable idée de l'éloquence, et le goût de ces périodes nombreuses et soutenues qui donnent encore à ses écrits un caractère de noblesse très sensible. Mais, par un sort commun à ceux qui, dans tous les genres, osent tenter les premiers pas, Balzac passa le but qu'il voulait atteindre; et la crainte de déshonorer son style par des expressions trop familières le fit tomber dans l'hyperbole et dans l'enflure. Aussi lui-même ne savait-il pas s'il devait prendre pour un éloge ou pour une raillerie, ce vers mis au bas de son portrait par le poète Maynard :

Il n'est pas de mortel qui parle comme lui.

Ses *Lettres*, ses *Dissertations*, ses *Traités*, trop négligés par nos jeunes auteurs peu jaloux de s'instruire, prouvent qu'il avait un mérite plus réel et plus solide que Voiture, qui ne fut guère qu'un très bel esprit pour son temps.

Comme il faut être exact, même dans les petites choses, il n'est peut-être pas inutile d'observer que le mot *bienfaisance*, attribué par Voltaire à l'abbé de Saint-Pierre, est de Balzac.

PALISSOT, *Mémoires sur la Littérature.*

VI.

Balzac fut appelé, de son temps, le *grand épistolier*. Je ne sais si jamais ce mot a été français; mais il ressemble assez à un titre de charge, et en cela, il convenait parfaitement à cet auteur, qui avait fait de l'art d'écrire des lettres une fonction et même une dignité. Il y avait alors, grace au mauvais goût de Balzac, qui était aussi celui de son siècle, un *grand épistolier*, comme il y avait un *grand veneur* et un *grand louvetier*. Quand on songe que Balzac et Voiture mettaient souvent quinze jours à composer leurs lettres les plus courtes, on est étonné qu'elles ne soient pas encore plus mauvaises; plus contournées, plus apprêtées, plus ridiculement ingénieuses. Ces deux hommes avaient bien de l'esprit, mais ils en faisaient un bien détestable usage. L'esprit est de tous les siècles; l'art de s'en servir n'appartient qu'à de certaines époques; et il en est de l'esprit comme de l'or, dont Horace a dit qu'un usage réglé en fait le prix : « Nullus argento color « est, nisi temperato splendeat usu. »

Voiture et Balzac étaient des prodigues : ils usaient

de leurs richesses sans consulter les convenances, et mettaient des diamants sur leurs robes de chambre.

Dussault, *Annales littéraires.*

VII.

Lorsque, fatigué de l'incorrection et de la dureté des écrivains du seizième siècle, on arrive à Balzac, et que l'on remarque la pompe majestueuse et savante de ses périodes, on explique, on justifie l'admiration de son siècle. Telle est la puissance de l'harmonie sur les organes des hommes, que, même déplacée, elle les subjugue et les enchante *. Cependant, le talent de Balzac a disparu dans la perfection même de la langue. L'heureuse combinaison des tours et la noblesse des termes sont entrées dans le trésor de la prose oratoire; l'exagération emphatique, le faux goût, la recherche, sont demeurés sur le compte de Balzac; et l'on n'a plus compris la gloire de cet écrivain, parce que ses fautes seules lui restaient, tandis que ses qualités heureuses étaient devenues la propriété commune de la langue qu'il avait embellie.

Cependant, Balzac que nous abandonnerions sans peine si nous ne pouvions reconnaître en lui que le premier inventeur d'une éloquence sophistique, nous intéressera par un plus heureux emploi de son talent. Convaincus que si la haute éloquence a be-

* Balzac essaya d'ennoblir et d'élever la prose au ton de l'éloquence; mais il l'essaya dans des lettres, et avec une emphase et une affectation tout opposées au naturel et à la liberté du style épistolaire. Cette tentative ne laissa pas d'avoir un succès éclatant ; et Balzac parut un prodige, pour avoir appris à son siècle que notre prose, comme nos vers, pouvait être nombreuse et noble (*Voyez* AFFECTATION.) Marmontel, *Essai sur le Goût.*

soin, pour se produire, d'une langue perfectionnée, la perfection du langage ne mérite ce nom que lorsqu'elle est mise en usage pour graver des pensées profondes et de généreux sentiments ; nous rechercherons ce double mérite qui caractérise l'éloquence morale, dans quelques écrits de Balzac, sur-tout dans l'*Aristippe*, et le *Socrate chrétien*.

VILLEMAIN, *Discours d'ouverture du Cours d'Éloquence française*.

MORCEAUX CHOISIS.

I. Au cardinal de la Valette.

Monseigneur, l'espérance qu'on me donne depuis trois mois que vous devez passer tous les jours en ce pays, m'a empêché jusqu'ici de vous écrire, et de me servir de ce seul moyen qui me reste de m'approcher de votre personne.

A Rome, vous marcherez sur des pierres qui ont été les dieux de César et de Pompée; vous considérerez les ruines de ces grands ouvrages, dont la vieillesse est encore belle, et vous vous promenerez tous les jours parmi les histoires et les fables; mais ce sont des amusements d'un esprit qui se contente de peu, et non pas les occupations d'un homme qui prend plaisir de naviguer dans l'orage. Quand vous aurez vu le Tibre, au bord duquel les Romains ont fait l'apprentissage de leurs victoires, et commencé ce long dessein qu'ils n'achevèrent qu'aux extrémités de la terre; quand vous serez monté au Capitole, où ils croyaient que Dieu était aussi présent que dans le ciel, et qu'il avait enfermé le destin de la monarchie universelle; après que vous aurez passé au travers de ce grand espace qui était dédié aux plaisirs du peuple, je ne doute point qu'après avoir regardé encore beaucoup d'autres choses, vous ne vous lassiez à la fin du repos et de la tranquillité de Rome.

Il est besoin, pour une infinité de considérations importantes, que vous soyez au premier conclave, et que vous vous trouviez à cette guerre qui ne laisse pas d'être grande, pour être composée de personnes désarmées. Quelque grand objet que se propose votre ambition, elle ne saurait rien concevoir de si haut, que de donner en même temps un successeur aux consuls, aux empereurs et aux apôtres, et d'aller faire de votre bouche celui qui marche sur la tête des rois, et qui a la conduite de toutes les âmes.

Le 3 juin 1623.

II. A M. Girard*.

Monsieur, ne pensez pas que la promotion de M. le président Séguier** soit une fête particulière de Cadillac, elle sera publique et universelle dans quatre jours. Le roi a fait ce bien à tout son royaume, et ce n'est pas tant de la pureté de l'air et de la fécondité de la terre que l'année doit être estimée bonne, que de l'élection des bons magistrats. Je me réjouis donc de cette nouvelle, en qualité de sujet du roi, et c'est la première part que j'y prends; mais, outre cela, j'ai un second droit d'en être bien aise; je m'intéresse dans l'élévation d'une modestie qui m'est

* Guillaume Girard, archidiacre d'Angoulême, qui a laissé des *Mémoires pour la vie du duc d'Épernon.*

** A la place de chancelier et garde-des-sceaux.

connue, et pense être heureux de la prospérité d'un homme de la probité duquel je suis assuré.

Je sais qu'il a des préservatifs contre tous les poisons de la cour, et une raison incorruptible à tous les présents de la fortune; il n'est point de si haut prix auquel il voulût laisser sa vertu. C'eût été un martyr résolu sous Néron, comme il sera ministre utile sous un prince juste. Pour conserver une vie de peu de jours, il ne voudrait pas obscurcir celle qui doit durer dans la mémoire de plusieurs siècles, et la moindre tache sur son honneur lui serait moins supportable que l'effusion de tout son sang. Il sait qu'en l'administration de la justice il ne fait pas le droit, mais que seulement il le déclare; qu'il est le dispensateur et non pas le maître de la puissance; que la souveraineté est à la loi et non pas à lui. C'est pourquoi, dans chaque cause dont il connaît, il songe à la sienne propre, dont un jour on connaîtra. Il juge comme si la postérité devait revoir ses jugements, et que le temps présent fût subalterne du temps à venir. Ayant sérieusement médité sur la condition des choses humaines, il les estime justement ce qu'elles valent, mais il n'ajoute rien à leur valeur par son opinion; il ne hait pas les richesses ni l'autorité (c'était une mauvaise humeur des cyniques de haïr ce qui est aimable); il s'en sert, à l'usage de l'Académie et du Lycée, qui ne les croyaient pas des empêchements du souverain bien, mais des aides et des matières de la vertu. Je l'ai ouï raisonner de cette façon; de ses principes, j'ai tiré mes conclusions, et, dans une conférence que j'eus il y a quelques années avec lui, il me parut encore meilleur que je ne le représente. Je n'avais donc garde de vous laisser réjouir tout seul, ni de lire son éloge dans votre lettre, sans vous témoigner que j'en étais persuadé avant que de l'avoir lu, et que vous ne nous apprenez rien de nouveau, bien que vous nous disiez d'excellentes choses.

Le docteur, ennemi de la Beaucé, verra, s'il vous plaît, la réponse que je vous envoie aux objections qu'il m'a faites. Je suis, etc.

Le 10 mars 1633.

III. A M. de Priézac

Monsieur, la demoiselle qui vous rendra cette lettre m'a assuré que je suis votre favori, et se promet de grandes choses de ma faveur, si je vous recommande son procès. Pour moi, je crois volontiers ce que je désire extrêmement, et il ne faut pas beaucoup d'éloquence à me persuader que vous me faites l'honneur de m'aimer.

Si cela est, Monsieur, je vous supplie de témoigner à cette pauvre plaideuse, que votre amitié n'est pas un bien inutile, et que ma recommandation ne gâte pas non plus une bonne cause.

Elle est tourmentée par le plus fameux chicaneur de notre province, et je ne pense pas que la Normandie en ait jamais porté un si redoutable. Son seul nom fait trembler les veuves et met en fuite les orphelins. Il n'y a pièce de pré ni de vigne à trois lieues de lui, qui soit assurée à celui qui la possède. Il pense faire grace aux enfants, quand il se contente de vouloir partager avec eux la succession de leur père. Il habite les parquets et les autres lieux destinés à l'exercice de la discorde; et, s'il vous plaît que je me serve des termes de notre bon Plaute, on le voit en ces lieux-là plus souvent que le préteur. Voulez-vous que j'achève son éloge ? c'est Attila en petit, c'est le fléau de Dieu dans son voisinage; et la plus cruelle persécution qu'ait soufferte le monde et que raconte l'histoire, est venu peut-être d'un moindre principe de tyrannie.

Vous ferez une œuvre méritoire, ou plutôt une action de charité héroïque, si vous contribuez en quelque chose au châtiment de cet ennemi public. Vous obligerez en une seule personne mille personnes intéressées. Mais je ne laisserai pas de vous en avoir autant d'obligation que si vous ne considériez que moi, qui vous en supplie, et qui suis passionnément, etc.

Le 12 septembre 1640.

IV. Les hommes sont faits pour vivre en société.

C'est une opinion singulière de certains philosophes affirmatifs, « que le sage n'a besoin de personne, et que tout ce qui est séparé de lui ne lui sert de rien. » Il n'y a que Dieu seul qui soit pleinement content de soi-même, et de qui il faille parler en termes si hauts et si magnifiques. Il n'y a que lui qui, étant riche d'une propre essence, jouisse d'une solitude bien heureuse, et abondante en toutes sortes de biens; lui qui puisse opérer sans instruments, comme il agit sans travail; lui qui tire tout du dedans de sa nature, parce que les choses en sont sorties de telle façon, qu'elles ne laissent pas d'y demeurer. Les hommes, au contraire, ne peuvent ni vivre, ni bien vivre, ni être hommes, ni être heureux les uns sans les autres. Ils sont attachés ensemble, par une commune nécessité de commerce. Chaque particulier n'est pas assez de n'être qu'un, s'il n'essaie de se multiplier, en quelque sorte, par le secours de plusieurs. Et, à nous considérer tous en général, il semble que nous ne soyons pas tant des corps entiers que des parties coupées que la société réunit.

Aristippe, ou de la Cour, Ier Discours.

V. Portrait du duc de Guise *.

La France était folle de cet homme-là; car c'est trop peu de dire amoureuse: il ne faut pas s'étonner si elle s'éloigna de son devoir, comme elle fit. Une telle passion allait bien près de l'idolâtrie: il y avait des gens qui l'invoquaient dans leurs prières; d'autres mettaient sa *taille douce* dans leurs *Heures*. Pour son portrait, il était partout; quelques-uns couraient après lui dans les rues pour faire toucher leur chapelet à son manteau; et un jour qu'il revenait d'un voyage de Champagne, entrant à Paris par la porte Saint-Antoine, non-seulement on lui cria, *Vive Guise!* mais plusieurs personnes lui chantèrent : *Hosanna filio David!*

On a vu des assemblées, qui n'étaient pas petites,

---
* Henri de Lorraine, duc de Guise, fils aîné de François de Guise, naquit le 31 décembre 1550, et mourut assassiné le 23 décembre 1588.

se rendre en un instant à sa bonne mine*. Il n'y avait point de cœur qui pût tenir contre ce visage. Il persuadait avant que d'ouvrir la bouche; il était impossible de lui vouloir mal en sa présence.

Le premier regard qu'il jetait sur ses ennemis ôtait d'abord de leur esprit toute l'aigreur qu'ils avaient apportée contre lui, et faisait une telle émotion en leur sang, et un si étrange changement en leurs humeurs, qu'après cela ils avaient besoin de s'exciter long-temps eux-mêmes pour reprendre la haine qu'ils n'avaient plus. De sorte que ce que j'ai ouï dire à un courtisan de ce règne-là, ne me semble pas mal dit, « que les huguenots étaient de la Ligue « quand ils regardaient le duc de Guise. »

Je laisse à l'histoire à conter les choses qu'il a faites, et à porter même la curiosité sur celles qu'il a pensées. Je ne me hasarde point de déchiffrer ces énigmes de la cour, et ne suis pas spéculatif jusque là; il me suffit de croire, sans deviner, qu'il fallait bien que ce fût un homme fort extraordinaire, puisque son seul nom, après sa mort, a été capable de continuer la guerre à deux puissants rois, et que le premier capitaine de l'Europe, le second fondateur de cet état, Henri-le-Grand, de glorieuse mémoire, n'a pris des villes ni n'a gagné des batailles, que pour faire perdre le crédit à un homme qui n'était plus.

IXe Dissertation politique.

* Je ne veux pas oublier un mot que vous ne serez pas fâché de savoir; on l'attribue à madame la maréchale de Retz : « Ils avaient si bonne mine « disait-elle, ces princes lorrains, qu'auprès d'eux les autres princes pa- « raissaient *peuple.* »

VI. De la Religion chrétienne et de ses premiers commencements.

Il ne paraît rien ici de l'homme, rien qui porte sa marque et qui soit de sa façon. Je ne vois rien qui ne me semble plus que naturel dans la naissance et dans le progrès de cette doctrine; les ignorants l'ont persuadée aux philosophes; de pauvres pêcheurs ont été érigés en docteurs des rois et des nations, en professeurs de la science du ciel. Ils ont pris dans leurs filets les orateurs et les poètes, les jurisconsultes et les mathématiciens.

Cette république naissante s'est multipliée par la chasteté et par la mort : bien que ce soient deux choses stériles et contraires au dessein de multiplier. Ce peuple choisi s'est accru par les pertes et par les défaites; il a combattu, il a vaincu étant désarmé. Le monde, en apparence, avait ruiné l'église, mais elle a accablé le monde sous ses ruines. La force des tyrans s'est rendue au courage des condamnés. La patience de nos pères a lassé toutes les mains, toutes les machines, toutes les inventions de la cruauté.

Chose étrange et digne d'une longue considération! reprochons-la plus d'une fois à la lâcheté de notre foi et à la tiédeur de notre zèle: en ce temps-là il y avait de la presse à se faire déchirer, à se faire brûler pour Jésus-Christ. L'extrême douleur et la dernière infamie attiraient les hommes au christianisme; c'étaient les appas et les promesses de cette nouvelle secte. Ceux qui la suivaient, et qui avaient faveur à la cour, avaient peur d'être oubliés dans la commune persécution; ils s'allaient accuser eux-mêmes s'ils manquaient de délateurs,

Le lieu où les feux étaient allumés et les bêtes déchaînées, s'appelait, en la langue de la primitive Église, *la place où l'on donne les couronnes.*

Voilà le style de ces grandes âmes, qui méprisaient la mort comme si elles eussent eu des corps de louage et une vie empruntée.

Je ne m'étonne point que les Césars aient régné, et que le parti qui a été le victorieux ait été le maître. Mais si c'eût été le vaincu à qui l'avantage fût demeuré; si les déroutes eussent fortifié Pompée et rétabli sa fortune; si les proscriptions eussent grossi le parti d'un mort, et lui eussent fait naître des partisans; si un mort lui-même, si une tête coupée eût donné des lois à toute la terre, véritablement il y aurait de quoi s'étonner d'un succès si éloigné du cours ordinaire des choses humaines. Je trouverais étrange qu'après la bataille de Pharsale, et plusieurs autres batailles décisives de l'empire, les amis de Pompée eussent été empereurs de Rome, à l'exclusion des héritiers de César. J'aurais de la peine à croire, quand le plus véritable et le plus religieux historien de Rome me le dirait, que des gens eussent triomphé autant de fois qu'ils furent battus; qu'une cause si souvent perdue eût toujours été suivie. Au moins me semble-t-il que ce n'est pas bien le droit chemin pour arriver à l'empire, et que d'ordinaire on se sert de tout autre moyen pour obtenir le triomphe. Ce n'est pas la coutume des choses du monde que les bons succès ne servent de rien, que la victoire soit décréditée, et que le gain aille au malheureux.

Nous voyons pourtant ici cet évènement irrégulier et directement opposé à la coutume des choses du monde. Le sang des martyrs a été fertile, et la persécution a peuplé le monde de chrétiens. Les premiers persécuteurs, voulant éteindre la lumière qui naissait, et étouffer l'Église au berceau, ont été contraints d'avouer leur faiblesse après avoir épuisé leurs forces. Les autres qui l'attaquèrent depuis ne réussirent pas mieux en leur entreprise. Et, bien qu'il y ait encore en la nature des choses des inscriptions qu'ils nous ont laissées, POUR AVOIR PURGÉ LA TERRE DE LA NATION DES CHRÉTIENS, POUR AVOIR ABOLI LE NOM CHRÉTIEN EN TOUTES LES PARTIES DE L'EMPIRE, l'expérience nous a fait voir qu'ils ont triomphé à faux, et leurs marbres ont été menteurs. Ces superbes inscriptions sont aujourd'hui des monuments de leur vanité, et non pas de leur victoire. L'ouvrage de Dieu n'a pu être défait par la main des hommes. Et disons hardiment à la gloire de notre Jésus-Christ, et à la honte de leur Dioclétien : « Les tyrans passent, mais la vérité demeure. »

Socrate chrétien, IIIe Discours.

VII. Les fléaux de Dieu.

C'est le moyen de faire souvent injustice, que de juger toujours du mérite des conseils par la bonne fortune des évènements. Ne nous laissons pas éblouir à l'éclat des choses qui réussissent : ce que les Grecs, ce que les Romains, ce que nous-mêmes avons appelé une prudence admirable, c'est une heureuse témérité.

Il y a eu des hommes dont la vie a été pleine

de miracles, quoiqu'ils ne fussent pas saints, et qu'ils n'eussent pas dessein de l'être; le ciel bénissait toutes leurs fautes, le ciel couronnait toutes leurs folies.

Il devait périr cet homme fatal, il devait périr, dès le premier jour de sa conduite, par une telle entreprise; mais Dieu voulut se servir de lui pour punir le genre humain et tourmenter le monde : la justice de Dieu voulait se venger, et avait choisi cet homme pour être le ministre de ses vengeances. La raison concluait qu'il tombât d'abord par les maximes qu'il a tenues; mais il est demeuré long-temps debout, par une raison plus haute qui l'a soutenu. Il a été affermi dans son pouvoir par une force étrangère et qui n'était pas de lui, par une force qui appuie la faiblesse, qui arrête les chutes de ceux qui se précipitent, qui n'a que faire des bonnes maximes pour conduire les bons succès. Cet homme a duré pour travailler au dessein de la Providence. Il pensait exercer sa passion, et il exécutait les arrêts du ciel. Avant de se perdre, il a eu le loisir de perdre les peuples et les états, de mettre le feu aux quatre coins de la terre, de gâter le présent et l'avenir par les maux qu'il a faits, par les exemples qu'il a laissés.

Un peu d'esprit et beaucoup d'autorité, c'est ce qui a presque toujours gouverné le monde, quelquefois avec succès, quelquefois non, selon l'humeur du siècle, selon la disposition des esprits, plus farouches ou plus apprivoisés.

Mais il faut toujours en venir là. Il est très vrai

qu'il y a quelque chose de divin, disons davantage, il n'y a rien que de divin dans les maladies qui travaillent les états. Ces dispositions, cette humeur, cette fièvre chaude de rebellion, cette léthargie de servitude, viennent de plus haut qu'on ne s'imagine. Dieu est le poète, et les hommes ne sont que les acteurs.

Ces grandes pièces qui se jouent sur la terre ont été composées dans le ciel, et c'est souvent un faquin qui doit en être l'Atrée ou l'Agamemnon.

Quand la Providence a quelque dessein, il ne lui importe guère de quels instruments et de quels moyens elle se serve. Entre ses mains, tout est foudre, tout est tempête, tout est déluge, tout est Alexandre ou César.

Dieu dit lui-même de ces gens-là, « qu'il les en« voie en sa colère, et qu'ils sont les verges de sa fu« reur. » Mais ne prenez pas ici l'un pour l'autre : les verges ne frappent ni ne blessent toutes seules ; c'est l'envie, c'est la colère, c'est la fureur qui rendent les verges terribles et redoutables.

Cette main invisible donne les coups que le monde sent ; il y a bien je ne sais quelle hardiesse qui menace de la part de l'homme; mais la force qui accable est toute de Dieu*.

Ibid, VIIIe Discours.

BAOUR-LORMIAN (Louis-Pierre-Marie-François), fils d'un imprimeur à Toulouse, est né dans

---

* Balzac écrivait, il y a deux cents ans, ce morceau, où l'on croit reconnaître la manière de Bossuet.   F.

cette ville, vers l'an 1772. Il cultiva de bonne heure la poésie, et s'adonna d'abord au genre satirique. Les *Satires toulousaines*, en grande partie de sa composition, annoncèrent son talent et sa facilité en ce genre. M. Tajan, avocat et journaliste à Toulouse, a fait, dit-on, quelques pièces de ce recueil, où l'on trouve une critique amère des membres de l'Athénée de Toulouse, et de plusieurs hommes de lettres des départements méridionaux. En 1795, M. Baour-Lormian publia une traduction de la *Jérusalem délivrée*. Cette traduction fut plus généralement critiquée que louée; mais l'auteur s'en est montré lui-même le censeur le plus sévère, par les changements considérables qu'il lui a fait subir dans sa belle édition de 1819, où il égale quelquefois son modèle.

Dans les premiers temps de son séjour à Paris, M. Baour-Lormian eut à soutenir une guerre d'épigrammes avec le poète Le Brun. Cette lutte entre deux hommes d'esprit fut très amusante pour le public: de part et d'autre les traits se lançaient avec une égale rapidité. M. Baour avait dit:

> Le Brun de gloire se nourrit:
> Aussi voyez comme il maigrit.

Son adversaire répondit sans perdre de temps:

> Sottise entretient l'embonpoint:
> Aussi Baour ne maigrit point.

En 1797 et 1798, M. Baour-Lormian publia contre le journaliste Despaze des satires fort piquantes, réunies sous le titre des *Trois Mots*: mais, en 1800, il obtint des succès plus flatteurs, par ses *Poésies galliques*, imitation en vers français des poèmes attribués à Ossian. Voulant se faire ensuite un nouveau genre de réputation, M. Baour-Lormian travailla pour le théâtre, et donna en 1807 la tragédie d'*Omasis* ou *Joseph en Egypte*. Quoique cette pièce manque généralement de force dramatique, les beautés de style qu'elle renferme la firent complètement réussir. On y remarque un rôle très heureusement conçu, celui de Benjamin. L'auteur eut moins de succès dans *Mahomet II*, autre tragédie qu'il fit jouer en 1811, et où le même défaut n'est pas racheté par les mêmes beautés. Outre les ouvrages que nous venons de citer, on a encore de lui *le Rétablissement du Culte*, poème in-8°, 1802; *Recueil de Poésies diverses*, 1803, in-8°; *les Fêtes de l'Hymen*, poème à l'occasion du mariage de Napoléon et de Marie-Louise; (cet ouvrage est suivi du *Chant nuptial*, in-8°, 1810;) les *Veillées poétiques et morales*, 1811, in-18, qui ont eu plusieurs éditions; *L'Atlantide* ou *le Géant de la Montagne bleue*, poème en quatre chants suivi de *Rustan* ou *les Vœux*, et de *Trente-huit Songes*, en prose, 1812, in-8°; la *Jérusalem délivrée*, opéra en cinq actes, 1813; l'*Aminte*, pastorale du Tasse, imitée en vers français, 1813, in-18; *l'Oriflamme*, opéra en un acte, de société avec M. Etienne, en février 1814; enfin beaucoup de pièces dans les recueils intitulés *Hommages poétiques*, et *l'Hymen et la Naissance*.

Pendant les cent jours, M. Baour-Lormian fut nommé membre de l'Institut, à la place de M. de

Boufflers, et sa nomination a été confirmée par le roi, en septembre 1815. L'ordonnance royale du 21 mars 1816 l'a compris au nombre des membres de l'Académie française. Dans la même année, il adressa une *Épitre au Roi.*

JUGEMENTS.

I.

Quelques morceaux brillants distinguent les poëmes galliques imités par M. Baour-Lormian. Dans ses vers, plus harmonieux qu'énergiques, M. Baour suit avec indépendance la prose anglaise de Macpherson, qui s'est jadis annoncé lui-même comme un simple traducteur d'Ossian, barde écossais du troisième siècle.

Une froide intrigue d'amour, une froide conspiration déparent la tragédie de *Joseph ;* Joseph ne doit être occupé que de son père et de sa famille : Siméon n'a pas besoin de conspirer pour être odieux; mais le petit rôle de Benjamin respire la candeur la plus aimable ; l'entretien de cet enfant avec Joseph est d'un intérêt plein de charme, et cette scène, bien conçue, bien écrite, supérieurement jouée, n'a pas contribué médiocrement au succès de la pièce entière. Une scène entre Joseph et Siméon mérite encore d'être distinguée.

M. J. Chénier, *Tableau de la Littérature française.*

II.

Le fonds sur lequel roulent les *Veillées poétiques* est bien triste et bien sombre : il ne peut plaire qu'aux âmes sensibles et mélancoliques, qui aiment à entendre les muses soupirer des plaintes sublimes, et moduler de tendres regrets; elles y trouveront, dans de beaux vers, l'expression la plus parfaite des sentiments dont elles se nourrissent, et chériront le poète aimable dont les chants mélodieux s'accordent si bien avec cette voix secrète de douleur qui retentit toujours au dedans d'elles-mêmes. M. de Lormian, tantôt médite avec Hervey, et tantôt gémit avec Young, dont sa lyre répète les lugubres accents. La mélancolie est monotone; et le défaut de ce recueil me paraît être l'uniformité, si cependant on peut relever un pareil défaut dans ce qui n'est pas fait pour être lu de suite.

La première *Veillée* me paraît une des pièces les plus intéressantes de ce recueil : l'auteur y retrace les illusions que produisent les ténèbres de la nuit éclairées par la lumière douteuse et fantastique de la lune; sujet à la fois très poétique et très piquant, puisque l'imagination est là, pour ainsi dire, dans son domaine, et que les tableaux du poète ne font que lui présenter, en quelque sorte, son propre ouvrage : c'est elle, en effet, qui crée un nouvel univers, et qui peuple tout de fantômes, quand le voile mystérieux de la nuit dérobe à nos yeux le spectacle des êtres réels; c'est elle qui change, qui métamorphose tout au gré de ses caprices, et qui se joue, tantôt dans les plus folâtres bizarreries, tantôt dans les monstruosités les plus effrayantes : elle agrandit ou rapetisse à son gré les objets, donne le mouvement aux plus immobiles, la vie aux plus inanimés, induit les sens dans mille erreurs, égare leur témoignage, surprend leur véracité, établit une fausse évidence, grave dans quelques esprits des persuasions aussi indélébiles qu'insensées; éternise parmi les peuples même les visions les plus chimériques, et sème, sur la surface du monde entier, les fictions religieuses et les mensonges sacrés :

La superstition qu'exalte le silence,
Sur le mortel crédule à minuit se balance :
L'enfant du Nord, errant au sein des bois profonds,
Des esprits lumineux, des sylphes vagabonds,
Rois au sceptre de fleurs, à l'écharpe légère,
Voit descendre du ciel la foule mensongère :
Dans la coupe d'un lys, tout le jour enfermés,
Et le soir s'échappant par groupes embaumés,
Aux rayons de la lune, ils viennent en cadence
Sur l'émail des gazons entrelacer leur danse,
Et de leurs blonds cheveux, dégagés de liens,
Les Zéphirs font rouler les flots aériens ;
O surprise ! bientôt, dans la forêt antique,
S'élève, se prolonge un palais fantastique,
Immense, et rayonnant du cristal le plus pur.
Tout le peuple lutin, sous ces parvis d'azur,
Vient déposer des luths, des roses pour trophées,
Vient marier ses pas aux pas brillants des fées,
Et boire l'hydromel, qui pétille dans l'or,
Jusqu'à l'heure où du jour l'éclat douteux encor,
Dissipant cette troupe inconstante et folâtre,
La ramène captive en sa prison d'albâtre.

Voilà sans doute de très beaux vers : la phrase poétique s'y développe avec beaucoup de grace, de nombre et d'harmonie; mais qu'il est rare de rencontrer, même dans nos meilleurs écrivains, un morceau d'une certaine étendue où la critique n'aperçoive aucune tache, aucune imperfection! La superstition qui *se balance à minuit* sur le mortel crédule, ne me semble pas présenter une image assez vive et assez déterminée; on a beaucoup abusé de ces mots : *se balancer, planer;* ils sont devenus parasites, et le style de M. de Lormian n'est pas fait pour admettre ces figures banales et usées. L'épithète de *profonds*, donnée aux bois, et placée à la fin du vers, n'a-t-elle pas trop l'air d'être provoquée par la rime? ne serait-il pas mieux de dire : dans *la profondeur*, dans *l'épaisseur des bois?* Un vers est toujours faible quand il se trouve au-dessous de l'expression même de la prose; *des bois, des esprits, des sylphes*, le rapprochement de tous ces génitifs ne nuit-il pas à la netteté? est-on assez préparé à se représenter *les sylphes* comme *des rois?* cette apposition n'a-t-elle pas quelque chose d'un peu heurté? L'*écharpe* est-elle un des signes distinctifs de la royauté? Conçoit-on clairement que ces sylphes, qui sont *tout le jour enfermés dans la coupe d'un lys*, et qui, par conséquent, n'ont pas quitté la terre, *descendent* cependant *du ciel* quand la nuit est venue? n'y a-t-il pas là quelque embarras? Rien ne ternit les beautés de style qui brillent dans le reste de cette tirade; et, malgré les minutieuses observations que je viens de faire, la totalité de ce morceau est d'un effet très remarquable.

Il n'est pas une seule de ces *Veillées* dont je ne voulusse détacher quelque nouvelle preuve du rare talent de M. de Lormian pour la versification : je prends au hasard :

Quand un sang généreux fait palpiter son sein,
Séduite par l'éclat d'un jour pur et serein,
La jeunesse s'embarque; et, follement ravie,
Brave, dans ses écueils, le détroit de la vie;
Dans sa fougueuse ardeur, tout lui semble permis :
Les astres, les saisons, et les vents sont amis;
Mais l'ouragan s'élève, et l'éclair étincelle :
La tempête poursuit l'imprudente nacelle,
Et, trompant les efforts des jeunes matelots,
Les précipite en foule au sein des vastes flots.
Qui peut leur inspirer un tel excès d'audace?
Devaient-ils de la mort oublier la menace?
Eh! comment oublier qu'il nous faut tour à tour
Passer les sombres bords qu'on passe sans retour!

Je crois que la critique la plus attentive ne pourrait reprendre dans ce morceau, plein de verve et de chaleur, que le dernier vers. Du moment que le poète a dit les *sombres bords*, il a tort, ce me semble, d'ajouter *qu'on passe sans retour* : il les a suffisamment caractérisés, et cette addition a l'air d'un remplissage. Ce dernier hémistiche est cependant très beau en lui-même : il est emprunté de Racine; mais voyez comment ce grand écrivain l'a employé; il parle de Thésée :

Il a vu le Cocyte, et les rivages sombres;
Il s'est montré vivant aux infernales ombres;
Mais il n'a pu sortir de ce triste séjour,
Et repasser les bords qu'on passe sans retour.

Quel effet dans ce dernier hémistiche! mais il est aussi nécessaire ici qu'il est énergique; et, dans les vers de M. de Lormian, ce n'est qu'une superfluité :

Tantùm series, juncturaque pollet!

M. Geoffroy, dans son Commentaire, en rendant justice à la beauté de ce vers, trouve que *passer* et *repasser* ne sont pas assez élégants. Je n'entends pas du tout cette remarque : si elle est juste, s'il y a de l'inélégance dans ce vers, il en faut conclure que l'élégance n'est pas toujours une qualité essentielle des beaux vers; et, dans ce cas, l'observation du critique est pour le moins inutile : car, lorsqu'une expression est aussi belle qu'elle peut l'être, lorsqu'il en résulte un grand effet, qui jamais s'inquiètera de savoir si elle est élégante?

Je reviens à M. de Lormian; j'extrais de la pièce intitulée *le Temps*, le morceau qui suit :

Tel est le juste arrêt par Dieu même dicté :
L'ennui toujours s'attache à la frivolité.
Voyez ces froids mortels déchus de leurs ancêtres,
Anneaux irréguliers de la chaîne des êtres,
Sybarites charmants, toujours parés de fleurs,
Et toujours revêtus des plus fraîches couleurs,
Insectes voltigeants, papillons infidèles,
Balancés sur l'albâtre ou l'azur de leurs ailes :
En nos riants jardins, on les voit tour à tour
Folâtrer et s'abattre au vif éclat du jour.
Pour eux l'astre enflammé que l'Orient adore,
Sème de diamants les rivages du More;
Pour eux l'été mûrit et dore les moissons;
Pour eux le doux printemps, ceint de légers festons,
Enchante les bosquets de leurs métamorphoses,
Et l'hiver étonné se couronne de roses.
Que Zéphir, s'il ne craint d'exciter leur courroux,

Embaume les vallons des parfums les plus doux ;
Les éléments surpris et rendus tributaires,
Remplissent leurs palais de dons involontaires ;
Ils boivent à longs traits, dans une coupe d'or,
Les brillantes liqueurs d'Ormus et de Tidor ;
Et leur faste, usurpant l'air, la terre et les ondes,
Consomme en un banquet les présents des deux mondes.

Pour compléter l'effet de cette brillante peinture, il eût fallu, je pense, que l'auteur, reproduisant à la fin la pensée principale du morceau, laquelle se perd ici dans la richesse des développements accessoires, eût, par un dernier trait, représenté l'ennui, le triste ennui, affadissant et empoisonnant toutes les jouissances dont se compose le prétendu bonheur des favoris de la fortune et des heureux du siècle. Sans cela le but de cette description échappe trop aisément au lecteur dont elle éblouit l'imagination, et dont elle ne remplit pas assez l'attente : le poète semble avoir oublié ce qu'il voulait dire, et la force du sens s'énerve et s'évanouit sous les parures de la poésie.

Au milieu de ces *Veillées*, qui peut-être ont le défaut de dégénérer quelquefois en *lieux communs*, se trouvent deux petits poèmes particuliers, dont la couleur s'accorde parfaitement avec celle des autres pièces contenues dans ce recueil : l'un a pour titre *Ophélie*, et l'autre *Job*. Sous le nom d'Ophélie, le poète chante les malheurs et les derniers moments de l'infortunée Jeanne Gray, dont le véritable nom n'est pas en effet très poétique, mais dont les touchantes aventures sont un sujet très digne des muses;

le livre de Job a fourni la matière de l'autre poème, et l'on sait quels trésors de poésie ce livre renferme: le talent de M. de Lormian brille d'un éclat égal dans ces deux morceaux; je crois devoir citer, de l'imitation du livre de Job, la fameuse description du cheval :

> Vois le cheval guerrier : le clairon du carnage
> Frappe-t-il l'air d'un bruit qui plaît à son courage,
> Le feu roule et jaillit de ses naseaux fumants;
> L'écho lointain répond à ses hennissements :
> Vois son œil réfléchir les éclairs de ta lance;
> Sous ta main qui le guide, il frémit, il s'élance,
> Il court les crins épars; la poudre des sillons
> Sous ses pieds belliqueux s'envole en tourbillons :
> Insensible au trépas qui partout le menace,
> Il perd des flots de sang sans perdre son audace;
> Il cède, il tombe enfin, mais sans se démentir;
> Et la mort à son cœur n'arrache aucun soupir.

Plusieurs poètes se sont essayés sur cette peinture sublime* : tous sont demeurés bien au-dessous de l'original; mais aucun, ce me semble, ne s'est élevé à la même hauteur que M. de Lormian : quelques-unes des beautés du modèle ont péri** dans sa copie ; mais il en substitue d'autres qui lui sont

---

* Ne pouvant rapporter ici ces diverses descriptions, nous avons pensé faire plaisir à nos lecteurs en les réunissant à la fin de ce volume. (*Voyez* la note A.) F.

** Entre autres celle-ci : Fervens et fremens sorbet terram..... Ubi audierit buccinam dicit: *Vah !*

(Job, XXXIX.)

Il écume, il frémit, il dévore la terre ; la trompette sonne, il dit : *Allons ;* et vous reconnaissez le cheval de Job.

CHATEAUBRIAND, *Itinéraire de Paris à Jérusalem.*

propres. On pourrait cependant reprocher à M. de Lormian de n'avoir pas fait assez d'efforts pour reproduire les traits principaux du texte, et de les avoir trop facilement abandonnés : une plume telle que la sienne ne doit pas se décourager si aisément. C'est aux écrivains, qui, comme lui, maîtrisent la langue poétique, et possèdent tous les secrets de la versification, qu'il appartient de lutter avec énergie contre les difficultés des originaux les plus désespérants. Ce recueil est très propre à justifier et à confirmer l'opinion qui le place au premier rang de nos poètes actuels : il est malheureux qu'il ne renferme guère que de brillantes amplifications dont le fond n'a par lui-même rien de bien neuf ni de bien piquant; mais le style donne de l'attrait aux pensées mêmes les plus communes et les plus usées, et celui de M de Lormian est assez magique pour produire cet effet : il règne d'ailleurs dans toutes les pièces de ce recueil une teinte mélancolique et religieuse, qui en forme le caractère, et qui en augmente l'intérêt et le charme.

DUSSAULT, *Annales littéraires.*

MORCEAUX CHOISIS.

I. Hymne au Soleil.

Roi du monde et du jour, guerrier aux cheveux d'or,
Quelle main, te couvrant d'une armure enflammée,
Abandonna l'espace à ton rapide essor,
Et traça dans l'azur ta route accoutumée?
Nul astre à tes côtés ne lève un front rival;
Les filles de la nuit à ton éclat pâlissent;
La lune devant toi fuit d'un pas inégal,

Et ses rayons douteux dans les flots s'engloutissent.
Sous les coups réunis de l'âge et des autans
Tombe du haut sapin la tête échevelée;
Le mont même, le mont, assailli par le temps,
Du poids de ses débris écrase la vallée;
Mais les siècles jaloux épargnent ta beauté :
Un printemps éternel embellit ta jeunesse,
Tu t'empares des cieux en monarque indompté,
Et les vœux de l'amour t'accompagnent sans cesse.
Quand la tempête éclate et rugit dans les airs,
Quand les vents font rouler, au milieu des éclairs,
Le char retentissant qui porte le tonnerre,
Tu parais, tu souris, et consoles la terre.
Hélas! depuis long-temps tes rayons glorieux
Ne viennent plus frapper ma débile paupière!
Je ne te verrai plus, soit que, dans ta carrière,
Tu verses sur la plaine un océan de feux,
Soit que, vers l'occident, le cortège des ombres
Accompagne tes pas, ou que les vagues sombres
T'enferment dans le sein d'une humide prison!
Mais peut-être, ô Soleil! tu n'as qu'une saison;
Peut-être, succombant sous le fardeau des âges,
Un jour tu subiras notre commun destin;
Tu seras insensible à la voix du matin,
Et tu t'endormiras au milieu des nuages.

Poésies galliques.

II. Description des jardins d'Armide.

.... Soudain voilà que devant eux
S'offre dans tout l'éclat de leur magnificence
Ces jardins qui d'Armide attestent la puissance.
O quel mélange heureux de mobiles ruisseaux,
De gazons émaillés, de jeunes arbrisseaux!
Ici de frais vallons, là de riants bocages,

Émules de fraîcheur, de verdure et d'ombrages;
Mille essaims embaumés de plantes et de fleurs
Dont le cristal des eaux voit flotter les couleurs;
Des cavernes, des lacs, des grottes, des fontaines,
Des coteaux, de grands bois, et de fertiles plaines.
L'art, qui de la nature emprunte le pouvoir,
Jamais en l'imitant ne se laisse entrevoir,
D'un aimable larcin déguise l'imposture,
Semble de tous ses droits investir la nature,
Et prête à ce séjour, par lui seul habité,
Un charme de mollesse et de simplicité.
L'air féconde les fleurs; l'air, à la voix d'Armide,
Encourage l'essor de la sève timide;
Et les fleurs et les fruits, qu'il réchauffe en son cours,
Dans un ordre constant se succèdent toujours.
Sur le même rameau la pomme jaunissante
Voit blanchir le duvet de la pomme naissante.
Plus loin, sur le sommet des coteaux lumineux,
La vigne de son pampre entrelace les nœuds,
Étale ses bourgeons, avec orgueil déploie
De ses grains transparents la fraîcheur et la joie,
Et suspend autour d'elle en un riche appareil
Ses grappes de rubis qu'enflamme le soleil.

Mille oiseaux différents de voix et de plumages
En soupirs amoureux confondent leurs ramages.
Chantent-ils? le Zéphir s'arrête au même instant:
Qu'ils se taisent, soudain le Zéphir inconstant
Reprend son vol léger, redouble son murmure,
Fait frémir les ruisseaux, les forêts, la verdure;
Et les ruisseaux, les bois, par des sons ravissants
Des oiseaux attentifs prolongent les accents.
Mais le silence règne. Alors se fait entendre
On ne sait quelle voix harmonieuse, tendre,

Qui, d'un hymne d'amour charmant tous les échos,
Remplace le concert de la terre et des flots :

« Voyez dans nos bosquets la rose, vierge encore,
« S'échapper du bouton qu'une nuit fit éclore :
« Plus elle s'enveloppe, et plus l'œil enchanté
« Devine sa fraîcheur et prévoit sa beauté.
« Moins timide, bientôt la rose printannière,
« Se dégageant du nœud qui la tient prisonnière,
« Aux caresses du jour abandonne son sein :
« Hélas ! et son éclat a disparu soudain.
« Elle languit et meurt, cette rose si belle
« Que brûlait de cueillir plus d'un amant fidèle.
« De la jeunesse ainsi la fleur s'épanouit,
« Ne brille qu'un moment, tombe et s'évanouit.
« De myrtes, de rayons la tête couronnée,
« L'aimable et doux printemps ramène chaque année ;
« Mais il ne peut, hélas ! ramener dans son cours
« La première fraîcheur de nos premiers beaux jours.
« Eh bien ! puisque le soir elle sera flétrie,
« Cueillons dès le matin la rose de la vie.
« Dans l'âge des plaisirs, aimons, lorsque l'amour
« Nous promet les douceurs du plus tendre retour. »

Elle dit : les forêts plus mollement gémissent ;
Au chant aérien les oiseaux applaudissent ;
Vous les voyez frémir d'une nouvelle ardeur :
La colombe, oubliant sa plainte et sa pudeur,
Poursuit de ses baisers sa compagne chérie.
Tout s'unit, se confond, s'enlace, se marie.
Une sève d'amour inonde à flots errants
Les prés, les bois, les fleurs, les vallons odorants ;
Le lierre au bras flexible enveloppe le chêne ;
Tout ce peuple d'amants forme une étroite chaîne.

D'un long embrassement savoure le plaisir,
Et tremble, tourmenté des frissons du désir.
Traduction de la Jérusalem délivrée.

BARANTE (Prosper Brugière, baron de), pair de France, est né à Riom, en 1783, d'une famille depuis long-temps distinguée dans les lettres et dans la magistrature. M. de Barante, qui a rempli les emplois les plus élevés dans la carrière administrative, s'est encore fait connaître d'une manière plus avantageuse par l'ouvrage intitulé : *De la Littérature française pendant le XVIIIe siècle*, 1809, in-8°. Cet écrit, composé pour un concours à l'Institut, ne fut pas couronné; mais M. de Barante en a été bien dédommagé par les suffrages du public. En 1814, il fit imprimer un opuscule intitulé : *Des divers projets de Constitutions pour la France*, qu'il distribua seulement à ses amis et aux hommes d'état. Récemment il vient de publier l'*Histoire des Ducs de Bourgogne, de la maison de Valois*, 1824, in-8°. Il a aussi donné plusieurs articles remarquables dans la *Biographie universelle*, entre autres ceux de Bossuet et de Froissard. On sait qu'il a aidé madame La Rochejaquelein dans la rédaction de ses *Mémoires*, remarquables par la simplicité du style et par l'intérêt des évènements.

JUGEMENT.

Dans l'ouvrage de M. de Barante, la littérature du XVIIIe siècle est considérée sous un point de vue général; plusieurs auteurs y sont jugés avec une sagacité profonde; mais c'est sur-tout la question principale qui y est approfondie dans tous les sens. Cette question consiste à savoir s'il faut accuser les écrivains du XVIIIe siècle des malheurs de la révolution, ou si leur tendance était bonne, et leurs intentions pures. L'auteur cherche à prouver que leurs erreurs étaient le résultat des circonstances politiques dans lesquelles ils se sont trouvés, de ce relâchement des principes sociaux préparé par la vieillesse de Louis XIV, la corruption du régent et l'insouciance de Louis XV. Mais il croit voir un sincère amour du bien dans le désir général qu'éprouvaient alors les hommes éclairés d'accomplir ce bien par les lumières. L'auteur, en se montrant ainsi juste envers les philosophes du XVIIIe siècle, n'en est pas moins sévère et pur dans les jugements qu'il porte sur la légèreté des mœurs, et la légèreté plus coupable encore envers la religion. L'on aime à voir dans les opinions et dans le caractère du jeune écrivain un heureux mélange d'austérité dans les principes et d'indulgence pour les hommes; mais ce qui domine avant tout dans ce discours, c'est l'esprit français, l'amour de la patrie; on sent que ce mot de France est tout puissant sur celui qui l'écrit; il se le prononce à lui-même avec délices.

Parmi les morceaux que nous avons remarqués, nous indiquerons particulièrement un passage sur l'origine de la poésie française; une peinture singulièrement spirituelle de la Fronde; des réflexions pleines de profondeur sur le règne de Louis XIV;

un jugement sur Bossuet, superbe encore au milieu de tout ce que Bossuet a inspiré. Nous aimons surtout à rappeler le morceau sur l'assemblée constituante, parce qu'il nous paraît avoir déjà toute l'impartialité de l'histoire. L'auteur semble n'avoir jamais rien à faire avec aucun préjugé de parti.

Nous ferions peut-être tort à cet ouvrage, où il y a des pensées à chaque ligne, en en indiquant quelques phrases. Les morceaux brillants de l'enthousiasme peuvent être détachés; mais une force contenue, une réserve animée, des réflexions qui supposent beaucoup d'autres réflexions, des connaissances qu'on aperçoit, et d'autres en plus grand nombre qu'on devine; tout cela doit être lu depuis la première ligne jusqu'à la dernière. Peut-être n'a-t-on jamais vu un écrivain débuter dans la carrière littéraire par un ouvrage aussi sagement profond; et si le caractère du talent est d'être jeune à tout âge, peut-être celui de la pensée est-il de donner de la maturité à la jeunesse. D'ailleurs l'auteur de cet écrit, se destinant à la carrière de l'administration, a pris de bonne heure cet esprit de justice et de discernement qui convient sur-tout à la littérature philosophique, à celle qui n'entre point dans l'empire des fictions, dans cet empire où il faut donner la vie, et avec elle, toutes les passions qui la signalent.

Le style d'un écrivain est presque déjà connu, quand on dit que ses idées sont neuves, originales, nées dans sa tête; qu'une âme pure s'y fait sentir; que son jugement est impartial et profond; car le style, comme le rappelle avec raison M. de Barante, est l'homme même; mais on doit aussi ajouter qu'il y a beaucoup de correction et de précision grammaticale dans ce nouvel écrit.

On pourrait désirer que l'auteur s'abandonnât plus souvent à ses propres mouvements. Se retenir n'est pas toujours de la force; et, bien qu'on sente dans l'ouvrage de M. de Barante plus de chaleur qu'il n'en montre, on voudrait qu'il dît plus souvent ce qu'il laisse deviner.

Mad. DE STAEL.

(Voyez, dans notre répertoire, les jugements de cet écrivain sur d'Alembert, Bonnet, Bossuet, Buffon, Crébillon, etc.)

BARBAULD (ANNA-LÆTITIA), sœur du docteur Aikin, l'une des femmes auteurs dont l'Angleterre s'honore le plus, naquit vers 1765. Elle épousa, en 1774, le révérend Rochemont Barbauld, ministre dissident, qui tenait une école à Palgrave, dans le comté de Suffolk, et qui mourut peu d'années après à Stoke-Nowington, où mistriss Barbauld réside encore. Les écrits de cette femme célèbre se distinguent non-seulement par la pureté et l'élégance du style, mais encore par la sagesse et la force des pensées. Ses *Poésies*, pleines de grace et d'harmonie, ont eu cinq éditions successives. Elle a fait un grand nombre d'ouvrages sur la religion, l'éducation, et la politique, parmi lesquels on distingue les *Dialogues sur l'Histoire naturelle*, les *Pensées extraites de Job*, et les *Hymnes en prose pour les En-*

fants. Elle a publié en outre la *Correspondance*, la *Vie et l'Examen des ouvrages de Samuel Richardson*, 1804, 6 vol. in-8°, dont M. J. J. Leuliette a donné la traduction française; *Choix des Feuilles d'Addison, Johnson Steel*, etc. 1806, 3 vol., dont la traduction manque en France; un recueil des meilleurs romans anglais, sous le titre d'*English Novellists*, avec des préfaces, des notices biographiques, et précédé d'un *Essai sur les Romans*, qui est un des meilleurs morceaux de la critique anglaise, 1810, 50 vol. in-12. On lui doit aussi un poème dans le genre de lord Byron, qu'elle a publié en 1812, intitulé l'*An mil huit cent onze*, in-4°. Mistriss Barbauld a encore dirigé plusieurs éditions très estimées d'Akenside, de Collins, etc.

MORCEAUX CHOISIS.

I. La Nuit.

Le soleil radieux a disparu à l'occident; la nuit épanche sa rosée; et l'air, qui était épais et brûlant, devient plus frais. Les fleurs du jardin, repliant leurs feuilles diaprées, ferment leur calice, et inclinent leurs têtes sur leurs faibles tiges, en attendant le retour de la lumière.

Les oiseaux du bocage ont suspendu leurs concerts; ils dorment sur les branches des arbres, la tête cachée sous leurs plumes. Les jeunes poussins de la ferme reposent en paix sous l'aile de leur mère, et leur mère elle-même goûte le repos. On n'entend plus le murmure des abeilles autour de la ruche ou parmi les chèvrefeuilles embaumés; elles ont cessé leurs travaux, et sont maintenant retirées dans leurs cellules de cire.

Les brebis reposent dans les champs sur leurs molles toisons, et leurs longs bêlements ne résonnent plus sur les collines. On n'entend plus les clameurs de la foule tumultueuse, ni les cris des enfants dans leurs jeux, ni le bruit des pas ou des travaux d'une multitude active et empressée. Le marteau du forgeron ne retentit plus sur l'enclume, et le charpentier ne fait plus gémir la scie bruyante. Tous les hommes sont étendus sur leur couche paisible, et l'enfant repose avec sécurité sur le sein de sa mère. L'obscurité règne sur la voûte des cieux comme sur la face de la terre : tous les yeux sont fermés, tous les bras immobiles.

Qui prend soin de tous les mortels quand ils sont plongés dans le sommeil, et quand ils ne peuvent se défendre ni voir si le péril les menace ? Il y a un œil qui ne se ferme jamais, un œil qui voit au sein des ténèbres de la nuit aussi bien qu'à la clarté du jour le plus éclatant. Quand la lune et le soleil dérobent leur lumière, lorsqu'aucune lampe n'éclaire les maisons, et qu'aucune étoile ne brille à travers les sombres nuages, cet œil voit tout, il embrasse tous les lieux, et veille continuellement sur toutes les familles de la terre.

Cet œil, qui ne se ferme jamais, est celui de Dieu : son bras est toujours étendu sur nous. Il a fait le sommeil pour délasser nos membres fatigués ; il a fait la nuit pour que nous reposions paisiblement. Comme une tendre mère éloigne le moindre bruit qui pourrait éveiller son enfant, comme elle tire les rideaux autour de son lit et cache la lumière à ses yeux débiles, ainsi Dieu épaissit autour de nous le voile des ténèbres; il ordonne que tout soit calme et silencieux pour que sa grande famille dorme en paix.

Quand l'obscurité a disparu, et que les rayons du soleil levant frappent nos paupières, commençons la journée en louant le Dieu qui a pris soin de nous durant la nuit. Fleurs, quand vous rouvrez vos calices, déployez toutes vos feuilles, exhalez tous vos parfums en son honneur! Oiseaux, quand vous vous éveillez, faites entendre des chants de reconnaissance dans les verts bocages! Que son amour soit dans nos cœurs quand nous goûtons le repos, et sa louange sur nos lèvres quand nous nous réveillons.

II. Le choix d'une jeune fille.

Une jeune fille, après s'être fatiguée un jour d'été à courir dans un jardin, s'assit sous un berceau agréable, et s'y endormit. Pendant son sommeil, deux femmes se présentèrent devant elle: l'une était négligemment habillée d'une robe transparente, couleur de lilas, avec une garniture d'un vert pâle; sa ceinture de gaze d'argent flottait jusqu'à terre; ses cheveux tombaient en boucles sur son cou; sa coiffure consistait en plumes entrelacées de fleurs artificielles. Elle tenait d'une main une carte de bal, et de l'autre un costume de fantaisie tout couvert de paillettes et de nœuds de ruban. Elle s'avança en souriant vers la jeune fille, et lui adressa ces mots d'un air familier:

« Ma chère Mélissa, je suis un génie bienfaisant
« qui a veillé sur vous depuis votre naissance, et
« qui a vu avec joie croître tous vos charmes, jus-
« qu'à ce qu'ils vous aient enfin rendue une com-
« pagne digne de moi. Voyez ce que je vous apporte.
« Cette parure et ce billet vous donneront un libre
« accès à tous les plaisirs délicieux de mon palais;
« avec moi vous passerez vos jours dans un cer-
« cle d'amusements continuels et toujours variés.
« Comme le gai papillon, vous n'aurez d'autre oc-
« cupation que de voltiger de fleur en fleur et d'offrir
« votre beauté à l'admiration des spectateurs. Point
« de contrainte, point de fatigue, point de tâche
« ennuyeuse dans mon heureux domaine : tout est
« plaisir, mouvement et gaieté. Venez-donc, ma
« chère; laissez-moi vous essayer cette parure qui
« vous rendra charmante; et vite, vite avec moi. »

Mélissa éprouva une forte inclination pour se rendre à l'invitation de cette nymphe si obligeante; mais d'abord elle crut prudent de lui demander au moins son nom. « Mon nom, répondit-elle, est la « Dissipation. »

Alors l'autre dame s'avança : elle était vêtue d'une robe d'étoffe brune, ornée seulement d'une bordure blanche; ses cheveux étaient couverts d'un simple bonnet. Tout en elle annonçait l'ordre et la propreté; ses regards étaient sérieux mais satisfaits; son air était calme et serein. Elle tenait d'une main une quenouille, à l'autre bras elle portait une

corbeille; sa ceinture était garnie de ciseaux, d'aiguilles à tricoter, et de tous les autres objets nécessaires aux ouvrages des femmes. Un paquet de clefs pendait à son côté; elle parla ainsi à la jeune fille endormie:
« Mélissa, j'ai toujours été l'amie et la compagne
« de votre mère, et maintenant je vous offre ma
« protection. Je n'ai pas pour vous captiver les
« attraits de ma brillante rivale. Au lieu de consa-
« crer votre vie au plaisir, si vous voulez être comp-
« tée au nombre de mes disciples, il faudra vous
« lever de bonne heure, et employer tout le jour
« à différentes occupations, dont les unes sont dif-
« ficiles, les autres pénibles, et qui toutes exigent
« l'exercice du corps ou de l'esprit. Il faudra pren-
« dre un vêtement simple, passer chez vous la plus
« grande partie du temps, et chercher à être utile
« plutôt qu'à briller. Mais, en revanche, je vous pro-
« mets un vrai contentement, une humeur égale,
« l'approbation de vous-même, et l'estime de tous
« ceux qui vous connaîtront. Si ces offres parais-
« sent à votre jeune cœur moins séduisantes que
« celles de ma rivale, soyez certaine qu'elles sont
« néanmoins plus sincères. Elle vous a promis beau-
« coup plus qu'elle ne saurait tenir. Il n'est pas plus
« au pouvoir de la Dissipation qu'au pouvoir du
« vice et de la folie d'offrir des amusements conti-
« nuels. Ses plaisirs passent vite : la langueur et le
« dégoût leur succèdent infailliblement. Elle se pré-
« sente à vous sous un déguisement; ce ne sont pas
« ses véritables traits que vous voyez. Pour moi, je
« ne vous paraîtrai jamais moins aimable que main-

« tenant; au contraire, vous me chérirez chaque
« jour davantage. Si je vous semble sérieuse, vous
« me trouverez gaie à mon ouvrage; et quand mon
« travail est fini, je puis jouir de tous les plaisirs
« innocents. Mais j'en ai dit assez : il est temps de
« choisir celle que vous voulez suivre, et de ce choix
« dépend tout votre bonheur. Si vous désirez con-
« naître mon nom, je suis l'Économie. »

Mélissa l'écouta avec plus d'attention que de plaisir; et, quoique sa présence lui imposât, elle ne put
s'empêcher de se tourner encore pour jeter un autre coup-d'œil sur la Dissipation. Elle la vit offrir
ses présents d'un air si gracieux, qu'elle se sentait
presque incapable de résister, lorsque, par un heureux accident, le masque dont la Dissipation avait
adroitement couvert son front se détacha. Aussitôt
que Mélissa aperçut, au lieu des traits riants de la
jeunesse et de la gaieté, un teint pâle, un visage
flétri par les maladies et consumé de tristesse, elle
se détourna avec horreur, et présenta la main sans
répugnance à sa modeste et franche compagne.

III. La Pitié.

Dans l'heureux siècle de l'âge d'or, quand tous
les habitants du ciel descendaient sur la terre, et s'en-
tretenaient familièrement avec les mortels, parmi
les divinités les plus chéries des hommes étaient
deux jumeaux, enfants de Jupiter, l'Amour et la
Joie. Partout où ils paraissaient, les fleurs naissaient
sous leurs pas, le soleil brillait d'un éclat plus vif,
et la nature semblait embellie par leur présence.

Ils étaient amis inséparables, et leur attachement naissant était favorisé par Jupiter, qui avait résolu qu'on célébrerait leur union aussitôt qu'ils seraient parvenus à un âge mûr. Mais, dans le même temps, les fils des hommes oublièrent leur innocence primitive; le Vice et la Mort parcoururent la terre à pas de géant; et Astrée, avec son céleste cortège, s'éloigna de cette race corrompue. L'Amour seul resta sur la terre : l'Espérance, qui était sa nourrice, l'avait dérobé en secret, et porté dans les forêts d'Arcadie, où il fut élevé parmi les pasteurs. Mais Jupiter lui destina une autre compagne, et lui ordonna d'épouser la Tristesse, fille d'Até. Il obéit avec répugnance; car les traits de son épouse étaient repoussants et désagréables, ses yeux creux, son front continuellement ridé, et sa tête couverte d'une couronne de feuilles de cyprès et d'absinthe.

De cette union naquit une fille dans laquelle on pouvait observer une ressemblance frappante avec les deux auteurs de sa naissance : mais les traits chagrins et peu aimables de sa mère étaient si heureusement tempérés par les graces paternelles, que son air, quoique triste, charmait tous les regards. Les jeunes filles et les bergers des campagnes voisines se réunirent autour d'elle, et l'appelèrent la Pitié. On remarqua qu'un rouge-gorge faisait son nid dans la cabane où elle était née; et tandis qu'elle était encore dans l'enfance, une colombe poursuivie par un faucon se réfugia sur son sein.

Cette nymphe avait un air abattu, mais son visage était si gracieux et si aimable, qu'elle inspirait une affection qui allait jusqu'à l'enthousiasme. Sa voix était lente et plaintive, mais d'une douceur inexprimable : elle se plaisait à passer des heures entières sur les bords de quelque ruisseau solitaire, en s'accompagnant avec son luth. Elle apprit aux hommes à pleurer, car elle goûtait un charme étrange dans les pleurs; et souvent, quand les jeunes filles du hameau s'assemblaient le soir pour se livrer à leurs jeux, elle se glissait parmi elles, et captivait leurs cœurs par ses récits pleins d'une touchante mélancolie. Elle portait sur sa tête une guirlande composée des myrtes de son père entrelacés avec les cyprès de sa mère.

Un jour que, plongée dans ses rêveries, elle était assise près des eaux de l'Hélicon, ses larmes tombèrent par hasard dans la source, et la fontaine des Muses a toujours conservé depuis un goût remarquable de ce mélange. La Pitié reçut de Jupiter l'ordre d'accompagner partout sa mère, pour verser son baume sur les plaies que fait la Tristesse, et pour guérir les cœurs qu'elle a blessés. Elle la suit avec sa chevelure flottante, son sein nu et palpitant, ses vêtements déchirés par les ronces, et ses pieds ensanglantés par les cailloux. Cette nymphe est mortelle comme sa mère : quand elle aura achevé sa carrière ici-bas, elles expireront ensemble; et l'Amour, au comble de ses vœux, sera enfin uni à la Joie, son immortelle épouse.

IV. Invocation à la Divinité.

Source de ma vie! auteur de mon être! permets à

ma faible voix de bégayer tes louanges ; souffre qu'en tremblant j'invoque avec une bouche mortelle ce nom sacré que célèbrent les harpes des séraphins. Hélas! devant toi les plus brillants séraphins ne peuvent que voiler leur face, trembler et adorer. Hommes, reptiles, anges, tous dans une sphère différente sont égaux à tes yeux, car ils ne sont rien en ta présence. La nature entière s'humilie devant le nom glorieux que proclament partout ses merveilles. Je sens que ce nom règne sur mes secrètes pensées, et répand dans mon sein une paix céleste; il apaise, comme par un charme puissant, les troubles de mon cœur, et enchaîne le cours de mes passions orageuses. A ton auguste aspect, toutes mes émotions cessent, et mon âme recueillie goûte un calme soudain : peu à peu tous les souvenirs terrestres expirent en moi, le monde avec ses pompes riantes s'évanouit à mes yeux, tous mes sens sont absorbés dans l'infini, et un vaste objet remplit seul ma vue éblouie.

Bientôt, hélas! ce calme divin est interrompu; mon âme se soumet au joug accoutumé; d'une aile débile elle s'efforce en vain de prendre l'essor, et retombe sur la fange de la terre. Mais Dieu, maître miséricordieux, aussi bon que juste, connaît notre fragilité, et se rappelle que l'homme est poussière. Sa pensée, qui surveille toujours notre âme, découvre nos premiers vœux pour un retour salutaire, observe à sa naissance chaque inspiration vertueuse, et son souffle ranime le flambeau mourant de nos espérances. Son oreille est attentive au plus faible cri, sa grace descend sur les yeux tournés vers le ciel; il entend le muet langage d'une larme; et les soupirs d'un cœur sincère sont un encens qui monte jusqu'à lui. Tels sont les vœux, tel est le sacrifice que je t'offre, ô mon Dieu! accepte mon hommage, et protège ta créature suppliante : délivre-moi de tous les liens terrestres, étouffe dans mon cœur les désirs qui ne sont pas pour toi, calme mes vaines inquiétudes par les promesses de la foi, et montre-moi le sentier qui conduit à une paix inaltérable.

Si la main caressante de la douce volupté me guide près de frais ruisseaux, dans des campagnes fleuries où tout est riant, paisible et serein, où les charmes du printemps embellissent l'aimable scène, apprends-moi à éviter le piège secret, et que ta voix murmure à mon cœur séduit : « Prends garde! » Que j'entende avec précaution les chants de la sirène, et que mon âme inquiète se réjouisse en tremblant. Si j'erre sans ami dans une vallée de larmes, où les ronces me déchirent, et où les épines embarrassent mes pas, que mon cœur soumis adore ta bonté, et se repose sur toi avec une ferme confiance. Puissé-je contempler d'un œil indifférent les caprices du destin, résigné à la mort ou à la vie, prêt à baiser ton sceptre ou ton glaive, sans jamais cesser de voir Dieu partout et tout en Dieu.

Je lis son auguste nom inscrit en lettres d'or sur la voûte étincelante du ciel; je vois aussi son chiffre mystérieux tracé sur chaque fleur, et gravé sur chaque arbre; sous chaque feuille qui frémit au souffle des vents j'entends la voix de Dieu dans la forêt. Avec toi je me promène sous l'ombrage solitaire, je m'entretiens avec toi dans le tumulte des cités; dans toutes les créatures je reconnais ton pouvoir souverain, et dans tous les évènements j'adore ta providence. Tes promesses relèveront mon courage abattu, ta loi me servira de guide, et la crainte de te déplaire me servira de frein. Ainsi je me reposerai à l'abri de toute alarme, tranquille dans tes bras, comme dans un temple, libre de soucis inquiets, de vaines terreurs, et je me sentirai fort de ta toute-puissance. Enfin, quand mon heure fatale, ma dernière heure s'approchera, et que la terre disparaîtra peu à peu à mes yeux languissants; lorsque, temblant sur le bord d'une mer inconnue, je tâcherai de découvrir l'autre rivage, apprends-moi à quitter cette vie passagère avec une joie modeste et un regard serein ; apprends-moi à placer sur le ciel mon ardent espoir, et, après avoir vécu pour toi, à mourir dans ton sein.

BARBIER D'AUCOUR (Jean), avocat au parlement, naquit à Langres, vers 1641, de parents pauvres. L'espoir de quelque avancement lui fit quitter le lieu de sa naissance dès l'âge de quatorze ans. Son premier asyle fut Dijon, où il fit sa philosophie, et fut admis chez M. Joly de Blaizy, président à mortier, moins en qualité de précepteur de ses enfants, qu'en celle de leur compagnon d'étude.

Après avoir passé deux ans à Dijon, il quitta

cette ville pour venir habiter Paris, où il espérait trouver quelque poste; mais, trompé dans son attente, il se mit répétiteur au collège de Lisieux, et se livra en même-temps à l'étude du droit.

Une aventure qui lui survint vers cette époque, et qui le brouilla avec les jésuites, donna naissance à ses premiers ouvrages, et décida probablement les opinions qu'il professa dans la suite, et le caractère de ses écrits.

Les jésuites avaient l'usage d'exposer, tous les ans, dans l'église de leur collège, des tableaux énigmatiques, qu'ils faisaient expliquer sur un théâtre fait exprès pour ce jour-là, et qui cachait le maître-autel. Ceux qui voulaient présenter leurs observations ne le pouvaient faire qu'en latin. En 1663, Barbier d'Aucour, assistant à l'explication de ces tableaux, voulut se mettre de la partie, et laissa échapper quelques mots peu décents, qui choquèrent le jésuite appelé à présider cet exercice. Averti par celui-ci de mesurer ses discours et de porter plus de respect au lieu sacré où il se trouvait, il répondit brusquement : « Si locus est sacrus, quare expo-« nitis? » Cette inadvertance excita la bruyante hilarité des auditeurs, et les écoliers répétèrent son barbarisme. La gravité des maîtres en fut dérangée, et Barbier d'Aucour en conserva le nom d'*Avocat sacrus*. Jamais il n'oublia cette mortification, et elle le domina tellement, que toute sa vie il chercha à faire sentir aux jésuites le souvenir qu'il en conservait. Pour première preuve de son ressentiment, il fit contre eux une satire en vers burlesques intitulée :

Onguent pour la brûlure, ou *secret pour empêcher les jésuites de brûler les livres*. Cette pièce, sans date, est du commencement de 1664. On l'accusa d'y avoir fait entrer des matières trop sérieuses pour trouver place dans le genre burlesque; aussitôt il travailla à son apologie : cette pièce est datée du 1er avril 1664, et porte ce titre : *Lettre d'un avocat à un de ses amis*. Dans cet écrit, l'auteur, tout en se justifiant sur ce qu'on lui imputait, trouve le moyen de lancer encore des attaques assez vives contre ses ennemis.

Barbier d'Aucour, après s'être fait recevoir avocat au parlement, commença à fréquenter le barreau; mais son malheur voulut encore qu'un accident fâcheux lui fermât cette nouvelle carrière. Ayant prononcé quelques lignes d'un discours qu'il avait préparé, il se laissa tellement intimider, qu'il lui fut impossible d'aller plus loin. Boileau, piqué de ce que Barbier d'Aucour avait écrit contre Racine, fit allusion à cette mésaventure, vers la fin de son *Lutrin*, lorsqu'il dit:

Le nouveau Cicéron, tremblant, décoloré,
Cherche en vain son discours sur sa langue égaré.

Depuis cet accident il ne voulut plus s'exposer à plaider, et il se contenta d'écrire dans les occasions d'éclat. Plus hardi la plume à la main, il montra que si sa mauvaise fortune pouvait être cause de sa timidité, elle ne pouvait du moins lui ravir son talent.

L'auteur de la *Bibliothèque janséniste* lui attribue cinq lettres écrites contre la signature du formulaire, sous le nom des *Chamillardes*, en 1665, et des *Gau-*

dinettes, en 1666; l'abbé d'Olivet n'en parle pas dans l'*Histoire de l'Académie*.

Lié avec messieurs de Port-Royal, il répondit à la lettre où Racine les attaqua; mais celui de ses ouvrages qui contribua le plus à sa réputation, fut les *Sentiments de Cléanthe sur les Entretiens d'Ariste et d'Eugène*, 1671, in-12. Cet écrit, où il critique le Père Bouhours avec beaucoup de goût et de talent, ne décrédita point l'ouvrage de celui-ci; mais il fit honneur à son auteur, et excita les craintes du Père Bouhours, qui voulut en empêcher la publication.

En 1677, Colbert le nomma précepteur d'un de ses fils, et lui donna, en 1680, une commission de contrôleur des bâtimens du roi. En 1683, l'Académie française lui ouvrit ses portes. Malheureusement la mort de Colbert mit fin à ce commencement de prospérité, et Barbier d'Aucour se retrouva à peu près dans le même état qu'auparavant. Sa détresse fut telle que, pour avoir de quoi subsister, il épousa la fille de son libraire, et s'acquitta ainsi avec lui. Il n'eut point d'enfants de ce mariage. Quelque temps avant sa mort, il était rentré au barreau, et avait défendu éloquemment le nommé Le Brun, accusé d'assassinat, dont il démontra l'innocence. Il mourut fort pauvre, le 13 septembre 1694.

JUGEMENT.

Les *Sentiments de Cléanthe* sont, je crois, après *les Provinciales*, qu'il suffit de nommer, le seul livre polémique qui ait assuré à son auteur une réputation qui a duré jusqu'à nous, et l'ouvrage en est digne : c'est, à très peu de chose près, ce que la critique littéraire a produit de meilleur dans le dernier siècle. Barbier d'Aucour n'est pas un de ces critiques comme il y en a tant, qui, ne sachant que reprendre des fautes faciles à apercevoir, montrent eux-mêmes fort peu d'esprit en attaquant celui d'autrui. Il a de la méthode, du sens et des principes. En indiquant l'erreur, il y substitue la vérité, il met le bon goût à la place du mauvais. En blâmant ce qu'on a fait, il montre ce qu'il faut faire; il pense juste, et il écrit bien; il varie son ton en proportion des objets, et sa plaisanterie est fine et décente, autant que sa raison est solide et lumineuse.

La Harpe, *Cours de Littérature.*

BARON (Michel), acteur et auteur, naquit à Paris en 1652. Son véritable nom était Boyron; mais Louis XIV l'ayant plusieurs fois appelé Baron, ce nom lui demeura. Il était fils d'un comédien qui périt par suite d'un accident singulier : en jouant le rôle du comte de Gormas, du *Cid*, dans la scène de la querelle avec don Diègue, il repoussa du pied l'épée de celui-ci, comme la situation l'indique ; par malheur, la pointe lui perça un doigt; il fit d'abord peu d'attention à cette blessure, la regardant comme légère ; mais elle s'envenima, la gangrène y survint, et le mal fut sans remède.

Baron entra de fort bonne heure dans la troupe que la Raisin, veuve d'un organiste de Troyes, avait formée de jeunes acteurs, sous la dénomination de *Comédiens de M. le Dauphin.* Molière distingua en lui les plus heureuses dispositions, se l'attira, et lui accorda son amitié. Ainsi que Molière, Baron a été comédien et auteur comique : c'est là le seul trait de comparaison entre eux ; il en ressort même une différence notable : Baron fut meilleur comédien que Molière ; mais Molière, auteur, ne connaît point de rivaux. Chez Molière, l'auteur a fait oublier le comédien ; chez Baron, au contraire, le comédien a fait oublier l'auteur.

Doué par la nature d'une physionomie noble et expressive, d'une taille avantageuse, qualités auxquelles il avait joint les ressources de l'art, Baron excellait également à jouer la comédie et la tragédie. Dans celle-ci notamment son jeu muet était admirable. Son visage retraçait, dit-on, tour-à-tour la pâleur et la rougeur, selon les diverses passions dont l'affectaient ses rôles. Nul doute qu'il n'ait puissamment contribué à faire valoir les mauvaises tragédies d'alors, que La Harpe nomme *des fadeurs dialoguées*, et qu'il n'ait fait lui-même le succès de ses propres ouvrages ; mais il était aussi propre à représenter dignement les héros de Racine et de Corneille, que les personnages comiques de Molière. Les chroniques du temps nous apprennent que l'élégance de ses manières donnait un grand prix au rôle de Moncade dans son *Homme à bonnes fortunes*. Cette comédie, assez médiocre d'ailleurs, est venue jusqu'à nous, grace au jeu mémorable de Fleury, en qui nous avons perdu le dernier modèle du ton aisé de l'ancienne cour. Racine avait une telle confiance dans le talent de Baron, que, lorsqu'il distribua aux comédiens les rôles d'*Andro-*

maque, et lorsqu'il eut donné des conseils détaillés à chacun d'eux sur la façon dont il voulait que la pièce fût jouée, se tournant vers Baron, il se contenta de lui dire : « Pour vous, Monsieur, je n'ai pas « d'instruction à vous donner ; votre cœur vous en « dira plus que mes leçons n'en pourraient faire « entendre. » Baron, en effet, conçut merveilleusement le rôle de Pyrrhus, qui fut pour lui un triomphe. Cet acteur célèbre, tout en connaissant mieux qu'un autre les règles scéniques, savait à propos s'affranchir de leurs entraves, et, sans les violer, se livrait souvent, et avec bonheur, à ses propres inspirations. « Les règles, disait-il, défendent d'élever les « bras au-dessus de la tête ; mais, si la passion les y « porte, ils feront bien : la passion en sait plus que « les règles. » Il faut convenir que depuis on a étrangement abusé de cette latitude.

Les talents des acteurs sont malheureusement fugitifs comme la parole : leur réputation ne se transmet que par des traditions altérées ; le temps l'affaiblit ou l'augmente, suivant la faveur plus ou moins grande des circonstances ; et, bien que l'enthousiasme des comtemporains ait décerné à Baron le titre de *Roscius moderne*, ce titre a peut-être été mieux mérité depuis lui. La manière même de cet acteur devait l'entraîner dans des écarts. Effectivement, la passion, pour plaire au théâtre, a besoin d'être constamment subordonnée aux lois de l'art et du goût, sous peine de dégénérer en un dévergondage de l'imagination. Baron dut avoir les défauts de ses qualités ; il en eut d'autres encore, et La Bruyère

nous en fait connaître un : « Roscius, dit-il, entre
« sur la scène de bonne grace : oui, et j'ajoute qu'il
« a les jambes bien tournées qu'il joue bien, et
« de longs rôles; et pour déclamer parfaitement, il
« ne lui manque, comme on le dit, que de parler
« avec la bouche.» (La Bruyère, *Caractères*, chap. III.)
Cela laisse à penser, ou que Baron avait un vice
de prononciation, ou que son organe était peu sonore, ou enfin qu'il donnait à sa voix des inflexions
affectées.

Infatué de son art, qui le faisait rechercher de la
cour et de la ville, et qui, si l'on en croit encore
La Bruyère (chap. I et III), en fit l'original de son
Homme à bonnes fortunes, Baron s'était gonflé
d'un amour-propre qui s'exhalait parfois en propos
ridicules. Il disait, dans ses accès de vanité, que « la
« nature donne un César tous les cent ans, et qu'il
« en faut deux mille pour produire un Baron; qu'il
« faudrait qu'un comédien fût élevé sur les genoux
« des reines. » Il se plaignait un jour au marquis
de Biron de ce que les gens de ce seigneur avaient
insulté les siens : « Que veux-tu que je te dise, mon
« pauvre Baron, lui répondit le marquis, pourquoi
« as-tu des gens ? »

Baron quitta le théâtre, en 1691, par le rôle de
Ladislas, de *Venceslas*, qu'il joua, d'une manière
inimitable, devant la cour, à Fontainebleau. Le roi
le gratifia d'une pension de mille écus. Après trente
ans de vie privée, ayant dérangé sa fortune, il se
vit contraint de reprendre son ancienne profession. Il reparut sur la scène, en 1720, dans *Cinna*.

Sa seconde retraite eut lieu comme la première par le rôle de Ladislas, et fut déterminée par un grave incident. Il était depuis quelque temps oppressé par un asthme; parvenu à ce vers,

Si proche du cercueil où je me vois descendre,

Il ne put aller plus loin, et fut obligé de rentrer dans les coulisses, où les applaudissements du parterre le suivirent pendant plusieurs minutes. Baron est mort le 22 décembre 1729, âgé de soixante-dix-sept ans. J. B. Rousseau lui a consacré ces vers :

Du vrai, du pathétique il a fixé le ton :
De son art enchanteur l'illusion divine
Prêtait un nouveau lustre aux beautés de Racine,
Un voile aux défauts de Pradon.

Comme auteur, Baron se présente avec sept comédies, tant en prose qu'en vers, savoir: *le Jaloux*, *la Coquette*, *le Coquet trompé*, *les Enlèvements*, *l'Homme à bonnes fortunes*, *l'Andrienne* et *les Adelphes*. Ces deux dernières, imitées de Térence, ont été attribuées au Père La Rue, jésuite. Les Œuvres de Baron ont été rassemblées, en 1760, en trois volumes in-12. Indépendamment de ses pièces de théâtre, on y trouve quelques poésies médiocres. Baron a en outre fourni des *Mémoires* pour la vie de Molière.

H. Lemonnier.

JUGEMENTS.

I.

Ce n'est point assez que les mœurs du théâtre ne soient point mauvaises, il faut encore qu'elles soient décentes et instructives..... C'est le propre de l'efféminé (l'Homme à bonnes fortunes) de se lever tard, de passer une partie du jour à sa toilette, de se voir au miroir, de se parfumer, de se mettre des mouches, de recevoir des billets et d'y faire réponse : mettez ce rôle sur la scène ; plus long-temps vous le ferez durer un acte, deux actes, plus il sera naturel et conforme à son original, mais plus aussi il sera froid et insipide.

La Bruyère, *Caractères*, chap. I.

II.

Baron, ou plutôt, à ce que l'on croit, le père La Rue, sous son nom, transporta sur la scène française la meilleure des pièces de Térence, *l'Andrienne*. Il a fidèlement suivi l'original latin dans l'intrigue, qui a de l'intérêt, mais nullement dans la diction dont il est bien éloigné d'avoir la pureté, la grace et la finesse. Le dénouement est comme celui de presque toutes les comédies de Térence, une reconnaissance de roman, mais cependant mieux amenée que celle de *l'Eunuque*, du même auteur, que Brueys a conservée dans *le Muet*. On dispute aussi à Baron *l'Homme à bonnes fortunes*, mais avec moins de vraisemblance. Cette pièce, fort médiocre, ne demandait aucune connaissance des anciens, et Baron pouvait être l'original de Moncade, fat assez commun, que quelques femmes ont gâté, et qu'un valet copie à sa manière. La prose en est très négligée ; c'est une de ces pièces dont le jeu des acteurs fait le principal mérite ; que l'on va voir quelquefois, et qu'on ne lit point. On a voulu remettre, il y a quelque temps, *la Coquette*, du même auteur, très mauvais ouvrage qui n'a eu aucun succès.

La Harpe, *Cours de Littérature.*

III.

On a de lui quelques comédies qu'on revoit encore avec plaisir, quoiqu'elles ne lui assignent aucun caractère parmi les auteurs comiques. Il a traduit *l'Andrienne* de Térence, d'une manière faible et sans élégance. Cette pièce subsiste cependant par la vérité des caractères et par le génie de l'original, qui se fait encore sentir à travers la médiocrité de la traduction. Il a peint avec assez de succès le manège des coquettes et le ridicule de l'homme à bonnes fortunes, parce qu'il l'avait été lui-même.

Palissot, *Mémoires sur la Littérature.*

BARREAU. C'est le lieu où l'on plaide devant les juges; et le genre de style ou d'éloquence en usage dans la plaidoirie, s'appelle style du barreau, éloquence du barreau.

On a souvent confondu, en parlant des anciens, le barreau avec la tribune, et les avocats avec les orateurs, sans doute à cause que l'un de ces emplois menait à l'autre, et que bien souvent le même homme les exerçait à la fois.

Il y avait à Athènes trois sortes de tribunaux: celui de l'Aréopage, qui ne jugeait qu'au criminel, et d'où l'éloquence pathétique était bannie; celui des juges particuliers, devant lesquels se plaidaient les causes qui n'étaient pas capitales; et celui du peuple, auquel on déférait une loi qu'on croyait mauvaise, et qui avait droit de l'abroger. Les deux premiers de ces tribunaux répondaient à notre barreau; le dernier répondait au *Forum* ou à la tribune romaine. Il y avait de plus les assemblées publiques, où le peuple et le sénat siégeaient ensemble, et dans lesquelles s'agitaient les affaires d'état. Démosthène nous a décrit la forme de ces assemblées, que les *prytanes*, ou les chefs du sénat, avaient seuls droit de convoquer, et auxquelles le peuple présidait par tribus. (*Voyez* DÉLIBÉRATIF.)

Tant que Rome fut libre, le *Forum*, où le peuple était juge, fut le tribunal suprême. Le tribunal des préteurs, celui des censeurs, celui des chevaliers, celui du sénat même était subordonné à celui du peuple. Mais depuis César, et sous les empereurs, toutes les grandes causes furent attribuées au sénat; l'autorité des préteurs s'accrut; celle du peuple fut anéantie; et l'éloquence de la tribune périt avec la liberté.

Ainsi, dans Rome et dans Athènes, tantôt les causes se plaidaient devant les juges, esclaves de la loi; tantôt devant le législateur, qui avait le droit d'abroger la loi, de l'adoucir, de la changer, de la laisser dormir, de lui imposer silence, en un mot, de mettre sa volonté à la place de la loi même. Voilà ce qui distingue essentiellement le barreau d'avec la tribune. (*Voyez* ORATEUR.)

Autant les fonctions de l'orateur étaient en honneur dans Athènes et dans Rome, autant la profession d'avocat y fut avilie par la vénalité, la corruption et la mauvaise foi. Démosthène, qui l'avait exercée, se vantait d'avoir reçu cinq talents pour se taire dans une cause où sans doute on appréhendait qu'il ne parlât; et, comme il s'était fait payer son silence, on juge bien que lui et ses pareils faisaient encore mieux acheter leur voix. « Rien ne fut plus vénal « dans Rome, dit Tacite, que la perfidie des avo- « cats. » (*Annal*, XI, 5)

Chez nos bons aïeux, lorsque tous les crimes étaient taxés, que pour cent sous on pouvait couper le nez ou l'oreille à un homme, ce beau tarif, appuyé de la preuve, ou par témoin, ou par serment, ou par le sort des armes, avait peu besoin d'avocats. Les lois romaines introduites les rendirent plus nécessaires. Mais le barreau ne prit une forme raisonnable et décente que dans le XIVe siècle, lorsque le parlement, devenu sédentaire sous Philippe-le-Bel, fut le refuge de l'innocence et de la faiblesse, si long-temps opprimées aux tribunaux militaires et barbares des grands vassaux.

L'usage de faire parler pour soi un homme plus instruit, plus habile que soi, a dû s'introduire partout où la raison et la justice ont pu se faire entendre. Mais cette institution avait un vice radical, d'où sont dérivés tous les vices de l'éloquence du barreau. L'avocat, en plaidant une cause qui n'est pas la sienne, joue un rôle qui n'est pas le sien : voilà pourquoi, si l'on en croit Aristophane, Cicéron, Pétrone, Quintilien, la déclamation a été dans tous les temps le caractère dominant de l'éloquence du barreau. (*Voyez* déclamation.)

Si les plaideurs étaient leurs avocats eux-mêmes, ils exposeraient les faits avec simplicité; ils diraient leurs raisons sans emphase; et s'ils employaient les mouvements d'une éloquence passionnée, ces mouvements seraient placés, et seraient au moins pardonnables.

Mais un avocat, revêtu du personnage du plaideur, a besoin d'un talent très rare, pour le remplir avec bienséance, avec force, avec dignité; et lorsque ce talent lui manque, il met à la place de la vraie éloquence une déclamation factice, tantôt ridicule par l'abus de l'esprit et par l'enflure des paroles, tantôt révoltante par son impudence, tantôt criminelle par ses artifices ou par ses odieux excès.

Quand c'est par vanité que l'orateur, dans une cause qui ne demande que de la raison, de la clarté, de la méthode, cherche à répandre les fleurs d'une rhétorique étudiée, il n'est que vain et ridicule; et s'il est jeune, on pardonne à son âge. Mais lorsqu'oubliant son caractère, il prend le rôle de bouffon, et, par des railleries indécentes, cherche à faire rire ses juges, il se dégrade et s'avilit.

Lorsque dans une cause qui, de sa nature, ne peut exciter aucun des mouvements de l'éloquence véhémente, il se bat les flancs pour paraître ému et pour émouvoir, qu'il emploie de grands mots pour exprimer de petites choses, et qu'il prodigue les figures les plus hardies et les plus fortes pour un sujet simple et commun (ce que Montaigne appelle *faire de grands souliers pour de petits pieds*), il n'est n'est qu'un charlatan et un mauvais déclamateur. Mais lorsqu'il se met à la place d'un plaideur outré de colère, et qu'il vomit pour lui tout ce que la vengeance, la haine envenimée peut avoir de noirceur et de malignité ; qu'il déshonore un homme, une famille entière, sous le prétexte, souvent léger, que sa cause l'y autorise, il est l'esclave des passions d'autrui, le plus lâche des complaisants, et le plus vil des mercenaires. Cette licence, trop long-temps effrénée, a été la honte de l'ancien barreau, quelquefois l'opprobre du barreau moderne ; et quoique en général l'honnêteté soit l'âme de l'ordre des avocats, ils n'ont peut-être pas été assez sévères à réprimer un abus si criant.

« Cet ordre aussi ancien que la magistrature,
« aussi noble que la vertu, aussi nécessaire que la
« justice (c'est M. d'Aguesseau qui parle, Ier *Dis-*
« *cours*), où l'homme, unique auteur de son éléva-
« tion, tient les autres hommes dans la dépendance
« de ses lumières, et les force de rendre hommage
« à la seule supériorité de son génie, heureux de
« ne devoir ni les dignités aux richesses, ni la gloire
« aux dignités*, ne doit rien souffrir qui profane un
« caractère si sacré. »

Qu'un avocat soit pénétré de la sainteté de ses fonctions, il commencera par ne se charger que de la cause qu'il croira juste ; alors, écartant l'artifice, il armera la vérité de tous les traits de force et de lumière qui peuvent frapper les esprits, il dédaignera les ornements puérils et ambitieux ; il parlera

---

* Le passage de d'Aguesseau est ici un peu altéré. F.

avec le sérieux de la décence et de la bonne foi ; et s'il se permet l'ironie, ce ne sera que d'un ton sévère et pour attacher le mépris à ce qui le doit inspirer : son respect pour les lois se communiquera aux juges, et leur rappellera, s'ils peuvent l'oublier, la dignité de leurs fonctions : ce même respect se répandra dans l'assemblée des auditeurs ; il les avertira, comme a fait de nos jours l'un de nos avocats les plus célèbres, que le barreau n'est pas un théâtre, ni l'orateur un comédien ; et qu'une cause, où il s'agit de décider ce qui est juste, est profanée par des applaudissements réservés à ce qui n'est qu'ingénieux.

Avouons, cependant, ce que M. d'Aguesseau n'a pas craint d'avouer, que les juges sont des hommes, et que la vérité n'est pas assez sûre d'elle-même avec eux, pour dédaigner les ornements de l'art. « Sa
« première vertu, dit-il, en parlant de l'avocat, est
« de connaître les défauts des autres (et c'est de
« ses juges qu'il parle); sa sagesse consiste à dé-
« couvrir leurs passions, et sa force à savoir profiter
« de leur faiblesse. Les âmes les plus rebelles, les
« esprits les plus opiniâtres, sur lesquels la raison
« n'avait point de prise, et qui résistaient à l'évidence
« même, se laissent entraîner par l'attrait de la per-
« suasion ; la passion triomphe de ceux que la raison
« n'avait pu dompter; leur voix se mêle à celles des
« génies supérieurs ; les uns suivent volontairement
« la lumière que l'orateur leur présente ; les autres
« sont enlevés par un charme secret dont ils éprou-
« vent la force sans en connaître la cause ; tous les
« esprits convaincus, tous les cœurs persuadés

« paient également à l'orateur ce tribut d'amour
« et d'admiration, qui n'est dû qu'à celui que la
« connaissance de l'homme élève au plus haut degré
« d'éloquence.»(*IIe Discours.*)

Voilà les excuses dont s'autorise l'éloquence artificieuse et passionnée.

Malheur au peuple chez lequel cette éloquence a de fréquentes occasions de se signaler! cela prouve qu'il est gouverné, non par les lois, mais par les hommes; cela prouve que les affections personnelles, plus que la raison publique, décident des résolutions et des jugements du tribunal qui gouverne ou qui juge; cela prouve que la multitude elle-même a besoin d'être poussée par le vent des passions; et partout où ce vent domine, les naufrages seront fréquents pour l'innocence et pour l'équité.

Mais enfin, lorsque la constitution d'un état, ou sa condition est telle, que le juge a droit de prononcer d'après son affection personnelle, que l'éloquence a le malheur de s'adresser à une volonté arbitraire, ou que, par la nature de l'objet, le juge est réellement libre; l'éloquence alors ne demandant à l'homme que ce qui dépend de son choix, elle a droit de mettre en usage tout ce qui peut l'intéresser. Socrate, cité devant l'Aréopage, s'interdit tous les artifices de l'éloquence pathétique : l'Aréopage n'était que juge; ç'eût été vouloir le corrompre, que de lui parler le langage des passions. Encore la sévérité de Socrate fut-elle déplacée, puisqu'elle fit commettre aux juges le crime irrémissible de sa condamnation. (*Voyez* PATHÉTIQUE.) Mais Démosthène, pour entraîner la volonté d'un peuple libre, pouvait employer le reproche, la menace, la plainte, intéresser l'orgueil, jeter la honte et l'épouvante dans l'âme des Athéniens ; de même Cicéron, soit qu'il parlât au peuple, ou au sénat, ou à César lui-même, pouvait exciter à son gré la colère et l'indignation, la compassion et la clémence. Ainsi, la tyrannie et la liberté ouvrent également un champ libre à l'éloquence pathétique. De même enfin nos orateurs chrétiens, ayant à persuader aux hommes, non-seulement la vérité, mais aussi la bonté, peuvent pour attendrir, pour élever les âmes, employer les grands mouvements d'une éloquence véhémente et sublime.

« Il arrive souvent, dit Plutarque, que les pas-
« sions secondent la raison et servent à roidir les
« vertus, comme l'ire modérée sert la vaillance, la
« haine des méchants sert la justice, l'indignation à
« l'encontre de ceux qui sont indignement heureux :
« car leur cœur élevé de folle arrogance et insolence,
« à cause de leur prospérité, a besoin d'être répri-
« mé ; et il n'y a personne qui voulût, encore qu'il le
« pût faire, séparer l'indulgence de la vraie amitié;
« ou l'humanité de la miséricorde ; ni le participer
« aux joies et aux douceurs de la vraie bienveillance
« et dilection.» Ainsi, selon Plutarque, l'éloquence, qu'il fait consister à provoquer la passion où elle est, à la mêler où elle n'est pas, à mettre la sensibilité en jeu à la place de l'entendement, et la volonté à la place de la raison et du jugement, peut trouver dans l'école d'un philosophe, ou dans les assemblées d'un peuple libre, à s'exercer utilement.

Mais au barreau il n'en est pas ainsi. Le juge ne porte point à l'audience une âme libre : il n'y est que l'organe des lois ; et les lois ne connaissent ni l'amour, ni la haine, ni la crainte, ni la pitié. Si le juge a reçu de la nature un cœur sensible, un naturel passionné, c'est un ennemi de l'équité qui le suit à l'audience, et qu'il serait à souhaiter qu'il pût laisser à la porte du sanctuaire des lois.

Dans l'Aréopage, nous dit Aristote, on défendait aux orateurs de rien dire de pathétique et qui pût émouvoir les juges : un orateur qui eût parlé à l'âme, intéressé les passions, en eût été chassé comme un vil corrupteur. Cependant l'exemple de Phryné fait bien voir qu'on n'était pas toujours aussi sévère ; et Socrate, dans son apologie, n'eût pas eu besoin de dire à ses juges qu'il n'emploierait aucun moyen de les toucher, si ces moyens lui avaient été rigoureusement interdits.

Lorsqu'on voit paraître au barreau cette enchanteresse publique, cette éloquence *piperesse*, comme l'appelle Montaigne, on croit revoir Phryné devoilée par Hypéride aux yeux de ses juges. Que leur demandez-vous ? d'être justes ? de prononcer comme la loi ? Vous n'avez pas besoin d'intéresser leurs passions : le cœur que vous voulez toucher doit être immobile et muet. Il en est donc de l'éloquence pathétique comme des sollicitations ; et si l'orateur ne veut pas se dégrader lui-même et offenser les juges, en employant, pour les gagner, les manèges honteux d'une éloquence corruptrice, il ne plaidera devant ceux qui doivent être la loi vivante, que comme il plaiderait devant la loi, si, telle que l'imagination se la peint, incorruptible et inaltérable, elle résidait dans son temple. Or, on voit bien qu'il serait absurde d'employer devant elle les mouvements passionnés.

Le principe de l'éloquence du barreau est donc que le juge a besoin d'être éclairé, non d'être ému.

Cette règle a pourtant quelques exceptions. La première, lorsqu'il s'agit d'apprécier la moralité des actions, d'en estimer le tort, l'injure, le dommage, de déterminer leur degré d'iniquité ou de malice, et de décider à quel point elles sont dignes devant la loi de sévérité ou d'indulgence, de châtiment ou de pardon. Dans ces causes, la loi, qui n'a pu tout prévoir, laisse l'homme juge de l'homme; et les faits étant du ressort du sentiment, le cœur doit les juger. Alors il est permis, sans doute, à l'orateur de parler au cœur son langage; de solliciter la pitié en faveur de ce qui en est digne, l'indulgence en faveur de la fragilité; de faire servir la faiblesse d'excuse à la faiblesse même, et l'attrait naturel d'une passion douce, d'excuse à ses égarements; et, au contraire, de présenter les faits odieux dans toute la noirceur qui les caractérise; de développer les replis de l'artifice et du mensonge; de peindre sans ménagement la fraude ou l'usurpation, l'âme d'un fourbe démasqué, ou d'un scélérat confondu.

Mais alors même, en tirant de sa cause les preuves, les moyens pressants, qui la rendent victorieuse, on doit éviter le ridicule d'en exagérer l'importance, et d'y employer des mouvements outrés, ou des secours empruntés de trop loin.

Lisez dans le plaidoyer de Le Maître, *pour une fille désavouée*, le parallèle d'Andromaque avec Marie Cognot. Dans le plaidoyer de ce même avocat pour une servante séduite par un clerc, parce que le clerc a voulu se piquer avec son canif pour signer de son sang une promesse de mariage, vous attendez-vous à le voir comparer à Catilina, qui fit boire du sang humain à ses complices?

Mais que Le Maître se réduise aux moyens propres à sa cause, vous allez voir comme il est éloquent.

Une femme qui, dans sa servante, cachait sa fille, la désavoue; mais il lui est échappé de dire qu'*elle voudrait que ce fût sa fille*, et qu'*elle se propose de lui faire du bien*.

Qu'ici l'on se demande quelle induction l'avocat de la fille a pu tirer de ces paroles; et, après y avoir bien pensé, on sera étonné encore de l'éloquence de Le Maître dans cet endroit de son plaidoyer. « Quoi, dit-il à la mère, serait-il bien possible
« que vous désirassiez d'avoir pour fille celle qui
« vous aurait accusée de désavouer votre fille? dé-
« sireriez-vous d'avoir donné la vie à celle qui aurait
« voulu vous ôter l'honneur; et d'être mère d'une
« personne qui aurait voulu vous rendre odieuse à
« toutes les mères? Désireriez-vous que Dieu eût
« béni votre mariage, de la naissance d'une créature
« à qui vous auriez sujet de désirer toutes les ma-
« lédictions du monde? Désireriez-vous d'avoir en-
« fanté un monstre d'imposture, et qui aurait voulu
« vous faire passer pour un monstre d'inhumanité?
« Mais vous n'avez pas dit seulement que *vous dé-*

« *sireriez qu'elle fût votre fille;* vous avez encore
« ajouté, dans votre interrogatoire, que *vous lui*
« *aviez toujours promis de la récompenser en mou-*
« *rant....* De récompenser! qui? une personne, la-
« quelle, à votre compte, vous a des obligations in-
« finies, envers qui vous avez été plutôt magnifique
« que libérale.... Mais quoi! vous lui réservez encore,
« dites-vous, *votre bonne volonté!* Et ne l'avez-vous
« point perdue après ce qui s'est passé, entre vous
« deux, devant la justice? Sans doute vous aviez
« oublié, lorsqu'on vous interrogea, qu'elle vous
« accusait de désavouer votre fille. Car si vous vous
« en fussiez souvenue, vous n'auriez eu garde de dire
« *que vous lui réserviez votre bonne volonté.* Vous
« croyiez être encore en particulier avec elle, et non
« pas en la présence d'un juge. Vous parliez comme
« sa mère, sans penser que vous étiez sa partie.
« Rendez les armes en cet endroit à la force de la
« vérité. Quoi, vous voulez encore du bien à celle
« que vous croyez vous accuser à tort d'une bar-
« barie honteuse à notre siècle et injurieuse à la
« nature! elle serait digne d'un supplice très rigou-
« reux; et vous la jugez digne de recevoir de nouvelles
« gratifications de vous! Elle aurait mérité la haine
« de tout le monde; et vous lui renouvelez encore les
« assurances de votre affection! C'est, dites-vous
« maintenant, la plus ingrate servante de la terre;
« et toutefois vous désireriez qu'elle fût votre fille!
« C'est tout le mal que vous lui souhaitez! C'est la
« plus grande de vos ennemies; et, nonobstant cela,
« vous lui promettez de la récompenser à la mort!

« Ce sont les seules menaces que vous lui faites!
« C'est la plus infâme calomniatrice qui fût jamais;
« et toutefois vous lui réservez votre bonne volonté!
« C'est toute la vengeance que vous voulez prendre
« d'elle! Croyez-vous, l'appelante, que désavouer
« sa fille, soit une si petite faute qu'elle ne doive
« pas mettre en colère une femme qu'on en accuse
« faussement? Que si vous jugez cette faute aussi
« grande que tout le monde l'estime, comment, lors-
« qu'on vous interrogea, n'aviez-vous point les
« plaintes dans la bouche, le feu dans les yeux, le
« dépit dans le cœur, la colère sur le visage? Vos
« pensées devaient-elles avoir d'autre objet que la
« grandeur de son imposture? Vos paroles devaient-
« elles être autre chose que des menaces contre elle,
« et vos actions que des mouvements violents de
« cette juste indignation qui accompagne toujours
« l'innocence injustement accusée? »

Je ne crois pas que dans ce qui nous reste de l'ancienne éloquence, il y ait rien de plus pressant; et c'est là que l'on voit par quels tours, par quels mouvements, par quelles gradations de force et de chaleur une petite cause peut s'élever au ton de la haute éloquence.

Dès que Patru a lié l'intérêt d'un gradué avec celui de toutes les provinces réunies à la monarchie; que c'est un point de droit public qu'il est question de décider; et que d'un bénéfice de quarante écus, il a fait la cause du concordat, celle des lettres et des sciences, celle des libertés de l'Église, celle des peuples et des rois; qu'il fasse paraître l'université aux pieds du grand conseil, implorant l'appui du monarque en faveur de ses droits usurpés par la cour de Rome; qu'à propos de cette usurpation, il compare la mauvaise foi de la Daterie à celle des Carthaginois; qu'il compare le sophisme des papes à l'égard de la Bresce, à celui d'Annibal à l'égard de Sagunte; qu'il ajoute enfin que Rome la moderne n'a pour toutes armes, dans cette cause qu'un mauvais artifice, que la vieille Rome, Rome la sage, la vertueuse, a si hautement condamné; cela est d'autant plus excusable, que c'est devant le grand conseil, et comme en présence du roi, qu'il plaide, et qu'il dépend du souverain, dans cette cause de se relâcher de ses droits, ou de les conserver dans leur intégrité.

Une autre espèce de causes où l'éloquence pathétique peut avoir lieu, c'est lorsque le droit incertain laisse, pour ainsi dire, en équilibre la balance de la justice, et qu'il s'agit de l'incliner du côté qui naturellement mérite le plus de faveur. C'est ce que les jurisconsultes appellent *causes d'amis*, causes fréquentes, s'il faut les en croire; ce qui ne ferait pas l'éloge de nos lois.

Il semble, quand la loi se tait, que le juge devrait se taire et recourir au législateur. Il semble au moins que c'est à la raison tranquille, et non pas à la passion, de parler pour la loi, qui n'est jamais passionnée. Mais l'équité naturelle a aussi bien pour guide le sentiment que la raison; et, dans les cas où la raison seule ne peut décider du bon droit, on en appelle au sentiment; circonstance qui donne lieu à l'éloquence pathétique. C'est ainsi que, dans la cause des Pères Mathurins, Patru, ayant rendu au moins douteuse la clause de l'acte qui faisait leur titre, et réduit les juges à ne savoir que penser de la volonté du donateur, mit à leurs pieds les malheureux captifs, à la rédemption desquels était destinée la modique somme qu'on leur disputait sur une équivoque de mots, et fit regarder le jugement qu'on allait rendre comme devant jeter le désespoir, ou porter la consolation, l'espérance et la joie dans les cachots de Tunis et d'Alger : moyen forcé, mais légitime, dans un moment où il était permis d'émouvoir la compassion.

On voit par là que, s'il est souvent ridicule, souvent même indécent, d'employer au barreau l'éloquence des passions, il est quelquefois juste et bon d'y avoir recours; qu'il est du moins permis d'animer la raison, et de donner à la vérité cette chaleur pénétrante, sans laquelle on n'obtient qu'une attention trop légère. Nous l'avons dit, les juges sont des hommes : l'indifférence personnelle que l'équité demande, les rend elle-même distraits, dissipés, sujets à l'ennui; et lorsque, pour les attacher, l'avocat ne fait qu'employer les mouvements naturels à sa cause, pourvu qu'il se rende à lui-même le témoignage bien sincère que c'est la vérité qu'il veut persuader, il peut la rendre intéressante, sans pour cela s'exposer au reproche d'employer la séduction. « Si l'on ôte les passions, dit Plutarque, en parlant « de l'éloquence, on trouvera que la raison, en « plusieurs choses, demeurera trop lâche et trop

« molle, sans action, ni plus ni moins qu'un vais-
« seau branlant en mer quand le vent lui défaut. »

Une des causes de la corruption de l'éloquence du barreau, c'est que l'audience est publique, et qu'il y a deux sortes de juges, le tribunal et les auditeurs. « Je veux forcer, vous dit l'avocat, le
« tribunal à être juste, et mettre de mon côté, dans
« la balance, l'opinion du public; or, c'est plutôt
« par sentiment que par raison que le public se dé-
« termine; il est donc de mon intérêt de l'émouvoir
« par de fortes impressions ». Ainsi, c'est par un juge ivre et passionné que vous voulez entraîner l'autre. Voilà réellement le grand danger de l'audience : mais si elle a cet inconvénient, elle a aussi son avantage; et ce roi de Macédoine, Antigone, l'avait bien senti, lorsque son frère lui ayant demandé de juger son procès à huis-clos, il lui répondit: « Non, jugeons au milieu de la place, si nous vou-
« lons ne faire tort à personne. » C'était avouer à la fois que le respect du public était un frein pour le juge, et que le juge en avait besoin.

Pline le jeune, dans une de ses lettres à Corneille-Tacite, examine cette question, si dans l'éloquence du barreau la brièveté est préférable à l'abondance; et il se déclare pour celle-ci. « Il arrive, dit-il,
« assez souvent que l'abondance des paroles ajoute
« une nouvelle force et comme un nouveau poids
« aux idées qu'elles forment. Nos pensées entrent
« dans l'esprit des autres, comme le fer entre dans
« un corps solide : un seul coup ne suffit pas, il faut
« redoubler. » Cela justifie en effet l'abondance me-

surée, mais non pas la profusion et l'intarissable loquacité qui semble être aujourd'hui l'attribut de l'éloquence du barreau. On tire au volume, non pas pour la raison qu'en donne Pline, qu'*il en est d'un bon livre comme de tout autre chose*, et que *plus il est grand, meilleur il est*; mais parce que les plaideurs, dit-on, mesurent le prix du plaidoyer à son étendue et à sa durée. Misérable motif pour noyer, dans un déluge de paroles, une cause dont la bonté, pour être visible et palpable, n'aurait besoin le plus souvent que d'être exposée en peu de mots!

Une autre cause que Pline allègue, et qui revient à la réponse que l'avocat Dumont fit à M. de Harlay, c'est que parmi les juges, les uns sont frappés des bonnes raisons, les autres des mauvaises, et que tous les moyens trouvant leur place, il n'en faut négliger aucun. Mais cette méthode est-elle sûre? est-elle honnête et permise? L'un et l'autre est au moins douteux.

Quand de mauvais moyens trouveraient quelquefois leur place, il y a peut-être moins d'avantage que de risque à les employer. Ils sont faciles à détruire; et donnant prise à la réplique, ils laissent un grand avantage à un adversaire éloquent. De plus, les mauvaises raisons ont l'inconvénient de noyer les bonnes et de les affaiblir en s'y mêlant. Un moyen faible ou équivoque, donné pour décisif et pour victorieux, si le juge en sent la faiblesse, lui rend suspect ou le bon sens, ou la bonne foi du sophiste, l'indispose contre celui qui l'a cru assez simple pour s'y laisser tromper, fait perdre à ses bonnes raisons leur autorité naturelle, et fait mal présumer d'une cause où l'on se voit réduit à de pareils secours. Aussi, pour une fois qu'un adversaire négligent ou mal adroit aura laissé passer un moyen faux sans le détruire, ou qu'un juge ébloui s'y sera laissé prendre, il doit arriver mille fois que la fausseté du moyen soit reconnue, et qu'il nuise à la cause pour laquelle il est employé.

Dans les dialogues de Cicéron *sur l'Orateur*, Antoine ne balance pas à décider que, parmi les moyens que présente une cause, il faut choisir avec soin les meilleurs et les plus forts, négliger les plus faibles, et ne jamais employer les mauvais. (*Voyez* PREUVE.)

Mais quand la méthode contraire serait aussi prudente qu'elle l'est peu, la croirait-on bien légitime? « La vérité qui est naturellement généreuse, dit « LeMaître, inspire des sentiments trop nobles pour « se servir d'autres moyens que ceux qui sont hon- « nêtes : » or, le mensonge ne l'est pas; et un sophisme, connu pour tel par celui qui l'emploie, est un mensonge artificieux, c'est-à-dire une double fraude.

« Qu'importe, dira-t-on, si ma cause est bonne, « par quels moyens je la fais réussir? Tout est juste « pour la justice. Le mensonge même est permis en « faveur de la vérité. Est-ce la faute de l'avocat s'il « a pour juges des hommes que la droite raison, « que la vérité simple ne peut persuader, et dont « l'esprit faux n'est frappé que des fausses lueurs « d'un sophisme? Mon devoir est de gagner ma cause

« dès que moi-même je la crois bonne; et, pourvu
« que j'arrive au but, il est indifférent que j'aie pris
« le droit chemin, ou le détour. »

C'est là sans doute ce qu'on peut alléguer de plus favorable aux artifices de l'éloquence. Mais, dans cette supposition même que de faux moyens sont nécessaires pour persuader des esprits faux, et qu'il en est de tels parmi les juges, il y aura toujours de la mauvaise foi à donner de la valeur à ce qui n'en a point; et le sophisme n'en est pas moins la fausse monnaie de l'éloquence. C'est au juge de savoir discerner le vrai, c'est à l'avocat de le dire : il est un faussaire, s'il le déguise; un fourbe, s'il donne au mensonge les couleurs de la vérité.

De la doctrine de Plutarque, qui permet d'employer l'éloquence des passions, et de celle de Pline, qui consent qu'on emploie tous les moyens bons ou mauvais, on semble s'être fait au barreau un système de probabilisme tout-à-fait commode pour la mauvaise foi des plaideurs. « Vous vous êtes chargé là
« d'une bien mauvaise cause, disait un juge à un avo-
« cat célèbre! J'en ai tant perdu de bonnes, répondit
« l'avocat, que j'ai pris le parti de les plaider sans
« choix et telles qu'elles se présentent. »

Ce n'est donc pas à la bonté réelle et absolue d'une cause, mais à sa bonté apparente et relative à l'esprit des juges, qu'on voit si l'on peut s'en charger; et ceci est bien plus à la honte de la jurisprudence qu'à la honte du barreau.

Ne serait-il pas effroyable que l'incertitude, ou plutôt la contrariété constante des jugements, fût si bien reconnue, qu'un habile avocat pût dire avec assurance : telle cause que j'ai perdue à ce tribunal je vais la gagner à cet autre? Est-il croyable qu'on ait laissé les lois dans cet état d'avilissement? et des juges qui n'ont aucun intérêt de compliquer, d'accumuler, de perpétuer les procès, peuvent-ils ne pas recourir au souverain, pour demander une législation simple et constante, qui les sauve du péril d'être eux-mêmes les jouets de la mauvaise foi?

Concluons que rien n'est plus glissant que la carrière de l'avocat, que rien n'est plus difficile à marquer que les limites de son devoir et les bornes où se renferme une défense légitime, et que pour lui l'abus du talent est un écueil inévitable, si la droiture de son cœur et son intégrité naturelle ne l'éclairent et ne le conduisent. « L'éloquence n'est pas
« seulement une production de l'esprit, dit M. d'Agues-
« seau, en s'adressant aux avocats, c'est un ouvrage
« du cœur; c'est là que se forme cet amour intrépide
« de la vérité, ce zèle ardent de la justice; cette ver-
« tueuse indépendance dont vous êtes si jaloux,
« ces grands, ces généreux sentiments qui élèvent
« l'homme, qui le remplissent d'une noble fierté
« et d'une confiance magnanime, et qui, portant
« encore votre gloire plus loin que l'éloquence
« même, font admirer l'homme de bien en vous,
« beaucoup plus que l'orateur. »

Les bonnes mœurs d'un avocat seront toujours sa première éloquence. Un fripon, connu pour tel, peut plaider une bonne cause; mais ses moyens auraient besoin de l'expédient qu'on prenait à Lacédémone, de faire passer l'opinion d'un mauvais citoyen, lorsqu'elle était salutaire, par la bouche d'un homme de bien, comme pour la purifier.

Marmontel, *Éléments de Littérature.*

DE L'ÉLOQUENCE DU BARREAU FRANÇAIS DANS LE XVIe SIÈCLE.

L'éloquence, sous Louis XIV, prit un essor aussi haut que la poésie, mais non pas, comme la poésie, dans tous les genres. Elle ne triompha que dans la chaire : ceux qui s'y distinguèrent ont conservé une réputation immortelle; celle des orateurs du barreau a passé avec eux. Ce n'est pas que les deux plus célèbres, Le Maître et Patru, ne méritassent, par rapport à leurs contemporains, le rang qu'ils occupaient. Tous deux eurent assez de talent pour l'emporter de beaucoup sur les autres; mais tous deux étaient encore loin de ce bon goût qui est de tous les temps, et qui fait vivre les productions de l'esprit. Ils connaissaient la théorie du combat judiciaire; ils savaient appliquer les lois, et établir des moyens; ils ne manquent point de force dans les raisonnements, ni même quelquefois de véhémence et de pathétique; mais ces bonnes qualités sont habituellement corrompues par le mélange des vices essentiels dont le barreau était depuis long-temps infecté, et dont ils ne le corrigèrent pas. Ils ne surent point se mettre au-dessus de cette mode, ridiculement impérieuse, qui obligeait tout avocat, sous peine de paraître dénué d'esprit et de science, à faire d'un plaidoyer un recueil indigeste d'érudition sacrée et profane, toujours d'autant plus applaudie, qu'elle était plus étrangère au sujet. On a peine à concevoir comment un Le Maître, de l'école de Port-Royal, un Patru, ami de Boileau, ne sentaient pas que rien n'était plus déplacé, plus contraire à la nature des objets qu'ils traitaient, au sérieux des discussions juridiques, à la gravité des tribunaux, que ce débordement de citations gratuites, tirées des poètes et des philosophes de l'antiquité, des prophètes, de l'Ancien et du Nouveau Testament, des Pères de l'Église; que ces comparaisons de rhéteur, tirées du soleil, de la lune et des montagnes, et cette foule de subtilités inutilement ingénieuses, toutes choses qui ne tiennent qu'à la prétention de montrer de l'esprit et de la science, prétention futile par elle-même, et qui l'est encore bien plus dans des matières aussi graves que le jugement d'un procès et le sort d'un accusé. Ce n'est pas dans Cicéron et dans Démosthène qu'ils avaient appris à écrire et à plaider de cette manière : ces maîtres de l'art se faisaient une loi de ne sortir jamais ni de leur sujet, ni du ton qu'il comportait. Mais il faut reconnaître ici l'ascendant de l'exemple et le préjugé dominant. La manie de l'esprit et le faste de l'érudition, se confondant ensemble, formaient encore le fond de presque tous les ouvrages. Il importait peu sans doute, aux juges comme aux plaideurs, que Platon et Sénèque, saint Basile et saint Chrysostome, eussent dit *élégamment* telle chose, eussent écrit telles ou telles pensées; mais il fallait faire voir qu'on les avait lus, et qu'on était capable de les faire intervenir à tout propos. Il fallait citer aussi l'histoire, et parler des Carthaginois et des Romains à propos des sœurs d'un hôpital ou des marguilliers d'une paroisse. En vain Racine, dont le goût excellent s'étendait sur tout, leur disait dans *les Plaideurs* :

..... Avocat, je prétends
Qu'Aristote n'a point d'autorité céans...
..... Avocat, il s'agit d'un chapon,
Et non point d'Aristote et de sa politique.

En vain, quand l'Intimé remontait au chaos des Grecs et à la naissance du monde, Racine lui disait par la bouche de Dandin,

Au fait, au fait, au fait;...

la foule des harangueurs du palais répondait comme l'Intimé : ce qui vous paraît inutile, *c'est le beau. C'est le laid*, disait Racine avec Dandin; mais la coutume l'emportait, et les plaidoyers de Le Maître et de Patru, les deux coryphées du barreau, sont imprégnés de cette rouille de pédantisme et de faux esprit, au point qu'avec un mérite réel en quelques parties, ils ne peuvent plus être que consultés par ceux qui étudient la jurisprudence, et que d'ailleurs ils ne sont lus de personne.

Il y a pourtant quelque différence entre eux ; Patru donne avec moins d'excès dans les abus dont je viens de parler : sa diction est, en général, plus pure et plus saine ; il s'occupait beaucoup de la correction du langage, et il est un des premiers grammairiens qui ont contribué à l'épurer. C'est sous ce point de vue, plus important alors qu'il ne peut l'être aujourd'hui, que Despréaux [l'a loué de bien écrire; mais nulle part il n'a loué son éloquence.

Je crois qu'au fond Le Maître en avait plus que lui, qu'il était plus orateur; du moins dans le petit nombre de causes intéressantes qui se trouvent parmi la multitude de leurs plaidoyers, il y en a deux où Le Maître me paraît avoir eu de beaux développements, de beaux mouvements d'éloquence judiciaire : d'abord une cause de séparation entre mari et femme, et sur-tout une cause très singulière, où il défendait une fille que sa mère refusait de reconnaître. (*Voyez* plus haut, page 440 et suiv.)

D'un autre côté, Patru est un peu moins déclamateur; il a même quelquefois, dans de petites affaires, la sagesse de ne vouloir pas être plus éloquent qu'il ne faut, sagesse infiniment rare alors, qui depuis le devint moins, et qui l'est redevenue aujourd'hui, en tous genres, autant que jamais. Mais aussi Patru tombe plus que Le Maître dans le style bas et dans les détails ignobles, que réprouvent également la délicatesse de notre langue et la dignité des tribunaux.

Les deux premiers plaidoyers de Le Maître offrent une particularité assez extraordinaire : il y soutient le pour et le contre dans la même cause. Il est vrai que le second plaidoyer, qui ne parut qu'après sa mort dans le recueil de ses œuvres, ne fut qu'un jeu d'esprit et une sorte d'étude faite pour s'exercer. On peut le pardonner en faveur de l'intention et de la jeunesse de l'auteur; mais d'ailleurs, on voit avec peine qu'il se soit permis dans une cause réelle ce que les anciens ne se permettaient que dans des sujets fictifs. Dans ceux-ci, les faits étant donnés et convenus, l'élève ne s'exerçait qu'à balancer les moyens : ici l'on souffre de voir l'orateur établir d'un côté des faits tout contraires à ceux qu'il affirmait de l'autre. Il s'agit en partie de savoir si un père a forcé sa fille de se faire religieuse: Le Maître le soutient dans le premier plaidoyer, et le nie formellement dans le second. Je n'aime point ce jeu d'esprit, d'où il résulte de part ou d'autre un mensonge. Dans un avocat, que les anciens définissaient « un homme de bien qui a le talent de la parole, » c'est une mauvaise étude que celle qui contredit la première et la plus essentielle de toutes, pour celui qui a bien connu tous les devoirs et toute la noblesse de sa profession ; et cette première étude consiste à s'attacher inviolablement à la vérité, et à ne s'attacher à aucune cause qu'en raison de cette vérité. Je regarde comme une obligation indispensable dans un avocat, de ne se rendre le défenseur d'aucune cause dans les tribunaux, qu'il ne s'en soit auparavant rendu le juge, autant qu'il est possible, au tribunal de sa conscience. Tout autre usage de l'éloquence judiciaire n'est qu'un jeu frivole, un trafic coupable qui dégrade et souille un des plus beaux dons que l'homme ait reçus, puisqu'il ne lui a été départi que pour la défense de la justice, l'appui de l'innocence et le triomphe de la vérité. On dira que, s'il en était toujours ainsi, les mauvaises causes resteraient sans défenseur, et que les bonnes n'en auraient pas besoin. Ce ne serait pas, je crois, un grand mal; mais malheureusement cette conséquence est impossible. Qui ne voit que mon principe ne peut concerner que le très petit nombre qui joint à la probité les talents et les lumières? Il y aura toujours des causes de reste pour ceux qui sont bornés ou peu délicats. L'homme supérieur ne peut craindre qu'une tentation, il est vrai, assez dangereuse, celle de briller d'autant plus dans une cause, qu'elle est plus difficile à sauver. Mais il y a une gloire bien plus relevée, celle du talent, qui ne veut briller qu'avec le grand jour de la vérité. Et quelle autorité n'acquerrait pas celui qui serait bien connu pour suivre toujours ce grand principe, qui se défendrait tout déguisement infidèle, qui puiserait sa force dans sa conviction, et dont la voix, au moment où elle s'élèverait dans le temple de la justice, serait comme un premier jugement!

Patru, dans une de ses lettres, s'efforce de prouver que le champ de l'éloquence, au temps où il vivait, était aussi étendu, aussi riche, aussi favorable pour les modernes qu'il avait pu l'être chez les anciens. Il exagère, ce me semble : s'il eût dit seulement qu'il y avait, dans un siècle déjà aussi avancé que le sien dans les arts de l'esprit, plus d'une route ouverte pour le vrai talent, et que, si plusieurs de ces routes n'avaient conduit à rien, c'était la faute des hommes, et non pas des choses; je serais entièrement de son avis. Dans le barreau, par exemple, il n'eût fallu qu'un meilleur goût pour produire des ouvrages qui eussent pu servir de modèles en ce genre, comme il y en eut vers le même temps dans celui de l'oraison funèbre. Mais ce goût même, qui, pour vaincre la corruption générale, ne pouvait appartenir qu'au talent le plus éminent, n'aurait pas encore fait disparaître la distance que devait mettre entre le barreau de Rome et d'Athènes et celui de Paris, la différence des gouvernements. Patru ne faisait donc aucune attention au degré d'importance et d'intérêt que partout la chose publique peut donner à l'éloquence. Il ne songeait donc pas que la plupart des grandes causes plaidées par Cicéron étaient de grandes scènes représentées sur le premier théâtre du monde? A quoi pense-t-il quand il nous dit que, dans les plaidoyers de Gauthier et de Le Maître, « on trouvera de plus « belles espèces de causes que dans Cicéron et Dé-« mosthène; » que le procès de ce dernier contre Eschine « était purement du genre didactique, si « Eschine n'y eût pas joint l'accusation contre Dé-« mosthène? » Mais cette accusation était le fond du procès, l'objet principal d'Eschine; et si Patru s'était souvenu de l'appareil et de la solennité de cette cause, plaidée devant l'élite de toute la Grèce, et où il s'agissait de l'intérêt de ses peuples, au lieu de nous dire, en nous citant une cause de son temps, aujourd'hui absolument oubliée, « qu'il n'y « avait rien de pareil chez les anciens, » il serait convenu sans doute que cette lutte mémorable d'Eschine contre Démosthène était, non-seulement par la célébrité des deux athlètes, mais par la nature même et les circonstances et dépendances de la cause, un des plus grands spectacles que dans aucun siècle et chez aucun peuple l'éloquence judiciaire eût pu donner au monde et à la postérité.

Ce qu'elle a produit de plus beau dans le dernier siècle n'appartient pas proprement au barreau, ne fut pas l'ouvrage d'un légiste, ni la plaidoirie d'un avocat, ni même un mémoire juridique; ce fut le travail de l'amitié courageuse défendant un infortuné qui avait été puissant; ce fut le fruit d'un vrai talent oratoire animé par le zèle et le danger, et signalé dans une occasion éclatante. On voit bien que je veux parler du procès de Fouquet, et des défenses publiées en sa faveur par Pellisson, et adressées au roi. Voltaire les compare aux plaidoyers de Cicéron; et au moment où Voltaire écrivait ce jugement, ces apologies de Fouquet étaient, sans contredit, tout ce que les modernes pouvaient en ce genre opposer aux anciens, et ce qui se rapprochait le plus de leur mérite. Ce n'est pas qu'elles soient encore tout-à-fait exemptes de cet abus de figures qui sent le déclamateur; qu'il n'y ait aussi quelques incorrections dans le langage, quelques défauts dans la diction, comme la longueur des phrases, l'embarras de quelques constructions et la multiplicité des parenthèses; mais les beautés prédominent, et il n'y a plus ici de vices essentiels. Tout va au but, et rien ne sort du sujet. On y admire la noblesse du style, des sentiments et des idées, l'enchaînement des preuves, leur exposition lumineuse, la force des raisonnements, et l'art d'y mêler sans disparate une sorte d'ironie aussi convaincante que les raisons; l'adresse d'intéresser sans cesse la gloire du roi à l'absolution de l'accusé, de réclamer la justice de manière à ne renoncer jamais à la clémence, et de rejeter sur les malheurs des temps et la nécessité des conjonctures ce qu'il n'est pas possible de justifier; une égale habileté à faire valoir tout ce qui peut servir l'accusé, tout ce qui peut rendre ses adversaires odieux, tout ce qui peut émouvoir ses juges; des détails de finance très curieux par eux-mêmes, par les rapports qu'ils offrent avec l'étude de cette science, telle qu'elle est en nos jours, et par la nature des principes qui établissent un certain désordre comme inévitable, nécessaire, et même salutaire dans les finances d'un grand empire. On y admire enfin des pensées sublimes et des mouvements pathétiques, et principalement une péroraison adressée à Louis XIV, que je vais citer, quoique un peu étendue, parce que ce seul morceau suffit pour confirmer tout ce que j'ai dit à la louange de Pellisson, et les reproches qu'on peut lui faire.

« Et vous, grand prince (car je ne puis m'em-
« pêcher de finir, ainsi que j'ai commencé, par
« Votre Majesté même), c'est un dessein digne sans
« doute de sa grandeur, ce n'est pas un petit des-
« sein que de réformer la France : il a été moins
« long et moins difficile à Votre Majesté de vaincre
« l'Espagne. Qu'elle regarde de tous côtés : tout a
« besoin de sa main, mais d'une main douce, ten-
« dre, salutaire, qui ne tue point pour guérir, qui
« secoure, qui corrige et répare la nature sans la
« détruire. Nous sommes tous hommes, Sire, nous

« avons tous failli ; nous avons tous désiré d'être
« considérés dans le monde : nous avons vu que
« sans bien on ne l'était pas : il nous a semblé que
« sans lui toutes les portes nous étaient fermées ;
« que sans lui nous ne pouvions pas même montrer
« notre talent et notre mérite, si Dieu nous en
« avait donné; non pas même servir Votre Majesté,
« quelque zèle que nous eussions pour son service.
« Que n'aurions-nous pas fait pour ce bien, sans
« qui il nous était impossible de rien faire? Votre
« Majesté, Sire, vient de donner au monde un
« siècle nouveau, où ses exemples, plus que ses
« lois mêmes ni que ses châtiments, commencent à
« nous changer. Nous serons tous gens d'honneur
« pour être heureux, et nous courrons après la
« gloire comme nous courions après l'argent, mou-
« rant de honte si nous n'étions pas dignes sujets
« d'un si grand roi, par là véritablement, et après
« cette seconde formation de nos esprits et de nos
« mœurs, le père de tous ses peuples. Mais quant
« à notre conduite passée, Sire, que Votre Majesté
« s'accommode, s'il lui plaît, à la faiblesse, à l'in-
« firmité de ses enfants. Nous n'étions pas nés dans
« la république de Platon, ni même sous les pre-
« mières lois d'Athènes écrites de sang, ni sous
« celles de Lacédémone, où l'argent et la politesse
« étaient un crime; mais dans la corruption des
« temps, dans le luxe inséparable de la prospérité
« des états, dans l'indulgence française, dans la
« plus douce des monarchies, non-seulement pleine
« de liberté, mais de licence. Il ne nous était pas

« aisé de vaincre notre naissance et notre mauvaise
« éducation. Nous aimons tous Votre Majesté : que
« rien ne nous rende auprès d'elle si odieux et si
« détestables, et que, s'empêchant de faillir comme
« si elle ne pardonnait jamais, elle pardonne néan-
« moins comme si elle faisait tous les jours des
« fautes. Et quant au particulier de qui j'ai entre-
« pris la défense, particulier maintenant et des
« moindres et des plus faibles, la colère de Votre
« Majesté, Sire, s'emporterait-elle, *contre une feuille*
« *sèche que le vent emporte*[*]? Car à qui applique-
« rait-on plus à propos ces paroles que disait au-
« trefois à Dieu même l'exemple de la patience et
« de la misère, qu'à celui qui, par le courroux du
« Ciel et de Votre Majesté, s'est vu enlever en un
« seul jour, et comme d'un coup de foudre, biens,
« honneurs, réputation, serviteurs, famille, amis
« et santé, sans consolation, et sans commerce
« qu'avec ceux qui viennent pour l'interroger et
« pour l'accuser? Encore que ces accusations soient
« incessamment aux oreilles de Votre Majesté, et
« que ses défenses n'y soient qu'un moment; en-
« core qu'on n'ose presque espérer qu'elle voie
« dans un si long discours ce qu'on peut dire pour
« lui sur ces abus des finances, sur ces millions,
« sur ces avances, sur ce droit de donner des com-
« missaires, dont on entretient à toute heure Votre
« Majesté contre lui, je ne me rebuterai point; car
« je ne veux point douter auprès d'elle s'il est cou-
« pable; mais je ne saurais douter s'il est malheu-

[*] Job. XIII, 25.

« reux. Je ne veux point savoir ce qu'on dira s'il
« est puni; mais j'entends déjà avec espérance,
« avec joie, ce que tout le monde doit dire de
« Votre Majesté, si elle fait grace. J'ignore ce que
« veulent et que demandent, trop ouvertement
« néanmoins pour le laisser ignorer à personne,
« ceux qui ne sont pas satisfaits encore d'un si dé-
« plorable malheur; mais je ne puis ignorer, Sire,
« ce que souhaitent ceux qui ne regardent que Votre
« Majesté, et qui n'ont pour intérêt et pour passion
« que sa seule gloire. Il n'est pas jusqu'aux lois,
« Sire (c'est un grand saint qui l'a dit), il n'est
« pas jusqu'aux lois qui, toutes insensibles, toutes[*]
« inexorables qu'elles sont de leur nature, ne se
« réjouissent lorsque, ne pouvant se fléchir d'elles-
« mêmes, elles se sentent fléchir d'une main toute-
« puissante, telle que celle de Votre Majesté, en
« faveur des hommes dont elles cherchent toujours
« le salut, lors même qu'elles semblent demander
« leur ruine. Le plus sage, le plus juste même des
« rois crie encore à Votre Majesté, comme à tous
« les rois de la terre : *Ne soyez point si juste.* C'est
« un beau nom que *la chambre de Justice;* mais le
« temple de la Clémence, que les Romains élevè-
« rent à cette vertu triomphante en la personne de
« Jules-César, est un plus grand et un plus beau
« nom encore. Si cette vertu n'offre pas un temple
« à Votre Majesté, elle lui promet du moins l'em-
« pire des cœurs, où Dieu même désire de régner,

[*] Faute de français : il faut *tout*, qui, dans ce sens, est indéclinable devant un féminin commençant par une voyelle.

« et en fait toute sa gloire. Elle se vante d'être la
« seule entre ses compagnes qui ne vit et ne res-
« pire que sur le trône. Courez hardiment, Sire,
« dans une si belle carrière : Votre Majesté n'y trou-
« vera que des rois, comme Alexandre le souhai-
« tait, quand on lui parla de courir aux jeux Olym-
« piques. Que Votre Majesté nous permette un peu
« d'orgueil et d'audace : comme elle, Sire, quoique
« non autant qu'elle, nous serons justes, vaillants,
« prudents, tempérants, libéraux même : mais comme
« elle, nous ne saurions être cléments. Cette vertu,
« toute douce, toute humaine qu'elle est, plus fière,
« qui le croirait, que toutes les autres, dédaigne
« nos fortunes privées, d'autant plus chère aux
« grands et aux magnanimes princes, tels que Votre
« Majesté, qu'elle ne se donne qu'à eux ; qu'en
« toutes les autres, quoique au-dessus des lois, ils
« suivent les lois, et qu'en celle-ci ils n'ont point
« d'autre loi qu'eux-mêmes. Je me trompe, Sire,
« je me trompe : s'il y a tant de lois de justice, il
« y a du moins, pour Votre Majesté, une générale,
« une auguste, une sainte loi de clémence qu'elle
« ne peut violer, parce qu'elle l'a faite elle-même,
« pour elle-même, comme le Jupiter des fables fai-
« sait la destinée, comme le vrai Jupiter fit les lois
« invariables du monde, je veux dire en la pro-
« nonçant. Votre Majesté s'en étonne sans doute,
« et n'entend point encore ce que je lui dis : qu'elle
« rappelle, s'il lui plaît, pour un moment en sa
« mémoire ce grand et beau jour que la France
« vit avec tant de joie, que ses ennemis quoique

« enflés de mille vaines prétentions, quoique armés
« et sur nos frontières, virent avec tant de douleur
« et d'étonnement; cet heureux jour, dis-je, qui
« acheva de nous donner un grand roi, en répan-
« dant sur la tête de Votre Majesté, si chère et si
« précieuse à ses peuples, l'huile sainte et descen-
« due du ciel. En ce jour, Sire, avant que Votre
« Majesté reçût cette onction divine, avant qu'elle
« eût revêtu ce manteau royal qui ornait bien moins
« Votre Majesté qu'il n'était orné de Votre Majesté
« même, avant qu'elle eût pris de l'autel, c'est-à-
« dire de la propre main de Dieu, cette couronne,
« ce sceptre, cette main de justice, cet anneau qui
« faisait l'indissoluble mariage de Votre Majesté et
« de son royaume, cette épée nue et flamboyante,
« toute victorieuse sur les ennemis, toute puissante
« sur ses sujets, nous vîmes, nous entendîmes Votre
« Majesté, environnée des pairs et des premières
« dignités de l'État, au milieu des prières, entre les
« bénédictions et les cantiques, à la face des autels,
« devant le ciel et la terre, les hommes et les anges,
« proférer de sa bouche sacrée ces belles et magni-
« fiques paroles, dignes d'être gravées sur le bronze,
« mais plus encore dans le cœur d'un si grand roi :
« *Je jure et promets de garder et faire garder*
« *l'équité et miséricorde en tous jugements, afin que*
« *Dieu, clément et miséricordieux, répande sur moi*
« *et sur vous sa miséricorde.*

« Si quelqu'un, Sire (nous le pouvons penser),
« s'opposait à cette miséricorde, à cette équité
« royale, nous ne souhaitons pas même qu'il soit

« traité sans miséricorde et sans équité. Mais pour
« nous, qui l'implorons pour M. Fouquet, qui ne
« l'implore pas seulement, mais qui y espère, mais
« qui s'y fonde, quel malheur en détournerait les
« effets? Quelle autre puissance si grande et si re-
« doutable dans les états de Votre Majesté, l'empê-
« cherait de suivre et ce serment solennel, et sa
« gloire, et ses inclinations toutes grandes, toutes
« royales, puisque, sans leur faire violence, et sans
« faire tort à ses sujets, elle peut exercer toutes
« les vertus ensemble? L'avenir, Sire, peut être
« prévu, réglé par de bonnes lois. Qui oserait en-
« core manquer à son devoir quand le prince fait
« si dignement le sien? Que personne ne soit plus
« excusé : personne n'ignore maintenant qu'il est
« éclairé des propres yeux de son maître. C'est là
« que Votre Majesté fera voir avec raison jusqu'à sa
« sévérité même, si ce n'est pas assez de sa justice.
« Mais pour le passé, Sire, il est passé, il ne revient
« plus, il ne se corrige plus. Votre Majesté nous
« avait confiés à d'autres mains que les siennes :
« persuadés qu'elle pensait moins à nous, nous
« pensions bien moins à elle; nous ignorions pres-
« que nos propres offenses, dont elle ne semblait
« pas s'offenser. C'est là, Sire, le digne sujet, la
« propre et véritable matière, le beau champ de
« sa clémence et de sa bonté. »

Que l'on songe à ce qu'étaient Louis XIV, Fouquet et Pellisson; et si l'on veut se faire une idée
de la différence des temps, et de ce que peut devenir une nation d'un siècle à l'autre, que l'on con-

sidère que, s'il s'était agi, de nos jours, de défendre, non pas un Fouquet, réellement coupable de malversation, et même de crime d'État, puisqu'il avait projeté de se fortifier contre son roi dans Belle-Isle, mais quelqu'un de ces innocents proscrits, sans aucune espèce de jugement quelconque, par des décrets *conventionnels*; il ne se serait trouvé personne qui eût osé adresser à la tyrannie, qu'on appelait gouvernement, une apologie publique en faveur de celui-là même dont la cause eût été la plus favorable, et que, s'il se fût élevé un défenseur de ces infortunés, la seule réponse à ses écrits eût été le même arrêt de proscription. Aussi dans ces malheureux jours l'infamie du silence a été égale à celle des paroles; et cette nation, si fière auparavant et si généreuse, semble avoir mérité ses maux inouïs par un avilissement sans exemple *. (*Prononcé en* 1794.)

DE L'ÉLOQUENCE DU BARREAU FRANÇAIS DANS LE XVIIe SIÈCLE.

Il est naturel et même raisonnable que les vieilles formes dominent à un certain point dans les tribunaux, dans les compagnies de magistrature; ces formes font une partie de leur dignité, et même de leur stabilité. Il n'y a pas de mal que l'innovation alarme un peu des corps faits pour conserver un ordre établi : seulement il faut se garder que la forme emporte jamais le fond. Fontenelle disait que « toute compagnie devait être un peu pédante, » et il appliquait ce principe aux anciens statuts des académies : on sent qu'il devrait avoir beaucoup plus d'importance encore au palais; mais il ne faut pas non plus que cette importance aille au point que ce qu'on a fait semble toujours la meilleure règle de ce qu'on doit faire : l'autorité de l'usage n'est pas toujours celle de la raison, et des abus ne sont pas saints pour être antiques. Ce que la prudence exige, c'est de ne changer et de n'innover en ce genre qu'avec la maturité de l'examen, et jamais avec la fougue de l'enthousiasme. C'est même une sorte de respect légitime que nous devons aux siècles devanciers, de ne pas croire que toute la sagesse humaine soit le partage exclusif du nôtre. Cette prétention n'est que trop celle de nos jours, et tient beaucoup plus à la vanité qu'à l'amour du bien. Mais je ne dois pas dissimuler qu'un excès contraire, quoique beaucoup moins dangereux, a plus d'une fois exposé la magistrature à encourir le reproche d'une opposition aveuglément obstinée contre des réformes salutaires. Sans parler des obstacles qu'éprouvèrent de sa part, à des époques plus ou moins reculées, des établissements ou des découvertes d'une utilité aujourd'hui reconnue, l'imprimerie, l'Académie française, l'inoculation, il suffirait de se rappeler qu'elle repoussa long-temps le cri de l'opinion publique, qui s'élevait contre l'usage de la question dans les procès criminels. Je sais que, lorsqu'elle fut abolie par un de ces édits bienfaisants qui marqueront à jamais le règne de Louis XVI[*], le parlement crut devoir en rendre des actions de graces au monarque; mais si le roi

---

[*] Tout ce morceau fut écrit et prononcé en 1788, et j'ai cru devoir le

seul pouvait, comme législateur, prononcer cette abolition, c'eût été aux magistrats eux-mêmes à la demander, puisqu'ils avaient dû, comme juges, reconnaître, mieux que personne, tous les inconvénients d'une pratique judiciaire aussi inconséquente qu'inhumaine. Le roi n'avait entendu que la voix de la nation : les juges avaient entendu les cris des malheureux, et quelquefois des innocents.

Si je me suis arrêté d'abord à cette routine impérieuse, c'est qu'étant l'esprit général du palais et de tout ce qui en approchait, elle a dû contribuer long-temps à en éloigner le bon goût qui pénétrait partout ailleurs, et qui n'arriva que fort tard jusqu'au barreau, où généralement chacun ne songeait guère qu'à faire comme faisaient les autres. Vous avez vu que l'influence même de ce beau siècle, qui créa ou perfectionna tout, ne fut pas très puissante au barreau. Celle de la philosophie l'a été ici davantage ; c'est dans le genre judiciaire qu'elle a d'abord fait sentir utilement son pouvoir, en mettant plus de conformité entre le sérieux des objets et les formes du style, et en soulevant, bientôt après, l'opinion publique contre des abus qu'il est toujours permis de séparer d'une autorité toujours respectable en elle-même. C'est vers les premières années de Louis XV qu'il se forma comme une génération de bons avocats, qui, en s'éloignant des routes battues, s'en frayèrent de nouvelles, et firent du langage du barreau celui de la raison, dégagée

laisser tel qu'il était, comme un témoignage de plus d'une opinion qui alors était générale.

du pédantisme des déclamations scolastiques, et de la rouille de la chicane. C'est à ce titre que la renommée nous a transmis les noms des Reverseaux, des Degennes, et surtout d'un Lenormand et d'un Cochin. Nous savons qu'ils étaient, de leur temps, l'ornement et la lumière du barreau français, et que la lecture de leurs mémoires est encore une des études de leurs successeurs. Ils y trouvent une excellente discussion et une diction saine. Cochin, particulièrement, a le mérite le plus rare peut-être dans un avocat, celui d'aller toujours au fait, et d'être précis et serré dans l'exposé de ses preuves, toutes rattachées à une première proposition de fait ou de principe, qu'il conduit ainsi jusqu'à l'évidence. Donnez-lui, ainsi qu'à Lenormand, des mouvements, des tableaux et de l'imagination dans le style, ce seront des orateurs; mais ce ne sont encore que de bons avocats. Ce n'est pourtant pas la seule raison qui fait que leurs écrits ne sont guère lus que de ceux qui suivent la même carrière : telle est la nature du gouvernement monarchique et des mœurs qui en dépendent, que les modèles d'éloquence judiciaire, fussent-ils même au point d'atteindre ceux de la Grèce et de Rome, ne sortiraient guère de la classe des lecteurs qui s'occupent des mêmes études. D'abord il est constant que l'intérêt des causes privées, quelque bruit qu'elles fassent un moment, ne s'étend pas au-delà de la durée du procès; ensuite nous voyons qu'il n'y a qu'une classe de citoyens intéressés à l'éloquence du barreau, ceux qui le suivent par état. Chez les Grecs et les Romains, tous les états pouvaient également figurer dans les actions juridiques; d'où il arrivait que la lecture des plaidoyers pouvait être utile et familière à tout le monde. Quant à nous, qui avons d'ailleurs tant de choses à lire, quel charme de talent ne faudrait-il pas pour nous faire lire des mémoires écrits il y a cinquante ans, lorsque personne ne se souvient même des causes qui en étaient le sujet! Chez les anciens, les causes étaient souvent des évènements liés à la chose publique, et que dès lors on n'oubliait pas. Or, pour suppléer parmi nous à cet intérêt qui manque aux lecteurs, il faudrait les prendre au moins par celui de leur plaisir, et il faudrait pour cela une réunion fort rare, celle du talent d'orateur et de celui d'écrivain : ce sont deux choses différentes; et ce qui le prouve, c'est que l'un se trouve assez souvent sans l'autre dans ceux qui parlent en public. Si le talent d'écrire est le plus essentiel pour perpétuer la gloire et les ouvrages, le talent de parler est réellement le plus utile à l'avocat et à ses clients. C'était aussi celui de presque tous ces hommes qui ont brillé dans le barreau, et c'est ce qui explique pourquoi leurs écrits nous paraissent au-dessous de leur célébrité, sans que pour cela nous soyons en droit de démentir le témoignage unanime de leurs contemporains. L'habitude de tirer parti de tous les moyens extérieurs dans des plaidoiries qu'ils n'écrivaient même pas, le jeu de la figure et les effets de la voix, la véhémence ou la noblesse dans l'action, la présence d'esprit dans les répliques, le regard, le geste, tout cela est nul sur le papier, mais puissant à l'audience. Il y a plus: tel homme né peut s'animer que devant un auditoire, et devient froid la plume à la main. N'en avons-nous pas eu sous les yeux un exemple frappant dans le plus célèbre avocat de nos jours? Qui de nous n'a pas été témoin de tout ce que pouvait Gerbier dans la salle du palais, qui fut si souvent le champ de ses victoires? Mais tout son génie était dans son âme, et cette âme ne l'inspirait que dans le combat de la plaidoirie. Il fallait que ses sens fussent émus pour qu'il trouvât lui-même de quoi émouvoir les autres. Il avait besoin d'action et de spectacle, de l'appareil des tribunaux, de la présence de ses adversaires et de ses clients, de l'aspect et de la voix du public assemblé. C'est alors qu'il étonnait par ses ressources, qu'il avait tour à tour de la chaleur et de la dignité, de l'imagination et du pathétique, du raisonnement et du mouvement; qu'avec quelques lignes tracées sur un papier pour lui rappeler au besoin les points principaux, il se fiait d'ailleurs à l'éloquence du moment, qui ne le trompait jamais, et que, pendant des heures entières, il attachait et entraînait les juges et l'assemblée. La nature l'avait donc fait orateur: son organe, sa physionomie et sa sensibilité lui en donnaient les moyens; mais seul, et réduit à la composition, ce n'était plus qu'un homme ordinaire: son feu s'éteignait, ses forces l'abandonnaient. Aussi s'était-il peu appliqué à écrire, soit que, naturellement un peu paresseux, il redoutât le travail, soit qu'il se sentît incapable de se retrouver dans le cabinet tel qu'il était en public.

Il écrivit peu, jamais de mauvais goût, mais jamais avec effet; plus heureux peut-être par les succès nombreux et brillants dont il a joui, que s'il eût possédé, au lieu de ses qualités oratoires éteintes avec lui, ce grand talent d'écrire, qui ne meurt pas, il est vrai, mais qui n'est guère apprécié à sa valeur que quand on ne peut plus en jouir.

La postérité honorera toujours dans le chancelier d'Aguesseau un homme qui lui-même honora la France, la magistrature et les lettres par ses vertus, ses talents, ses connaissances aussi étendues que variées, les services qu'il rendit à l'état, et les lumières qu'il porta dans la jurisprudence. Sa jeunesse fut illustre sous Louis XIV, et sa disgrace sous la régence le fut autant que son élévation. On pardonna quelques faiblesses politiques en faveur de son amour pour le bien; et sa vieillesse, qui le conduisit jusqu'au milieu de ce siècle, fut justement respectée. Ses écrits seront toujours une source d'instruction pour ceux qui se destinent à l'étude des lois. Son éloquence fut celle d'un magistrat qui est l'interprète de l'équité, qui recommande les bons principes, montre les abus, prescrit la modération, et en donne l'exemple. Sa diction est pure, et son goût aussi sain que son jugement: on y reconnaît un écrivain formé à l'école des classiques anciens et modernes.

A mesure que l'on avance vers le temps présent, l'éloquence du barreau devient plus substantielle, en s'approchant quelquefois des questions de droit public et de jurisprudence universelle. On aperçoit ce progrès philosophique dans quelques mémoires de Loiseau, d'Élie de Beaumont, de Target, qui ont eu à traiter des causes* où la philosophie législative pouvait développer des vues générales, soutenues par des moyens oratoires. Ces mémoires, qu'un intérêt public et de tous les temps tirait de la classe des plaidoyers éphémères, sont au nombre des bons ouvrages de littérature, quoique on puisse leur reprocher quelquefois l'abus des phrases et l'enflure des mots, sans que ce défaut soit cependant assez marqué pour effacer le mérite : il semble seulement que ce soit un dernier tribut payé aux habitudes de l'état et à l'exagération trop naturelle aux plaidoiries. Mais, pour l'honneur de la province, si souvent dénigrée par la capitale, un avocat général de Grenoble** s'élevait bien au-dessus de ces estimables écrits par un vrai chef-d'œuvre d'éloquence judiciaire, dans la cause d'un religionnaire à qui l'on contestait la légitimité de son mariage. Ce morceau, digne des anciens maîtres de l'art, ne sera jamais lu sans admiration, ni même sans quelques larmes; et plusieurs autres du même genre, sans être du même mérite, attesteront qu'à cette époque des voix plus ou moins exercées s'élevaient, tantôt contre l'illégalité des emprisonnements arbi-

* Celles de M. de Portes, des Calas, de Béresford, etc.

** M. Servan, qui a publié depuis d'autres ouvrages toujours marqués au coin du talent, et toujours ingénieux et piquants, mais où il n'a pas soutenu, à beaucoup près, cette pureté de goût qui fit distinguer par les connaisseurs ce beau plaidoyer qui fut son coup d'essai. Ses divers écrits, et entre autres celui où il examine les *Confessions* de Rousseau, sont trop souvent défigurés par une bizarre recherche de figures qu'on ne peut pas appeler goût de terroir ; car c'est celui dont la capitale, vers le même temps, donnait malheureusement le modèle.

traires, et contre des maximes d'administration injustes et inconséquentes ; tantôt contre les rigueurs inhumaines exercées dans les prisons, où la loi ne saurait protéger ceux qu'elle n'y a pas fait entrer. Un autre magistrat de la province*, dont personne ne doit plus regretter la perte que les malheureux dont il s'était fait le protecteur, descendait dans les cachots, pour en tirer des accusés sans défense, consacrait à leur salut son temps, ses talents et sa fortune, et attaquait avec toute l'énergie d'une belle âme les vices de notre procédure criminelle. Si l'ardente impétuosité de son zèle, qui portait un peu d'exaltation dans sa tête, ne laisse pas voir dans ses écrits la maturité, la mesure et le goût que la critique sévère peut y désirer, du moins les pleurs qu'il fit répandre au peuple assemblé, et même aux juges, dans les tribunaux de Rouen, prouvaient en lui le talent de la parole, et le respectable usage qu'il savait en faire.

Mais il ne faut pas non plus déguiser qu'en même temps que la philosophie donnait ce nouvel éclat à l'éloquence judiciaire, ennoblie et fortifiée dans quelques hommes d'élite, de tous côtés se faisait sentir l'abus trop facile et trop naturel de cette philosophie ; je veux dire de cet amour-propre très mal entendu, qui, sous prétexte d'être au-dessus des préjugés, se met au-dessus de toutes les bienséances, et oublie que les bienséances sont la sauvegarde de la morale publique. Cet abus est mortel, et c'est le seul où je crois devoir m'arrêter un mo-

* M. Dupaty, qui venait de mourir.

ment; car, d'ailleurs, que servirait de s'appesantir sur le vulgaire des parleurs de barreau, dont la médiocrité est la même, à peu près dans tous les temps? et la médiocrité fait-elle jamais autre chose qu'exagérer les défauts à la mode? Qu'importe qu'à la manie des citations, qui était celle du dernier siècle, elle ait substitué celle du style figuré, qui est du nôtre, et à l'érudition pesante le jargon et la futilité; qu'elle ne sache guère qu'allier bizarrement les plus grands mots aux petites choses; qu'elle semble avoir peur de rien mettre à sa place, ou d'exprimer rien par son nom? Ces divers ridicules seront toujours ceux de la multitude; ils tiennent à la corruption générale du goût; et vous savez que depuis long-temps elle s'accroît sans cesse dans tous les genres. Je veux parler d'excès plus graves et plus pernicieux dans l'usage public de la parole, et qui tiennent à une dépravation de mœurs particulière au temps où nous vivons. A mesure que les succès du talent ont donné plus de considération et d'influence, dans un siècle qui semble ne plus rien estimer que l'esprit, l'ambition d'obtenir ces succès et de les disputer à autrui s'est changée trop souvent en une sorte de rage désespérée, incapable d'aucun scrupule sur le choix des moyens. Des hommes qui n'avaient précisément que ce qu'il faut d'esprit pour en imposer aux sots, forcés, par un sentiment intime, de renoncer au suffrage des gens instruits, ont pris le parti de capter au moins celui de la foule ignorante, en flattant sans aucune pudeur les penchants les plus méprisables de la nature humaine, la curiosité maligne qui se nourrit de diffamations, et la basse jalousie qui se plaît à voir rabaisser tout ce qui s'élève. La littérature, livrée de tous temps à toutes les fureurs de la rivalité, avait toujours eu des écrivains de cette trempe; mais le barreau, qu'une sorte de réserve, commandée par des statuts de discipline, et naturelle même à tout ce qui tient à un ministère légal, semblait devoir toujours préserver de ce fléau, l'a vu tout-à-coup dans son sein, et monté au comble*. Il a vu les discussions juridiques dégénérer en libelles infames, en invectives atroces; des hommes, obligés par état au maintien des mœurs et au respect des convenances, afficher ouvertement la violation de toutes les lois sociales; mêler à la méchanceté qui calomnie, l'hypocrisie qui invoque la vertu; entasser des monceaux d'ordures pour en faire un rempart au mensonge; imposteurs aussi hardis dans le bien qu'ils disaient d'eux-mêmes que dans le mal qu'ils disaient

* Ceux qui se souviennent des scandales inouis qu'avait donnés pendant plusieurs années le trop fameux et trop malheureux Linguet, notamment dans son procès contre l'ordre des avocats, comprendront aisément que c'est de lui qu'il s'agit ici; et cette espèce d'animadversion publique, qui fut très approuvée, était d'autant moins inutile (quoique Linguet ne fût plus alors en France), que son exemple avait séduit presque toute la jeunesse du palais, et qu'il n'était dès lors que trop commun de croire qu'il y avait de l'énergie et du génie à ne rien respecter en aucun genre. Je n'ai pas cru pouvoir, quoiqu'il fût mon ennemi déclaré, désavouer ou effacer après sa mort des vérités nécessaires et reconnues de son vivant. Personne n'a vu avec plus d'horreur que moi l'assassinat commis en sa personne par les bourreaux révolutionnaires; mais une mort injuste ne saurait couvrir les fautes de sa vie, dont il n'a jamais témoigné le moindre repentir. Tout ce que la postérité pourra dire, c'est que sa mort a été ce qu'il y a eu de plus glorieux dans sa vie.

de leurs adversaires. Pour comble de malheur, on s'est porté avec empressement à ces indécentes plaidoiries; quelquefois même elles ont été encouragées par des applaudissements. Triste succès qui ne tromperait pas un moment ceux qui l'obtiennent, s'ils étaient capables d'en reconnaître le principe, s'ils pouvaient écouter ce que dit le bon sens, qu'une pareille affluence, pour n'aller entendre que des injures, pour assister à un spectacle de scandale, n'est réellement qu'une flétrissure pour celui qui le donne, puisque le concours des auditeurs est alors en raison du mépris pour celui qui parle! Il est en effet trop évident que l'on espère entendre de sa bouche, ce que n'oserait jamais proférer celle d'un honnête homme; que l'on est plus satisfait à mesure qu'il remplit mieux toute la mauvaise opinion que l'on a de lui, et que, semblable à ces malheureux saltimbanques de nos foires, qui ne sont jamais plus applaudis que lorsqu'ils exposent davantage leur vie, le calomniateur public, une fois connu pour tel, n'est jamais mieux accueilli que lorsqu'il se prostitue davantage, et renonce plus solennellement à tout respect pour lui-même et pour les autres.

Ce serait une frivole défense que d'alléguer l'exemple des orateurs grecs et romains : on ne prouverait que l'ignorance absurde qui confond des choses essentiellement différentes. Dans les anciennes républiques, les controverses judiciaires se conformaient à la nature du gouvernement. Là, tous les citoyens exerçaient de droit une censure réciproque, et pouvaient être à tout moment accusateurs les uns des autres. Là, les accusations ne tombaient pas seulement sur un fait, mais sur la personne; elles embrassaient la vie entière d'un homme, et l'intérêt de la patrie faisait un devoir à tout bon citoyen de poursuivre les méchants. Rien de tout cela dans les gouvernements où nul homme n'a le droit d'être le dénonciateur d'un autre, où le ministère public est seul chargé du rôle d'accusateur, et où l'honneur, comme la vie, repose sous la protection des lois. Il est des occasions, je l'avoue, où un particulier peut se rendre partie; mais c'est toujours sur un fait particulier; et s'il était permis, dans ces occasions, d'inculper toute la vie d'un homme par des imputations vagues et injurieuses, il faudrait donc aussi être admis et astreint à la preuve de tous ces faits étrangers à la question, et dès lors les procès seraient interminables, et d'un seul il en naîtrait vingt. Aussi la jurisprudence n'admet-elle nulle part la preuve* de ce qui n'appartient pas

* Un avocat normand donna là-dessus une leçon très gaie, mais assez instructive pour mériter d'être rapportée. Le fait est certain, et eut pour témoin toute une grande ville. Un nommé Faussart, dit l'Enroué, plaideur et fripon de son métier, était tellement décrié dans les tribunaux, que quelqu'un, apparemment plus fripon que lui, crut pouvoir en toute sûreté l'actionner pour ce qu'il ne devait pas. L'avocat qui plaidait contre Faussard ne manqua pas d'entamer une longue liste de ses méfaits. Mais l'avocat adverse, qui s'aperçut qu'on allait oublier la cause, et juger l'homme, interrompit brusquement son confrère : « Si Faussard-l'Enroué a mérité d'être pendu, je ne » m'y oppose nullement. Je ne suis pas ici pour empêcher qu'on le pende, « mais bien pour empêcher qu'on le vole. Or, je soutiens qu'on l'a volé. « Prouvez le contraire, et plaidez votre cause. » L'apostrophe eut son effet. Les juges ordonnèrent à l'avocat d'aller au fait. Il était clair, et Faussard gagna son procès.

à la cause. Les injures sont donc gratuites, et dès lors très répréhensibles, puisqu'elles entachent la réputation d'un citoyen sans lui laisser les moyens de la venger. Il s'ensuit que c'est un devoir aux juges de contenir dans les bornes prescrites les parties contendantes, et de réprimer, par des exemples sévères, les violences et les emportements de ces déclamateurs du barreau, qui peuvent amuser un moment la foule oisive et curieuse, mais aux dépens de la décence publique qu'ils offensent, de la tranquillité des citoyens qu'ils alarment, et de la dignité des tribunaux qu'ils compromettent.

Le temps, qui partout est précieux, l'est peut-être dans les tribunaux plus que partout ailleurs, car on y attend la justice. Je sais qu'il ne faut rien négliger pour la connaître; mais c'est aussi un devoir de ne pas trop la retarder, et ce peut être un des objets de réforme à considérer parmi ceux qui ont attiré l'attention sur notre procédure, tant civile que criminelle. Quant à cette dernière, qui est la plus importante, quoique l'autre le soit aussi beaucoup, je ne sais si l'on a pu jamais en remarquer mieux les défauts que dans une cause qui a long-temps occupé les esprits, et que je crois pouvoir rappeler ici d'autant mieux qu'elle a été l'occasion et le sujet de plusieurs mémoires[*] qui sont, avec celui du magistrat de Grenoble, les plus beaux monuments de notre éloquence

---

[*] Ceux de M. Lally-Tolendal, qui poursuivait encore alors la réhabilitation de la mémoire de son père, réhabilitation combattue surtout par M. d'Éprémenil, qui était intervenu au procès comme neveu de M. Duval de Leyril, l'un des adversaires du général Lally.

judiciaire. Il était naturel que cette supériorité de talent fût en proportion de la gravité des faits, et de la réunion de ces circonstances effrayantes qui avertissent tous les hommes que la cause qu'on leur présente est la leur propre, et qu'il s'agit de leurs intérêts et de leurs droits. Que sera-ce encore si l'on y joint les sentiments de la nature les plus puissants; si c'est un fils qui dévoue sa vie entière à venger la mémoire d'un père infortuné, d'un général qui devait être jugé par un conseil de guerre, et qui a été condamné par des juges de robe, et de manière qu'après plus de vingt ans écoulés depuis son supplice, nul de nous ne pourrait dire encore quel était son crime? Paris a vu son exécution, l'Europe a lu son arrêt; et cet arrêt même, qui ordonne une peine capitale, n'énonce aucun fait capital; et cependant tout arrêt doit dire aux citoyens que tel délit est digne de mort, et que l'accusé en est convaincu. En vain le rapporteur soutient-il que *la réunion de plusieurs faits dont aucun n'est capital peut former un crime capital**. Non, jamais la raison et la justice n'admettront un principe dont la fausseté est aussi sensible que les conséquences en sont révoltantes. Dieu seul peut apprécier des assemblages de faits : la justice humaine a bien assez à faire

---

* Il est bon d'observer qu'on se servit précisément du même principe pour condamner à mort l'archevêque de Cantorbéry, Laud, dont tout le crime était son attachement pour Charles Ier; tant l'esprit de parti se ressemble dans ses procédés quand il ne se ressemble pas dans ses motifs. C'est sur cette étrange jurisprudence de ce rapporteur qu'un Anglais dit fort sensément :
« Je ne savais pas que cinquante lapins blancs pussent jamais faire un cheval
« blanc ».

de prononcer sur un seul. Le sophisme meurtrier qui a motivé un arrêt réprouvé par l'opinion universelle n'est que le dernier degré d'arbitraire où pouvait conduire une ordonnance criminelle, dont le vice principal est de laisser les juges beaucoup trop maîtres d'interpréter la loi qu'ils ne doivent proprement qu'appliquer. Une ordonnance qui, n'établissant qu'une instruction secrète, ne permet à l'accusé de proposer ses preuves négatives et d'invoquer des témoins à décharge qu'après que la procédure est consommée, qui jusque-là ne lui permet de communiquer avec personne, comme si elle voulait lui ôter ses moyens de défense; qui ne le présente à ses juges que pour le dernier interrogatoire, et comme pour constater seulement l'identité de la personne après que tout s'est passé sans témoins entre un rapporteur et un greffier, voilà sans doute ce qui ne justifie que trop les réclamations élevées de tous côtés contre une semblable jurisprudence : et si l'on pouvait les trouver indiscrètes, c'est qu'on fermerait l'oreille à un cri plus douloureux et plus terrible, celui du sang de tant d'innocents, bien reconnus pour tels aujourd'hui, de Langlade, de Le Brun, de Montbailli, de Martin, de Cahuzac, de la fille de Rouen, des sept Juifs de Metz, etc.; et puisque de si fréquentes et si terribles méprises ne sont pas le crime des juges, qui certainement ont voulu être justes, il est clair qu'elles sont le crime des lois, qui ne leur ont pas donné tous les moyens de l'être.

Il n'y avait qu'un intérêt si grand qui pût ajouter

à celui d'une cause telle que celle du comte de Lally-Tolendal. Toute la France l'a partagé; elle accompagnait ses pas avec des vœux et des applaudissements; elle l'a, pour ainsi dire, porté dans ses bras. Il est permis aujourd'hui de croire avec lui que son père est justifié, du moins par la voix publique, par celle de l'histoire, et sur-tout par le temps, qui, dans l'accusation de trahison, semble prouver l'innocence, quand il ne révèle pas les crimes. Le fils a déployé dans ses *Mémoires* l'éloquence de l'âme, qui est le premier des talents de l'orateur. Son style est plein de noblesse, d'intérêt et d'énergie. Personne n'a porté plus loin cet art qu'on admire dans Cicéron, de donner aux preuves une force progressive, de faire naître une grande attente et de la remplir; de diviser ses moyens avec méthode pour les rendre plus sensibles, et de les réunir ensuite pour en former une masse accablante; de joindre à une logique qui brille comme la lumière, un pathétique qui embrase comme un incendie, et, ce qui est plus rare que tout le reste, et ne pouvait peut-être se rencontrer que dans une pareille cause, de contenir jusqu'à un certain point cette juste indignation qu'il n'est pas toujours permis au malheureux d'exhaler sans ménagement, mais qu'il sait contenir de façon à la faire passer tout entière dans l'âme des lecteurs, à faire entendre tout ce qu'il ne dit pas, à faire sentir tout ce qu'il n'ose pas exprimer, à faire deviner le secret de l'infortune et des larmes, et à laisser dans tous les cœurs l'impression profonde de ce qu'il semble cacher dans le sien.

J'espère que l'on pardonnera au mien cette espèce d'effusion, qui n'est point d'ailleurs étrangère à mon sujet. On peut donner quelque chose à un malheur respectable; et la jurisprudence, quoiqu'elle n'entre pas dans les objets qui nous occupent, tient d'un côté à l'éloquence, et de l'autre à la philosophie, qui toutes deux sont ici de notre ressort. Quand j'ai parlé des orateurs anciens, je ne me suis pas borné à leur talent, je les ai considérés dans leurs rapports avec le gouvernement et les mœurs, et sans doute je n'ai pas dû renoncer à cette méthode, quand elle acquiert un intérêt qui nous est propre.*

La Harpe, *Cours de Littérature.*

---

* *Voyez*, dans l'*Essai sur l'Éloquence de la Chaire*, du cardinal Maury, le chapitre XIII, *De l'Éloquence du Barreau;* et, dans les OEuvres de M. Lacretelle aîné, ses *Conseils à un jeune avocat*, ou *De l'Éloquence judiciaire*. F.

NOTE ^.

DESCRIPTION DU CHEVAL

1.

Numquid præbebis equo fortitudinem, aut circumdabis collo ejus hinnitum? Numquid suscitabis eum quasi locustas? Gloria narium ejus terror. Terram ungulâ fodit, exultat audacter; in occursum pergit armatis. Contemnit pavorem, nec cedit gladio. Super ipsum sonabit pharetra, vibrabit hasta et clypeus. Fervens et fremens sorbet terram, nec reputat tubæ sonare clangorem : ubi audierit buccinam, dicit : Vah! Procùl odoratur bellum, exhortationem ducum et ululatum exercitûs. (*Vulgat.*)

Job, XXXIX.

Est-ce toi qui as donné la force au cheval, qui as hérissé son cou d'une crinière mouvante? Le feras-tu bondir comme la sauterelle? Son fier hennissement répand la terreur. Il creuse du pied la terre; il s'élance avec orgueil; il court au devant des armes. Intrépide, il se rit de la peur, il affronte le tranchant du glaive. Sur lui le bruit du carquois retentit, la flamme de la lance et du javelot étincelle; il bouillonne, il frémit, il dévore la terre. A-t-il entendu la trompette? C'est-elle, il dit : allons! et de loin il respire le combat, la voix tonnante des chefs et le fracas des armes.

Traduction de Genoude.

Vois le cheval guerrier. As-tu tendu ses muscles, ses flancs robustes. Son âme indomptable ne connaît point la crainte. Vois le feu jaillir de ses narines fumantes. Il se plaît à frapper la terre de son pied superbe, et se réjouit de sa force. La tête levée, il appelle, par ses hennissements, les combats éloignés, et brûle de se précipiter au milieu du carnage. Il se rit du trépas, couvre son mors d'écume, et, dans ses transports furieux, il enfonce la terre. Comme son cœur s'enfle et s'agite à la vue de l'épée étincelante! Comme il s'avance fièrement sur la pointe des lances, tandis que ses yeux se fixent sur l'éclat du bouclier, et réfléchissent ses éclairs! Par un orgueil généreux, il étouffe le sentiment de sa douleur, et se rend insensible au trait qui tremble dans ses flancs. Il répond par ses hennissements aux sons éclatants de la trompette, jusqu'à ce qu'il tombe épuisé de blessure; et son dernier soupir est le seul qu'il ait poussé.

Paraphrase du livre de Job, par Young, Traduction de Le Tourneur.

11.

Οὐδὲ Πάρις δ'ἤθυνεν ἐν ὑψηλοῖσι δόμοισιν·
ἀλλ' ὅγ', ἐπεὶ κατέδυ κλυτὰ τεύχεα, ποικίλα χαλκῷ,
σεύατ' ἔπειτ' ἀνὰ ἄστυ, ποσὶ κραιπνοῖσι πεποιθώς.
ὡς δ' ὅτε τις στατὸς ἵππος, ἀκοστήσας ἐπὶ φάτνῃ,
δεσμὸν ἀποῤῥήξας θείῃ πεδίοιο κροαίνων,
εἰωθὼσ λούεσθαι εὐῤῥεῖος ποταμοῖο,
κυδιόων· ὑψοῦ δὲ κάρη ἔχει, ἀμφὶ δὲ χαῖται
ὤμοις ἀΐσσονται· ὁ δ' ἀγλαΐηφι πεποιθώς,
ῥίμφα ἑ γοῦνα φέρει μετά τ' ἤθεα καὶ νομὸν ἵππων·
ὣς υἱὸς Πριάμοιο Πάρις κατὰ Περγάμου ἄκρης
τεύχεσι παμφαίνων, ὥστ' ἠλέκτωρ, ἐβεβήκει
καγχαλόων, ταχέες δὲ πόδες φέρον·....

Hom. *Il.* VI, 503.

Pâris ne s'arrête pas long-temps dans son superbe palais. Il n'a pas plus tôt revêtu ses armes d'airain, qu'il traverse fièrement la ville, plein de confiance dans la légèreté

de ses pieds. Tel qu'un généreux coursier long-temps
retenu près d'une crèche abondante, rompt ses liens, s'é-
lance dans la plaine, qui retentit du bruit de ses pas, et
court se baigner dans les ondes du fleuve accoutumé.
Superbe, impétueux, il lève fièrement la tête; son épaisse
crinière flotte des deux côtés sur ses épaules; et, orgueilleux de sa beauté, ses genoux souples et agiles le portent
rapidement au milieu du pâturage, où paissent des
troupeaux de cavales. Tel paraît le fils de Priam, le beau
Pâris, descendant de la citadelle de Pergame. Revêtu
d'armes aussi brillantes que le soleil, il vole, et ses pieds
agiles le portent légèrement au combat.

Traduit par H. PATIN.

III.

Cingitur ipse furens certatim in prælia Turnus.
Jamque adeò rutulum thoraca indutus, ahenis
Horrebat squammis, surasque incluserat auro;
Tempora nudus adhuc; laterique accinxerat ensem,
Fulgebatque altâ decurrens aureus arce;
Exultatque animis, et spe jam præcipit hostem.
Qualis, ubi abruptis fugit præsepia vinclis
Tandem liber equus, campoque potitur aperto;
Aut ille in pastus, armentaque tendit equarum,
Aut assuetus aquæ perfundi flumine noto,
Emicat, arrectisque fremit cervicibus altè
Luxurians, luduntque jubæ per colla, per armos.

Énéid. XI, 486.

Turnus, furieux, s'arme pour les batailles. Il a déjà
revêtu sa cuirasse hérissée d'écailles d'airain, et ses cuissards
d'or. Son front est encore nu, mais il a ceint son épée. Du
haut de la citadelle, il s'élance, resplendissant d'or, tres-

brisant ses liens, un coursier fuit l'étable; et, libre enfin, s'empare de la plaine: tantôt il rejoint dans le pâturage les fougueuses cavales, tantôt il court se plonger dans le fleuve accoutumé, frémit, et, le front dressé, beau d'orgueil, il étale sa crinière qui se joue à longs flots sur son cou et sur ses épaules.

Traduction de MOLLEVAUT.

IV.

Nec non et pecori est idem delectus equino.
Tu modò, quos in spem statues submittere gentis
Præcipuum jam indè à teneris intende laborem.
Continuò pecoris generosi pullus in arvis
Altiùs ingreditur, et mollia crura reponit.
Primus et ire viam, et fluvios tentare minaces
Audet, et ignoto sese committere ponti;
Nec vanos horret strepitus; illi ardua cervix,
Argutumque caput, brevis alvus, obesaque terga;
Luxuriatque toris animosum pectus: honesti
Spadices, glaucique, color deterrimus albis
Et gilvo. Tùm si qua sonum procul arma dedère,
Stare loco nescit, micat auribus, et tremit artus,
Collectumque fremens volvit sub naribus ignem?
Densa juba, et dextro jactata recumbit in armo.
At duplex agitur per lumbos spina, cavatque
Tellurem, et solido graviter sonat ungula cornu.

VIRG. *Georg.* III, 72.

Dans le choix des coursiers ne sois pas moins sévère:
Du troupeau, dès l'enfance, il faut soigner le père.
Des gris et des bais-bruns on estime le cœur;
Le blanc, l'alezan clair languissent sans vigueur.
L'étalon généreux a le port plein d'audace,
Sur ses jarrets pliants se balance avec grace;

NOTE. 487

Aucun bruit ne l'émeut; le premier du troupeau
Il fend l'onde écumante, affronte un pont nouveau.
Il a le ventre court, l'encolure hardie,
Une tête effilée, une croupe arrondie.
On voit sur son poitrail ses muscles se gonfler,
Et ses nerfs tressaillir, et ses veines s'enfler.
Que du clairon bruyant le son guerrier l'éveille,
Je le vois s'agiter, trembler, dresser l'oreille;
Son épine se double et frémit sur son dos,
D'une épaisse crinière il fait bondir les flots;
De ses naseaux brûlants il respire la guerre;
Ses yeux roulent du feu, son pied creuse la terre.

Traduction de **Delille.**

V.

Come destrier che dalle regie stalle,
Ove all'uso dell'arme si riserba,
Fugge, e libero alfin per largo calle
Va tra gli armenti, o al fiume usato, o all'erba:
Scherzan sul collo i crini, e sulle spalle
Si scuote la cervice alta e superba:
Suonano i piè nel corso e par ch'avvampi,
Di sonori nitriti empiendo i campi.
  Tal ne viene Argillano, etc.

Le Tasse, ch. IX, st. 75.

Tel un coursier nourri pour les combats, rompt les liens qui l'attachent, et, libre enfin, va se mêler avec les troupeaux, ou se baigner dans les ondes, ou bondir dans les prairies : sa crinière flotte sur son cou, sa tête altière et superbe se balance sur ses épaules, son pied frappe la terre; le feu sort de ses naseaux brûlants, et ses hennissements font retentir les airs.

Traduction de **Le Brun.**

VI.

Qual feroce destrier, ch'al faticoso
Onor dell' arme vincitor sia tolto,
E lascivo marito in vil riposo
Fra gli armenti, e ne' paschi erri disciolto;
Se 'l desta o suon di tromba, o luminoso
Acciar, colà tosto annitrendo è volto;
Già già brama l'aringo, e l'uom sul dorso
Portando, urtato riurtar nel corso.

Le Tasse, ch. XVI, st. 28.

Tel le coursier fougeux, qui, arraché du char brillant de la victoire, erre au sein des pâturages, condamné à un vil repos et aux langueurs de l'amour. Si la trompette guerrière, si l'acier étincelant le réveillent, soudain il se tourne vers les lieux d'où partent ces éclairs et ces sons. Déja il brûle de s'élancer dans les champs du carnage ; déjà il brûle de courir sous un maître intrépide affronter et porter le trépas.

Traduction de Le Brun.

VII.

Il monte un cheval superbe,
Qui, furieux aux combats,
A peine fait courber l'herbe
Sous la trace de ses pas.
Son regard semble farouche ;
L'écume sort de sa bouche ;
Prêt au moindre mouvement,
Il frappe du pied la terre,
Et semble appeler la guerre
Par un fier hennissement.

Sarrazin, *Ode sur la bataille de Lens.*

NOTE. 489

VIII.

Les moments lui sont chers : il parcourt tous les rangs
Sur un coursier fougeux plus léger que les vents,
Qui, fier de son fardeau, du pied frappant la terre,
Appelle les dangers, et respire la guerre.
. . . .
. . . .
Tel qu'échappé du sein d'un riant pâturage,
Au bruit de la trompette animant son courage,
Dans les champs de la Thrace, un coursier orgueilleux,
Indocile, inquiet, plein d'un feu belliqueux,
Levant les crins mouvants de sa tête superbe,
Impatient du frein, vole et bondit sur l'herbe ;
Tel paraissait d'Egmont, *etc.*

VOLTAIRE, *Henriade*, chant VIII.

Voltaire a emprunté cette comparaison à Virgile, qui lui-même l'avait imitée d'Homère. (*Voyez* p. 484 et 485.)

IX.

L'étalon que j'estime est jeune, vigoureux ;
Il est superbe et doux, docile, valeureux ;
Son encolure est haute, et sa tête hardie ;
Ses flancs sont larges, pleins, sa croupe est arrondie ;
Il marche fièrement, il court d'un pas léger ;
Il insulte à la peur, il brave le danger.
S'il entend la trompette ou les cris de la guerre,
Il s'agite, il bondit, son pied frappe la terre.
Son fier hennissement appelle les drapeaux ;
Dans ses yeux le feu brille, il sort de ses naseaux ;
Son oreille se dresse, et ses crins se hérissent ;
Sa bouche est écumante, et ses membres frémissent.
. . . .

Un coursier belliqueux qui, formé pour la gloire,
Doit, avec le guerrier, voler à la victoire,
Dès ses plus jeunes ans au bruit accoutumé,
Sans crainte entend tonner le salpêtre allumé.
Son œil audacieux parcourt l'éclat des armes;
Le son de la trompette est pour lui plein de charmes
Il souffre les arçons, il soutient en repos,
Son maître qui s'élève et s'assied sur son dos.
A ses ordres docile, il s'arrête ou s'avance;
Il revient sur ses pas, il se dresse, il s'élance.
Plus léger que les vents par son vol devancés,
Ses pas sur la poussière à peine sont tracés.
Il aime la louange, et son ardeur éclate
Au doux bruit de la main qui le frappe et le flatte.
C'est ainsi qu'un coursier, utile au champ de Mars,
Nous porte fièrement au milieu des hasards,
Perce les escadrons, vole, se précipite;
Le carnage l'anime et le péril l'irrite.
Environné de morts, sanglant, percé de coups,
Il semble s'oublier et ne penser qu'à vous.
Quand sa force le quitte, encore plein de courage,
De l'horreur des combats il sort, il vous dégage.
Pour vous il semble craindre un coup qu'il a bravé;
Il expire content quand il vous a sauvé.

Rosset, L'Agriculture, chant V.

X.

Tandis qu'impétueux, fier, inquiet, ardent,
Cet animal guerrier qu'enfanta le trident,
Déploie en se jouant dans un gras pâturage
Sa vigueur indomptée et sa grace sauvage;
Que j'aime sa souplesse et son port animé,

NOTE. 491

Soit que, dans le courant d'un fleuve accoutumé,
En frissonnant il plonge, et, luttant contre l'onde,
Batte du pied le flot qui frémit et qui gronde;
Soit qu'à travers les prés il s'échappe par bonds;
Soit que livrant aux vents ses longs crins vagabonds,
Superbe, l'œil en feu, les narines fumantes,
Beau d'orgueil et d'amour, il vole à ses amantes.
Quand je ne le vois plus, mon œil le voit encor.
DELILLE, *Les Jardins*, chant I.

XI.

Voyez ce fier coursier, noble ami de son maître,
Son compagnon guerrier, son serviteur champêtre,
Le traînant dans un char, ou s'élançant sous lui;
Dès qu'a sonné l'airain, dès que le fer a lui,
Il s'éveille, il s'anime, et, redressant la tête,
Provoque la mêlée, insulte à la tempête :
De ses naseaux brûlants il souffle la terreur;
Il bondit d'allégresse, il frémit de fureur :
On charge, il dit : Allons, se courrouce et s'élance.
Il brave le mousquet, il affronte la lance;
Parmi le feu, le fer, les morts et les mourants,
Terrible, échevelé, s'enfonce dans les rangs;
Du bruit des chocs guerriers fait retentir la terre,
Prête aux foudres de Mars les ailes du tonnerre.
Il prévient l'éperon, il obéit au frein,
Fracasse par son choc les cuirasses d'airain,
S'enivre de valeur, de carnage et de gloire,
Et partage avec nous l'orgueil de la victoire;
Puis, revient dans nos champs, oubliant ses exploits,
Reprendre un air plus calme et de plus doux emplois;
Aux rustiques travaux humblement s'abandonne,
Et console Cérès des fureurs de Bellone.
DELILLE, *Les trois Règnes*, chant VIII.

NOTE.

XII.

J'ai nourri de ma main ce coursier généreux
Qui devance les vents ou qui vole avec eux;
Que, pour l'Arabe exprès, la nature a fait naître
L'ami, le compagnon, le trésor de son maître;
A toute heure, en tout lieu, lui prêtant son appui,
Qui couche sous sa tente et combat avec lui.

Ducis, *Abufar*, act. I, sc. 5

XIII

Voyez ce cheval ardent et impétueux, pendant que son écuyer le conduit et le dompte. Que de mouvements irréguliers! C'est un effet de son ardeur, et son ardeur vient de sa force, mais d'une force mal réglée. Il se compose, il devient plus obéissant sous l'éperon, sous la main qui le manie à droite et à gauche, le pousse, le retient comme elle veut. A la fin, il est dompté : il ne fait que ce qu'on lui demande : il sait aller le pas, il sait courir, non plus avec cette activité qui l'épuisait, par laquelle son obéissance était encore désobéissante. Son ardeur s'est changée en force; ou plutôt, puisque cette force était en quelque façon dans cette ardeur, elle s'est réglée. Remarquez, elle n'est pas détruite, elle se règle; il ne faut plus d'éperon, presque plus de bride; car la bride ne fait plus l'effet de dompter l'animal fougueux; par un petit mouvement qui n'est que l'indication de la volonté de l'écuyer, elle l'avertit plutôt qu'elle ne le force; et le paisible animal ne fait plus pour ainsi dire qu'écouter : son action est tellement unie à celle de celui qui le mène, qu'il ne s'en suit plus qu'une seule et même action.

Bossuet, *Méditations sur l'Évangile.*

NOTE.

XIV.

La plus noble conquête que l'homme ait jamais faite, est celle de ce fier et fougueux animal qui partage avec lui les fatigues de la guerre et la gloire des combats. Aussi intrépide que son maître, le cheval voit le péril et l'affronte; il se fait au bruit des armes, il l'aime, il le cherche, et s'anime de la même ardeur: il partage aussi ses plaisirs; à la chasse, aux tournois, à la course, il brille, il étincelle; mais, docile autant que courageux, il ne se laisse point emporter à son feu, il sait réprimer ses mouvements; non-seulement il fléchit sous la main de celui qui le guide, mais il semble consulter ses désirs; et, obéissant toujours aux impressions qu'il en reçoit, il se précipite, se modère, ou s'arrête, et n'agit que pour y satisfaire. C'est une créature qui renonce à son être, pour n'exister que par la volonté d'un autre, qui sait même la prévenir, qui par la promptitude et la précision de ses mouvements, l'exprime et l'exécute; qui sent autant qu'on le désire, et ne rend qu'autant qu'on veut; qui se livrant sans réserve, ne se refuse à rien, sert de toutes ses forces, s'excède, et même meurt pour mieux obéir.

BUFFON, *Histoire naturelle*.

XV.

Les juments (arabes), selon la noblesse de leur race, sont traitées avec plus ou moins d'honneur, mais toujours avec une rigueur extrême. On ne met point les chevaux à l'ombre; on les laisse exposés à toute l'ardeur du soleil, attachés en terre à des piquets par les quatre pieds, de manière à les rendre immobiles; on ne leur ôte jamais la selle; souvent ils ne boivent qu'une seule fois, et ne mangent qu'un peu d'orge en vingt-quatre heures. Un traitement si rude, loin de les faire dépérir, leur donne la sobriété, la patience et la vitesse. J'ai souvent admiré un cheval arabe ainsi enchaîné dans le sable brûlant, les crins descendant épars, la tête baissée entre ses jambes pour trouver un peu d'ombre, et laissant tomber de son œil sauvage un regard oblique sur son maître. Avez-vous dégagé ses pieds des entraves, vous êtes-vous élancé sur son dos, il écume, il frémit, il dévore la terre; la trompette sonne, il dit : Allons! et vous reconnaissez le cheval de Job.

CHATEAUBRIAND, *Itinéraire de Paris à Jérusalem.*

FIN DU SECOND VOLUME.

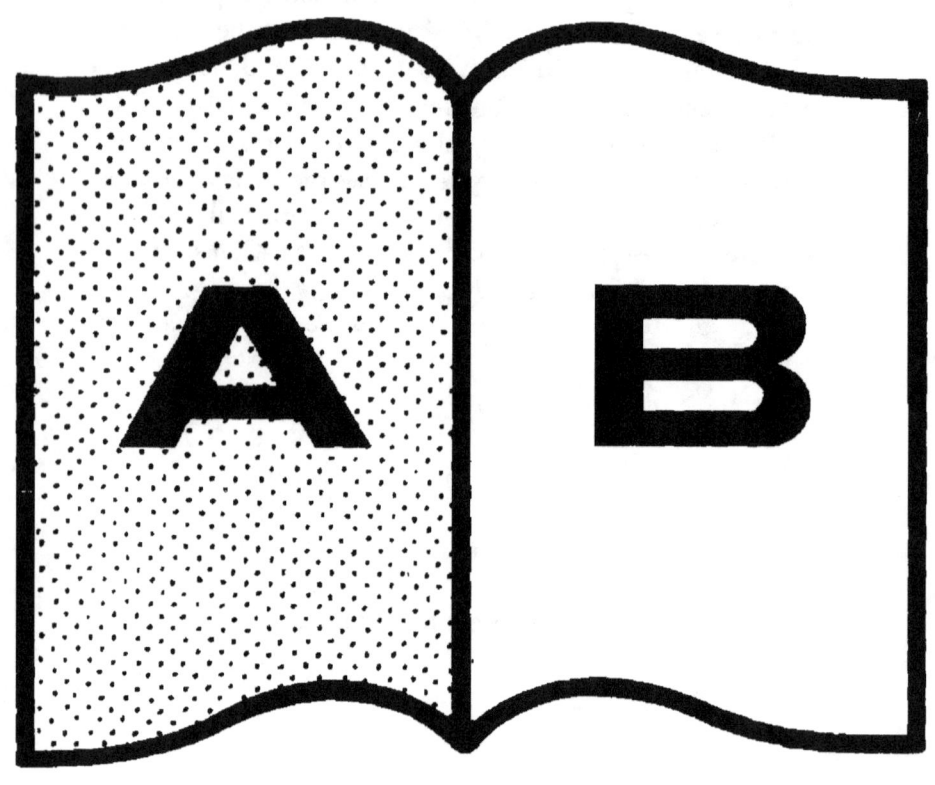

Contraste insuffisant

NF Z 43-120-14

www.ingramcontent.com/pod-product-compliance
Lightning Source LLC
Chambersburg PA
CBHW050608230426
43670CB00009B/1309